JN418509

「개정판」 -성공사례 · 현장중심-

프랜차이즈 실무경영

박상익 | 최경주 | 전태석 공저

도서출판 두남

개정판 머리말

2011년을 맞이하여 우리나라 경제는 심각한 고용시장으로 많은 어려움을 겪고 있다. 사회전반에 걸쳐서 많은 일자리가 창출되고 역동적으로 움직이는 모습과 달리 취업시장에는 좋아질 기미가 보이지 않고 있다.

아울러 직장생활을 하고 있는 사람들은 정년보장을 꿈꾸며 살고 있으나 인건비 절감을 목표하는 이익구조상에 40대 50대가 되면 여간 버티기가 어려운 실정이다. 창업을 하고자 하는 사람들이 많은 이유가 이 같은 이유라고 보면 된다.

혼자 하기에는 벅차고 오랜 조직생활로 인해 적응하기가 어려운 실정이다. 그러다 보니 대세가 프랜차이즈로 몰리게 된다. 이 프랜차이즈 조직도 여러 가지 함정과 초보자들에게는 실수할 수 있는 요지가 많아서 초보창업자들은 매우 신중하고 열정을 담아 집중적으로 연구하는 자세가 필요하다.

최근에는 대학생들도 창업에 진입하여 초기부터 창업열풍으로 나가는데 저자들이 보면 성공률이 매우 낫다. 이는 철저한 조사와 경험을 무시한 중간단계를 생략하고 빨리 빨리라는 개념으로 창업을 하기 때문이라고 생각한다.

사업은 어떻게 보면 돈을 벌수 있다는 장점도 있지만 실패하는 경우는 자기의 재산과 열정의 정신력과 인생에 대한 허무감으로 거의 희망과 꿈이 좌절되는 그야말로 '말아먹는다', '털어먹는다' 등 그 표현이 너무나 처절하고 무섭다는 것도 기억하길 바란다.

통계상으로 100개의 창업자가 5년 후에 다시 인터뷰를 하고 생존여부를 조사하였는데 100개중에서 81개가 간판을 교체하거나 주인이 바뀌는 매스컴의 방영사실에 주목하지 않을 수 없다. 물론 매스컴을 다 신뢰할 수는 없다고 하더라도 적어도 50%는 망한다는 것을 볼 수 있다.

열정 · 꿈 · 도전 그리고 창업지식인 · 경리 · 인사 · 재무 마케팅 · 세무 · 법률 등 여러 가지가 음식의 양념처럼 넣어져야 성공한다는 사실을 명심하기 바란다.

본서는 국내에서 가장 상위급에 속하는 업체를 중심으로 현황과 장단점 그리고 경영 전략을 설명하는 기본서에 해당하는 것으로 출판의 목표를 잡았다.

즉 우리나라에서 오래되고 고객과 국민들이 누가 봐도 알만한 기업체들을 조사하여 현황을 중심으로 해서 설명하였다. 실패 사례도 넣어야 하는데 자료조사와 인터뷰조사가 어려워서 하지 못했고 상위급 회사는 그래도 마인드나 창업회장의 협조로 자료조사가 가능하게 되었다. 자료측면에서 아직도 프랜차이즈 업체들은 영세한 편이라 대기업에 비해서 정확한 통계가 자료축적이 지속적으로 되어 있지 않는바 최신 자료를 입수하여 제시하는데 한계가 있었다. 앞으로는 이에 대한 연구와 통계가 좀 더 이루어져서 사업을 창업하고자 하는 일반인과 대학생 젊은 층들이 충분한 사고력을 갖게 하고 시행착오를 줄여주는 가이드 같은 역할의 책들이 출간되길 바란다.

간혹 데이터가 오래된 것이 있으나 이는 필자들이 나름대로 구하려고 하였으나 도저히 통계 수치가 없어 그렇게 된 것을 이해해주기 바란다.

이 책을 통해 마음에 드는 업종을 찾아 아르바이트를 해보거나 틈나는 대로 시간을 두고 관심도 갖고 하여 자기에게 맞는 업종과 창업의 통찰력을 갖는 계기가 되었으면 한다. 끝으로 이 책의 출간 결정을 해주신 도서출판 두남의 전두표 사장님, 이승구 상무님, 김련화 편집담당자님께 감사의 마음을 전하고자 합니다.

또한 연세대학교 프랜차이즈 조교들 천종혁, 이성윤 졸업생과 박시광, 김성우, 성가현, 정민호, 김지훈, 김진우, 정훈섭, 구햇님, 김효주, 김용길, 최선용, 이찬주, 김지동, 이채영, 위설아 등에게 감사함을 표한다.

2010년 12월

저자 일동

머리말

프랜차이즈산업은 1930년 미국에서 개발된 획기적인 판매시스템으로서 표준화된 매뉴얼과 점포체인화를 통해 소매유통시스템의 혁신을 가져온 새로운 경영전략이다. 프랜차이즈산업은 '21세기 유통시스템의 핵'으로 부상하고 있다. 산업자원부 자료에 의하면 현재 한국의 프랜차이즈산업은 전체 소매유통의 10% 이상을 점유할 뿐 아니라, 연평균 10% 이상의 고도성장을 지속해 오고 있다.

최근의 우리경제의 불황으로 많은 사람들이 직장을 그만두고, 자영업을 하려고 소기업, 소상공으로 분류되고 있는 프랜차이즈에 관한 노하우를 습득하려는 경우가 많다.

10~20년 동안 직장생활을 한 경우에 자기분야가 아닌 새로운 분야에 도전한다는 것은 그야말로 고통의 연속일 수가 있다. 얼마 전 텔레비전 방송에서 보니, 직장생활을 하다 그만두고 자기의 생존을 위해 두 부부가 자기 스스로 삶을 개척하는 모습이 방영되었다.

그러한 모습을 보니, 매우 안타까움을 금할 수가 없었다. 사전에 조금이라도 관련분야의 지식과 주도면밀하게 상권분석 및 사업성을 조사하여 사업을 추진하였더라면, 그런 큰 손해를 보지 않을 수 있었는데, 모든 것을 투자하여 올인(ALL-IN)한 경우 마지막 여력이 없다 보니 좌절할 수밖에 없었던 것 같다.

이에 저자는 기존의 책과는 쉽고 이해하기에 편리한 프랜차이즈업에 대한 현장감각 위주의 실무중심, 그리고 현장 중심 및 성공사례에 촛점을 맞추어 집필하였다. 그리고, 이 책을 읽은 후에 좀 더 많은 관심과 연구가 필요 하다면, 관련 연구논문이나, 해외 저널뿐만 아니라, 실무현장을 직접 찾아가서 실습을 병행한다면, 프랜차이즈와 창업에 대한 기본적인 지식을 충분히 얻을 수 있으리라 생각된다.

또한, 이 책은 2년에 걸친 문헌연구와 현장 탐문조사를 통한 것이기에 사실에 입각한 책을 집필할 수 있었다. 그리고, 자료 협조가 어려운 프랜차이즈기업은 그 상황에서 객관적으로 쓰려고 최대한 노력을 하였으며, 프랜차이즈기업들 중 선도기업을 직접 현장 방문하여, 현황과 장단점 그리고 개선방향 및 향후전망을 모두 기술하였다.

성공한 기업으로 설명된 많은 기업들을 장점만 부각시키려 했으나 그렇게 저술한다면 관심이 있는 독자들에게 오히려 반감을 가져올 것 같아, 사실 그대로 솔직하게 서술하게 되었음을 강조하고 싶다. 혹시 소개되어진 기업에 대해 내용 측면에서 불리하게 쓰여진 것이 있다면 그 기업에 대한 발전과 혁신의 계기라고 헤아려 주기 바라며, 일단 성공 프랜차이즈기업에 선정된 것을 긍정적으로 평가하여 주었으면 한다.

이 책은 수많은 독자, 학생, 가맹점을 개점하려는 사람들이 쉽게 읽도록 집필하였고, 성공사례로 채택되어 이 책에 소개된 기업은 우리나라를 대표하는 일류기업이라 생각했기 때문에 저자들은 자신 있게 서술하였다. 소개된 기업의 취약점과 개선방안은 문헌조사와 현장 인터뷰를 통해 나타난 조사내용을 편견 없이 기술하였으며, 일부 자료는 미흡한 점이 있어 향후 개정증보판에서 좀 더 조사를 하여 채워보고자 한다.

끝으로, 자료정리를 위해 수고한 제자들에게도 감사함을 전하며, 이 책이 출간되도록 적극적으로 도와주신 도서출판 두남의 전두표 사장님께 감사드립니다.

2006년 5월

저자 일동

차 례

제 1 장

프랜차이즈에 대한 이해

① 프랜차이즈의 역사와 발전

(1) 프랜차이즈의 역사

프랜차이즈의 역사는 아라비아 상인들의 활동에서 시작되었다고 보기도 하고 중국에서 시작되었다고도 하며 중세의 유럽에서 비롯되었다고 보는 입장도 있다. 그러나 프랜차이즈가 사업화되기 시작한 것은 미국인만큼 프랜차이즈의 역사는 미국 프랜차이즈의 역사라고 해야 할 것이다.

프랜차이즈를 통한 고전적이며 최초의 상업적 소매 프랜차이즈는 1858년 이삭 싱어(Isaac Singer)에 의해 개발된 싱어 재봉 회사이다. 싱어는 재봉틀을 개발한 후 그것을 시장에 판매하게 되는데 이에는 두 가지의 장애물이 있었다. 그 하나는 고객들이 구입을 하기 전에 고객들에게 재봉틀의 사용방법을 가르치는 것이었고, 다른 하나는 그의 기계를 대량생산 하는데 필요한 자금을 확보해야만 하는 것이다. 이러한 문제에 직면한 싱어는 그의 기계 사용방법을 가르칠 수 있는 훈련자를 파견하는 권리를 지역 사업가들에게 파는 아이디어를 생각해 냈다. 그 결과 재봉틀의 판매는 엄청나게 증가하였고 그의 사업 또한 빠르게 팽창하였다. 재봉틀의 판매와 교육자 파견에 대한 권리의 대가로

맥도널드의 프랜차이즈 노하우

- 가맹점주 9개월 간 '체험교육'
- 메뉴, 맛, 규격, 서비스 시스템 통일
- 세계 7개 도시 햄버거대학 운영 (65,000명의 점장·간부 배출)
- '품질·가치·서비스·청결' (최고의 맛 유지)
- 조리 후 10분 지난 햄버거는 팔지 않는다

↓

121개국 3만개 매장 동일 품질 유지

자료출처 : 매일경제

받은 권리 허가 수수료는 그가 상품을 대량으로 제조할 수 있는 자금을 제공하였고, 모든 가맹점사업자는 자신의 비용으로 사업을 운영하였기 때문에 싱어사는 각 지역 센터의 매니저만 고용하면 되었다. 이러한 사업 확장 모델이 19세기가 되면서 코카콜라의 탄생과 보급이 굉장한 영향을 미쳤다. 그리고 20세기가 되면서 헨리포드가 대량생산 시대와 조립방식을 소개함으로써 자동차를 판매하고 기름을 제공하며 서비스를 판매하고 운전자들이 여행도중에 머무를 수 있는 친숙한 공간을 제공하기 위한 대량 유통방법 또한 필요하였기에 기존 지방의 판매업자를 대리점 방식으로 자동차 판매권을 부여하여서 유통체계를 구축하였다.

현대적 프랜차이즈는 역시 미국에서 발전하였으며 초기의 소매중심의 프랜차이즈는 같은 상품명에 의해 동일시 되었지만 오늘날의 프랜차이즈 기업처럼 통제되지 않고 자신만의 사업 방법에 따라 운영할 수 있는 자유가 있었다. 그러나 제 2차 세계대전 후 미국사회는 정치적, 사회적으로 많은 변화가 일어나기 시작했다. 젊은 층의 가족이 늘어나고 생활이 윤택해지면서 자동차 이용이 늘어나고 따라서 고속도로의 발전으로 주변의 모텔과 레스토랑, 호텔 등이 생기고 이런 문화의 생성과 함께 혜성처럼 나타난 것이 오늘날 세계 프랜차이즈 사업의 표준이라고 칭해지며 대부분의 패스트 푸드 프랜차이즈 기업들이 벤치마케팅하며 본받고 있는 맥도날드이다. 1955년 시카고에 1호점을 개점함으로써 본격적인 프랜차이즈 사업을 시작한 후 2년 후에는 37개점, 4년 후 100개점, 1980년대 5,000개점, 현재 121개국 3만여 개 매장, 150만여 명의 종업원을 거느리고 있는 최대 프랜차이즈 기업이 탄생하게 되면서 이후 던킨 도너츠, 버거킹, 쉐라톤 등의 기업이 생겨나고 프랜차이즈화에 성공하였다.

(2) 프랜차이즈의 발전

2차 세계대전 이후 프랜차이즈 산업은 소비자의 욕구를 충족시키는 가맹본부가 되겠다는 야망과 좋은 아이디어를 가진 경험이 많은 사람들이 등장하면서 붐을 이루었다. 프랜차이즈가 수익성 있는 소매사업으로 성장하고 관리될 수 있는 중요한 방법으로 인식되기 시작하였다. 따라서 미국에서는 프랜차이즈가 빠른 속도로 확산되기 시작하였다. 또한 프랜차이즈를 통해 성공한 가맹본부들의 등장은 처음 프랜차이즈 시장을 주도한 패스트푸드에서 벗어나 다른 산업으로도 발전하여 현재는 75개 산업에서 확대되고 있다. 특히 미국에서의 치열한 경쟁을 이겨내고 성공한 기업들은 해외로 눈을 돌리기 시작하였다. 프랜차이즈는 미국에서 시작되어 전 세계 프랜차이즈 산업을 주도하고 있지만 오늘날에는 비미국 기업들이 프랜차이즈를 통해 미국 시장에 진출하기 시작했다. 이제 프랜차이즈는 미국만의 사업이 아니라 전 세계의 많은 국가들의 중요한 경제 정책의 하나로 결정되어 있으며, 많은 가맹본부들이 세계시장의 진출과 성공을 위해 끊임없이 노력을 하고 있다.

표의 내용은 현재 미국의 10대 프랜차이즈 기업의 현황이며 싸이트 주소이다

Rank	Name	type of business	Homepage
1	Subway	Submarine sandwiches & salads	www.subway.com
2	McDonald's	Hamburgers, chicken, salads	http://www.mcdonalds.com
3	7-Eleven Inc.	Convenience store	www.7-eleven.com
4	Hampton Hotel	Mid-priced Hotels	http://hamptoninn1.hilton.com
5	Supercuts	Hair Salon	http://www.supercuts.com
6	H & R Block	Tax preparation & electronic filing	www.hrblock.com
7	Dunkin' Donuts	Coffee, Doughnuts, baked goods	http://www.dunkinfranchising.com
8	Jani-King	Commercial cleaning	www.janiking.com
9	Servpro	Insurance/disaster restoration & Cleaning	www.servpro.com
10	ampm	Convenience store & gas station	http://family.ampm.jp

자료출처 : '엔터프리너'(www.entrepreneur.com)

② 프랜차이즈의 개념

(1) 프랜차이즈의 정의 및 형태

1) 프랜차이즈의 정의

프랜차이즈시스템은 미국에서 탄생하여 세계화의 물결을 타고 전세계적으로 확산 보급되는 과정에서 우리나라에도 1978년 외식업 위주로 도입되었다.

프랜차이즈는 법률적으로 독립적인 두 당사자인 가맹본부와 가맹점사업가간의 관계를 기초로 한 마케팅 및 유통(Distribution) 시스템이다. 여기에서 가맹본부는 자신의 사업방법이나 공급, 상표, 특허를 자신의 관리아래 다른 사람들이 사용하도록 허용하는 법률적 존재를 말한다. 한편 가맹점 사업자는 가맹본부나 프랜차이즈 기업간의 합의에 의해 사업을 운영하는 개인 또는 개인들로 상표나 상호를 사용하고, 상품이나 서비스를 거래하거나 판매하며, 경영지원이나 훈련을 지원받고, 마케팅 및 광고지원을 받으며 가맹본부의 브랜드 및 인지도의 혜택을 받는다. 간단히 말하면 프랜차이즈는 가맹본부의 상호나 상표를 이용하여 상품과 서비스를 거래하거나 판매할 수 있도록 가맹점 사업자에게 허용하는 자격을 말한다.

국제 프랜차이즈 협회에 의하면 프랜차이즈란 어느 한 조직이 일정지역의 다른 조직에 대하여 자기의 상호, 상표 등 영업을 상징하는 표지를 사용하여 제품 또는 서비스를 판매하거나 기타영업을 할 수 있는 권리를 부여함과 동시에 영업에 대한 일정한 지시, 통제를 하는 한편, 선택적으로 그 영업에 대한 노하우를 제공하거나 상품을 공급하고, 이에 대하여 프랜차이즈는 프랜차이저에게 대가로서 가맹비, 보증금 또는 로열티나 제품대금등을 지급하는 지속적인 계약을 체결하는 것을 말한다.

즉, 프랜차이즈(franchise)란 상호, 특허상품, 노하우를 소유한 자가 계약을 통해 다른 사람에게 상표의 사용권과 제품의 판매권, 기술 등을 제공하고 그 대가로 가맹비, 보증금, 로열티 등을 받는 시스템을 말한다. 여기서 상호·상표·노하우 등을 소유한 자를 프랜차이저(franchisor)라 한다. 프랜차이저로부터 상호의 사용권, 제품의 판매권, 기술, 상권분석, 점포 디스플레이, 관계자 훈련 및 교육지도 등을 제공받는자를 프랜차이지(franchisee)라고 한다.

〈그림 1-1〉 프랜차이즈사업의 본사와 가맹점간의 관계구도

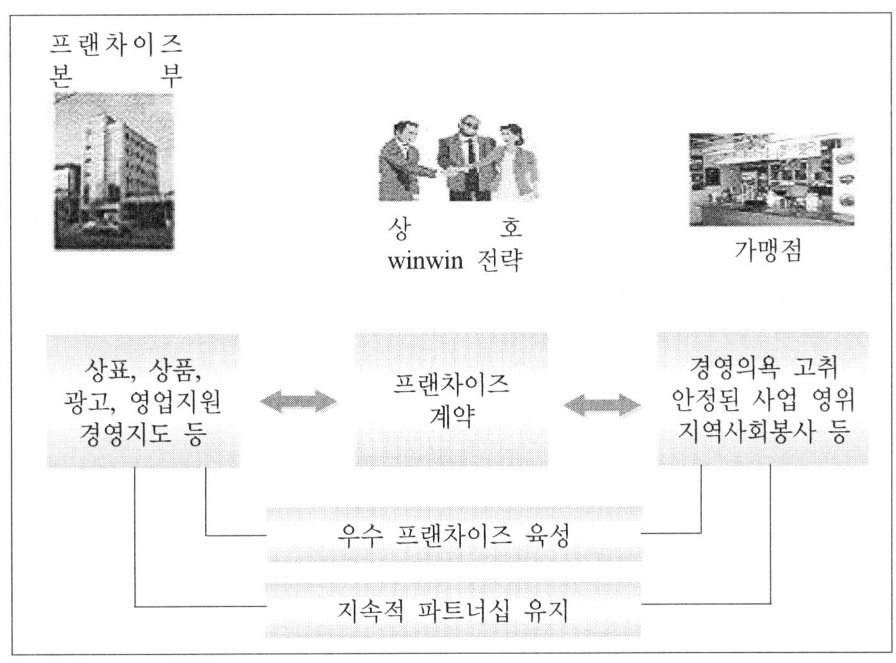

자료출처 : 한국프랜차이즈 협회

가. 미국 프랜차이즈협회의 정의

프랜차이즈 사업이란 가맹본부와 가맹점사업자 사이의 계약관계이고, 가맹본부는 노하우와 훈련 등의 업무에 관하여 계속적으로 이익을 제공하고 또는 이를 유지할 의무를 지며, 가맹점사업자는 가맹본부의 소유 또는 관리 하에 있는 공통의 상표, 및 기준에 따라 영업을 하며 프랜차이즈 사업에 대하여 자신의 자본을 실질적으로 출자하는 것을 말한다.

나. 일본 프랜차이즈체인협회의 정의

프랜차이즈란 사업자(가맹본부)가 다른 사업자(가맹점사업자)와의 사이에 계약을 체결하고 자기의 상표, 서비스, 마크, 상호, 그 밖의 영업의 상징이 되는 표지 및 경영의 노하우를 사용하여, 동일한 이미지하에 상품의 판매 및 그 밖의 사업을 수행할 권리를 부여하고 한편 가맹본부는 그 반대급부로서 일정의 대가를 지급하며, 사업에 필요한 자금을 투입하여 가맹본부의 지도 및 지원 하에 사업을 수행하는 양자의 계속적 관계를

말한다.

다. 한국프랜차이즈협회의 정의

프랜차이즈란 가맹본부가 프랜차이즈를 구매한 사람에게 프랜차이즈회사의 이름, 상호 영업방법 등을 제공하여 상품과 서비스를 시장에 판매하거나, 기타 영업을 할 수 있는 권리를 부여하며, 영업에 관하여 일정한 통제, 지원을 하고 이러한 포괄적 관계에 따라 일정한 대가를 수수하는 계속적 채권관계를 의미한다.

2) 프랜차이즈 시스템의 형태

프랜차이즈 시스템은 서비스나 제품등 어느 업종에나 폭넓게 이용되고 있는데, 프랜차이즈계약의 주체에 따라 4가지 형태로 크게 구분할 수가 있다.

가. 제조업자-소매업자 프랜차이즈 시스템

제조업자가 판매망을 확보하고 소매업자들의 영업방법, 상표, 상호 등에 관한 프랜차이즈를 개발하는 유형으로서 자동차업계와 석유판매업계에서 널리 활용되고 있다. 미국의 경우 G.M.(General Motors), 포드, 크라이슬러 등과 같은 자동차산업과 텍사코(Texaco), 모빌오일(Mobil Oil)과 같은 석유판매업이 그 대표적인 예이다.

나. 제조업자-도매업자 프랜차이즈 시스템

이 시스템은 제조업자가 프랜차이즈를 개발하는 방법인데, 소매상의 수가 지역적으로 너무 분산되어 있거나 소량을 취급할 때에 도매상을 가맹점으로 계열화하는 방법으로서 코카콜라(Coca Cola), 펩시콜라(Pepsi Cola)등 식료업계의 공급체인이 속한다.

다. 도매업자-소매업자 프랜차이즈 시스템

제조업자가 생산하는 제품의 품목수가 한정되어 있으므로 도매업자가 제조업자로부터 다양한 품목을 공급받아 프랜차이즈를 개발하고 소매상을 계열화하는 방법을 활용하는 시스템이다. 이 유형에 속하는 동종으로는 제약업, 잡화상점, 자동차정비체인, 스포츠용 구체인, 계절적 용구체인 등이 있다.

라. 상표허가자(Licensor)-소매업자 프랜차이즈 시스템

미국내에 20년전부터 크게 성장하는 유형으로 제조업자나 도매업자가 아닌 본부가

소매상의 성공적인 사업수행을 위하여 상호와 표준화된 영업방법을 제공하는 것으로 모텔체인, 레스토랑 체인, 자동차, 트럭 대여회사등과 같은 업종이 많다. 또한 프랜차이즈 협정(franchise agreement) 에 따라 다음과 같은 여러 가지 차원으로 구분할 수 있다.

① 지역프랜차이즈 (territorial franchise)
② 영업프랜차이즈 (operating franchise)
③ 이동프랜차이즈 (mobil franchise)
④ 분배활동에 따른 프랜차이즈 (distributorship)
⑤ 공동소유권 (co-ownership)
⑥ 공동경영 (co-management)
⑦ 제조권 (manufacturing)
⑧ 라이센싱 (licensing)
⑨ 서비스 (service)

(2) 프랜차이즈 시스템의 특성

1) 가맹점의 독립성

프랜차이즈 시스템은 가맹본부와 가맹점의 자율성이 인정되고 각자는 독립된 이윤의 흐름을 보장받는다는 점에서 일반적인 제품이나 용역의 거래와는 다른 특징을 보인다.

2) 제품의 동질성

프랜차이즈 시스템은 독립적인 경영자와 사업 주체들로 구성되어 있지만 소비자들은 시스템 전체를 동질적인 것으로 인식하고 있다. 소비자들이 전체 시스템을 동질적으로 인식하므로 마케팅 활동에서 얻어지는 효과 역시 일반적인 기업의 경우보다 훨씬 높다고 할 수 있다.

3) 협동성과 공동성

프랜차이즈 시스템은 거래 쌍방이 상호 조정과 환경 적응을 필요로 하기 때문에 본사는 항상 변화하는 환경에 알맞은 교육 프로그램이나 마케팅 프로그램 개발에 항상 노력을 기울여야 한다.

4) 불확실성의 감소

본사에서 영업을 지속적으로 확장하고자 할 때, 해당 지역의 시장성 및 문화적 특성 등을 정확하게 예측할 수가 없다. 이러한 경우 해당 지역의 가맹점들을 모집하여 영업활동을 허가해 줌으로서 정보의 부족에서 생기는 전반적인 불확실성을 감소시킬 수 있다.

5) 소자본 창업

사업 확장에 필요한 막대한 자본이 필요하지 않다. 자본의 투자 면에서 뿐 아니라 영업활동에 있어서도 가맹점들이 자신들의 이익을 위한 동기를 가지기 때문에 본사로써는 별다른 노력을 기울이지 않아도 된다.

(3) 프랜차이즈 시스템의 장점과 단점

1) 본사 입장에서의 장점

◉ 통일된 상호 사용

체인 본사가 기존의 자사 브랜드나 상호를 갖고 시장에 진출해 있을 경우, 이미 정립되어 있는 소비자의 좋은 평판을 활용할 수가 있다. 또한 프랜차이즈 시스템을 활용할 경우 회사의 이미지나 로고 등을 널리 확장할 수 있는 장점도 갖고 있다.

◉ 경영 노하우의 활용

체인 본사는 이미 확립되어 있는 마케팅 전략 및 상품이나 경영 노하우 등에 대한 전문지식을 적극 활용하여 사업을 펼쳐나갈 수 있다.

◉ 조직의 최소화

체인 본사는, 가맹점이 자기 책임하에 경영되고 있으며 독립채산제로 운영되므로 가맹점의 일일 매출 점검에 대해 신경쓸 필요가 없다. 따라서 본사는 관리 조직과 인원을 최소화 시킬 수 있는 장점을 갖고 있어서 최소의 비용과 자본으로 최대의 경영효과를 올릴 수 있다.

◉ 새로운 아이디어 제안

체인 본사는 가맹점으로부터 신상품이나 서비스에 대한 새로운 아이디어를 제안 받아서 채택할 수도 있기 때문에 대다수가 가맹점주의 좋은 아이디어를 사업 경영에 접목시킬 수 있는 장점도 갖고 있다. 따라서 다수의 동반자를 확보한 상태에서 사업을 영위할 수 있어 비체인화 자영점포에 비해 사업효과를 극대화 시킬 수 있다.

2) 가맹점 입장에서의 장점

◉ 저렴한 투자

정형화된 상품구성과 체인 본사의 통일된 상점설계 및 홍보지원으로 창업비용을 최소화할 수 있어 자영사업에 비해 단시일 내에 최소의 투자로 최대의 효과를 낼 수 있다.

◉ 융자 보조

체인 본사와 협의하여 상호 이익이 된다면 상품구매시 융자가 가능하고, 또한 자금력이 풍부한 체인본사의 가맹점이 되는 경우에는 체인 본사로부터 점포개설 비용까지지도 지원 받을 수가 있다.

◉ 전문가의 경영컨설팅

예비 가맹점 점포구입시 상권 분석, 계약 관련 서류 등의 검토, 상품 조달 및 진열, 영업 및 홍보방법 컨설팅, 개점 후 매출증대 및 사업성공을 위한 컨설팅을 본사 또는 본사가 위촉한 전문 컨설턴트로부터 받음으로써 안정된 사업을 영위할 수 있다.

◉ 교육지원

본사와 협의하여 가맹점도 종업원에 대한 교육 프로그램을 활용할 수 있으며, 경우에 따라서는 본사로부터 직접 종업원에 대한 교육지원을 받을 수도 있다.

◉ 영업지침서 활용

예비 가맹점은 사전에 본사가 제작한 사업에 대한 상세한 영업지침서를 활용할 수 있기 때문에 사업경험이 없더라도 비교적 손쉽게 창업에 접근할 수 있다.

◉ 광고 및 홍보 지원

예비 가맹점은 사업을 시작하는데 있어 본사로부터 사업운영에 대한 자문과 광고 및 홍보에 대한 지원을 받을 수 있기 때문에 비체인점에 비해 영업상 강점이 있다.

◉ 비즈니스 패키지의 일괄 구매

예비 가맹점은 본사의 지원으로 사업에 필요한 설비, 기계, 사무용품, 소모품, 토지, 건물 등 체인 사업에 필요한 비즈니스 패키지를 일괄적으로 종합 구매함으로써 비용을 절약할 수 있다.

◉ 장기 안정적 영업기능

실제 영업을 하고 있는 가맹점은 그 동네나 주변 소비자에 대해 본사보다 더 밀착되어 있기 때문에 단골고객 확보가 용이하며, 나아가 안정적이고 장기적인 영업이 가능해진다.

◉ 지속적인 정보 입수로 전략경영 가능

가맹점은 본사를 통해 새로운 시장 개척 및 신상품에 대한 정보를 지속적으로 받아볼 수 있기 때문에 주변 경쟁점포와 견줄수 있는 경영전략뿐만 아니라 차별화된 마케팅 전략 실행도 가능하다.

3) 체인 본사 입장에서의 단점

◉ 독자적 변화 추구 곤란

체인 본사는 가맹점과 일체화된 경영전략 및 경영방침을 수행하기 때문에 독립 사업에 비해 상품 개발 및 시장 전개 등에 있어 독자적인 변화 추구가 곤란하다. 따라서 급격한 경영혁신, 신속한 영업방침 등의 실행에 많은 제약이 따른다.

◉ 가맹점 폐쇄의 한계

가맹점이 체인 본사의 신용을 추락시키거나 체인사업 계약을 위반했다고 하더라도 자체적으로 신속하게 가맹점을 폐쇄시키는데는 한계가 있다.

◉ 부실 가맹점의 문제

본사의 영업실적은 각 가맹점의 매출과 직결되어 있기 때문에 항상 영업에 제한을 받는다. 따라서 부실 가맹점이 다수 존재하면 본사의 사업에도 직접적인 타격이 올수밖에 없다.

◉ 광고비 과다 지출

체인 본사의 과다한 광고비 지출은 본사 및 가맹점내 매출증대효과를 가져오는 경우도 많지만, 경우에 따라서는 영업구조에 영향을 주기도 한다. 더 나아가서는 과대광고로 체인 본사가 도산할 가능성도 상당히 내포되어 있다. 따라서 체인 본사는 매출증대 정도와 가맹점 모집 실적 등을 고려하여 적절한 광고비 집행에 각별히 신경써야 한다.

4) 가맹점 입장에서의 단점

◉ 자율경영 제약

가맹점은 본사의 정형화된 영업방침 및 경영운영방식을 따라야 하기 때문에 자율경영이 어렵다.

◉ 지속적인 로열티 지출

가맹점은 본사와의 계약 조건에 따라 일정 기간 단위로 정해진 로열티 등을 본사에 지불해야 하기때문에 지속적인 로열티 등의 지출부담을 안게 된다.

◉ 본사의 파산으로 인한 연쇄도산 우려

체인 본사의 재무구조 취약 및 사업 경험부족으로 본사가 부실화될 경우 가맹점도 연쇄 도산할 가능성이 높다. 따라서 가맹점 시점부터 재무구조 및 사업 경험이 풍부한 체인 본사를 선택하는 것이 무엇보다도 중요하다.

◉ 평판 하락

체인 본사의 영업 실패 및 평판 하락으로 인해 가맹점이 간접적인 피해를 보는 경우도 적지 않다. 체인 본사의 경영이 부실할 경우 가맹점은 자체 영업실적과 상관없이 간접적으로 악영향을 받는 경우가 많기 때문에 수시로 본사의 영업상황을 체크 하는 일도 잊어서는 안 된다

프랜차이즈산업의 국민경제적 중요성

□ 경제성장에 기여 : 2001년 기준 경상 GDP의 7.6% 차지
* 미국의 경우 프랜차이즈산업 점유율이 14%로 추정

□ 고용창출에 기여 : 연간 1만개 가맹점 창업시 3만 7천명 고용창출
* 가맹점포당 평균 상시종업원 수 3.7명

□ 투자촉진 및 소자본 창업 확대 : 연간 1만개 가맹점 창업시 약 1조 2천억원 투자효과
* 점포당 평균 초기투자액 1억 1,173만원

□ 중소기업 비중을 확대 : 프랜차이즈는 대부분 중소기업으로서 경제력 집중완화에 기여

□ 중소유통의 선진화에 기여 : 도소매업의 프랜차이즈화로 중소 유통을 선진화함
* 우리나라 전체 도소매업중 프랜차이즈 도소매업 비중(매출기준) : 6.4%
* 미국의 경우는 45% 정도로 추정

□ 지역경제 활성화에 기여 : 가맹본부 한 개 창업시 가맹점 75개 개설
(서울 33%, 지방 67%)

□ 경기안정에 기여 : 경기가 어려울 때도 프랜차이즈는 안정된 성장

□ 국민 후생증대 및 지역격차 해소 : 가격 및 제품의 동질성으로 후생증대

□ 수출증대에 기여, 선진유통기법 개발에 기여, 제조업과의 연계로 연관산업 발달

자료출처 : 한국프랜차이즈 협회

3 한국 프랜차이즈의 현황

(1) 한국 프랜차이즈 산업

1) 한국 프랜차이즈 산업의 역사

국내에선 지난 79년 롯데리아가 프랜차이즈영업을 시작했고 “토종”으로는 이랜드가 80년에 1호점을 열어 첫 선을 보였다. 프랜차이즈 산업은 올해 양적 팽창과 함께 질적인 성장기를 맞고 있다. 중소 업체들이 주도했던 프랜차이즈 시장에 대기업과 외국계 기업이 진출하면서 업체들의 수준과 소비자의 “신뢰도”가 높아졌다.

롯데리아의 성공을 계기로 많은 국내외의 외식업체들이 앞 다투어 프랜차이즈 산업에 뛰어들기 시작했다. KFC는 1984년, 피자헛은 1985년, 파리바게트는 1986년에 프랜차이즈 산업을 시작하였으며, 도미노 피자는 1990년, 던킨 도너츠는 1994년 BBQ는 1995년에 시작하여 국내 프랜차이즈의 성공신화를 만들었다.

90년대 말 외식업에서 시작된 대기업의 프랜차이즈 산업은 최근 유통, 교육서비스, 식품유통, 환경, 건강분야까지 확산되고 있다. 외국계 사업체수도 꾸준히 급증하는 추세다. 올 들어 에스프레소 커피, 아이스크림, 영어 학원, 다이어트 및 헬스클럽 등 다양한 업종에서 외국계 프랜차이즈가 밀려오고 있다. 10월말 현재 국내에서 활동 중인 외국 프랜차이즈 본사는 1백여 개에 달한 것으로 조사됐다.

BBQ의 성공사례

→제너시스 5대 강점(BBQ 치킨) 〈Copyright ⓒ 매경이코노미〉
제너시스가 국내뿐 아니라 세계 시장을 공략할 수 있는 힘은 어디에서 나오는 것일까. '세상에서 가장 맛있는 치킨' 이란 뜻을 지닌 BBQ(Best Believable Quality)를 중심으로 제너시스의 강점을 분석한다.

강점 하나	윤홍근 회장의 리더십
강점 둘	고객 입맛 선도 능력
강점 셋	체계적인 교육 및 사후관리
강점 넷	IT 및 통합 물류 시스템
강점 다섯	본사·가맹점 win-win 마인드

윤홍근 회장은 1995년 (주)제네시스를 설립했다. 핵심 경영이념을 '가맹점이 살아야 본사가 산다' 로 제시함으로써 프랜차이즈의 본질은 실현하고자 하였다. 이를 위해 제네시스는 매출액의 5~10%를 투자하여 본사 전액 부담의 TV광고와 전국단위 판촉을 연중 실시하는가 하면, 자체교육기관인 치킨대학을 통해 완벽한 교육을 실시하였다. 경영지도 요원 '슈퍼바이저' 를 통해 가맹점의 경영을 현장에서 지도하고 있다. 2003년 10월에는 '통합 정보화 시스템' 을 가동하여 본사, 가맹점, 고객 간 네트워크를 통해 최상의 고객만족 경영이 가능하도록 하였다. 본사에서 일하는 직원들에게는 매년 10% 이상의 임금인상, 본인소유의 주식 무상증여, 해외 연수기회의 제공을 통해 보람있는 일터를 제공하였다. 2003년 중국에 진출하여 4월에 BBQ 1호점을 개설하였고, 2007년 중국전역에 5,000개 매점에 9억달러의 매출을 목표로 하고 있다.

► 일본에서 노하우 전수받아 신 외식문화 개척

일본에서 고등학교 졸업 후 한국에서 대학생활을 마친 그는 관광호텔업, 무역업을 경영하다가 대학재학시 절친하게 지낸 재일교포 김홍주씨의 제안을 받고 1993년 한솥도시락을 창업하였다. 김홍주씨는 일본 최고의 도시락 업체인 '본가 가마도야' 를 설립시킨 장본인이다. 김홍주씨의 도움으로 도시락 운영노하우를 배울 수 있었고, 종전의 배달 위주 방식을 탈피하여 손님이 직접 접포에 와서 도시락을 사가 원가를 절감하는 테이크 아웃 방식은 그 당시까지만 해도 생각도 못하던 경영형태였다. 본부의 이익을 챙기기 보다는 항상 고객의 이익, 가맹점의 이익, 협력업체의 이익을 먼저 생각해야 하는 프랜차이즈의 특성상, 느린 템포로 진행되는 가맹점의 증가는 그대로 수익악화로 이어졌지만, 이미 프랜차이즈의 특성을 잘 이해하고 있었던 그는 사재를 털어놓으며 꾸준히 한솥도시락을 유지하였다. 1998년 IMF로 인해 밀가루, 설탕, 고기등의 원재료값이 치솟아 도시락 가격을 올리지 않을 수 없는 상황에도 불구하고, 판매가격을 인상하지 않아 품질경쟁력을 확보하여 결국 고객들의 신뢰를 쌓았다.

사례 2. 블루클럽 성공기

고려대학교 방송국, 광고회사 거손, 금강기획, 동방기획 등의 광고맨 출신인 정해진 사장은 췌장염, 위궤양 등의 질병을 고등학교 때 앓았다. 친구에게 보증을 잘 못 서주고, 건축 관련 사업에 실패하는 등 시련이 있었지만 이런 경험등에서 여느 직장인과 마찬가지로 창업의 꿈을 키웠고 IMF시기에 뜨는 아이템, 창업거리에 눈을 떴다고 한다. '좋은 상품은 소비자가 산다' 라는 신념으로 6개월 동안 창업 준비에 들어갔고, 남성미용 전문점 '블루클럽' 을 탄생시켰다. 처음에는 주변에서 그리고 집안에서도 반대가 심했다. 하지만 미국과 일본의 사례에서 성공을 확신했고, 이용문화를 바로잡는다는 사회적 명분도 뒷받침되어 자신 있게 사업을 추진해나갔다.

블루클럽은 거품을 뺀 5000원의 요금과 남성들의 적극적인 이용을 무기로 빠르게 확산되었다. 1998년 6월 인천 효성점을 시작으로 가맹점 100개를 돌파하는데 1년이 걸리지 않았다. 2001년에는 최단 기간, 최다 가맹점 개설했다.

개설 신기록을 세워 한국 기네스북에 오르기도 했다. 현재는 가맹점 550개를 돌파하면서 1000개의 가맹점을 향해 매진중이다. 해외 진출도 순조롭게 진행되고 있다. 정사장은 이를 기반으로 2001년 여성 토털 뷰티살롱 '미인미성' 브랜드를 2002년에는 컬러링 미용 전문점 '바이컬러' 브랜드를 출시했다.

(2) 한국 프랜차이즈 산업의 발전

한국 프랜차이즈 산업의 발전배경

분야별 측면	발 전 배 경
경제적 측면	국민소득 1만 달러 시대의 도래 소비문화의 질적 향상과 소비패턴의 다양화 시장개방에 따른 해외업체의 진출 세계화에 따른 국민들의 인식변화
사회적 측면	여성의 사회참여에 따른 편의성의 추구와 스피드의 필요성 도시화와 레져 지향 추세 자가용의 증가 젊은 세대들의 소비지향 주의 고객들의 까다로운 니즈
문화적 측면	식생활 패턴의 서구화 여가문화의 향유와 해외기업에 대한 가치관의 변화 소비자층의 세분화와 가맹본부들의 현대화
정보 기술적 측면	인터넷 보급과 디지털화 첨단 설비 및 기기작동화 선진경영기법의 도입

1) 한국 프랜차이즈 TOP 브랜드

가. 한국의 프랜차이즈 실시간 랭킹 (비지니스 유엔 조사)

→ http://www.businessun.com/ranking/

한국의 프랜차이즈 산업의 실시간 랭킹 자료임

※ 조사 시에 창업 준비자, 가맹점 주들의 전반기 매출액 등락폭, 다음 분기 예상 매출액 등을 종합한 결과와 브랜드별 폐점율, 분쟁횟수, 신규출점 가맹점 수 등을 감안한 창업 전문가의 의견을 종합하여 선정함.

나. 한국의 우수 프랜차이즈 50

[특집] 비즈넷타임스 (주)창업경영연구소 공동기획 한국의 우수 프랜차이즈 50

	브랜드명	업종	전화번호	홈페이지	가맹사업 시작년도	가맹점수
한식	고향솔단지삼겹살	삼겹살	031-234-0056	www.sotdanji.co.kr	2001	250
	계경목장	삼겹살	02-422-9610	www.kyekyong.co.kr	1998	700
	놀부	보쌈 · 부대찌개	02-574-5511	www.nolboo.co.kr	1989	393
	또순이순대	순대곱창	02-884-7564	www.soondea.co.kr	2003	22
	민속두부마을	두부요리	02-3442-6638	www.duboo.co.kr	1998	82
	3초십 삼겹살	삼겹살	02-303-4570	www.3cho.co.kr	2003	32
	송가네왕족발	족발 · 보쌈	043-731-6400	www.songgane.co.kr	1988	120
	석쇠와돌쇠	곰장어구이	02-478-6482	www.semoa.co.kr	2002	20
	원할머니보쌈	보쌈 · 족발	02-2282-5353	www.bossam.co.kr	1991	180
	홍초불닭	불닭	02-337-9990	www.hongsfood.co.kr	2003	100
치킨	교촌치킨	치킨	054-971-9995~8	www.kyochongo.com	1991	1,000
	코리안숯불닭바베큐	바베큐치킨	031-206-2112	www.tbbc.co.kr	1999	350
	콤마치킨	치킨	02-400-0100	www.commacmc.com	2000	350
	BBQ	치킨	02-3403-9006	www.bbq.co.kr	1995	1,700
	맛대로치킨	치킨	02-2666-3340	www.matdaero.co.kr	2000	250
분식 · 패스트푸드	김가네	김밥	02-923-7127	www.gimgane.co.kr	1996	450
	롯데리아	패스트푸드	02-709-114	www.lotteria.co.kr	1980	875
	미스터피자	피자	02-532-0661	www.misterpizza.co.kr	1996	230
	코바코	우동 · 돈가스 · 초밥	02-333-5000	www.cobacoi.com	1999	124
	파스타리오	스파게티	02-522-8625	www.mounthermon.co.kr	2002	25
	한솥도시락	도시락	02-585-114	www.hsd.co.kr	1994	500
주류 · 음료	어쭈구리	요리주점	02-927-8280, 925-4153	www.ujjoo.co.kr	1998	970
	이디야	커피 전문점	02-782-6767	www.ediyacoffe.com	2001	102
	유객주	퓨전 요리주점	02-529-4355	www.yugaekju.co.kr	2002	79
	와바	세계맥주	1588-0581	www.wa-bar.co.kr	2001	145
	쪼끼쪼끼	생맥주	02-415-6000, 480-4500	www.jjokki.com	2000	500
	투다리	꼬치구이주점	032-552-0541~71	www.tudari.co.kr	1987	1,950
	할리스	커피 전문점	02-598-8512	www.hollys.co.kr	1999	50
제과 · 아이스크림	돌로미티	아이스크림	02-569-3883	www.dolomiti.co.kr	1996	300
	뚜레쥬르	제빵	02-3455-1450	www.tlj.co.kr	1997	520
	레드망고	요쿠르트아이스크림	02-336-3112	www.redmango.co.kr	2003	100
	파리바게뜨	제빵	031-740-5621	www.paris.co.kr	1986	1,200
	빵굼터	즉석빵	02-888-4492~3	www.bbanggoomteo.co.k	1997	123
유통 · 판매	미니골드	패션주얼리	02-879-0123	www.minigold.co.kr	1996	150
	미샤	화장품	02-6292-6789	www.beautynet.co.kr	2003	244
	베스트오피스	문구	02-577-8000	www.bestoffice.co.kr	2000	70
	와인나라	와인	02-2632-0502	www.winenara.com	2002	12
	LG25	편의점	02-2006-2973	www.lg25.co.kr	1990	1,800
	엘보라리오	천연화장품	02-452-8161~2	www.lerbolario.co.kr	2002	60
	장독대	반찬	02-5988-600	www.jangdocdae.com	1998	350
	패밀리마트	편의점	02-528-7000	www.familymart.co.kr	1990	2,800
서비스	블루클럽	남성전문미용실	02-514-6011	www.blueclub.co.kr	1998	800
	비디오맨	비디오 · DVD 대여	02-392-7080	www.videoman.co.kr	2003	220
	알렉스	알러지클리닝	02-2113-0099	www.allerx.net	2003	91
	스킨케어5000	피부관리 · 다이어트	02-3471-1141	www.skincare5000.co.kr	2004	60
교육 · 정보통신	사이버파크	PC방	1588-4750	www.valuespace.co.kr	2002	94
	시매쓰	사고력활동수학	02-3446-9660	www.cmathclub.co.kr	2003	100
	아이북랜드	어린이도서방문대여	080-767-6006	www.ibookland.com	2000	1,600
	원더랜드	주니어영어회화	02-517-0533	www.wonderland.or.kr	1994	97
	헥사트론	PC방	02-575-3590	www.istarzone.com	2004	19

<비즈넷 타임스>는 창간 2주년을 맞아 (주)창업경영연구소와 공동으로 가맹희망자가 프랜차이즈 본사를 비교하는데 도움을 주고자 '우수 프랜차이즈 50'을 선정했다. 이번 우수 프랜차이즈 브랜드 선정은 프랜차이즈 본사의 시스템 운영과 재무 건전성, 성장성을 주요하게 고려했으며 가맹점 관리 등 프랜차이즈 시스템에 대한 평가도 이뤄졌다. 점포별 매출 현황을 통해 사업성과 투자대비 수익성도 분석했다. 가맹계약서와 정보공개서 등도 평가에 적극 반영했다. 보다 객관적인 평가를 위해 가맹점주 만족도 등은 평가대상에서 제외했다. 본사에서 제출한 자료를 바탕으로 선정 작업이 이뤄졌으며 업종 대표성 등도 함께 고려했다.

한식부문에서는 놀부 보쌈, 원할머니 보쌈, 송가네 왕족발, 또순이순대, 민속두부마을, 석쇠와돌쇠, 홍초 불닭, 3초 삼겹살, 고향솥단지 삼겹살, 계경목장이 선정됐다. 치킨 부문은 BBQ, 교촌치킨, 코리안 숯불 닭바베큐, 맛대로 치킨, 콤마치킨이 뽑혔으며 분식·패스트푸드부문에는 김가네, 코바코, 파스타리오, 한솥도시락, 미스터피자, 롯데리아가 선정됐다. 주류·음료부문은 투다리, 와바, 쪼끼쪼끼, 유객주, 어쭈구리가, 제과·아이스크림 부문에는 파리바게뜨, 뚜레쥬르, 빵 굼터, 돌로미티, 레드망고가 뽑혔다. 유통·판매업종의 경우 베스트오피스, 엘보라리오, 와인나라, 미샤, 장독대, 미니골드, 패밀리마트, LG25가 선정됐으며 서비스 업종에는 비디오맨, 원더랜드, 스킨케어5000, 알렉스, 사이버파크, 헥사트론, 시매쓰, 아이북랜드, 블루클럽 등이 뽑혔다. 이들 50개 브랜드에는 포함되지 않았지만 향후 성장 가능성이 큰 곳은 '유망 브랜드'로 따로 분류했다.

2) 한국 프랜차이즈 산업의 현황

현재 한국의 프랜차이즈 시장에는 2백50여개의 업종에 걸쳐 1천6백여 개의 회사가 사업을 하는 것으로 추정되고 있다. 프랜차이즈 경제인협회에 공식 등록된 업체수도 10월말 현재 4백50개로 급증했다. 프랜차이즈 본사에 가맹한 체인점 수는 12만 여개에 이를 것으로 추산된다. 한국에서 프랜차이즈 역사는 겨우 20년에 불과하다. 전체 시장규모는 약 45조원이며 관련종사자는 약 60만 명에 이른다.

프랜차이즈 본사는 99년 대비 약 7% 증가하였고, 가맹점 수는 약 20%의 증가를 보였다. 업종별로는 음식점이 34%, 소매업 23%, 패스트푸드 15% 순으로 나타났다. 업종별 점포 순위는 패스트푸드, 음식점, 식품소매점 순으로, 지역별 체인본사 소재지는 서울·인천 지역이 86%를 차지해서 압도적인 편중을 보였다. 프랜차이즈 본사사업의 지속기간은 평균 5.4년으로 나타났으며, 매출액은 2001년 기준으로 50억 미만인 본사가 63%, 100억 원 이상인 본사는 26%에 불과했다.

▽ 한국 프랜차이즈 산업의 규모(1999)

업종	매출		가맹점		종업원수(명)	
	매출액 (단위: 억원)	%	가맹점수	%	종업원수	%
외식업	24,000	53.0	65,000	54.0	228,000	54.0
소매업	9,000	20.0	24,000	20.0	58,000	14.0
서비스업	12,000	27.0	31,000	26.0	133,000	32.0
계	45,000	100.0	120,000	100.0	420,000	100.0

구 분	전체	서울	경기/인천	부산/경남	대구/경북	대전/충청	광주/전라	강원
전 체	1,600	1,149	235	58	60	51	39	2
18개 업종 소계	1,100	730	200	42	38	46	36	2
자동차 관련사업	17	9	-	4	2	-	2	-
제과/제빵업	23	6	7	-	6	2	2	-
빌딩/건축업	2	-	2	-	-	-	-	-
비즈니스서비스업	8	4	2	-	2	-	-	-
유아관련사업	29	25	2	-	2	-	-	-
교육 관련사업	50	38	-	6	4	2	-	-
패스트푸드사업	166	109	38	6	4	6	4	-
숙박업	2	2	-	-	-	-	-	-
유지관리 서비스업	19	9	8	-	-	2	2	-
인적서비스업	4	2	-	-	-	2	-	-
인쇄업	6	4	2	-	-	-	-	-
부동산업	10	8	2	-	-	-	-	-
패스트푸드가 아닌 음식사업	370	227	82	8	15	19	19	-
식품소매업	67	36	11	8	-	8	4	-
소매업	250	202	29	10	2	4	2	2

서비스업	74	53	13	2	2	2	2	-
스포츠사업	6	4	2	-	-	-	-	-
3개 도소매업종 소계	500	438	23	15	23	3	-	-
도소매업-의류	425	378	10	15	20	3	-	-
도소매업-악세서리	45	35	8	-	3	-	-	-
도소매업-신발/구두	30	25	5	-	-	-	-	-

※ 2003.1.16일 보도자료 이며 한국 프랜차이즈 협회와 산업자원부가 조사한 결과 임.

3) 프랜차이즈 산업 환경의 변화

가. 정부 규제의 완화

불필요한 정부의 개입은 행정비용을 증대시킬 뿐만이 아니라 자원의 배분도 효율적이지 못하다. 그런 이유로 생산 및 영업과 연관된 활동에 대한 영업규제, 개설규제, 입지규제, 조세규제, 금융규제 등이 완화되고 있다.

나. 국내시장의 개방 및 정보화의 진전

1989년부터 시작된 유통시장의 개방으로 외국 업체의 국내진출이 급격히 증가하고 있다. 컴퓨터와 통신장비의 발달로 수・발주 업무나 거래처 관리, 재고파악 및 주문처리 등의 효율성을 높이는데 큰 기여를 하게 되었다.

다. 소비자의 권익향상

소비자중심 사회가 도래되면서 소비자의 권익이나 선택권이 보호되는 영업 전략이 중요시됨. 그들은 각종 의사결정에 참여하게 되었고, 결집된 힘을 이용하여 가격, 안전성, 품질 등에 대항력을 키워나가고 있다.

라. 전자상거래화

컴퓨터와 통신기술의 발달로 인해 인터넷 전자상거래, TV 홈쇼핑 등 사이버마켓 및 B2B거래에 있어서도 EDI 등 전자거래가 확산중이며, 바코드 및 POS(Point Of Sales) 시스템 등을 벤치마킹하는 업체가 증가하고 있다.

마. 국제화

경제적 국경의 철폐로 인해 글로벌 시장이 출현하면서 국제 유통시스템의 구축은 글로벌 정보통신네트워크의 구축, 현지화 전략 및 현지광고, 글로벌마케팅의 확대 등 글로벌경영전략을 더욱 강화시키는 계기가 되었다.

바. 대기업의 유통업체 진출

대기업의 신규 진입 및 기존 대형업체의 지방 진출이 가속화되고 있다. 기존 대형유통업체들이 유망상권을 선점하기 위한 다점포 전략으로 지방진출을 가속화하고 있다.

사. 가격경쟁의 심화

구매력을 가진 대형할인점이 확산되고, 중소유통업이 조직화되면서 제조업과 유통업간의 수직적 갈등이 지속되고 있다.

아. 소비패턴의 변화

국민소득의 향상 및 소비자의 가치관의 변화에 따라 교통, 레저, 통신 등 선택적 소비의 비중이 증가추세이다. 또한 생활이 여유로워짐에 따라 감성중시 경향으로 브랜드, 디자인, 색상 등을 중시하는 경향을 보인다.

4) 프랜차이즈 산업의 발전 전망과 문제점

가. 발전 전망

외국에 비해서 볼 때 역사가 짧고 수명이 짧지만 아직 가능성이 많은 분야이다. 특히 창업주들은 업종 선택 시 유명 브랜드 보다는 유망 브랜드를 선택할 수 있어야 한다. 일본에서는 이미 60년대부터 프랜차이즈 산업이 본격화 됐고 미국의 경우 1백년의 역사를 갖고 있다.

앞으로 프랜차이즈에 대해서는 도입 초기의 폐해로 인한 고정관념에서 벗어나 21세기 유통산업의 꽃이 될 기간산업이라는 시각으로 바라보아야 할 것이다. 한편 인터넷이 생활화되면서 창업정보는 본사나 예비창업자나 가릴 것 없이 공개되어 있다. 따라서 얄팍한 상술로 타인에게 피해를 주는 행동이나 간단한 노하우로 가맹비를 많이 받는다거나 적절치 못한 갖가지 옵션으로 이익을 취하려는 본사를 가려내는 것도 어려운 일만은 아니다.

이러한 점을 알고 프랜차이즈 본사 또한 가맹점 확보에만 초점을 맞출 것이 아니라 서로 윈윈(win-win)할수 있도록 가맹점을 위한 신경영기법 개발, 대량구매와 공동물류로 인한 원가절감, 서비스의 고급화, 공동브랜드로 브랜드 이미지 상승 등의 지원체계를 갖추어 대형 점포와 경쟁 체제를 갖추는데 초점을 맞추어야 할 것이다.

년도	2002	2005	2007	2010
매출액(억 원)	2169	6063	7783	11319
GDP에 대비 비중(%)	7.6	8.7	9.6	11.0
업체 수(개)	120000	160000	180000	210000
종업원 수(명)	556094	735922	849141	1001986

국내의 전체프랜차이즈 산업의 성장률은 년 평균 10%를 상회 할 것이며 이 경우 사업체의 수는 현재의 12만개에서 3년 뒤에는 약 16만개가 될 것으로 전망되며 5년 뒤에는 18만개 그리고 2010년에는 21만개가 될 것으로 전망할 수 있다.

한국형 프랜차이즈의 5가지 성공법칙

첫째, 차별화를 넘어서라

일부 사람들은 프랜차이즈를 복제 비즈니스라고 잘못 이해하고 있다. 하지만 진정한 사업의 성공전략은 경쟁자들이 도저히 흉내 낼 수 없는 독창적인 제품과 마케팅 전략으로 승부하는 것이다. 특히 초 경쟁 상황에서는 단순히 경쟁사보다 더 좋은 제품으로 승부가 나지 않는다. 다시 말해 차별화를 지향하는 제품과 서비스를 제공해 만족도를 최고수준으로 높이는 개성화 마케팅전략을 펴지 않으면 안 된다.

둘째, 시대의 변화를 선점하라

남들보다 시대의 흐름에 앞서가는 아이디어로 자신들이 개척한 업종의 마켓리더로 자리 잡을 수 있다.

셋째, 머리로 돈을 벌어라

프랜차이즈의 분야는 새로운 아이템과 독특한 경영기법을 내세워 새로운 가능성애 도전하는 신규 참여자들로 인해 다양한 아이디어의 경연장이 되고 있다.

넷째, 틈새시장을 노려라

틈새시장을 찾아내는 것은 쉬운 일이다. 하지만 틈새시장에서 경쟁우위를 확보하고 지속시키려면 남다른 각오와 노력이 필요하다. 이를 위해서는 비즈니스 컨셉의 개발에서부터 시스템의 설계, 시범점포의 운영, 매뉴얼의 작성에 이르는 매우 복합적인 과정을 효율적으로 수행하지 않으면 안된다.

다섯째, 윈윈(win-win)을 노려라.

프랜차이즈 사업은 본사와 가맹점이 협력을 통해 상호이익을 추구하는 이익공동체라는데 기반을 두고 있다. 본사는 시시각각 변하는 사업환경을 분석하고 현 시점에서 이 사업이 왜 필요하며, 사회에 어떤 이익을 주는지 명확하게 제시함으로써 가맹점들의 사업추진 당위성과 실행의지를 높여야 한다. 가맹점의 매출증대와 효율적인 점포운영을 위해 적극적인 지원이 필요하다. 즉 교육훈련, 경영기술 지원, 영업 및 판촉지원, 물류관리, 광고 및 홍보 지원 등이 포함된다. 가맹점 사업자는 업종에 맞는 효율적인 점포경영 전략을 실행해야 하며, 지역특성에 맞는 영업수단을 갖추어 매출증대와 고객의 만족을 위해 노력함으로써 시너지 효과를 통해 성장해 나가야 한다.

나. 프랜차이즈 산업의 문제점

프랜차이즈 시장은 급팽창하고 있지만 정부의 관련 법 규정이나 업체 수준은 국제적 기준에 비해 크게 떨어진다는 게 업계 전문가들의 지적이다. 프랜차이즈 관련 업체를 지원하고 육성해야 할 관련 부처가 산업자원부, 중소기업청, 노동부, 공정거래위원회 등으로 나눠져 체계적인 관리가 안 되고 있다.

정부의 정책 방향도 프랜차이즈 산업의 육성 보다 규제 쪽에 치우쳐 있다는 주장이 많다. 업계의 발전을 유도하고 이익을 대변해야 할 프랜차이즈 관련 기관도 프랜차이즈 협회와 프랜차이즈 경제인 협회로 양분돼 "세 싸움"에만 몰두해 업계의 건전한 발전을 막고 있다.

스타벅스 코리아의 정진구 사장은 "프랜차이즈는 본사와 가맹점이 함께 발전하는 공동 운명체지만 한국에선 아직 "한탕주의" 식으로 가맹점 모집을 통한 이윤 추구에만 관심을 쏟는 것 같다"고 말했다.

그러나, 프랜차이즈 사업자 단체(KFA/프랜차이즈협회)의 공식 출범으로 업계 스스로의 활동(규정 및 제도의 정비, 부실 체인본사의 규제, 자정 노력)이 활발히 진행되고, 무엇보다도 소비자들이 프랜차이즈에 대한 편리함을 크게 느끼고 있어, 프랜차이즈에 대한 인식은 개선될 수 있을 것이다.

다. 한국 프랜차이즈의 문제점

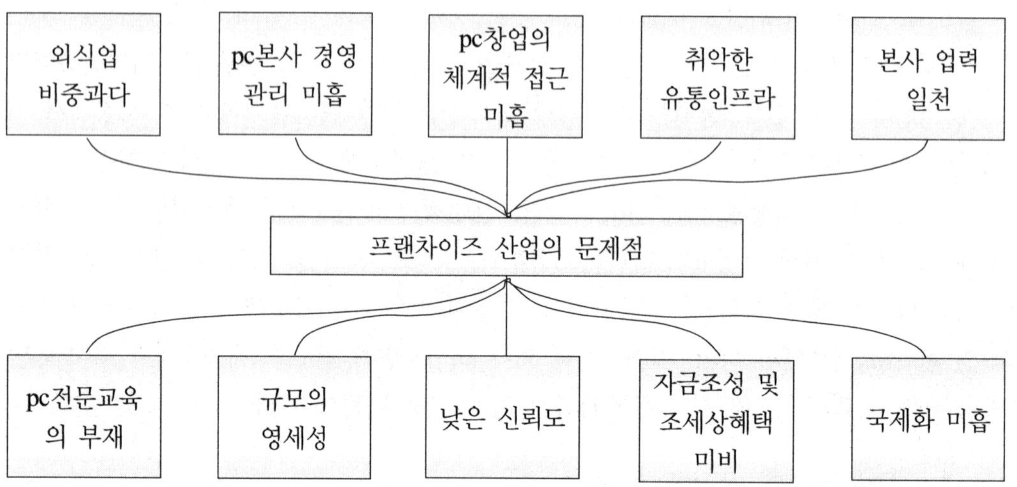

5) 프랜차이즈 산업의 업종별 주요특성

가. 패스트푸드

두꺼운 소비층을 형성하고 있음. 최근 건강과 고급화를 추구하는 소비자의 경향에 맞게 변화를 시도함. 신규업체들의 시장진입 또한 활발히 이루어짐으로써 업체 간의 차별화가 뚜렷하지 않아 가격경쟁이 치열함.

나. 생활용품

초기 재래시장에서 판매되었으나 1990년대 들어서면서부터 가격 할인마트가 등장하기 시작함. 현재 연간 1조원에 이르는 규모의 독자적인 시장으로 발전함.

다. 외식산업

가맹본부의 지도, 지원 아래 경영의 경험이 없어도 비교적 소자본으로 운영이 가능하고, 효율적인 투자효과 창출이 가능한 우수한 유통방식. 1980년도 이후 경제성장과 소득증대를 비롯한 경제, 사회, 문화, 기술 적인 요인에 의하여 급속히 발전.

라. 커피시장

최근 에스프레소 시장의 성장과 국민소득의 향상으로 인한 여유로운 생활로 소비자들의 가치관의 변화와 함께 고급커피가 기회식품으로 자리 잡게 됨. 매년 커피시장은 증가되고 있는 추세임.

마. 미용업

생활수준의 향상으로 인해 삶의 질을 중시하면서 양적으로 질적으로 성장하고 있음. 프랜차이즈 미용실은 교육시스템, 테크닉, 접대매너, 서비스, 인테리어 등에 이르기 까지 통일성을 기하고 있어 경영적 측면과 고객 이미지 차원에서 일반 미용실 보다 우위에 있음.

바. PC방

1997년부터 등장한 PC방은 애초 대학의 보고서를 작성하는 공간으로 시작하였으나 인터넷을 통한 게임의 확산으로 기하급수적으로 증가하기 시작함. 업체의 급격한 증가로 인해 과다경쟁, 수익악화로 이어짐.

사. 청소대행업

업무용 빌딩과 호텔, 병원 등은 물론 아파트나 일반주택에 이르기까지 청소대행이 급속히 확산되고 있음. 일반인이 하기 힘든 유리창 청소, 옥외 광고물 클리닝, 건물 외곽 청소 등 첨단 기계장치로 능숙하게 처리함.

◉ 업종 선택 요인

최근 프랜차이즈 업체들은 양적인 팽창기에 이어 질적인 성장으로 나아가고 있다. 컨설팅업체인 프랜차이즈 프라자의 이종은(李鍾殷) 창업아카데미원장은 "불황과 소비 구조의 양극화에 따라 수익성 높은 업종을 중심으로 세분화 및 전문화가 예상 된다"고 말했다.

요즘 프랜차이즈 업종 선정 키워드는 △기술력과 전문성을 결합한 업종 △수익모델이 튼튼한 사업 △경비절약형 사업 △소자본으로 가능한 사업 등이 될 것으로 보인다.

유망업종 선정에 영향을 미치는 요인은 소비자 트렌드. 최근 소비자들의 취향이 △웰빙 △편의 추구 △시(時)테크 △감성지향 등에 집중되면서 이와 관련된 프랜차이즈 사업이 유망업종이 될 가능성이 크다.

▽틈새를 노리는 교육 생활편의 업종＝일상생활과 회사 업무 등으로 바쁜 현대인들에게 저렴한 가격과 시간절약 그리고 편의성 요구에 부응하는 생활편의업종이 프랜차

이즈 유망업종으로 급부상했다.

독신 생활자나 맞벌이 부부의 증가 등 라이프스타일 변화로 시테크 및 편의 제공과 관련된 사업들이 이 범위에 속한다. 대표적인 유형은 청소대행업, 반찬전문점, 컴퓨터용품 편의점, 잉크충전방 등.

▽건강과 레저 분야 급부상=정신 및 육체적 건강에 대한 관심이 높아지면서 건강레저 분야의 업종은 고소득을 올릴 수 있는 분야로 떠오르고 있다.

음식업종뿐만 아니라 목욕제나 화장품 등을 판매하는 미용관련 분야 및 생활지원업 등의 시장이 급속히 확대되고 있는 것도 같은 이유로 풀이된다. 이 밖에 자동판매기 임대와 온라인 교육 등 무점포 창업도 소자본 프랜차이즈 유망업종으로 떠오르고 있다.

〈참 고 문 헌〉

박주현, 정재남, 프랜차이즈 경영론, 2004, 도서출판 글로벌.
박원휴, 프랜차이즈 창업 알고나면 성공한다(업종편), 중앙경제평론사.
유재수, 정보철, 프랜차이즈 창업열전, 기획출판.

〈웹사이트〉

한경닷컴 - http://www.hankyung.com/
한국 프랜차이즈 경제인 협회 - http://www.kfa21.or.kr/
㈜ 비즈넷 타임 - http://www.businessun.com/
엔터프러너 - www.entrepreneur.com
매일경제 신문 - http://www.mk.co.kr/
한국 프랜차이즈 협회 - http://www.ikfa.or.kr/
매경이코노미 - http://www.mkeconomy.com/

제 2 장

프랜차이즈의 역사와 발전

① 프랜차이즈의 역사

프랜차이즈의 역사는 아라비아 상인들의 활동에서 시작되었다고 보기도 하고 중국에서 시작되었다고도 하며 중세의 유럽에서 보기도 한다. 그러나 프랜차이즈가 사업화되기 시작한 것은 미국인만큼 프랜차이즈의 역사는 미국 프랜차이즈 역사라고 해야 할 것이다.

"Franchise"란 말은 "to free" 란 중세 프랑스어로부터 유래되었다. 중세시대에 "Franchisee"는 민권을 유지하고 세금을 부과하고 징수하는 권리를 받은 아주 중요한 사람이었다. franchisee들은 franchise를 허용해 주는 사람이나 정부에게 군대나 다른 형태의 보호 대가로 자신들이 걷어 들인 세금수입의 일정부분을 지불하였다.

이 개념은 후에 민간부분에서도 사용하기 위해 채택되었다. 예를 들면 19세기에 잉글랜드는 제정적인 이유로 여인숙 소유자들을 양조장의 franchisee로 묶어서 관리하였는데 여인숙 소유자들은 양조장으로부터 맥주를 독점적으로 사는 대신에 양조장은 그들에게 여러 가지 지원을 하였다.

(1) 고전적 프랜차이즈

프랜차이즈를 통한 최초의 상업적 소매 프랜차이즈는 1858년 이삭 싱어(Isaac Singer)

에 의해 개발된 싱어 재봉회사 (Singer Sewing Center)이다. 싱어는 재봉틀을 개발하여 시장에 판매하게 되는 두 가지의 장애물이 있었다. 그 하나는 고객들이 구입을 하기 전에 고객들에게 재봉틀의 사용방법을 가르치는 것이었고, 다른 하나는 그의 기계를 대량생산 하는데 필요한 자금을 확보하는 것이었다.

이러한 문제에 직면한 싱어는 그 기계 사용방법을 가르칠 수 있는 교육자의 파견과 제품판매 권리를 지역 사업가들에게 파는 아이디어를 생각해 냈다. 그 결과 재봉틀의 판매는 엄청나게 증가하였고 그의 사업 또한 빠르게 성장하였다. 제봉틀의 판매와 교육자 파견에 대한 권리의 대가로 받은 권리 허가 수수료(Free)는 그가 상품을 대량으로 제조할 수 있는 자금을 제공하였고, 모든 가맹점 사업자 (Franchise)는 자신의 비용으로 사업을 운영하였기 때문에 싱어사는 각 지역 센터의 매니저만 고용하면 되었다. 싱어의 이와 같은 사업 확장 모델은 19세기에 들어서 여러 기업들이 적용하면서 빠르게 확산되었다. 그 대표적인 기업이 코카콜라이다. 코카콜라의 발명자는 약제사였는데, 두통과 숙취제거를 목적으로 이런 저런 재료를 섞어 제조한 음료수로 시작되었다. 얼마 후 이 음료수를 시식한 한 친구가 '코카콜라'라는 이름을 제안하고 그 약제사는 이를 받아들여 오늘날의 코카콜라 브랜드 로고가 만들어졌다. 흔들리는 역마차를 타고 여행하는 승객의 피로회복을 위하여 제공하는 진정제인 차 멀미약으로 이용되어진 코카콜라의 효과가 입증되면서 컵을 사용하여 판매하기 시작하였고 점차 일상생활의 음료수로 보급되기 시작하였다. 또한 이약을 판매하여 돈을 벌고자 하는 지역사업자들의 판매요청이 쇄도하였다.

코카콜라는 상품의 유통을 위해 '보틀러(Bottler)라 불리는 도매업자에게 프랜차이즈를 판매하기 시작하였다. 즉 코카콜라는 소비자마케팅을 담당하고, 보틀러는 코카콜라에서 농축원액을 구입하여 원액에 탄산수를 타고 병에 담아 슈퍼마켓 등 소매점에 코카콜라를 판매하는 역할을 담당한 것이다. 그 대가는 1달러였다. 즉 코카콜라라는 상품의 제조나 저장, 유통에 대한 부담을 병에 넣을 권리를 사고자 하는 지역 사업가들에게 넘김으로써 코카콜라는 적은 비용으로 제품이 대량제조와 판매량을 확대시킬 수 있게 된 것이다.

이 판매방식을 통하여 코카콜라의 판매는 급증하기 시작하였다. 보틀러에게 프랜차이즈를 주기 시작한지 10년 만에 프랜차이즈 숫자는 370개로 늘어났고 그 결과 코카콜라는 순식간에 미국 방방곡곡에 깔리게 되었다. 1915년에 지금의 코카콜라의 병이 디자인되었고, 1920년대에는 세계로 진출하기 시작하였다.

20세기 초에 자동차의 대량생산과 보급은 미국인들의 문화뿐만 아니라 프랜차이즈를 근본적으로 변화시켰다. 자동차 산업은 19세기 말경부터 번창하기 시작하였는데 20세기 초까지는 그 대부분이 조립메이커에 의한 직판방식으로 판매되고 있었다. 그러나 헨리 포드(Henry Ford)가 대량생산 시대와 조립방식을 소개함으로써 자동차를 판매하고 기름을 제공하며 서비스를 판매하고 운전자들이 여행 도중에 머무를 수 있는 친숙한 공간을 제공하기 위한 대량 유통방법 또한 필요하게 되었다.

자동차의 판매방법에 있어서는 여러 가지가 있었지만 가장 효과적인 것은 종래의 마차판매상 등의 지방의 판매업자를 대상으로 한 대리점 방식이고 독립된 자동차 딜러에게 자동차 판매권을 부여하는 시스템이었다. 자동차 제조업체들은 거대한 자본이 투입된 만큼 독립적인 딜러들이 제공하는 자본을 이용하여 전국적인 유통체계를 구축하였다.

자동차산업의 발전과 병행하여 발단한 분야가 가솔린 화사들의 주유소 경영이었다. 자동차 보급이 확대되고 그와 맞물려 고속도로의 건설과 시설확충이 이루어졌으며, 고속도로의 이용개고가 여행객들의 편의와 서비스를 위한 여러 가지 시설들의 들어서기 시작하였다. 스탠다드(Standard)나 텍스코(Texco)와 같은 정유회사들도 전국에 걸쳐 자동차 수리점의 필요성을 인식하게 되었다.

그 밖의 프랜차이즈시스템이 발달한 산업으로서는 자동차의 부품공급, 약국, 아이스크림, 의류, 화장품등을 들 수 있다. 이와 같은 상품 중심의 프랜차이즈는 1920년대부터 1930년대에 걸쳐서 미국 유통의 확실한 사업방법이었다. 이를 전통적 프랜차이즈시스템으로 부르고 있다.

이러한 초기의 프랜차이즈의 성공은 1950년대와 60년대에 프랜차이즈의 폭발적인 성장을 가져오게 되었다.

초기의 프랜차이즈와 오늘날의 프랜차이즈의 중요한 차이점은, 초기의 가맹점사업가들은 오늘날 보다 훨씬 유리한 조건으로 계약하였다는 것이다. 가맹점사업자가 계약서에 사인하도록 만들기 위해 가맹본부들은 독점권을 인정하고 계약기간도 제한 없이 할 수 있도록 하였으며, 계약서도 또한 매우 간소하였고, 관계에 대한 내용보다는 지불내용이나 기간 그리고 가격에 대한 내용이 중요시 되었다.

(2) 현대적 프랜차이즈

처음 100년간의 프랜차이즈를 보면 자동차 회사나 상품 및 서비스와 관련된 가솔린 서비스 주유소 상품이나, 음료수판매, 특히 맥주나 소프트드링크 유통, 편의점이 주종을 이루었다. 여기에서 가장 중요한 것은 초기 가맹본부들은 그들의 가맹점 사업자들의 자율성이나 독립성을 통제하려고 하지를 않았다는 점이다. 비록 초기 소매중심 프랜차이즈(Retail Franchise)들이 같은 상품명에 의해 동일시되었지만 그들의 자신의 사업 방법에 따라 운영할 수 있는 자유가 있었다.

그러나 제2차 세계대전 후 미국사회는 정치적, 사회적으로 많은 변화가 일어나기 시작했다. 젊은 층의 가족이 늘어나고 생활이 윤택해지면서 교외에 살면서 자동차를 타고 질주하는 붐이 일어나기 시작했다. 이에 따라 고속도로는 급속하게 발전하였고, 고속도로 주변에는 모텔과 대형화된 레스토랑, 호텔 등이 생겨나기 시작했다.

이러한 문화의 생성과 함께 등장한 것이 맥도날드이다. 맥도날드는 리처드(Richard)와 모리스(Morice)라는 맥도날드 형제가 1937년 캘리포니아의 산 버나디노(San Bernardino)에서 시작한 드라이브인에서 비롯되었다. 이 햄버거 가게는 많은 양의 쉐이크와 프라이는 물론이고 스피드서비스시스템을 통해 주문 후 바로 나오는 신속한 제작을 하여 포장지에 넣어 판매하는 15센트 햄버거가 매우 잘 팔리고 있었다. 그러나 레이크록이 경영에 참여하면서 맥도날드는 새롭게 변신을 하게 된다. 레이크록(Ray Kroc)은 밀크세이크 제조기계를 판매하는 성공적인 영업사원이었다. 그의 고객 중의 하나인 맥도날드의 가게가 매우 성공적인 햄버거 사업을 하고 있고 특히 직원들이 전문화된 직원들이 아니라 대부분이 파트타임으로 일하고 있는 고등학생들로 특별한 기술이 없이도 모든 일을 그들이 쉽게 처리할 수 있는 것에 관심을 갖게 되었다. 레이크록은 대단한 성공을 거두고 있는 맥도날드의 사업시스템을 정확하게 복사하여 전국적으로 확대할 수 있는 가능성을 확신하였다.

그는 1955년 시카고에 1호점을 개점함으로써 본격적인 프랜차이즈 사업을 시작하게 되었다. 2년 후에는 37개점, 4년 후에는 100개점, 1961년에는 288개점, 1980년대 5000개점, 그 이후에는 세계로 진출하였고 1989년에 13,900개점, 현재는 세계 121개국에 2만9천여 매장을 운영하고 있는 세계에서 가장 큰 햄버거왕국을 건설하였다. 레이크록의 이론이 성공을 거두면서 패스트푸드산업의 프랜차이즈화는 빠르게 확산되었다. 레이크록은 맥도날드라는 비즈니스시스템을 신중하게 복사하고 관리하여 그의 믿음대로 지속적인 성공을 할 수 있었다. 맥도날드의 성공은 레이크록이 패스트푸드 산업에 조립방식을 도입함으로써, 그의 성과를 헨리 포드와 비교하기도 한다.

맥도날드에 이어 던킨도너츠가 1950년에 창업하여 1956년에 프랜차이즈화하였으며, 버거킹은 1951년에 창업하여 1957년에 프랜차이즈화, 쉐라톤은 1937년에 창업을 하여 1962년에 프랜차이즈화하였다.

1950년대 레이크록이 시작하여 성공한 방법은 반복적인 프랜차이즈의 무성생식을 통한 사업화방법으로 오늘날 우리가 잘 알고 있는 비즈니스 형태의 프랜차이즈의 시작이었다. 또한 맥도날드는 음식산업의 본질을 변화시켰을 뿐만 아니라 음식산업의 미래까지도 변화시켰다.

2 프랜차이즈의 발전

2차 세계대전 이후 프랜차이즈 산업은 소비자의 욕구를 충족시키는 가맹본부가 되겠다는 야망과 좋은 아이디어를 가진 경험이 많은 사람들이 등장하면서 붐을 이루었다.

프랜차이즈가 수익성 있는 소매사업으로 성장하고 관리될 수 있는 중요한 방법으로 인식되기 시작했다. 따라서 미국에서는 프랜차이즈가 빠른 속도로 확산되기 시작하였다. 또한 프랜차이즈를 통해 성공한 가맹 본부들의 등장은 처음 프랜차이즈 시장을 주도한 패스트푸드에서 벗어나 다른 산업으로도 발전하여 현재는 75개의 산업에서 확대되고 있다. 특히 미국에서의 치열한 경쟁을 이겨내고 성공한 기업들은 해외로 눈을 돌리기 시작하였다.

2차 세계대전 초기 프랜차이징(Franchising)은 미국 기업들이, 국내시장보호 정책이 심한 아시아나 유럽시장에 진출할 수 있는 유일한 방법이었다. 미국시장과 비슷한 캐나다, 멕시코, 유럽은 물론이고 일본, 한국을 비롯한 아시아 국가들과 사우디아라비아, 이집트와 같은 아랍 국가들에 이르기까지 진출하기 시작하였다. 이들 선진화된 브랜드들의 진출이 성공을 거두자 각 국가들의 국내 프랜차이즈들도 등장하게 되어 활발한 움직임을 보였다. 선진화된 경영기법과 차별화된 마케팅 전략을 갖추고 있는 미국의 프랜차이즈 기업들이 해외 시장진출에 성공을 거두면서 각 국가들 또한 프랜차이즈에 대한 관심을 갖기 시작하였고 자국의 프랜차이즈 산업 발전을 위해 여러 가지 정책과 지원제도를 만들기 시작하였다.

프랜차이즈는 미국에서 시작되어 전 세계 프랜차이즈 산업을 주도하고 있다. 하지만 오늘날에는 비 미국 기업들이 프랜차이즈를 통해 미국 시장에 진출하기 시작했다. 이제 프랜차이즈는 미국만의 사업이 아니라 전 세계의 많은 국가들의 중요한 경제정책의 하나로 결정되어 있으며, 많은 가맹본부들의 세계시장의 진출과 성공을 위해 끊임없이 노력을 하고 있다.

③ 각국의 프랜차이즈

(1) 미국의 프랜차이즈

미국에 있어서 프랜차이즈 산업의 발전은 과도기와 성숙기를 거쳐 오늘날에 이르고 있다. 19세기 말엽 정치적인 의미에서 미국 주정부가 선거 공약의 이행 들을 위한 기금 확보를 목적으로 프랜차이즈 비즈니스 개념을 도입하기도 했다. 그러나 그 당시에는 제조업체의 상품과 상표에 국한하여 프랜차이즈 권한을 부여했으며, 경제가 급격히 성장함에 따라 여러 종류의 상품이나 서비스로 확대되었다. 급속한 경제생활변화와 사회적 여건 변화에 적응할 수 있는 사업형태인 프랜차이즈에 대한 필요성이 부각되기 시작한 것이다. 다시 말해 소규모의 자금을 투자한 소매업자들이 프랜차이즈 비즈니스로 뭉침으로써 거대한 비프랜차이즈 경쟁사와 경쟁이 가능해지고 보통수준의 회사 역시 상대적으로 적은 자금과 인력을 가지고 대규모의 비프랜차이즈 경쟁사들에 결코 뒤지지 않는 잠재력을 확보하게 되었던 것이다.

1960년대 들어와서 미국에서는 여러 가지 형태의 다양한 프랜차이즈 비즈니스가 생겨났다. 그러나 미국의 연방정부나 주정부로부터 이에 대한 아무런 제약조건이나 규정이 없는 상태였기 때문에 악덕 가맹본부는 프랜차이즈 비즈니스 개념이 완전히 자리 잡히지 않는 상태에서 가맹점으로부터 계약금, 로열티 등의 자금만 확보하고 사기를 행하는 사태가 자주 발생함으로써 소비자들의 피해가 속출하기도 했다. 그 결과 1970년 한 해 동안 100개가 넘은 가맹본부가 도산했고 수천명의 가맹점사업자가 자신의 상점을 잃었으며, 심지어는 가맹점사업자가 전 재산을 날리는 사태도 발생했다. 이런 부작용을 예방하기 위하여 미국 연방정주(연방거래위원회)는 1979년 프랜차이즈 거래법을 만들어 각 프랜차이즈 회사들이 연방정부 차원에서 규제를 받도록 했다.

1985년의 경우 소매업 전체 매출의 30%에 해당하는 5,000억 달러가 프랜차이즈에 의한 매출이었는데, 이는 그해 GNP의 20%에 해당되는 것이었다. 이후 급속한 신장세를 기록, 미국의 가맹본부 수는 지난 2000년 말 기준으로 약 4,500여개, 가맹점수는 약 70만 여개 정도로 추산되며, 미국 전체 소매업 점포수의 약 40%를 차지하고 있다. 매출액은 약 2조억달러로 미국 전체 소매 매출의 45%를 차지할 정도로 급성장하고 있다.

(2) 일본의 프랜차이즈

일본에 프랜차이즈 시스템이 도입된 것은 1960년대이다. 1970년대에는 식품이나 서비스업이 각광을 받았다. 1980년대에는 세븐일레븐(7-Eleven)과 패밀리마트(Family Mart), 다이에 등 유통업체들이 프랜차이즈를 통한 편의점 사업을 대대적으로 펼쳤다.

일본의 프랜차이즈는 미국과 달리 비즈니스 포맷 프랜차이즈형으로 분류되는 경우가 많다. 상품형 프랜차이즈는 '유통계열화'라든가 '대리점 · 특약점제'라고 말하고 있고, 프랜차이즈라고 부르고 있지 않다. 일본에서는 프랜차이즈는 오로지 비즈니스 포맷형 프랜차이징이다.

일본에서는 프랜차이즈 상위 20위중 편의점이 9개가량을 차지할 정도로 편의점 프랜차이즈 사업이 매우 활발하다. 1990년대에 들어와서는 여성의 사회진출이 활발해 짐에 따라 미용, 중식, 가정청소, 컴퓨터 서비스업이 인기를 끌고 있다. 또한 신업태를 확대하기 위한 벤처기업형 프랜차이즈 본사들이 대거 등장하는 추세이다.

1998년을 기준으로 일본의 프랜차이즈 현황을 살펴보면 가맹본부 수는 923개로 1995년 말 755개에 비해 22.3%가 증가하였고, 가맹점 수는 19만 2,450점포로 1995년의 15만 8,000개에 비해 약 21.8%의 증가율을, 매출액은 16조 1,900억엔을 기록하여 1995년 대비 24.0%의 높은 성장률을 보이고 있으며, 2000년대에 접어들어서도 지속적인 성장을 시현하고 있다.

또한 산업별 가맹본부 수 및 가맹수를 살펴보면 가맹본부 수는 유통업 335개, 푸드서비스업 368개, 서비스업 220개이며 가맹점 수는 소매점 67,503개, 푸드서비스업 45,039개, 서비스업 79,908개였다. 또한 매출 추이로는 푸드 서비스업 3.3조엔, 서비스업 1,8조엔 소매업 11조엔으로 나타났다.

일본에 있어서 프랜차이즈의 도입은 1960년대 초기 무렵부터 시작되었다. 미국적 개념으로 보면 일본의 프랜차이즈는 비즈니스 형태의 프랜차이즈 형태의 프랜차이즈이다, 비즈니스 포맷형 프랜차이즈는 시간이 지날수록 급성장하였다. 1985년에는 596개의 본사와 89,267개 가맹점에 4조 5,153억엔에 달하였고 이후1989년까지 매년 평균 1조엔씩 매출을 증대시켰다.

일본의 경우 80년대 초에 비해 90년대에는 가맹본부를 55%, 가맹점은 약 3배, 매출액은 약 5배 이상 증가 되었다.

(3) 러시아의 프랜차이즈

러시아는 시장의 복합성과 크기 면에서 매우 특별한 가치가 있다.

맥도날드가 1990년에 첫 번째 레스토랑을 개점하여 성공을 거두면서 많은 러시아 사람들은 프랜차이즈에 대해 관심을 갖기 시작했다. 또한 다른 서구의 프랜차이즈 브랜드들이 러시아로 진출을 서두르기 시작했다. 대표적인 분야가 호텔이다.

러시아 기업들은 또한 자체 브랜드를 가지고 시장에 진입하기 시작했는데 도카 피자(Doka Pizze)가 첫 번째 러시아의 프랜차이즈시스템이다. 그 뒤를 이어 1995년에 러스코에 비스트로(Russkoye Bistro)가 러시아의 전통적 음식을 가지고 가맹점을 모집하기 시작했다.

그러나 러시아는 프랜차이즈 사업을 하는데 여러 가지 정치적, 실질적 문제들은 안고 있다. 사업법이 아직도 수정중이어서 프랜차이즈는 물론이고 다른 형태의 사업을 진행하는데 여러 가지 제약이 있다. 또한 지방 정부는 건물임대를 거절함으로써 가맹본부들의 지방 확장에 장애가 되기도 한다. 이외에도 인플레이션이나 범죄조직들의 난립들로 인해 러시아 시장에서 프랜차이즈 사업을 하고자 하는 잠재적인 가맹본부들을 주저하게 만들고 있다.

(4) 중앙 및 동구 유럽의 프랜차이즈

중앙 및 동구 유럽 국가들은 사유재산이 인정되면서 돈을 벌고자 하는 높은 동기부여와 많은 유럽 국가들의 이 지역에 대한 시장진출 경쟁으로 프랜차이즈 사업이 매우 활발하다. 또한 프랜차이즈 사업을 위한 여러 가지 환경 또한 프랜차이즈 기업들에게 매우 유리하다. 폴란드의 경우 가맹본부는 서구의 유명한 브랜드들의 매장에서 일할 수 있는 우수한 직원을 구하는데 아주 수월하다. 그리고 지방자치단체들은 프랜차이즈 사업의 활성화에 제약을 가져올 수 있는 법과 규정을 앞 다투어 개정하고 있다. 또한 유럽의 선진 국가들이 이 지역의 발전을 위해 여러 가지 지원을 제공하고 있다. 그러나 아직은 국가들의 자금사정이 좋지 않아 대규모의 프랜차이즈 사업을 하기에는 쉽지 않다.

(5) 개발 도상국가들의 프랜차이즈

개발 도상국가들에게 프랜차이즈 사업은 매우 중요하며 경제를 발전시키는데 매우 큰 역할을 하고 있다. 처음에는 미국을 비롯한 선진 국가들의 브랜드들이 진출하여 프랜차이즈 사업을 전개하면서 자체적인 브랜드들이 들어서기 시작한다. 이들 국가들은 정부가 나서서 경제발전을 위해 여러 가지 육성정책과 지원책을 마련하고 있다. 국민들 또한 경제적 어려움에서 벗어나기 위해 열심히 노력하고 있는데 이러한 분위기가 프랜차이즈 사업의 폭발적인 성장을 가져오고 있다.

말레이시아는 세계에서 경제가 가장 빠르게 성장하는 국가로서 프랜차이즈를 유통부분의 창업을 권장하기 위한 방법으로써 공식적으로 받아들이고 있다. 최근 자료에 의하면 프랜차이즈가 가장 빠르게 성장하는 12개 국가들 중에서 10개가 아시아와 라틴아메리카의 개발 도상국가들인 것으로 밝혀졌다. 특히 인도나 중국은 세계에서 가장 많은 인구를 가지고 있는 만큼 프랜차이즈 산업의 거대시장으로 프랜차이즈를 적극적으로 받아들이고 있다.

(6) 유럽의 프랜차이즈

유럽에서 프랜차이즈는 매우 오래되었으며 세계적으로 유명한 브랜드를 많이 갖고 있고 매우 안정되고 활성화되어 있다. 프랑스는 프랜차이즈시스템이 600개이고 전체 매출액의 2500억 달러에 이른다. 영국은 400개로 매출액은 80억달러이고, 독일은 745개, 이내리는 400개, 스페인은 300개이고 스위스, 벨지움, 포르투갈, 핀란드, 덴마크 등 모든 나라들의 가맹본부와 매출액은 지속적으로 성장하고 있다.

유럽 국가들의 프랜차이즈 관련법들은 각 국의 상황에 따라 복잡한 규정을 갖고 있지만 가맹본부와 가맹점의 신뢰형성을 통해 발전을 기한다는 목적은 동일하다.

유럽의 프랜차이즈시스템 수

국가	프랜차이즈 시스템의 수	매장 수
프랑스	600	30,000
영국	432	18,600
독일	745	17,000
이태리	387	19,000
네덜란드	309	11,005
스페인	200	6,800
오스트리아	170	2,700

Commission of European Union(1994)

④ 한국의 프랜차이즈 산업

(1) 한국 프랜차이즈 산업의 역사

한국 프랜차이즈 사업의 효시는 무엇이었을까? 1975년 개점한 '림스치킨'으로 보는 견해와 1979년 7월 동숭동 샘터사 자리에 커피전문점으로 개점한 '난다랑'으로 보는 견해가 있다. 그 후 1979년 10월 선진화된 프랜차이즈시스템을 갖춘 롯데리아가 개점함으로써 기업형 외식 프랜차이즈 사업이 본격적으로 출범하였다. 1980년에 접어들면서 한식을 비롯하여 미국의 맥도날드사가 국내에 진출하면서 프랜차이즈 산업은 활성화되기 시작했다.

롯데리아는 1979년 10월 25일 소공동점(1호점) 개점을 시작으로 1992년에는 100호점, 1995년 400호점, 2000년 500호점, 2001년 700점을 돌파하여 한국의 대표적인 패스트푸드 가맹본부가 되었다. 매출 또한 1994년에 1000억원을 돌파하였고, 일일 매출면에서도 1999년에는 20억원을 달성하는 등 양적, 질적 성장을 이루고 있다. 특히 국내 외식산업을 주도하고 있는 패스트푸드업체들, 특히 세계적인 패스트푸드 회사인 맥도날드를 앞서고 있는 것은 프랜차이즈 사업의 성공요소가 무엇인지를 단적으로 보여주고 있다.

롯데리아의 성공을 계기로 많은 국내외 외식업체들이 앞 다투어 프랜차이즈 사업에 뛰어들기 시작했다. KFC는 1984년, 피자헛은 1985년, 파리바게트는 1986년에 프랜차이즈 사업을 시작하였으며, 도미노피자는 1990년, 던킨도너츠는 1994년, BBQ는 1995년에 시작하여 국내 프랜차이즈 사업의 성공신화를 만들어냈다.

특히 BBQ는 우리나라 프랜차이즈 산업의 성장과 발전에 많은 기여를 한 브랜드로서 다국적 패스트푸드 브랜드와 비교해도 점포 수와 매출면에서 결코 뒤지지 않은 토종브랜드의 저력을 보여주고 있다. 그러나 대부분의 프랜차이즈 사업이 외식산업을 중심으로 발달하면서 프랜차이즈는 외식 특히 패스트푸드에 적합한 것으로 인식하게 되었고 한식, 중식, 분식 등 음식분야에 많은 가맹본부들의 집중에 따른 부작용도 만만치 않다. 이러한 외식중심의 가맹본부 창업은 기술의 발달과 사회변화에 발맞추어 서비스분야는 물론이고 환경, 건강분야까지 확대되고 있는 것은 매우 바람직한 현상이다.

특히 여성들의 사회참여가 활달하면서 편리성과 품질을 중요시 여기게 되었고 젊은 이들이 주요 소비층으로 등장하면서 이들의 소비패턴과 라이프 사이클에 적합한 업종들의 창업이 활발해지고 있다. 특히 IMF를 계기로 하여 기업들의 구조조정으로 인한 실직자의 증가는 직장에 대한 가치관의 변화를 가져오게 되었고 미래에 대한 불안은 창업으로의 관심을 증가시키면서 가맹본부들의 창업 또한 급증하기 시작했다.

산업자원부 자료에 의하면 현재 한국의 프랜차이즈 산업은 전체 도·소매유통산업의 6.4%를 점유할 뿐만 아니라, 연평균 10%이상의 고도성장을 지속해 오고 있다. 프랜차이즈 시장 또한 2001년 기준으로 41조 7천만원의 매출을 기록하며 계속적인 발전이 예상되는 산업분야임을 알 수 있다.

지금도 여전히 프랜차이즈 업종은 커피전문점, 베이커리, 치킨 등 외식산업이 주류를 이루고 있으나 최근 전문 서비스업에까지 급격히 확산되고 점차 대형화되는 추세이며 현재 250여개 업종에서 프랜차이즈를 적용하고 있는 것으로 알려지고 있으며 시장규모는 최근 급속한 프랜차이즈 가맹사업의 확대추세를 감안할 때 시장규모가 더욱 급증할 것으로 전망된다.

(2) 한국 프랜차이즈 산업의 발전배경

한국의 프랜차이즈 산업은 짧은 시간에도 불구하고 눈부신 성장을 거듭하고 있다. 그 원인은 여러 가지 측면으로 나누어 볼 수 있으며, 영역별 프랜차이즈 발전 배경을 보면 아래와 같다.

영역별	발전배경
경제적 측면	· 국민소득 1만 달러 시대의 도래 · 소비문화의 질적 향상과 소비패턴의 다양화 · 시장개방에 따른 해외업체의 진출 · 세계화에 따른 국민들의 인식변화
사회적 측면	· 여성의 사회참여에 따른 편의성의 추구와 스피드의 필요성 · 도시화와 레저지향 추세 · 자가용의 증가 · 젊은 세대들의 소비지향주의 · 고객들의 까다로운 니즈 · 명퇴, 정년, 취업난으로 창업시장 확대
문화적 측면	· 식생활 패턴의 서구화 · 여가문화 향유와 해외 기업에 대한 가치관의 변화 · 소비자층의 세분화와 가맹본부들의 현대화
정보기술적 측면	· 인터넷의 보급과 디지털화 · 첨단 설비 및 기기자동화 · 선진경영기법의 도입

사실 국내 프랜차이즈 사업의 시작은 롯데리아의 소공동 지점의 개점을 시작으로 보고 있지만 엄밀하게 따지자면 그것은 비즈니스형태의 프랜차이즈(Busoness format franchise)의 시작이지 프랜차이즈의 시작은 아니다. 프랜차이즈의 전통적 형태인 상품형태의 프랜차이즈(Product Format Franchise)의 형식에서 보면 이미 그 이전부터 우리나라의 많은 기업들이 대리점, 전문점, 도매업자, 소매업자들을 통해 상품을 판매하고 있었다. 계약 또한 제조업자가 상품과 교육을 지원하고 딜러들은 상품을 판매하는 형식으로 직영체제의 대리점과 계약형식의 대리점을 함께 운영하는 기업들도 있었다.

지금도 많은 제조업체들이 이러한 형태를 통해 상품을 판매하고 있으며 이름 또한 전문점, 체인점, 대리점, 지사, 지점 등 매우 다양하다. 그러나 미국이나 일본처럼 이러한 형식을 이론적으로 체계화시키지 못하고 정확히 개념화시키지 못하였기 때문에 혼란스러운 것이다. 이제는 프랜차이즈가 사업 확장의 좋은 방법이라는 인식이 확산되면서 많은 중소기업들이 프랜차이즈 사업에 진출하고 있다. 또한 프랜차이즈를 적용하고 있는 업종 또한 기존의 외식중심의 창업에서 벗어나 다양한 분야에서 창업이 이루어지고 있다.

그러나 많은 기업들이 프랜차이즈 사업에 대한 정확한 이해와 준비 없이 시작하여 부작용 또한 심각하였다. 특히 프랜차이즈 사업이 단시간에 적은 비용으로 큰 돈을 벌 수 있다는 그릇된 인식으로 인해 시장에서 검증도 하지 않은 컨셉을 가지고 사업을 시작하거나, 심지어는 사업계획서만 가지고 가맹점을 모집하는 본부들도 생겨나기 시작하였다. 또한 차별화된 상품이나 서비스로 승부를 내기보다는 기존 회사들을 카피하거나 인테리어설치에 따른 이익을 목적으로 가맹점을 모집하는 업체들도 있다.

결국 이러한 기업들이나 본부들은 많은 피해만 남긴 채 사라지게 되었으며 프랜차이즈 창업에 대한 예비창업자들의 불신을 더욱 키우고 있는 원인을 제공하고 있다. 따라서 예비창업자들이 안전하게 창업을 준비하고 성공할 수 있도록 도와줄 수 있는 환경조성이 필요한 때이다.

중소기업청이 2003년 8월에 실시한 소상공인 예비창업자 창업의식 조사에 의하면 창업자들이 가장 희망하는 업종은 서비스업(점포형)이며, 창업자금 시 소요자금규모는 5천만원에서 1억원으로 나타났으며 월 희망수입은 300만원에서 400만원 미만이 가장 많았다. 또한 창업성공을 위한 가장 중요한 준비과정으로는 아이템 선정과 입지선정 및 상권분석으로 나타났고 창업 동기는 생계를 위한 것이 주요 원인이었다.

이와 같은 조사결과의 주요특징을 보면 최근 복잡하고 바쁜 현대생활에서 다양해지는 서비스 욕구와 이에 부응하기 위한 다양한 형태의 서비스 업종의 개발이 추세를 반영하고 있다. 그리고 창업업종 결정시 다양한 조사와 전문가의 자문을 통하는 경우가 그리 많지 않음을 알 수 있다. 또한 어려운 생활환경이 창업의 중요한 동기이나, 상대적으로 이를 개척하고자 하는 경향도 매우 많다는 것이다. 마지막으로 혼자서 창업을 준비하는 경우가 가장 많고 공공자원기관 및 창업교육 등을 통해서 준비하는 경우도 상대적으로 높게 나타나고 있다.

또한 (주)비즈니스유엔에서 조사한 창업선행지수에 의하면 예비창업자들이 희망하는 업종은 자금규모로는 5천만원 이하의 소자본이며, 10대와 20대를 주 고객으로 하는 아이템을 선호하는 것으로 나타났다.

여성들의 사회참여가 증가하면서 여성관련 아이템은 물론이고 여성창업자들을 가맹점사업자로 모집하기 위한 가맹본부들의 경쟁 또한 치열하다. 발관리 전문점과 셀프다이어트 전문점, 취미형 홈케어 전문점, 베이비시터 파견업 등 여성들이 할 수 있는 아이템들이 지속적으로 개발되고 있다. 또한 주5일 근무가 본격화되면서 레포츠관련 아이템과 여행관련 사업, 펜션 숙박업 등이 활성화 될 것이다. 또한 건강에 대한 관심이 늘면서 건강기능식품점이나 유기농산물전문점 등 선진국형 아이템에 대한 관심이 증가할 것이다.

제 3 장

롯데리아, 맥도날드, 피자헛, 놀부보쌈

① 

(1) 롯데리아의 현황

1) 기업정신

① 고객과 환경, 미래를 생각하는 기업 롯데리아

롯데리아는 고객과 환경을 먼저 생각하고 미래를 지향하며 식생활 개선으로 즐겁고 편안한 삶의 공간을 가꾸며, 서로 돕고 더불어 커가는 조직문화를 구현하는 기업.

② 새로운 식생활 문화의 창조와 고객만족을 추구하는 롯데리아

국내 패스트푸드의 선도기업으로 국민의 새로운 식생활 문화를 창조하며, 최고 품질의 상품(Quality), 미려하고 청결한 점포환경(Cleanliness), 밝은 미소와 아낌없는 친절, 잠깐의 만남을 소중히 여기는 마음(Service), 고객을 기다리지 않게 하는 빠른 서비스의 실현(Time)을 통한 고객만족을 추구하는 기업정신을 가졌다.

2) 시장현황

국내 패스트푸드 업체 매출액 현황

(단위 : 억원)

년도	롯데리아	맥도날드	버거킹	KFC	파파이스
1999년	3,388	1,728	509	1,310	1,170
2000년	4,628	2,211	761	1,687	1,328
2001년	5,281	2,720	899	2,032	1,193
2002년 상반기	3,200	1,500	500	1,060	630

국내 패스트푸드 업체 시장 점유율 현황

(단위 : %)

년도	롯데리아	맥도날드	버거킹	KFC	파파이스
1999년	42.8	20.8	6.2	15.8	14.1
2000년	42.0	20.5	7.0	15.6	12.3
2001년	43.0	22.1	7.3	16.5	9.7

국내 패스트푸드 업체 영업점 현황

(단위 : 개)

년도	롯데리아	맥도날드	버거킹	KFC	파파이스
1999년	423	140	53	141	147
2000년	519	204	82	180	167
2001년	655	276	103	221	177
2002년 상반기	799	336	121	232	200

(2) 롯데리아의 성공요인

요인	내용분석
든든한 배경	-최초의 패스트푸드 -외국의 패스트 푸드 브랜드와 차별화 -접근 용이성(국내 최고 점포수)-핵심상권 유통망구축 -좋은 입지 조건(상권지역,지하철 역 부근) -롯데라는 든든한 뒷배경 -저렴한 가격 -정확한 표적 시장-10대 및 가족 단위 -과감한 투자 -오랜 기간 동안의 노하우 -가장 한국적인 것이 세계적이라는 신념
비용절감	-체계적인 전산 시스템 -체계적인 물류 시스템
롯데리아의 꾸준한 노력	-한국인의 입맛에 맞는 독특한 제품 개발 (김치버거, 라이스버거) -꾸준한 경영 기술 혁신 -2002~2003외식 업계 최초 iso9001, iso14001, haccp 국제인증 획득 (품실, 환경, 식품 안선 인증 획득) -점포 운영 시스템 확립 -R&D 연구개발, 교육 프로그램
고객 & 이미지	-고객을 위해 최선을 다하고 친절한 서비스 -고객의 이목을 끄는 색다른 재미가 있는 롯데리아 (위트와 유머) TV 광고 -국내 브랜드 충성도 1위 -국내 브랜드로서 친근한 이미지

1) 체계적 정보시스템

현재 롯데리아는 체계적인 정보시스템을 구축하여 구매정보, 고객정보등을 활용하여 끊임없는 노력, 발전을 하고 있다.

가. 정보시스템의 운영과정

① 고객

② 매장 - 제품구매
지능형 PC-POS에 고객의 판매정보가 입력.
③ 매장 - 1차 정보처리
롯데리아 매장의 서버에 저장.
④ 본사 - 통합서버저장
1차 처리된 정보는 다시 본사 서버에 저장.
⑤ 본사 - 2차 정보처리
본사에서 여러 가지 분석툴을 이용해서 정보분석.
⑥ 운영시스템 - 정보활용
물류, 신제품개발, 판매분석, 고객카드관리 등에 활용.
⑦ 운영시스템 - 고객서비스
고객의 컴플레인 처리(홈페이지 내의 고객의 소리), 점포 모니터링 실시, 전국 080 무료전화 운영.

나. 교육프로그램

롯데리아는 판매관리, 고객관리, 원부자재 관리, 회계 관리, 인력 관리 등의 모든 분야의 업무를 교육하는 연수센터를 운영하여 관리자를 양성하고 있다. 실제 점포와 똑같이 만들어진 PILOT SHOP에서 직원들 간의 ROLE PLAY를 통해 현장교육 및 실습을 실시하는 MGR 육성과정은 다양한 정기 교육과 특별 교육을 수시로 실시함으로써 현장 근무자를 비롯하여 상품 개발담당자에 이르기까지 다양한 현장 감각을 쌓게 할 뿐 아니라, 이러한 경험을 바탕으로 상품 개발 담당자는 더욱 더 고객이 찾는 제품을 개발하게 되고, 현장 근무자는 고객에게 보다 가까운 서비스를 익힐 수 있다.

또한 우수 근무자를 선발, 해외 연수를 보내 외국의 선진 패스트푸드 시스템을 배우게 하는 등 세계 패스트푸드 산업의 선두 주자로 발돋움하기 위해 노력을 아끼지 않고 있다.

(3) 롯데리아의 취약점

1) 위협요소

① 패밀리 레스토랑의 등장
② 동종 업체 간 경쟁 치열

③ 잠재적 경쟁 진입자의 등장

④ 경기 불황

⑤ 건강 문제 등 이중고

⑥ 어린이 건강 위협

⑦ 매장수의 급감

패스트푸드가 건강에 미치는 영향

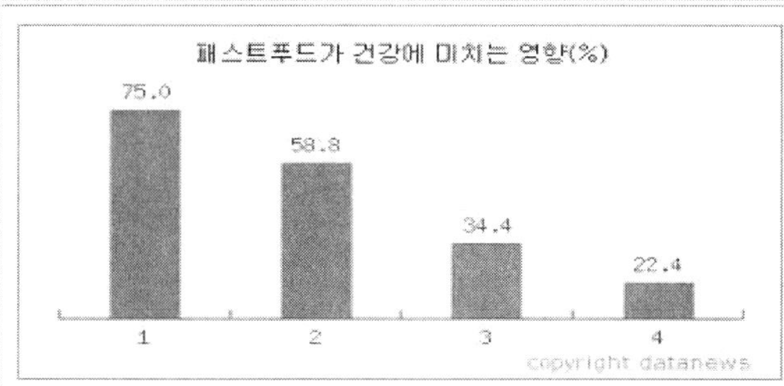

> 지수정보

출　처 : 환경정의 다음을 지…
입력일 : 2004.04.20

> 그래프설정

패스트푸드가 건강에 …
그래프유형 막대그래프
나만의 그래프만들기

	[1] 비만	[2] 성인병	[3] 학습능력 저하	[4] 건강과 관련없음	단위
패스트푸드가 건강에 미치는 영향	75.0	58.8	34.4	22.4	%

지수설명

* 환경단체 '환경정의 다음을 지키는 사람들'과 '환경을 생각 하는 교사들의 모임' 등이 2004. 4. 20일 서울·경기지역 초·중학생 2020명을 대상으로 패스트푸드가 건강에 미치는 영향(중복답변)에 대해 설문조사한 결과

롯데리아 서비스 불만 사례 1

얼마전 대학생인 C양은 친구들랑 롯데리아 OO점을 갔다. 평일 오전이어서 그런지 손님도 없고 좀 한가해 보였다. 우선 C양은 친구들이랑 뭘 먹을까를 정하고 카운터로 갔다. 아르바이트생과 여자 직원 둘이서 카운터에 서있었다. 무슨 얘기가 그리 많은지 두명이서 떠들며 웃으며 카운터에 기대어 주문을 받지 않았다. C양은 목소리를 높여 아르바이트생을 불렀다. 3번에 걸쳐 부른 후에야 아르바이트생에게 주문을 할 수 있었다. C양은 화가 났지만 참고 새우버거세트 2개를 주문했다. 주문을 받고, 상품을 챙기는 순간에도 아르바이트생은 고객인 C양에게 관심을 주지 않으며 계속해서 다른 직원과 잡담을 주고받았다.

– 해결방안 –

먼저 아르바이트생에게 서비스에 대한 지속적인 교육과 훈련이 행해져야 하며, 또한 그냥 잠시 일하는 곳이라는 생각보다는 자신의 발전을 위한 직장이란 생각이 들도록 동기부여를 해주어야 한다. 무엇보다도 중요한 것은 서비스 마인드를 심어주는 것이다.

(4) 롯데리아의 개선방향

① 자사의 정확한 색깔 찾기(한국적)

② 지나친 점포 확장 보다 내실 기반 구축 시점

③ 적당한 메뉴와 상품의 전문화(시간 단축)

④ 보다 영양가 있는 질 높은 음식 (웰빙 상품 위주의 상품 개발)

⑤ 제품의 정확한 성분과 원산지를 공개 표기

⑥ 환경 친화적 이미지(공익 캠페인, 환경 장학금)

환경사랑캠페인 그린컵

롯데리아는 일회용컵 미환불 적립금을 통해
환경캠페인에 앞장서고 있습니다.

⑦ 한차원 높은 고객 서비스(배달,온라인 주문 등)

⑧ 편안한 휴식 공간으로써의 매장 분위기 변화

⑨ 공익 사업 추진

2005년 슬로건	'어린이는 미래의 희망입니다'		
소아암 환자돕기	불우안면기형 아동환자돕기	소년소녀 가장돕기	기타 (재해성금, 사회단체지원등)

⑩ 사업의 다각화, 세계화(java coffee의 해외진출)

② 맥도날드

(1) 맥도날드 현황

세계 121개국에 29,000여 매장!
그래서 사람들은 맥도날드를 햄버거 왕국이라고 부릅니다!
세계적인 네트워크가 증명해 주는 맥도날드의 진가! 한국에서 그 명성은 계속 이어지고 있습니다!

한국 맥도날드

· 1986년 - 맥도날드 한국법인 설립
· 1988년 - 제1호점 압구정점 개장
· 1992년 - 맥드라이브 1호점 부산 해운대 매장 개장
· 1996년 - 대구 동성로점 오픈, 대전 은행동점, 세이백화점 개장
· 1997년 11월 - 불고기 버거 출시
· 1998년 7월 - 맥너겟 출시
· 1999년 - 매출 1000억원 돌파
· 2000년 - 매출 2000억원 돌파, 6월 200호점 개장
· 2001년 2월 - 새우버거출시, 11월 - 김치버거 출시, 300호점 개장
· 2002년 - 맥립 출시
· 2003년 - 해피밀 초이스 실시
· 2005년 12월 - 프리미엄 라바짜 커피 출시
· 2006년 7월 - 앤디앤뎁(Andy&Debb)이 디자인한 새 유니폼 발표
· 2007년 2월 - 맥도날드 아침 메뉴 맥모닝 전국 출시
· 2008년 - 한국진출 20주년
· 2009년 1월 - 프리미엄 커피 맥카페(McCafe) 출시
· 2010년 3월 - 신임 대표이사 션 뉴튼(Sean Newton) 부임

〈시장 현황〉

2001년 69개 신규점을 개설해 2백44개 점포에서 총 2천6백40억원의 매출을 올렸다. 전년대비 매출성장률과 점포증가율이 각각 39%로 매출성장률은 전년(46%)에 비해 저조했으나 점포증가율은 전년(34%)보다 상승했다.

· 2001년 #상반기 - 빅맥 노래자랑 프로모션, 헬로 키티 프로모션
#하반기 - 맥윙 출시, 스누피 프로모션을 실시
햄버거와 치즈버거를 각 5백원(50% 할인), 7백원(46% 할인)에 판매
· 2002년 2002 월드컵 공식 마스코트 이름짓기 응모행사
새우 패티의 햄버거를 신제품으로 출시
교육강화를 통해 직원들을 보다 전문적으로 양성, 개별 전문화를 추구

(2) 맥도 날드의 성공요인

요인	내용 분석
기업정신	We value You, Your Growth And Your Contribution. <최고의 품질과 서비스를 가장 실속있는 가격에 제공> - 모든 제품은 맛과 크기, 색깔, 모양, 함유량 등을 수치로 규정. - 고유의 맛을 유지 위해 햄버거는 만든지 10분, 후렌치 후라이는 튀긴 후 7분이 지나면 모두 폐기함. - 주문 후 30초 이내에는 모든 서비스 제공. - 만족 최대,가격 최소와 더불어 가격 그 이상의 가치추구.
전문가 양성	- 매년 15회에 걸쳐 3,000명의 학생을 대상으로 매장운영, 인사관리, 품질관리, 장비관리, 고객 서비스 및 경영기술 등 햄버거와 관련된 모든 것에 대한 전문교육. - 맥도날드 정직원의 50% 이상이 크루(아르바이트 사원)출신 => 맥도날드 교육의 힘.
새로운 상품개발	각 나라의 입맛을 최대한 존중한 제품의 개발, 판매하는 지속적인 지역화
스포츠 마케팅	- 1984년 맥도날드는 LA올림픽의 공식 스폰서쉽과 LA올림픽 수영장 건설자금 지원. - 1996년 올림픽 선수촌 내에서 특정 브랜드로서의 첫 번째 레스토랑이 됨.
사회공헌	- 로날드 어린이 기금 : 선천성 기형어린이 환자 무료 진료
어린이와 가족을 위한 서비스	A Place For Family; 가족의 공간, 가족을 위한 공간 - 해피밀 무료 장난감이 들어 있는 맥도날드의 어린이 세트메뉴. 상품이 아닌 로날드 맥도날드의 선물
과학적 설계	- 빵의 두께 17mm / 패치10mm / 입크기 50mm - 색깔에 의한 전략 빨간색의 식욕 촉진 효과 계산된 심리 마케팅

제품의 가격마케팅	- 세트메뉴, 할인메뉴, 천원메뉴, 장난감메뉴 등
가격 Save전략	- 맥플러스 카드 2만원 이상 영수증 모아오면 카드 발급. 1000원에 1점씩 포인트 누적.
제품의 질	- 철저한 품질 안전도 유지 시스템 운영
광고	3.6.9 페스티발 "그래도 백원이 남네~!!" (2001) - 치즈버거 900원. 천원으로 한끼 식사. 100원은 선물.

〈맥도날드 QSC&V분석〉

· Quality - 최상의 원재료로 정확하게 조리된다.
· Service - 서비스는 빠르고, 정확하고, 친절한 서비스 제공을 목표
· Cleanliness - 모든 주방기기를 완전 분해, 청소합니다.
· Value - 맥도날드만의 특별한 가치
· Food Safety - 철저한 안정성 관리

〈 SWOT 분석 〉

① 강점(Strengths)

· 품질을 위한 기술향상과 신제품개발에 부단한 노력 -프렌치프라이의 개발
· 원재료를 공급하는 업자와의 신뢰관계를 존중
· 어디서, 누가 만들어도 똑같은 햄버거 맛을 냄

· 햄버거 대학 운영

② 약점(Weaknesses)

빠르고 값싸게 공급하기 위해서는 햄버거를 만드는 재료가 빵, 야채, 소스 종류가 많지 않고 표준화되어야 한다. 이것이 맥도날드의 강점이었으나 그것이 곧 아킬레스건이었다. 다른 업체에서 맥도날드에서 제공하지 않는 특별한 빵, 야채, 소스도 준비함으로써 맥도날드의 부족한 서비스를 제공하는 차별화 된 메뉴를 내놓는 기회를 주게 된 것이다.

③ 기회(Opportunities)

맥도날드가 월드컵 공식 후원사인 점을 활용, 스포츠 마케팅을 적극 펼쳐 업계 선두인 롯데리아를 추격했다. 어린이들에게 일생의 단 한번뿐인 특별한 기회를 제공해 브랜드 인지도를 높인다는 전략으로 다양한 월드컵 프로모션과 함께 어린이들이 월드컵에 직접 참여, 세계 축구선수들과 자리를 함께 할 수 있도록 이벤트를 개최했다.

④ 위협(Threats)

· 광우병과 동물성 식용유 파동으로 기업 이미지가 더욱 나빠졌다.
· 최근 갑자기 드세게 일어난 반미감정으로 미국제품 불매운동이 일어났다.

(3) 맥도날드의 취약점

· 맥도날드는 롯데리아보다 10년 정도 늦은 1988년에 1호점을 개설
  - 롯데리아가 높은 지지율을 얻고 있던 상태에서 외국기업인 맥도날드가 시장을 개척한다는 것은 매우 힘든 일
  - 80년대에는 우리나라 사람들의 '우리 것'을 사랑하는 정신이 컸던 시대였던지라 설 곳이 더욱 없었음

· 맥도날드의 햄버거는 롯데리아에 비해 서구적인 편
- 우리의 입맛에 맞는 햄버거가 아직 부족
- 다양한 연령층에게 지지를 얻지 못하고 있는 실정
· 요즘 들어서는 반미감정이 격해져 미국상품 불매운동의 가장 큰 표적

(4) 맥도날드의 개선방향

· 맥도날드는 LG정유와 손잡고 정유소에 드라이브인 매장을 확대
· 신설 점포에는 놀이시설 등을 설치해 고객 서비스를 강화
· 점포 운영방식도 직영점 중심에서 탈피해 프랜차이즈 가맹점을 늘려나감
· 토종 메뉴 개발
- 지난 2월 새우버거를 출시, 5월에는 1500원짜리 초저가 메뉴인 맥플러리 출시
· LG카드와 제휴를 맺어 할인 서비스
· 맥도날드 자체에서도 포인트 카드를 만들어 서비스를 제공
· 맥도날드는 매장 근무직으로 35명의 장애인을 채용
- 장애인 직원 후견인 제도
후견인의 주업무는 배치된 장애인의 교육부터 시작하여 매장근무 상의 전반적인 근무현황을 파악하고 개별적인 애로사항을 지원하며, 타 동료와 중재자 역할

강점과 위협 요인이 강한 맥도날드는 시장의 위협을 회피하기 위해 강점을 사용하는 ST전략(강점-위협전략)을 사용하는 것이 좋을 것이다. 세계 1위 패스트푸드점이라는 것에 착안, 축적된 노하우와 기술을 이용해 지속적인 상품개발을 하고 서비스를 해야하며, 반미감정을 누그러뜨릴 수 있도록 여러 가지 자선행사나 인간적인 기업의 모습을 보이도록 노력해야 할 것이다.

③ 피자헛

(1) 피자헛의 현황

〈브랜드 유래〉

피자헛(www.pizzahut.com)은 1958년 미국 켄자스 주 위치타에서 프랭크와 댄 카아니 형제가 어머니로부터 600달라를 빌려 중고 기계를 마련해, 25명 정도가 식사할 수 있는 작은 피자 레스토랑으로 시작했다.

당시에는 피자 레스토랑 이라는 것이 미국인에게는 생소한 것이었으나 카이나 형제는 이 새로운 사업의 성장 가능성을 일찍이 가늠하고 있었다. <피자헛>이라는 이름은 개점 당시 건물 모습이 오두막처럼 생긴 데서 기인한 것으로 텍사스 주 달라스의 본사를 기반으로 현재 전 세계 84개국에 진출해 있다. 신선한 재료만을 엄선해 고객에게 갓 구운 제품을 제공한다는 카아니 형제의 경영 원칙을 고수하고 있는 피자헛은 미국, 영국, 러시아 등 100개국에서 세계적인 피자 레스토랑으로 자리 잡고 있다.

〈시장현황〉

▎매출

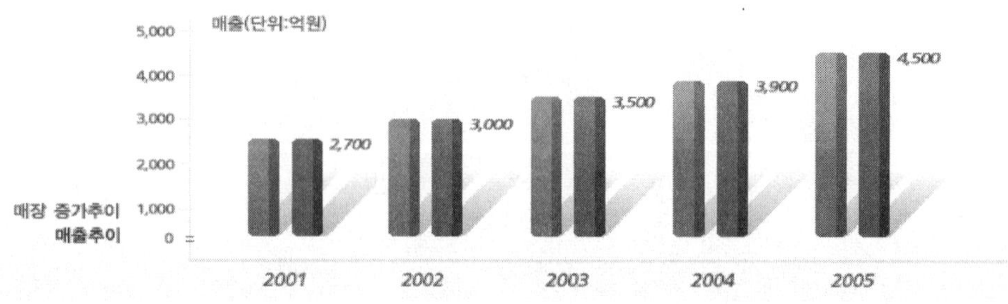

(2) 피자헛의 성공요인

요인	내용분석
'맛'에 대한 지속적인 투자	- 신제품을 개발할 때마다 수차례의 테스트를 거치고 일단 개발되어 출시된 제품에 대해서도 혹시 고객의 입맛이 변하지 않았는지 지속적으로 추적조사(Tracking Test)를 하고 있다. 이를 고객만족 추적조사(CEM:Customer Experience Monitor)라 하여 매달 실시하고 있다. 고객만족 추적조사에서는 맛 등의 제품 적인 측면 외에 서비스 측면도 계속 추적하고 있다. ▶ 최고급 재료들만 사용◀ 맛있는 피자란 최고의 재료를 찾아내는 것으로부터 시작된다고 믿으며 피자헛은 재료를 신중의 신중을 기울여 선택하고 있다.
브랜드 이미지 조사 (BIT:Brand Image Tracker)	'함께 즐겨요 피자헛' 이라는 슬로건을 중심으로 '함께 나눔(Sharing)' 이란 컨셉트를 지속적으로 유지함으로써 그 바탕 위에서 강력한 브랜드를 만들 수 있었다. 여기에서도 브랜드가 소비자 마음속에서 어떻게 유지되고 있는지 파악하기 위해 매달 정기적으로 브랜드이미지조사(BIT:Brand Image Tracker)를 실시해 오고 있다.
체계적인 브랜드 관리 시스템	피자헛이라는 브랜드가 일관된 이미지를 갖도록 광고, 프로모션, PR, 인적판매 등 마케팅의 기본 요소 외에 레스토랑 비즈니스만이 갖는 독특한 고객 접점인 레스토랑, 종업원, 서비스 등에서 철저하게 관리해 온 것이 또 하나의 이유라 할 수 있다.
피자헛 홈서비스	'레스토랑에서 드셨던 맛과 즐거움을 집까지 그대로 배달하자' 이것은 피자헛 홈서비스의 가장 큰 원칙이다. 피자헛의 홈서비스 번호 1588-5588은 거의 모든 사람이 외울 정도로 광고 효과가 크다고 할 수 있다. 피자헛에서는 이 홈서비스를 또 하나의 품질로 생각하고 있다. 피자헛은 가장 맛있는 온도의 피자를 배달하기 위해 레스토랑으로부터 8분 이내에 도착할 수 있는 지역만 배달한다. 주소만 있으면 어디든지 가는 동네 피자집과는 다른 바로 이 점이 피자헛의 맛을 지켜 가는 최대의 비결인 것이다. 피자헛이 매장 수를 적극적으로 늘이는 것도 이러한 이유 때문이라고 한다.
CHAMPS 프로그램	피자헛은 최고의 제품과 서비스를 위해 지난 96년 11월부 전 레스토랑에서 CHAMPS프로그램을 실시하고있다. CHAMPS프로그램은 Cleanliness (매장의 청결), Hospitality(고객에 대한 환대), Accuracy(주문의 정확성), Maintenance(시설의 보수유지),Product Quality(제품의 품질), Speed(신속한 서비스)를 토대로 직원들의 사기를 북돋고 팀웍을 강화하는 서비스 프로그램이다. 이러한 CHAMPS 프로그램은 매월 서비스 암행어사(미스터리 고객)를 전국 레스토랑에 파견하여 위의 6개 항목을 기준으로 각

	레스토랑을 평가하고 향후 인센티브에 반영하는 것이다. 피자헛은 또한 여기서 그치지 않고 CHAMPS 프로그램을 발전 시켜 고객이 레스토랑을 방문하여 주문하고 식사를 마친 후 레스토랑을 떠나는 일련의 과정을 그대로 옮겨놓고 직원의 서비스 기량을 겨루는 서비스 경진대회인 CHAMPS Challenge를 실시하고 있다.
실명제	피자헛에서는 주문을 받고 도우를 만들고 배달을 하는 모든 과정이 실명제로 이루어지고 있다. 이렇게 함으로써 직원들의 서비스 수준을 높이고 각자의 일에 소홀함이 없도록 하고, 소비자들에게는 더 믿음이 가는 이미지를 남길 수 있는 것이다.

〈피자헛 홈서비스의 특징〉

① 배달박스

만약 피자를 배달한다면 8각 모양의 조금은 특이하게 생긴 박스에 담게 된다. 피자가 흔들리지 않게 고안된 이 박스는 오랜 연구 끝에 고유의 의장등록을 획득한 피자헛만의 포장이라고 한다. 수분은 배출하고 오랫동안 보존할 수 있게 재질과 디자인을 고려한 이 박스는 배달된 후에도 피자가 식지 않게 하고 불필요한 수분을 밖으로 배출시켜 피자가 눅눅하지 않게 한다.

② 파우치팩

피자의 가장 맛있는 온도는 65도 라고 하는데 파우치는 이 온도를 유지하기 위해 단열재 스폰지를 넣은 특수 디자인으로 설계되어 있어 열이 빠져 나가지 않도록 안전하게 설계되어 있다고 한다.

③ 오토바이

완전 단열재로 만들어진 파우치팩을 단 특수 오토바이로 피자의 맛을 위해 특별히 고안된 배달 전문 오토바이이다.

④ 홈서버의 고유 유니폼

레스토랑에서 서비스 받는 기분을 그대로 전달하기 위해 정장슈트 느낌의 유니폼을 착용하고 있다.

⑤ 곁들이 가방

케첩 치즈 핫소스 등 고객이 추가로 필요로 하는 것들을 늘 가지고 다니면서 언제든지 제공 할 수 있도록 하고 있다.

⑥ 네임 테크

홈서버의 사진과 이름이 들어 있는 ID카드이다. 홈서버의 이름을 실명제로 하고 있는 것이다.

⑦ 콜라 쿨러

콜라가 가장 맛있는 온도를 유지하기 위해 냉장고에서 바로 꺼내 배달하는 동안 온도를 유지하도록 보온병의 원리를 이용하여 특수 설계된 것이다.

(3) 피자헛의 취약점

① 건강

오늘날에는 세계적으로 건강에 관한 관심이 높아지고 있는데 최근 미국의 한 소비자 단체에서 치즈를 얹은 피자는 포화 지방과 열량을 과잉 함유하고 있어 심장병과 비만을 유발할 수 있다는 경고가 있었다. 이와 관련하여 성신제피자에서는 녹차피자를 개발하여 큰 관심을 끌고 있는데 피자헛은 상대적으로 기름기가 많기 때문에 건강을 고려하는 사람들에게는 외면당하기 쉬운 것이다.

② 비싼 가격

피자헛은 피자 전문점들 중에서 가장 가격이 비싸다. 피자를 좋아하는 학생들이나 어린이들이 사먹기에는 부담스러운 가격인 것이다.

▶피자 가격◀

피자헛	1만3천원 ~ 2만5천원
도미노피자	1만원 ~ 1만9천원
미스터피자	1만1천원 ~ 2만원

③ 스파게티, 샐러드바

피자헛은 스파게티나 샐러드면에서는 종류도 적고 맛도 그다지 뛰어나지 않다. 피자에 비해 이러한 사이드 메뉴의 개발에는 소홀한 듯 하다.

④ 새로운 경쟁업체

시장점유율 22.2%의 피자헛이 1위를 달리고 있는데, 피자헛은 국내에서도 40%를 차지하고 있으며 11.7%의 도미노피자와 8.4%의 리틀시저스가 그 뒤를 이으며 미국의 3대 피자체인으로 자리를 잡고 있다. 한국피자헛도 역시 성신제피자, 미스터피자등의 경쟁업체들과 프렌차이즈를 갖지 않는 일반 피자점들의 빠른 추격에 고민하고 있다.

⑤ 반미 감정에 따른 미국제품의 불매운동

우리나라에서도 얼마 전 동계 올림픽 사건 이후 미국 상품에 대한 불매 운동이 일어나면서 피자헛의 매출이 주춤 하기도 했었다. 우리나라에서뿐만 아니라 반미 감정에 있는 여러 국가들에서 미국제품에 대한 불매운동이 일어나고 있는 실정이다.

▶ 인도네시아 과격 이슬람 단체들은 아프가니스탄 공습에 항의해 미국 제품 불매 운동에 돌입했다. 시위대는 도심상가 지역을 통과할 당시 피자헛 가게 앞에 멈춰 아프가니스탄 인들의 배고픈 실상을 풍자하는 마당극을 펼친 뒤 "피자를 먹는 것은 아프가니스탄 침공을 재정적으로 지원하는 것이다. 지금부터 이 제품을 사지 말자"고 촉구했다. 학생들은 이어 '이 가게는 폐쇄됐다', '여기서 먹는 것은 가난한 아프가니스탄 인을 죽이는 것을 의미한다', '미국 투자를 차단하라'는 등의 구호가 적힌 포스터 수십 장을 피자헛 가게 정문에 부착했다.

(4) 피자헛의 개선방향

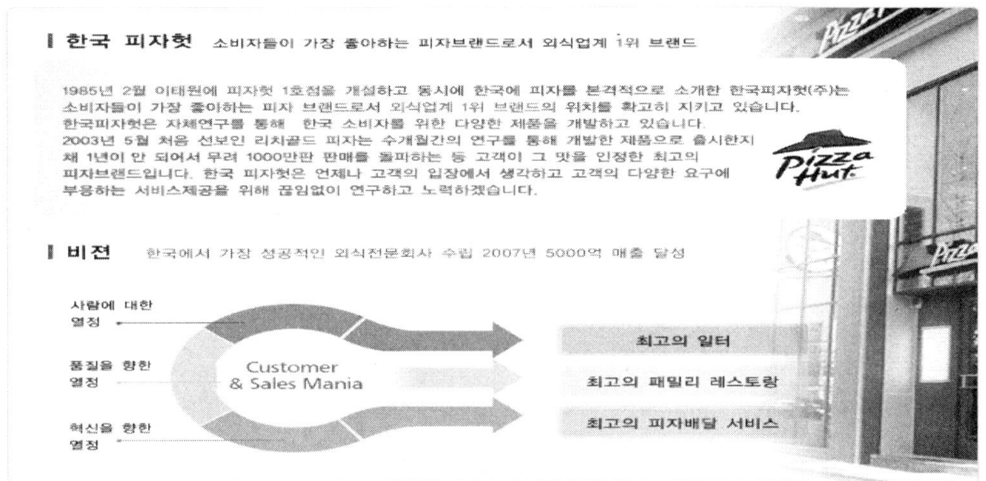

① 고객의 입맛에 맞는 신제품개발과 고객서비스를 앞세워 지난 20년간 보여준 피자헛 신화를 계속 이어나갈 것.

▶외식업은 고객의 라이프스타일을 충실히 따라가는 것이 중요하다.

② 직원이나 매장에 대한 특별 관리에 힘씀.

③ 사회공헌 활동

▶피자헛 후원사업◀

"피자헛은 이익을 사회에 환원하여 기업시민으로서의 역할을 다하겠습니다."

한국 피자헛은 1993년 처음 서울 농학교에 '한국피자헛 장학회'를 설립한 이래로, 지금까지 10년이 넘는 기간동안 장애인 등 사회의 소외된 사람들을 위한 후원활동을 계속해 오고 있습니다. 장애인 단체에 장학금 전달과 함께 청소년 사랑의 수화제후원 등 쉽게 소외될 수 있는 이웃들과 함께 나누는 사회를 만들어 가기 위해 다양한 후원사업을 꾸준히 진행해 오고 있습니다.

▶피자헛 사랑나누기 행사◀

"이제 피자헛이 직접 전국 방방곡곡의 어려운 이웃을 찾아갑니다"

2004년 5월 직접 차내에서 피자를 구울 수 있는 설비를 갖춘 이동식 피자헛 레스토랑인 '피자헛 사랑나누기' 차량을 출시하고 사회 곳곳의 어려운 이웃을 피자헛이 직접 찾아가, 즉석에서 피자를 만들어 소외된 이웃들에게 나누어 드리고, 봉사활동도 펼치는 등 피자를 나누고, 사랑을 나누는 피자헛만의 자선활동입니다.

▶지역별 자선활동◀

"피자를 나누는 것은 우리 지역의 소외된 이웃에게 사랑을 나누는 작은 실천입니다."

각 지역별 매장에서 직접 사회 단체와 연계하여 정기적으로 방문하거나 매장에 소외된 이웃 등을 초대하여 피자를 나누는 것은 물론, 피자헛 직원들이 정기적으로 자원봉사를 제공하는 등 단순히 1회성 행사에 그치는 것이 아니라 보다 실질적인 자선활동을 펼치고 있습니다.

④ 놀부보쌈

(1) 놀부보쌈의 현황

㈜놀부는 1987년 5월10일 신림동 뒷골목의 5평 점포 '놀부보쌈'이 모태가 되었다. 창업 후 놀부는 한국 전통의 맛과 고객 서비스에 대해 꾸준히 연구를 거듭하여, 89년부터 프랜차이즈 사업을 본격적으로 시작하였다.

창업 18주년이 되는 2005년 현재, 놀부명가, 놀부보쌈, 놀부부대찌개, 놀부집 항아리갈비, 솥뚜껑삼겹살, 시골상차림 놀부집, 놀부유황오리진흙구이, 놀부순대국밥점 등의 아이템으로 전국에 약 500여개의 가맹점을 경영하고 있다.

(주)놀부는 흔히 생계형으로 인식되고 있는 국내 외식업계의 환경 속에서 과학적인 프랜차이즈 시스템과 한식의 표준화를 도입해 왔으며, 체계적인 경영환경을 구축해 명실상부한 국내 최대의 한식브랜드로 자리매김하게 되었다.

현재의 놀부가 있기까지는 가맹점의 수익을 최우선으로 하는 원칙과 현장의 목소리에 귀기울여온 놀부의 보이지 않는 숨은 노력이 있었다.

(주)놀부는 현재까지 각종 프랜차이즈 대상, 지식경영대상, 산업포장 등을 수상하였으며, ISO 9001 인증을 획득하는 등 지식경영과 품질경영을 접목하여 내실경영의 기반을 다지는 데에 최선의 노력을 기울여 왔다.

또한 기업이윤의 사회환원을 위해 꾸준히 장애인과 불우이웃을 돕는 봉사활동을 묵묵히 실천하고 있다.

(2) 놀부보쌈의 성공요인

〈 마케팅의 성공전략 〉

① 브랜드 '놀부보쌈'

놀부의 심볼마크 중 길상문양(吉相紋樣)은 우리 조상들의 정신적인 상징인 오복을 상징하는 의미가 들어있습니다.
즉, 장수를 기원하는 수(壽), 부귀영화를 상징하는 부(富), 행복을 의미하는 희(喜), 자손의 번성을 뜻하는 자(子), 그리고 조상과 부모에 대한 효(孝)의 정신을 바탕으로 하여 한국의 정서를 대변하고 한국음식과 문화를 개발하고 지켜 나가자 하는 놀부의 의지를 표현하는 것입니다.

<놀부>라는 브랜드명은 상반된 이미지를 강조하기 때문에 더욱더 인지도가 높고, 기억하기에 좋은 효과가 있다. 독특한 브랜드명 때문에 더욱 창의적이고 감각적인 이미지를 가지게 된 것이다. 이러한 <놀부>의 이미지는

첫째, 흥부와 대비되어 강한 이미지를 남긴다.

둘째, <놀부>는 순우리말 브랜드명이다.

셋째, 『놀부전』의 시대적 배경은 조선후기이다.

넷째, 흥부의 가난하고 볼품없는 밥상보다는 <놀부>의
'떡 벌어진 진수성찬'을 기대하는 우리의 희망을 잘 표현하고 있다.

② 경영철학

- 철저한 현장경영

놀부는 고객이 식사하는 공간, 일선직원이 일하는 영업현장, 그리고 고객의 목소리를 직접 들을 수 있는 점포 현장을 모든 경영의 기초라고 생각한다.

- 고객중심경영과 신뢰경영

놀부는 끊임없이 고객과 대화하고자 한다. 편안하고 만족스러운 서비스가 이루어지도록 한 발 앞서 고객의 니즈를 읽고 실천하고자 한다.

- 내부고객 만족을 위한 한솥밥 경영

놀부는 직원을 한 가족으로 생각하는 '한솥밥' 경영철학을 가지고 있다.

- 현대적 감각의 한식 프랜차이즈 경영

놀부는 한국 전통음식을 현대적인 메뉴로 개발, 발전시켜오고 있다.

- 외식산업의 인재육성

놀부의 직원에서부터 시작하여, 외식관련 학계와의 꾸준한 연계와 공동연구로 외식분야의 전문가를 육성하고자 한다.

- 사회봉사와 윤리경영

놀부는 창업초기부터 지금까지 꾸준히 장애인과 불우이웃을 지원하는 사회봉사활동을 실천하고 있다.

③ CEO 김순진이 말하는 놀부만의 비전〈 출처: www.nolboo.co.kr〉

1 한국형 외식문화를 선도하는 기업
2 고객의 가치를 최우선으로 여기는 기업
3 직원을 제1의 고객으로 모시는 기업
4 전통 문화의 현대화를 통해 세계로 나아가는 기업

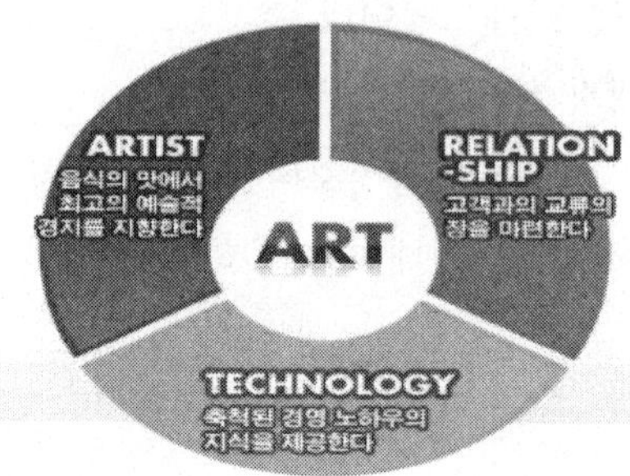

〈 SWOT분석 〉

① 강점-strength

전통 음식 브랜드 중 가장 높은 지위를 차지하고 있다 해도 지나친 말이 아니다. "일관된 맛이나 상품개발, 물류 및 선도관리 시스템 등에서 놀부가 확고한 우위를 차지하고 있는 건 틀림없다."

놀부보쌈은 1991년 업계 최초로 중앙 공급식 주방을 설립했다. 전국에 흩어진 가맹점에 신속하게 식재료를 공급할 수 있는 물류인프라를 구축한 셈이다. 놀부보쌈의 경쟁력은 지식경영에서 나온다. 지식제안이나 학습동아리모임을 통해 고기 삶는 법, 보쌈김치 관리법 등이 개발된다. 새 메뉴가 개발되면 전 가맹점주들은 본사로 모인다. 메뉴 적응훈련을 하는 것이다. 본사와 가맹점의 유기적인 의사소통은 놀부보쌈 브랜드 파워를 높이는데 큰 힘이 되고 있다. 놀부보쌈은 그동안 중대형 점포 중심으로 가맹점을 확대해왔다. 불경기가 지속되고 있는 점을 감안해 올해부터 중소형 규모의 보쌈 가맹점을 대폭 늘릴 예정이다. 순대전문점을 개발, 선보인 것도 불황에 걸 맞는 전략으로 볼 수 있다.

김 대표의 나눔 경영도 놀부 브랜드의 성가를 높이는데 한 몫을 했다. 사내에 "사랑의 봉사단"을 조직, 복지원과 양로원을 정기적으로 찾아 봉사활동을 함으로써 소비자들에게 좋은 평판을 얻고 있다.

주력 아이템으로 무대 공간을 마련해 판소리, 화관무, 민요합주 등 국악공연을 펼치는 독특한 식당 환경과. 1인당 1만원이 채 안되는 7000~9000원으로 책정해 손님을 끌어 모았다.

② 약점-weakness

보수적인 조직문화로 인해 급변하는 시장 환경에 따라가지 못하고 잠재수요를 붙잡지 못하는 건 단점으로 지적될 수 있다.

③ 기회-opportunity

국가경제 및 사회발전은 특히 개인의 가처분소득을 증대시켰으며 또한 외식분야의 사회적 인식을 바꾸는 전환의 기회임을 동시에 여성들의 사회활동영역을 넓히는데 커다란 역할을 하게 되었다. 한편, 우리의 생활양식패턴은 서구형의 편의와 간편성을 추구하게 되었고, 식생활의 트랜드는 과거의 공식화에서 개식화로 변해가고 있으며, 경제적인 여유와 함께 내식보다는 외식의 빈도가 높아져 국내 외식산업을 한층 발전시켰다. 이런 외식소비자들의 소비 트렌드 유형은 결과적으로 외식시장의 생산과 판매 및 소비구조를 동시에 만족시킬 수 있는 새로운 외식업종을 탄생시키고 있다.

④ 위협-threat

창업 열풍이 불고 있는 가운데 동종업이 많이 생겼고 이로 인해 업체 간의 경쟁이 심화되었다. 생존전략을 세우지 않으면 시장에서 도태되는 위기까지 맞이하는 이러한 시장 환경은 위협의 요소이다. 이미 포화상태인 외식업계에서 살아남기 위한 전략을 구상해야 할 필요성이 있다.

(3) 놀부보쌈의 취약점

대표적인 문제점으로는 이미지 통합의 불충분으로 볼 수 있을 것이다.

놀부의 기업이념에 대한 확실한 개념정의와 슬로건이 부족하다. '놀부'라는 회사는 음식을 이용한 외식업체이다. 중요 쟁점인 '음식'에 대한 기업의 이념이 무엇인지 확실치가 않다. 예를 들면 '맛'인지 '청결함'인지 '품질'인지 놀부의 제품에 대한 기본 개념이 확실히 정해져 있지 않은 상태에서 무분별한 제품개발과 점포의 확장은 놀부에게 있어서는 사업의 확장이겠지만 장기적으로 볼 때에는 놀부만의 독특한 '색'이 없어지는 것이다. 현재 놀부는 경영이념을 가지고 있지만 '놀부'라는 이미지에 맞는 독특한 기업이념이 정립되지는 않은 실정이다.

삶의 질이 높아져 질을 추구하는 시대에서 놀부는 제품의 전초적 기지가 되는 충북의 음성공장에 대한 홍보가 부족하다. 충북의 음성공장은 직접 농산물을 생산하여 가공하는 곳이다. 음성공장은 산지에서 생산된 농산물을 즉각적으로 가공한 신선한 음식을 체인점에 제공하고 있다. 이런 장점을 제대로 활용하지 못해 '놀부의 음식은 신선하다'라는 것을 부각시키지 못하고 있다.

놀부의 간판, 메뉴, 그리고 홈페이지의 색상이 통일이 되지 않고 있다. 이 색상들을 자세히 살펴보면 약간의 차이점을 느낄 수 있다

놀부의 단어의 이미지는 현재 놀부가 추진하고 있는 세계화 전략에는 약간 부합되지 않는 면을 지니고 있다. 우리나라를 제외한 세계에서는 '놀부'라는 이름이 다소 낯설다. 그 뿐만 아니라 영어로 발음할 때 그 의미가 다른 의미로 전달될 수 있다. 놀부의 영어식 발음은 'NolBoo'이다. 그런데 'Boo'는 그 의미는 '경멸하고 위협할 때 쓰는 의성어'이며 속어로는 '마리화나'라는 뜻도 내포하고 있다.

(4) 놀부보쌈의 개선방향

놀부의 경영자 층은 사원들과의 커뮤니케이션을 통해 이미지의 통합화를 재구축하고 중간관리 층은 경영자들과 사원들과의 잘 연계하고 사원들은 기업에서 정한 기업이념 아래 자신들의 목표를 기업이념과 맞추어 나가야 한다.

세부적인 방향으로는 첫째, 기업이미지 통합의 의식 개혁을 한다. 정신교육, 자발적 동참을 통하여 놀부 전체에 대한 이미지를 일관성 있게 한다.

둘째, 장기적인 안목을 가지고 미래 지향적인 이미지통합 전략을 수립한다. 전의 이미지 통합화는 글로벌화에 대해 생각을 하지 않고 놀부의 표기를 'NolBoo'로 함으로써 해외 진출에 어려움이 따른다.

셋째, 외식업체에 맞는 확실한 이미지를 구축한다. 그 예로는 '맛', '청결', '오복', '서비스' 등이 있다. 놀부는 기존의 오복과 공장에서 동일하게 생산되는 음식이라는 점을 부각시키기 위하여 "언제 어디서나 맛있는 음식을"이라는 확실한 슬로건을 내세운다.

넷째, 앞에서 지적한 봐와 같이 놀부의 마크는 복잡하고 알아보기 쉽지 않다. 따라서 (주)놀부는 사람들이 기억하기 쉽고 놀부의 통합이미지를 잘 표현 할 수 있는 마크를 제작하여야 한다.

다섯째, 'Nolboo'라는 부정적인 의미를 극복하기 위해 놀부의 표기를 'RolPoo'로 바꾼다. 'RolPoo'는 '놀부'로 인식을 하게 된다.

이것으로 놀부에 대한 시사점을 알아보았다. 놀부는 지금 외식사업분야에서 확고한

지위를 차지하기 위해 새로운 이미지통합의 구축이 필요한 시점이다. 이러한 시점에서 놀부는 현재의 자사의 문제점을 한시라도 빨리 인식하고 그 문제점의 해결을 위해 구체적인 방안을 모색하여야 한다. 문제점의 해결과 놀부에 맞는 새로운 이미지의 구축이 이루어지면 위협요소까지 극복할 수 있기 때문에 외식산업으로서의 놀부의 미래는 밝다.

제 4 장

KFC, BBQ, POPEYES, Baskin 31

(1) KFC의 역사

- 1939년 Corbin, Kentucky에서 11가지 맛좋은 양념 완성
- 1952년 프랜차이즈 시작. Salt Lake City에서 첫 번째 KFC 매장 오픈
- 1956년 Corbin의 매장을 팔고, 프랜차이즈 시작, 캐나다까지 영역 확장
- 1969년 뉴욕증권시장에 상장 (커넬이 첫 100주를 매수)
- 1971년 Heublein사가 KFC 인수
- 1980년 커넬샌더스 사망(백혈병), 켄터키주의 루이빌의 Cave Hill에 안치
- 1984년 한국 KFC 1호점이 종로에서 오픈
- 1986년 8억 4천만불에 펩시사로 흡수
- 1987년 KFC, 중국 본토 진출 (외국 패스트푸드사로는 첫 번째 진출사례)

- 1991년 kentucky Fried Chicken이란 로고를 KFC로 변경
- 1992년 핫크리스피치킨 출시
- 1993년 미국, 호주에서 Friend Chicken 이 아닌 메뉴 출시
- 1994년 중국 상하이에 9,000번째 매장오픈, 모스크바에 첫매장 오픈
- 1995년 텐더 스트립스 출시
- 1997년 펩시사, KFC/피자헛/타코벨을 묶어 Tricon으로 독립
- 1998년 한국 KFC, 트위스터 출시
- 1999년 미국 KFC에서 5가지 새 버거메뉴 도입
- 2000년 한국 KFC, 치킨불고기 버거 개발
- 2002년 KFC 창립 50주년
- 2004년 한국 KFC 20주년, 한국 KFC 독자 개발 치킨, 레드핫치킨 출시
- 2005년 한국 KFC 독자 개발 치킨, 허브갈릭치킨 출시
- 2006년 한국 KFC 독자 개발 치킨, 커리크런치치킨 출시

(2) 매출 현황

- 주요 고객층 : 10대 후반에서 20대 초반 여성
- 장소와 시간에 따라 매출액의 차이가 있음.
  - 영화관이나 백화점과 같이 목적을 가지고 찾아오는 고객이 대부분인 매장은 시간에 따른 매출액의 편차가 적고 고른 편이다.

〈 시간대별 매출 현황 〉

매장 : 명동매장(예) 기간 : 1997/10/24 금

시간대	금액	비율
10:00 - 11:00	116,300	2.2
11:00 - 12:00	180,200	3.4
≀		
16:00 - 17:00	487,550	9.3
17:00 - 18:00	585,900	11.2
18:00 - 19:00	670,700	12.8

19:00 - 20:00	620,300	11.8
20:00 - 21:00	550,900	10.5
21:00 - 22:00	504,300	9.6

기간 : 1997/10/25 토

시간대	금액	비율
10:00 - 11:00	167,450	2.5
11:00 - 12:00	346,900	5.2
~		
14:00 - 15:00	629,900	9.5
15:00 - 16:00	742,900	11.2
16:00 - 17:00	675,250	10.2
17:00 - 18:00	764,150	11.5
18:00 - 19:00	740,850	11.2
19:00 - 20:00	590,700	8.9

(3) 장점

- 모든 KFC 매장은 본사 지영으로 운영됨
- 경영 목표 - 고객 만족, 고객을 최우선으로 고객과 가까이

1) 엄선된 치킨만 사용

국내 치킨 전문 회사(하림, 미원, 영육)에서 영계만을 엄격하게 선정.
냉장 상태로 매일 매일 운송, 보관하여 배송차로 하루에 두 번 업장에 배달됨.
KFC만의 비법인 11가지 양념을 사용하여 KFC만의 독특한 맛을 냄.

2) 엄격한 품질 관리 시스템

QSC(Quality, Service, Cleanliness)의 기준을 엄격히 적용
- 각 제품별 Holding Time을 설정하여 시간이 지난 제품은 폐기함.
- 제품온도, 서비스 속도, 매장 청결도 등 34가지의 항목을 수시 체크, 관리 (점검 결과에 인센티브와 재교육 실시)HR

3) 정보 시스템화 된 고객 관리

1992년 업계 최초로 전 매장에 POS(Point of Sale)시스템을 구축
- 매장의 매출 정보, 고객동향을 데이터베이스화 ⇨ 고객 욕구 신속 대응
- 자재 주문 및 재고 관리, 인사 관리, 전자우편 등의 Communication 기능

4) 매뉴얼화 된 교육 Program

월별, 분기별, 년별로 다양한 프로그램의 교육 실시
- 신입사원에서 매장 Manager까지 직무에 따른 단계적 교육 프로그램
- VTR을 통한 아르바이트생 교육

5) KFC 만의 차별화된 마케팅 전략

- Family Card 발급.
- KT(n016), SK와 제휴하여 고객들에게 혜택을 부여함.
- 연말(12월) 일정기간동안의 고객에게 캘린더(달력) 제공.
- TV, 신문, 지하철 광고.
- 아파트단지에 전단지 배포.
- 일정기간동안 일부품목을 가격을 낮추어 판매함.
- 현재 비스킷 800원 ⇨ 400원으로 판매.
- 핫윙 1조각 750원 ⇨ 500원으로 판매

6) 신제품의 마케팅 전략(타워버거의 경우)(Direct Mail)

- Family Card 고객(현재 35만)중 자주 이용하는 고객(5만명)에게 DM발송
- 20% 할인쿠폰 내재
- n016고객에게 할인혜택부여
- 행사기간 중 타워버거 2개 구입 시 무료시식권 제공.
- 타워버거세트 2개 구입시 유니텔 2개월 무료이용권 제공.

7) 서비스 교육

- 고객의 불만 사항을 주의 깊게 듣고 고객으로 하여금 충분히 말하게 한다.

- 고객이 말한 내용을 정확히 이해했는지 확인한다.
- 고객의 감정이 심하게 상했을 때는 고객의 사고 기능이 억제되므로, 설득하거나 변명하거나 논쟁하려 하지 말고 고객의 심정을 충분히 이해할 수 있다고 인정해 주거나 동의함으로서 감정의 열기가 배출되도록 한다.
- 잘못을 하였을 때는 잘못을 솔직히 인정하고 용서를 빈다.
- 문제를 시정하기 위해 또는 고객이 입은 피해를 보상하기 위해 어떤 조치를 취할 것인지 구체적으로 설명해주고 고객의 동의를 구한다.(재발방지 약속, 제조업체의 개선조치, 제품의 교환이나 환불, 추가 무료서비스 제공 등)
- Claim을 제기한데 대해 감사의 표시를 하며 필요할 경우 고객의 연락처를 적어 놓는다.
- Claim의 유형과 경중에 따라 그 내용을 본사에 보고하거나 자체 교육한다.
  중요한 사안은 초기단계에서 상급자와 협의한다.

(4) SWOT 분석

KFC는 현재 버거킹을 인수한 (주)두산이 경영하고 있는, 국내 총 닭고기 소비량의 약 5%를 소비하는 한국 최대의 치킨진문 FAST FOOD점이다. KFC는 1984넌 4월 25일 서울 종로에 1호점을 개점한 이후 1995년 목동에 1백호 점을 개점하였으며, 현재 전국적으로 계속 출점하고 있는 상황이다. 개점 첫해인 1984년 3개 매장에서 7억의 매출을 시작으로, 1989년에 100억의 매출을 달성하였으며, 1994년에 500억, 2년 후엔 1996년에 1천억을 돌파하였다. 그리고 금년에는 경쟁사의 급격한 매장확대 등 치열한 경쟁하에서도 전년보다 약35% 성장한 1,690억 원의 매출을 예상하고 있다. 이와 같이 KFC는 매년 평균30% 이상의 꾸준한 매출성장을 기록하며 국내 패스트푸드 시장의 선두주자로써의 위치를 확고히 하고 있다.

Strength	Weakness
- 치킨 맛이 좋음 - 호의적이고 푸근한 느낌의 캐릭터 - 다양한 치킨세트 메뉴 - 경쟁사와 차별화된 디저트	- 선호도는 높으나 인지도가 낮다 - 고가의 제품으로 인지 - 경쟁사에 비해 매장수의 빈약 - 외국 브랜드에 대한 부정적 이미지
Opportunity	**Threat**
- 바빠진 생활로 인한 패스트푸드 소비	- 치킨류 전문점들의 성장

욕구증가 - 맛, 서비스, 건강에 대한 기대	- 경쟁사의 다양한 저가전략

1) 내부환경요소

가. Strength

① 치킨 맛이 좋음

KFC에서 개발한 타사와는 차별적인 양념의 맛으로 경쟁사들에 비해 월등히 좋은 치킨 맛을 보유하고 있으며 양념을 KFC만의 비밀스러운 비법으로 공개를 하지 않아 타사의 모방이 불가능하여 고유한 맛을 유지하고 있다

② 호의적이고 푸근한 느낌의 캐릭터

젊은 층이 주로 이용하는 패스트푸드 업체이지만 이러한 특징과 전혀 반대되는 할아버지를 캐릭터로 설정하여 할아버지로부터 풍겨지는 푸근함이 친근함으로 작용하게 하였다. 또한 할아버지 캐릭터의 사용으로 빠르고 젊은 분위기 속에서도 타사와 차별된 친근감과 포근함을 느낄 수 있게 되었다.

③ 다양한 치킨세트 메뉴

롯데리아나 맥도날드에 비해 치킨을 이용한 세트메뉴가 다양하다. 개성이 뚜렷한 소비자 각각에 맞출 수 있도록 치킨의 조합을 다르게 하여 다양한 가격과 다양한 세트 메뉴를 마련해서 꼭 먹고 싶고 필요한 만큼만 이용할 수 있는 치킨 세트메뉴가 타사에 비해 굉장히 다양하다. 또한 기존의 햄버거 중심의 세트메뉴에서 치킨과 기타 샐러드 메뉴 중심의 세트메뉴로 편성을 하여 타사와 차별되는 전략을 수립하고 있다.

④ 경쟁사와 차별화된 디저트

KFC의 디저트 메뉴로는 대표적으로 콘샐러드, 코올슬로, 비스킷, 후렌치후라이 등이 있다. 옥수수를 이용한 콘샐러드는 기존의 콘샐러드의 달짝지근하면서도 쉽게 질리는 맛을 보완해 상큼하게 만들어 치킨과 잘 어울리게 하였고, 양배추를 비롯한 갖은 야채를 이용하여 코올슬로라는 야채샐러드도 개발하였다. 부드러운 맛이 일품인 비스킷과 타사와는 비교되는 두꺼운 후렌치후라이로 맛의 깊이를 더하였다. 또한 이렇게 차별화

된 디저트 메뉴로 매출이 상승하자 타사에서도 이러한 디저트 메뉴를 많이 모방하고 있지만 KFC만의 고유한 맛까지 모방할 수는 없어 타사에 비해 KFC의 디저트 메뉴가 소비자에게 많은 사랑을 받고 있다.

나. Weakness

① 선호도는 높으나 인지도는 낮다

KFC에 대한 마인드 쉐어는 타사에 비해 높은 편이나 패스트푸드 업계 중 최초 상기를 일으키는 브랜드에 대한 인지도는 마인드 쉐어보다 많이 낮은 편이다. KFC에 대한 브랜드 태도는 좋은 소비자들도 가장 먼저 생각나는 패스트푸드 브랜드 면에서는 KFC를 쉽게 떠올리지 못한다는 것이 타사에 비해 큰 약점으로 자리하고 있다.

② 고가의 제품으로 인지

KFC는 롯데리아나 맥도날드 등 우리나라의 대표적 패스트푸드 업체에 비해 가격이 높게 책정되어 있다. 거기다 롯데리아와 맥도날드가 저가의 정책에서 점점 더 가격을 낮추거나 할인율을 높이고, 각종 사은 행사를 하는 등의 전략을 수립하고 있어서 KFC의 이미지는 점점 더 고가의 이미지를 벗을 수 없게 되었다. 이로 인해 가격이 중요한 자리를 차지하는 30대 이상의 고객에게 부담감을 안겨주어 롯데리아나 맥도날드에 비해 대중성과 매출액이 훨씬 떨어진다.

③ 경쟁사에 비해 매장수의 빈약

롯데리아나 맥도날드보다 우리나라에 설립한 시기가 늦은 부분도 있지만 전국적으로 경쟁사에 비해 매장 수가 빈약해 KFC를 이용하고 싶어도 주위에 매장이 없어 타사로 발걸음을 옮기는 고객들도 많이 있다. 매장 수가 빈약하다는 것은 그만큼 고객을 놓칠 확률이 높다는 이야기도 되는 것이다.

④ 로열티 지급에 따른 외국 브랜드에 대한 부정적 이미지

KFC가 미국의 브랜드이다 보니 정기적으로 적정량의 로열티를 지급해야 한다는 것이 우리 국민에게 안 좋은 이미지로 자리하고 있다. 롯데리아는 우리의 브랜드라는 점을 강점으로 내세워 애국심을 불러일으키는 애국심 소구의 광고를 하기도 하지만 그런 면에서 KFC는 외국의 브랜드인데다, 미국의 브랜드이기 때문에 종종 격해지는 반미감정에 의해 타격을 입을 수 있다.

2) 외부환경요인

가. Opportunity

① 바빠진 생활로 인한 패스트푸드 소비 욕구 증가

현대인의 바빠진 생활로 인해 일일이 밥을 챙겨먹을 수 없는 상황이 빈번해짐에 따라 간편하고 이동성이 큰 패스트푸드에 대한 소비 욕구가 점점 증가하고 있고, 그로인해 실제 매출액도 크게 늘어나고 있다. 손이 많이 가는 우리 전통음식에 비해 빠른 라이프스타일에 잘 부합하는 패스트푸드의 성장은 좀처럼 줄어들지 않을 것이다.

② 맛, 서비스, 건강에 대한 기대

웰빙이라는 개념이 보편화되면서 소비자들은 점점 맛과 함께 건강도 중요시 하고 있다. 이에 발맞추어 건강을 등한시한다는 비판을 많이 받은 패스트푸드 업계도 건강에 눈을 돌려 건강식 위주의 메뉴를 많이 개발하고 있고, 또한 이런 메뉴가 소비자들의 사랑을 많이 받고 있다. KFC도 치킨과 각종 신선한 야채를 이용한 치킨 샐러드를 개발했으며, 피타브래드와 야채를 치킨과 융합한 저칼로리 건강식인 고고 샌드위치를 개발해 맛뿐만 아니라 건강까지 신경 쓰는 메뉴를 선보이고 있다.

나. Threat

① 치킨류 전문점들의 성장

KFC가 치킨을 주력 제품으로 한 업체이다 보니 치킨류를 전문적으로 하는 업체들의 성장은 큰 위기로 다가올 수밖에 없다. 예를 들어 같은 치킨류의 패스트푸드 업체인 파파이스의 성장과 후발 신생 업체이긴 하지만 엄청난 선호도로 발전하고 있는 교촌치킨 등 치킨류 전문점들의 성장이 급격해지며 KFC가 큰 위기상황을 맞고 있다.

② 경쟁사의 다양한 저가 전략

롯데리아와 맥도날드의 저가 제품에 비해 고가의 제품이 주를 이루는 것이 KFC의 큰 약점이었는데 이러한 경쟁업체들이 과다 경쟁으로 인해 점점 더 다양한 저가 전략을 세우고 있고, 또한 각종 사은 행사 등 이벤트를 통해 소비자들에게 다가가고 있다. 상대적으로 KFC에게는 매출액에 큰 손해를 줄 수 있는 요인이 고가의 제품이기 때문에 경쟁사의 저가 전략에 맞춰가기에는 많은 무리가 따른다.

(5) 취약점 및 개선 방향

① 인지도를 높여라!

소비자들도 가장 먼저 생각나는 패스트푸드 브랜드로 자리 잡기 위해서 브랜드 인지도를 높여야 한다.

② 고가 제품이라는 오해 없도록 저렴하면서도 한층 더 나아진 제품

가격이 중요한 자리를 차지하는 30대 이상의 고객에게 부담감을 안겨주어 롯데리아나 맥도날드에 비해 대중성과 매출액이 훨씬 떨어진다. 그러므로 고객에게 친근하게 다가 갈 수 있는 가격책정이 필요하다.

③ 경쟁사에 비해 매장 수의 빈약 완화

경쟁사에 비해 매장 수가 빈약해 KFC를 이용하고 싶어도 주위에 매장이 없어 타사로 발걸음을 옮기는 고객들도 많이 있다. 매장 수가 빈약하다는 것은 그만큼 고객을 놓칠 확률이 높다는 이야기도 되는 것이다. 매장 수의 확대 필요.

④ 로열티 지급에 따른 외국 브랜드에 대한 부정적 이미지

KFC가 미국의 브랜드이다 보니 정기적으로 적정량의 로열티를 지급해야 한다는것이 우리 국민에게 안 좋은 이미지로 자리하고 있다. 롯데리아는 우리의 브랜드라는 점을 강점으로 내세워 애국심을 불러일으키는 애국심 소구의 광고를 하기도 하지만 그런 면에서 KFC는 외국의 브랜드인데다, 미국의 브랜드이기 때문에 종종 격해지는 반미감정에 의해 타격을 입을 수 있다. 롯데리아에서 한국의 음식과 유사한 제품을 만든 것처럼 제품의 개발이 필요하다.

⑤ 치킨류 전문점들의 성장

KFC가 치킨을 주력 제품으로 한 업체이다 보니 치킨류를 전문적으로 하는 업체들의 성장은 큰 위기로 다가올 수밖에 없다. 예를 들어 같은 치킨류의 패스트푸드 업체인 파파이스의 성장과 후발 신생 업체이긴 하지만 엄청난 선호도로 발전하고 있는 교촌치킨 등 치킨류 전문점들의 성장이 급격해지며 KFC가 큰 위기 상황을 맞고 있다. KFC만의 고유한 치킨류 제품을 보유해야한다.

⑥ 경쟁사의 다양한 저가 전략

롯데리아와 맥도날드의 저가 제품에 비해 고가의 제품이 주를 이루는 것이 KFC의 큰 약점이었는데 이러한 경쟁업체들이 과다 경쟁으로 인해 점점 더 다양한 저가 전략을 세우고 있고, 또한 각종 사은 행사 등 이벤트를 통해 소비자들에게 다가가고 있다. 상대적으로 KFC에게는 매출액에 큰 데미지를 줄 수 있는 요인 고가의 제품이기 때문에 경쟁사의 저가 전략에 맞춰가기에는 많은 무리가 따름.

KFC는 다양한 이벤트와 매장에서 고객이 높은 가치를 느낄 수 있는 다양하면서 고급스러운 고가 전략을 쓴다.

(1) 회사 소개

BBQ는 (주)제너시스의 대표적인 브랜드로서, (주)제너시스는 그 동안의 체인사업에 대한 불신을 일축하고 믿음과 신뢰를 바탕으로 한 새로운 프랜차이즈 관계를 정립하고자 1995년 9월1일에 설립되었다.

(주)제너시스는 국내의 비위생적이며 불합리한 치킨유통산업을 개선하여 새로운 치킨 외식문화를 창조하고 축산 경제 발전과 국민건강 증진에 기여하고자 설립되었으며, 로열티를 지불하지 않는 순수 국내브랜드인 BBQ브랜드를 사용하였다. 또한 주 소비자(어린이)에 대한 접근성을 높이기 위해 주로 주택가에 입점하였으며, 기존 점포와는 차별화되게 밝고 깨끗한 분위기와 주류를 취급하지 않고 있다.

1) 연혁

1995년~1998년	1995. 09.	㈜제너시스 설립(브랜드명: B.B.Q)
	1995. 11.	경기도 전곡1호점(전곡점)오픈
	1996. 06.	B.B.Q 100호점 오픈
	1997. 01.	업계최초로 '투자비 리콜제' 실시
	1997. 04.	무총리상 수상
	1997. 12.	97 히트 체인업체 선정(국민일보)
	1998. 06.	98 치킨업종 대상 (한국프랜차이즈리서치)
	1998. 12.	98 히트상품 선정 (5개국 매체)

1999년~2001년	1999. 07. 1999. 09. 1999. 10. 1999. 11. 2000. 07. 2000. 09. 2001. 09.	닭익는마을 1호점 OPEN BBQ 치킨대학물류센터 개관 BBQ 1,000호점 Open(국내최초) BBQ 컴 코리아 오픈 국제볼링대회 개최 1588-9292 콜센터 운영 BBQ 치킨대학 개관 및 물류센터 준공 치킨대학 일반소비자 과정 개설
2002년~2004년	2002. 01. 2002. 03. 2002. 09. 2003. 02. 2003. 03. 2003. 08. 2004. 05. 2004. 06. 2004. 09.	닭익는마을 100호점 개점 치킨대학 BBQ 기초과정 4,000명 배출기록 문정동 신사옥 이전 및 제3창업 선포 u9 1호점 Open BBQ 중국진출 (상해BBQ 유한공사설립) BBQ 중국 1호점 Open 초밥 전문점 아찌 인수 스페인 진출 BHC, Q'z 인수 : GNS BHC 설립
2005년~2007년	2005. 01. 2005. 05. 2005. 09. 2006. 05. 2006. 06. 2006. 07. 2006. 08. 2006. 08. 2006. 09. 2006. 09. 2006. 09. 2006. 11. 2006. 12. 2007. 01. 2007. 03. 2007. 03.	Chops 1호점 Open 스페인 1, 2호점 Open 제네시스 창사 10주년 일본과의 마스터프랜차이즈 계약 북격/천진과의 마스터프랜차이즈 계약 일본 마스터프랜차이즈 첫 계약 북경/천진 1호점 Open 미국 마스터프랜차이즈 계약 Chicken & Beer 1호점 Open 베트남 MOU 마스터프랜차이즈 계약 씨푸드 레스토랑 Ocean Star 1호점 Open 베트남, 동북삼성, 신동성 마스터프랜차이즈 계약 호주, 강소성, 몽골, 마스터프랜차이즈 계약 BBQ JAPAN 1, 2호점 Open 사우디, 말레이시아, 싱가폴 등 (10개국) 베트남 1호점 Open 올리브떡볶이, 참숯바베큐 1호점 오픈
2008년~2010년	2008. 03. 2008. 04. 2008. 04. 2008. 06.	피자큐 1호점 개점 미국 1호점 Open 대한민국 브랜드 스타상 수상 “BBQ, BHC, 닭익는마을, 올리브돈가스, 치킨&비어, 참숯바베큐, 델리아띠, 올리브떡볶이, 피자큐”

	2008. 06.	국내 브랜드 가치 (2년 연속 100대 브랜드 진입) 현재 국내 43위 브랜드
	2009. 03.	터키 마스터 프랜차이즈 계약 체결
	2009. 03.	제36회 상공의 날 은탑산업훈장 수훈
	2009. 05	제41회 한국의 경영자상 수상
	2009. 12.	캄보디아 마스터프랜차이즈 계약 체결
	2009. 12.	대한민국 창조력 페스티벌 (2009년 창조경영인상 수상)
	2009. 12.	2009 예술 경영 리더스 포럼 (2009 예술 경영 리더상 수상)
	2009. 12.	2009 한국 경제를 이끄는 CEO (BEST CEO 대상수상)
	2010. 01.	터키 이스탄불 1호점 오픈 (4호점 운영)
	2010. 05.	이란 마스터프랜차이즈계약 체결
	2010. 07.	캄보디아 프옴펜 1호점 오픈

(2) 가맹점의 규모 및 지역별 현황

〈가맹점 규모 및 지역별 현황〉

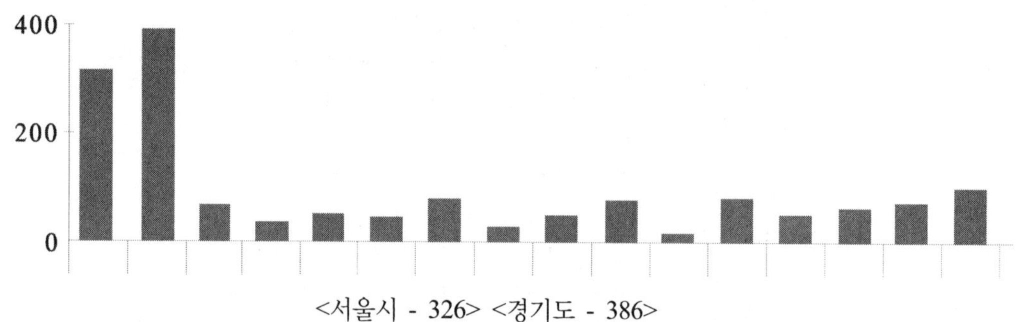

<서울시 - 326> <경기도 - 386>

패스트푸드의 운영현황

브랜드명	회사명	매출액(억 원)			증가율(%)		점포수(개)			증가율(%)	
		99	2000	2001	99~00	00~01	99	2000	2001	99~00	00~01
롯데리아	(주)롯데리아	3,500	4,640	6,000	33	29	470	601	801	28	33
맥도날드	(주)신맥.맥킴	1,900	2,640	4,180	39	58	175	244	344	39	41
BBQ	(주)제너시스	1,800	2,290	2,400	27	5	1,050	1,320	1,400	26	6
KFC	(주)두산생활한업	1,400	1,860	2,530	33	36	152	206	240	36	17

자료: 식품유통연감, 2001:Hotel & Restaurant, 2002. 3

BBQ의 경우 세계적인 치킨브랜드인 KFC를 제치고 치킨시장의 1위를 점유하였다. 창립 5년만에 세계적인 신기원을 이룩하면서 외식업계의 기린아로 등장한 BBQ는 국내 자생브랜드로서 소형점포 중심의 프랜차이즈 시스템을 전개하고 있다.

(3) 경영성과

요약 손익

(단위:백만원)

구분	1999	2000	2001	2002
매출액	47,119	65,139	82,473	125,241
매출총이익	13,465	18,233	22,247	33,784

(4) 장점

1) 물류시스템

가. 일일 콜드시스템 완비

전국 1,500개 가맹점에 콜드시스템을 통해 매일 가장 신선한 상태로 공급이 가능한, 국내 프랜차이즈 업체중 최고의 시설을 구축

나. 물류센터의 전산화

- 본사, 가맹점, 협력업체의 전산화를 통해 최상의 품질을 적기에 제공
- 자동화된 시스템에 의한 체계적이고 과학적인 상품관리
- 생산공장 및 물류시스템의 전산화를 통해 적정 재고관리 유지

다. 물류센터현황

- 위치: 경기도 광주군 오포면 소재
- 총대지 면적 : 4,000평
- 연건평 : 1,000평
- 물류창고 : 800평

- 냉동 냉장창고: 100평

2) 가맹점 관리

가맹점을 설립하는 가장 중요한 기준은 우선적으로 4,000세대를 보장하는 지역으로 입지선정은 본사와 가맹자 간의 의견을 절충하여 정한다. 가맹사업권을 본사에서 넘기기 전에 예비 가맹사업자는 경기도 이천에 자리 잡고 있는 BBQ의 치킨대학에서 하는 전문적인 경영지침을 교육 받는다. 이를 통과한 예비 가맹사업자만이 가맹점을 설립할 수 있는 자격조건이 주어진다. 계약 기간은 기본적으로 2년으로 하고 이후에는 갱신계약을 체결한다.

본사는 가맹점 설립 초기에 가맹비 일명 간판을 제작하여 받는 로열티를 지급받으며, 보증금과 인테리어 마진비, 공동 물류 구매를 통한 물품 마진비를 받는다. 하지만 현재 BBQ에서는 가맹점 매출에서 나오는 수익률의 로열티는 징수하지 않으며, 또한 따로 마케팅비를 받지 않는다.

본사에서의 가맹점 관리는 쉽지 않은 일이다. BBQ에서는 여러 가지 제도를 통해서 이를 관리하고 있다. 우선 가맹점을 관리하는 과정에서 중요한 물품유통과정은 자사에서 구축한 통합정보시스템을 통해서 컴퓨터로 모든 매장의 필요한 물품주문과 심지어는 주문 상태를 알 수 있도록 주문시간과 종류, 매출 등을 기록하고 있어 정확하고 효율적인 관리 할 수 있도록 하고 있다.

둘째로 본사에서는 가맹점 관리에 있어서 SV(Supervisor)조직을 두어 관리하고있다. 이것은 1人당 30개의 매장을 책임 관리하여 프랜차이즈를 효율적으로 관리・통제하는 제도이다.

셋째로 인터넷을 통한 VOC(고객의 소리)를 두고 있어 신속하고 효과적인 매장관리를 하고 있다. 마지막으로는 삼진아웃제도가 있다.

이는 본사의 이미지를 손상 시키거나 본사 지시를 거부하는 가맹점의 경우 두번의 경고가 있은 뒤에 아웃시키는 제도이다.

3) BBQ 마케팅 전략

가. 업계최초 내장공사 투자비 리콜제 실시

사업실패 폐점이 될 경우, 외식사업투자비 중에서 가장 큰 내장 공사비를 최고 50%까지 환불하는 제도이다. 이러한 제도는 프랜차이즈 업계에서는 최초로 시행되는 제도로서 만일 가맹점에서 사업이 안 되어 폐점이 속출할 경우 본사 존립에 심각한 위협을 줄 수 있는 제도이나, 본사에서는 가맹점의 매출 및 손익에 대해 무한책임을 지겠다는 의지의 표현임과 동시에 시스템에 대한 자신감의 표현이라 할 수 있다.

- 초기투자 리스크로부터 사업주 보호
- 투자자에게 안정적 사업환경 제공
- 무분별한 체인점의 사업 폐해 시정효과 (타 체인점으로 확산)

나. 국내 최다의 SUPERVISOR(점포경영지도요원)운영 : 60명

이는 가맹점 운영 및 매출증대를 위한 총체적 점포 경영지원하는 제도이다.

초기에는 BBQ운영본부에서 S/V관리를 했으나 가맹점숫자가 늘어나면서 사업부문별로 3개 팀으로 구성되었다.

- 가맹점의 철저한 매뉴얼 유지 및 관리(조리, 서비스, 점포운영, 자재관리 등) 체계적이며 과학적인 매출관리

※ 대형외식업소에서 다년간 근무경험이 있는 52명의 정예의 점포경영지도요원(S/V) 들이 가맹점을 집중 경영지도

다. 광고 및 판촉지원

각 가맹점별 지역별 특성에 맞는 다양하고도 효과 높은 판촉 및 광고 실시

- 연 2회의 National 판촉(매출저조시기 4월, 10월)
- 신제품 정착판촉, 지역밀착 판촉
- 리딩제품 만들기 판촉(본사전액 지원)
- 부진점포 활성화 판촉(본사전액 지원)

라. B. B. Q의 체계적인 교육훈련

(주)제너시스는 국내 최고시설의 본사 교육장을 확보하고 있으며 전문가에 의한 체계적 교육을 실시하고 있다. 이러한 교육 및 훈련은 주로 가맹점 경영자의 경영능력 향상과 이익증대를 목적으로 하고 있으며, 궁극적으로는 소비자와의 접점인 가맹점의 역량을 향상 시키고자 함이 가맹점 교육시스템의 목적이다.

- 무경험자도 교육만 받으면 능숙한 조리 및 점포운영 가능
- 개점 전 본사 교육장에서 5일간의 기초과정교육
- 점포 오픈 교육은 점포에서 3일간 실시

- 점포정착교육 (1개월간) 주 2회 방문지도
- 점포경영지도 (주 1회 이상) 이상 정기 방문지도

마. 가맹점 경영참여제도

1998. 12.12 업계 최초로 "가맹점이 참여한 경영협의회" 개최, 주요 정책 협의

바. 가맹점 정기 간담회

가맹점의 소리를 현장에서 직접 경청하여 회사 경영방침에 반영

사. 가맹 계약서 변경

약관의 신뢰성을 제고하고 가맹점의 권익을 보호

4) BBQ 올해의 주요 마케팅 전략

가. 가족과 함께 즐기는 프리미엄 치킨

소비자에게 프리미엄 이미지를 전달 할 수 있는 신규 CF를 준비하여 치킨 판매매출 및 가맹점수 1위라는 슬로건 아래 "세상에서 가장 맛있는 프리미엄 치킨 BBQ"를 전국 어느 곳에서도 즐길 수 있다는 접근의 용이성을 강조하여 동네 치킨시장과 질적인 시장 분리 - 맛과 서비스 차별화

나. SENSATION을 일으킬 수 있는 판촉행사

BBQ만의 독창적인 판촉물 ⇒ BBQ 캐릭터 인형, 게임 등 개발 중

다. 전국 단일 대표전화 1588-9282로 통일

기존 매출에 비해 약 20%이상 매출상승효과가 있을 것으로 예상

라. 생활 속에서 BBQ를 쉽게 인지시킬 수 있는 광고 진행

서울 및 부산 지하철 출입문 스티커 5,500매 잠실야구장 및 광주야구장 펜스광고

마. 가맹점 CASH BAG 서비스

가맹점 매출의 일정율을 적립 판촉행사시 판촉물로 공급하는 방식(12월)

바. BBQ 인터넷 마케팅 강화

소비자가 ONE-CLICK으로 주문할 수 있는 방식 채택(12월중) ⇒ TTS기법을 이용한 실시간 주문시스템 및 한국통신 웹폰을 이용한 주문 체제

(1) 역사

1972년 미국의 알코프랜드(Al Copeland)가 루이지애나주 뉴올리언스에 설립하였다. 치킨과 비스킷 · 라이스 · 씨푸드 요리를 전문으로 하는 레스토랑 업체이다. 회사명은 크다는 뜻의 팝(pop)과 눈을 뜻하는 아이(eyes)의 합성어로, '눈이 커질 만큼 맛있고 재미있는 패스트푸드'라는 뜻을 지니고 있다. 또한 만화 캐릭터 포파이(Popeye)의 복수형으로 포파이의 건강한 가족들이라는 의미도 있다. 미국 남부에서 전통적으로 유명한 요리비법인 케이준 쿠킹(Cajun cooking)을 도입하여 큰 인기를 끌었다. 케이준 쿠킹이란? 200년 전 뉴올리언스에 정착한 프랑스계 이주민들이 에스파냐와 이탈리아의 음식을 섞어 개발한 조리법으로 매콤하고 달콤한 천연 양념의 맛이 특징이다. 현재 미국 내에만 1500여 개의 매장이 있으며, 세계 20여 개국에 500여 개의 체인점이 운영되고 있다. 우리나라에는 대한제당(주) 자회사인 (주)TS해마로가 국내 사업권을 획득하여 1994년 서울시 강남구 압구정동에 1호점을 오픈한 이래 현재 220여 개 매장을 운영하고 있다.

(2) 현황

패스트푸드 부문 고객만족도 조사 결과, 롯데리아와 파파이스가 공동 2위를 차지했다. 파파이스는 타깃 고객의 코드와 감성에 맞는 마케팅이 좋은 평가를 받았다. 그러나 최근의 웰빙열풍과 함께 패스트푸드에 대한 이미지가 나빠지게 되자, 파파이스는 유지방을 뺀 우유와 허브로 맛을 더한 닭가슴살 '러브 미 텐더'를 선보이는 등 건강과 웰빙 흐름을 타기 위해 안간힘을 쓰고 있다.

(3) 장점

1996년 72개, 1997년 50개의 매장을 오픈한 파파이스는 기업형 레스토랑 중 매장확장이 가장 돋보였다. 기존의 치킨 한 면 두산그룹에서 운영하는 'KFC'가 단연 최고의 매출을 자랑했다. 그 이외에 우리나라 최초의 프렌차이즈 치킨업소로 알려진 '림스치킨'이나 페리카나, 멕시칸 등이 기억난다. 하지만 96년부터 조금씩 늘어난 파파이스라는 독특한 맛과 이미지로서 젊은 층에 폭발적인 인기를 끌고 있으며 '동네마다 하나씩'이라는 점포증가로 고객의 입맛을 확보하는 데 주력하고 있다.

1) 폭발적인 매장수 증가와 성공

폭발적인 매장수의 증가가 파파이스를 업계에 이단아로 지칭하지 않았나 하는 생각이 든다. 매장수가 늘어났다는 부분에 있어 무조건적인 평가를 할 수는 없는 일이다. 그러나 파파이스의 경우 1백20여개의 점포 중 60%가 투자 점포이지만 직영점은 물론이고 투자점에서 조차 단 한 개의 부실매장이 발생하지 않았다는 사실은 업계에서도 놀라고 있는 부분이다. 오히려 투자점포의 영업실적이 직영점포보다 더 좋다고 한다. 그 이유는 그 만큼 자기사업이라는 생각에서 더 열심히 일하고 또한 투자점주의 주관적 판단에 의존하지 않게 하기 위해 파파이스 본사 측에서 숙련된 점장을 파견, 본사와 보다 유기적인 관계를 쌓고 과학적인 운영을 하게 지시하기 때문이다.

2) 차별화된 점포개발

파파이스의 점포 개발의 주안점은 '가장 확실한 상권에 점포를 개설하고 철저한 오퍼레이션으로 매출을 극대화시키는 것' 이라고 말한다. 즉, 투자점주가 개점을 원한다고 해도 아무데나 매장을 개설하지 않는다는 것이다.

장기적으로 봤을때 매장 하나 하나가 바로 파파이스의 종합적인 이미지를 만들어 나가기 때문이라고 생각하고 한 개의 매장이라도 실패했을 경우 그 영향은 눈에 보이지 않는 무형의 불신을 확산, 전체적인 파파이스의 이미지를 갉아먹는 행위라는 생각에서이다. 당장 눈앞의 이익보다는 파파이스 전체적으로 또 투자 점주에게 가장 좋은 조건에서 시작할 수 있도록 하기 위해 이 같은 고집은 반드시 필요하다고 본다.

우선 예를 들어서 경주 '파파이스'를 보더라도 경주 최대의 상권이라고 할 수 있는 노동동 극장앞에 자리하고 있는 것만으로 보아도 그곳의 유동인구를 짐작하고 매출을 어느 정도 파악할 수 있을 것이다. 주위에는 여러 종류의 젊은층을 고객으로 하는 옷가게와 극장, 오락실 등이 위치하고 있으므로 젊은 고객 확보에 어려움이 없다는 점과 가장 큰 장점은 경주에는 '파파이스'와 양대 쌍벽을 이루고 있는 KFC가 아직 입점하지 못했다는 것이다. 이것으로만 보아도 경주 지역에 '파파이스'는 독점적 시장확보와 고객의 치킨에 대한 욕구충족을 만족시킴으로서 꾸준한 매출액의 증가를 가져 올 수 있었다고 본다.

보통 가맹사업을 하고 있는 브랜드들이 매장과 매장사이를 2㎞정도로 일률적으로 정해놓거나 원칙도 없이 동일 상권에 무조건적으로 매장을 개설하는데 비해 파파이스의 경우 계약서 안에 지역센터를 명시한다.

지역센터란 상권의 특성과 확장가능성, 유동인구 등을 고려 그 매장의 고유 상권을 명시하는 것을 말하는데 즉, 종로, 압구정동, 명동 등 유동인구가 많고 광범위한 상권을 형성하고 있는 지역일 경우 같은 매장이 근거리에 더 생긴다고 해도 서로 제살을 깍아 먹는 사태가 발생하지 않고 오히려 동반상승효과가 발생할 수 있다.

같은 상권에 매장을 개설할 때 계약서에는 그 부분에 대한 투자점주의 동의를 얻어 반드시 문서화해 분쟁이 일어날 소지를 미연에 방지하고 있다. 즉, 업주에게 자신의 영역에 대한 이익을 어느 정도 보장해 준다고 볼 수 있다.

(4) 취약점

1) 높아져 가는 건강에 대한 관심

국민들의 생활수준이 높아져 감에 따라 사람들의 식생활은 단지 생존을 위한 것보다는 건강식을 추구하는 경향으로 나아가고 있다. 이러한 측면에서 보았을 때 패스트푸드는 다음의 몇 가지의 문제점을 가지고 있으며 이러한 것들이 패스트푸드 시장에 대한 비관적 전망의 직접적 원인이 되고 있다.

- 패스트푸드는 비만의 주범

사람들은 패스트푸드를 먹는 것과 늘어나는 비만 현상과 관계가 있다고 보고, 패스트푸드의 섭취를 줄이려고 노력하고 있다. 그럼 패스트푸드와 비만과 상관관계가 있을까? 패스트푸드와 비만 사이에 명백한 관계가 있다. 패스트푸드를 많이 먹는 아이들은 체중이 더 많이 나가고 고칼로리 음식을 줄이는데 확실히 더 힘들어한다. 지나치게 열량이 높은 음식이다.

2) 패스트푸드의 위생상태에 대한 의심

요즘 들어 패스트푸드의 위생상황에 대한 기사와 언론의 보도가 잇따르고 있다. 패스트푸드의 위생에 관한 관심이 높아지면서 사람들이 패스트푸드를 먹기를 꺼려한다.

- 패스트푸드점 '대장균 아이스크림'

일부 유명 패스트푸드 점에서 파는 아이스크림과 대중음식점에서 후식으로 주는 아이스크림에서 대장균 군이 검출되는 등 위생상태가 불량한 것으로 나타났다.

한겨레신문의 보도에 따르면 한국소비자보호원이 최근 아이스크림 전문점 20곳과 패스트푸드점 12곳에서 판매되는 아이스크림을 대상으로 세균오염 여부를 조사한 결과에서 대장균 군이 검출된 패스트푸드점은 4개 업체 6개 매장으로 나타났다. 업체별로 보면 하디스 성남점이 1㎖당 9400cfu(군집), 파파이스 수지점 1100cfu, 하디스 광화문점 1000cfu, 롯데리아 명동제일점 760cfu, 파파이스 성남점 600cfu, 버거킹 센트럴시티점 140cfu가 각각 검출됐다. 현재 포장 아이스크림의 경우 대장균 군이 1㎖당 10cfu 이하여야 하는 식품위생기준이 있지만, 패스트푸드점의 아이스크림과 대중음식점의 후식용 아이스크림에 대해서는 별도의 기준이 없는 실정이다.

- 햄버거에 사용되는 고기(페티)

지난 10월 20일에 일요 스페셜에서 방송된 '치명적 유혹, 패스트푸드와의 전쟁' 프로그램에서는 패스트푸드의 생산과 유통 과정에 숨어 있는 거대 패스트푸드사의 산업논리와 지금 진행되고 있는 패스트푸드를 둘러싼 소송을 다각도로 비추었다. 먹을거리의 재료가 되는 소나 닭 등이 생명이 없는 '물건'으로만 취급되는 장면은 보기에도 섬뜩했다. 배수시설도 없어 똥오줌과 썩은 사료찌꺼기가 뒤섞여 질척대는 사육장에서 크는 소와 닭, 소독할 틈도 없이 2분마다 도축되는 가축들의 모습에서 더 이상 패스트푸드의 재료가 바람직한 먹을거리가 아니라는 사실을 일깨웠다. 특히 패스트푸드사의 공장 노동자들조차도 머리를 절레절레 흔들 정도로 '불량한 위생상태'는 치명적인 이콜리균의 감염경로를 가늠케 했다.

햄버거 빵 사이에 넣는 다진 고기에서 복통, 혈변, 용혈성 요독증 등을 유발시켜 치명적인 결과를 낳을 수 있는 이콜리(E-coli)균이 여러 차례 검출된 바 있다. 햄버거를 먹고 심한 복통 증세를 보이던 700여 명 중 4명이 숨진 1993년의 '잭 인 더 박스 사건'

이후 지금까지, 대략 50만의 미국인들이 이콜리균으로 발병했고 수백 명이 사망했다. 도축 및 가공과정이 그 이유다. 대량생산되는 햄버거 고기는 수 십, 수 백마리의 소에서 얻은 고기로 만드는데, 이콜리균에 감염된 소 한 마리가 3만2천 파운드의 다진 소고기를 오염시킨다.

– 닭고기

프라이드치킨이나 치킨버거의 재료가 되는 닭고기도 마찬가지다. 파파이스는 햄버거 종류뿐 아니라 케이준 치킨에 대해서도 유명세를 타고 있기 때문에 닭고기의 신선함은 말 할 것도 없이 중요하다. 대량 생산 방식은 패스트푸드의 생산 단가를 낮추는 데 크게 기여했다. 하지만 대량 생산을 위해 불가피했던 항생제 투여는 지금 신종 바이러스와 질병을 끊임없이 만들어내고 있다. 항생제는 내성을 가진, 치료가 불가능한 이상한 박테리아들이 새롭게 만들어내기 때문에 결국 우리는 치료법이 없었던 1900년대 초로 돌아간 것이나 마찬가지이다.

요즘 들어 유행하고 있는 조류독감 또한 커다란 문제점이다.

– 감자튀김

최근 들어서는 패스트푸드점에서 판매되는 감자튀김에서 발암물질이 검출되었다는 보도가 나왔다. 스웨덴 대학의 마가렛타 박사에 연구에 따르면 감자를 튀길 때에 아크릴라마이드라는 발암물질이 생성되는 것으로 밝혀졌다. 실제 식품의약안정청이 조사한 결과에 따르면 감자 프렌치프라이에서는 300~1600ppb(1ppb는 10억분의 1g), 감자 칩에서는 900~1700ppb의 아크릴 아마이드가 검출된 것으로 나타났다. 식약청 관계자는 이 정도의 양은 섭취한 사람의 건강에 즉시 피해를 줄 정도는 아니고 외국에서 검출된 양과 비슷한 수준이라고 밝혔다. 하지만 감자튀김에서 발암물질이 검출되었다는 사실은 앞으로의 패스트푸드업계에 대한 비관적 전망을 더욱 가속화시키는 데에 강력한 요인으로 작용할 것으로 예측된다.

3) 확장 위주의 경영

우후죽순 생겨나는 패스트푸드점들은 이들 사이의 과다경쟁이 불가피하게 하였고 이것은 가격인하에 의한 과다 출혈 경쟁으로 이어졌다.

가격인하전략이 이들 업체들의 수익성 신장에 크게 기여하지 못한 것은 여러 가지 언론 보도로써 짐작해 볼 수 있을 것 같다. 외국의 경우이긴 하지만 'International

Herald Tribune'보도에 따르면 일본 맥도널드의 경우 50엔 대(한화로 약 500원선) 햄버거를 판매하고 있지만 이러한 파격적 가격도 광우병 파동으로 인하여 실추한 햄버거의 이미지를 상승시켜주고 있지 못하다고 전했다. 최근 들어 맥도널드가 발표한 전 세계 신규개설 점포수 축소계획은 확장위주경영에 의한 과다 출혈경쟁의 폐해를 어느 정도 반영한 것으로 보인다.

패스트푸드 업체들은 90년대 후반부터 경쟁사를 누르기 위해 끊임없이 출점경쟁, 할인경쟁을 벌였다. 목 좋은 곳에 경쟁사 점포가 들어서면 이 점포를 넘어뜨리기 위해 바로 옆에 매장을 내 사투를 벌였다.

종로, 대학로, 강남역 등 젊은이들이 몰리는 곳에는 패스트푸드점들이 다닥다닥 붙어 있다. 점포가 몰려 있어 상승효과를 거두기도 하지만 끝없는 경쟁으로 다 같이 피를 흘리는 경우가 허다하다. 지난해에는 가격경쟁이 절정에 달했다. 고객을 끌어들이기 위해 특정품목을 가를 밑도는 값에 파는 이벤트를 끊임없이 벌였다.

(5) 개선방안

지난해 패스트푸드는 탄생 이래 최악의 상황을 맞았다고 해도 과언이 아닐 만큼 어려운 시기였다. 2001년까지만 해도 매출을 공개하던 패스트푸드들은 마치 담합이라도 한 듯 매출 공개를 꺼리고 언론에 노출되는 것 자체를 반겨하지 않는 눈치이다. 이미 알려진 것처럼 패스트푸드는 지난해 비만초래의 원인으로 미국에서 고발당하고 하반기에는 포테이토에서 발암물질이 검출되는 등 수많은 고초를 겪었다. 국내에서는 반미감정도 패스트푸드의 매출을 깎아 내리는데 한몫 했다. 또 상대적으로 샌드위치와 즉석 빵 같은 비슷한 가격대의 신선한 제품들에게 기존 시장을 빼앗기는 등 그 위세가 움츠러들었다.

그동안 식자재 파동 등 악재가 없었던 것도 아니지만 근본적으로 패스트푸드업종이 이토록 심한 타격을 입은 것은 국내에 패스트푸드가 도입된 이후 처음이다. 이렇게 잔뜩 움츠러든 상황에서 올 한해 패스트푸드업계가 시장회복을 향해 내딛는 행보가 주목된다.

업계의 한 관계자는 패스트푸드가 여전히 성장가능성을 갖고 있다고 전한다. "이미 국내 외식시장 규모가 30조원을 넘은 상태이고, 내년까지 경기회복 전망이 불투명함에 따라 뚜렷한 성장을 기대하기는 어렵다. 그러나 현대인의 식생활의 변화로 패스트푸드에 대한 기호가 뚜렷해졌고, 무엇보다 기존의 90년대 중후반의 패스트푸드 세대가 성장함으로써 20~30대 소비자들로 변화, 이들로 인한 시장 확대를 기대할 수 있을 것으로 봅니다.

패스트푸드의 시장 가능성에 대해 조심스럽게 얘기한 관계자는, "그러나 기존과 똑같은 메뉴로는 지속적인 성장을 기대하기 어렵다"는 얘기를 덧붙이는 것을 잊지 않았다. 최근 지속적으로 패스트푸드의 건강상의 문제가 지속되는 상황 때문이다.

그는 "지금 패스트푸드는 성장과 쇠퇴의 기로에 놓여있다"고 전제하고 "현 상황을 적극적으로 반영해 보다 건강지향의 다양한 메뉴를 선보이고, 패스트푸드점의 새로운 포지셔닝을 해야 할 시기"라고 밝혔다.

지금까지 살펴본 바와 같은 원인으로 인하여 앞으로 어두운 전망을 바라보는 패스트푸드 업계가 이러한 침체를 극복하고 회생의 길을 마련하기 위해서는 적극적인 경영구조 개혁이 필요하다.

가. 국민 건강을 증진시킬 수 있는 건강식 패스트푸드의 도입

사실 그동안 IMF 등 침체기를 맞을 때마다 패스트푸드는 500원~900원 등 1000원이하의 저렴한 햄버거와 할인정책으로 그 위기를 극복해왔다. 그러나 패스트푸드에 대한 인식의 변화가 시작된 지금, 소비심리가 위축된다고 해서 다시 한 번 이런 전략이 먹힐지는 의심스러운 상황이다. 실제로도 패스트푸드업체들은 무조건적인 할인 정책으로 인한 '박리다매' 정책에서 어느 정도 방향을 선회한 것으로 보인다.

소비자들이 건강에 대해 관심이 많아지고 그 중요성을 강조하다보니 소비자들의 건강을 증진시킬 수 있는 마케팅 차원의 건강식 프로그램 도입이 절실하다. 이에 따라 패스트푸드 업체들이 몸에 좋은 건강 메뉴를 속속 선보이고 있다.

파파이스는 지난달 출시한 크로휘시가 인기 메뉴로 부상하고 있다. 크로휘시는 작은 민물가재를 원료로 만든 메뉴로 케이준 양념을 묻혀 통째로 튀긴 뒤 타르타르소스에 찍어 먹는다. 쫄깃하고 담백한 맛을 내는 크로휘시와 케이준 프렌치프라이, 비스킷, 콜라를 세트로 구성해 판매하고 있다.

나. 한국식 메뉴의 개발

다양한 형태의 패스트푸드 업체의 공존과 경쟁 속에서 우리 고유의 식문화와 외국의 식문화를 조화롭게 접목하여 정착할 수 있도록 하는 노력이 필요하다.

롯데리아는 특히, 라이스버거류와 불고기, 불갈비, 새우버거 그리고 Side Menu의 경우 한국인의 입맛에 맞는 메뉴를 경쟁사인 맥도널드보다 먼저 개발하여 시장에 출시함으로써 한국 시장에서 입지를 다지는데 성공하였다. 따라서 Global의 이미지와 세계 단일메뉴를 가지고 한국 시장을 공략한 맥도널드에 비하여 한국 시장에 더욱 친화적으로 정착하였고 한국 시장 변화에 더욱 유연하게 적응할 수 있었다.

다. 다양한 신 메뉴의 출시 및 고객중심의 마케팅 전략 시행

치열한 경쟁사회에서 패스트푸드 업체가 지향해야 할 방향은 다양한 신 메뉴를 출시하여 고객의 욕구를 충족시키는 것이다. 예를 들면 패스트푸드점이 아침을 거르고 다니는 직장인이나 학생을 위해 일찍 문을 열고 영양 밸런스를 맞춰 아침 식사를 개발하는 것도 매출을 향상시키기 위한 좋은 대안이라고 생각한다. 아울러 고객 중심의 마케팅 전략을 시행하여 서비스, 고객관리에 집중적인 투자가 필요하다. 한정된 시장에서 경쟁력을 갖추기 위해서는 기존의 기본 틀에 얽매이지 말고 고객의 성향 변화, 사회, 기술, 경제적 환경변화에 능동적으로 대처할 수 있는 효과적인 마케팅 전략 시행이 필수적이다.

파파이스는 패스트푸드 건강지향 추세는 계속되리라는 판단 하에 패스트푸드의 신속성과 다양성, 저렴한 가격 등의 장점은 그대로 살리고 새롭게 요구되는 건강에 대한 요구를 점차 만족시켜나갈 계획이다. 파파이스 관계자는 "무리한 매장확대나 출혈투자보다는 제품과, 서비스, 청결(QSC)을 강조하고, 다양해진 소비자의 입맛을 충족시켜주며, 맛을 뛰어넘는 체험을 제공할 예정"이라고 밝히며 특히 패스트푸드업계의 개성화, 고급화의 흐름을 주도할 것이라고 전했다.

라. 고급화 / 가격경쟁력 확보

사람들은 식사의 간편함 때문에 패스트푸드를 이용하고 있지만 그 가격에 대하여 국내 대학생의 응답자중 54%가 '적당하다'고 응답하였으나 '비싸다'는 응답도 43.1%를 차지하여 국내에서는 아직 패스트푸드가 저렴하지 않다고 인식하고 있었다. 이에 따라 기존 패스트푸드점의 가격에 대한 새로운 전략이 필요하다. 첫째는 기존 가격을 유지하거나 조금 높이되 그 품질을 고급화하는 전략이다. 둘째는 기존 가격파괴를 통해서 다른 업체에 비해서 상대적으로 가격경쟁력을 가지는 것이다.

지금까지 패스트푸드는 '저렴한 음식 = 정크 푸드'라는 인식이 강했던 게 사실이다. 이 때문에 고급 제품을 출시해 기존의 이미지를 벗기 위해 패스트푸드업체들이 팔을 걷어붙였다.

마. 사회 자본에 투자를 통한 이미지 변신

기업의 이미지를 긍정적으로 변화시키기 위해 수익의 일부를 사회로 환원시키는 것도 정체되어 있는 패스트푸드 업계의 상황을 반전시킬 수 있는 좋은 방법이다.

베스트셀러 '리엔지니어링 혁명'의 저자인 마이클 해머 경영 컨설턴트는 "맥도널드가 회사나 학교, 병원에 음식점을 개설하면 잘 할 수 있을 것"이라며 "햄버거 대학을 창설해 햄버거 교육사업에 뛰어드는 것도 한 방법"이라고 덧붙였다. 아울러 매장 위치를 건설 현장 등으로 다양화하자는 의견도 제시됐다.

특히 롯데리아, 맥도널드, 버거킹, KFC 등 패스트푸드 업계에서는 1회용 컵 환불보증금제도가 시행되면서 미 환불 금액을 환경캠페인, 이웃돕기 등에 적극 활용하고 있다. 올 1월부터 패스트푸드 매장과 커피 전문점에서는 1회용 컵 환불제를 시행하면서 매장 밖으로 1회용 컵을 들고 나가는 고객에게 개당 100원의 환불보증금을 받고 있다. 환불보증금을 받는 대신 업체별로 미 환불 적립금 내역을 공개하고 고객 사은행사나 환경보호활동 등에 사용해야 한다.

롯데리아는 환불적립금을 총 200명의 환경미화원 자녀에게 장학금으로 전달하기로 결정하고 고등학생은 100만원, 대학생은 200만 원 등 총 3억원을 집행하기로 했다. 이 밖에도 롯데리아는 최근 참여연대가 주관하는 이라크 난민 돕기 '희망의 손' 모금 캠페인에 2000만원의 성금을 전달했다.

KFC와 버거킹은 1회용 컵 보증금에 대한 미 환불 수익금 전액을 재활용 휴지 제작과 환경미화원 자녀들의 장학금으로 사용하기로 했다.

(1) 역 사

워싱턴에서 낙농가의 아들로 태어난 어니라빈스(ErnieRobbins)와 일리노이주에서 식품상을 하던 버튼베스킨(BortonBsakin)이 2차 대전 중에 만나 알게 되었는데, 이들은 전쟁에 나가는 병사들에게 맛있는 아이스크림을 먹게 하자는 데 의기투합이 되어, 수많은 연구와 실험 끝에 향료를 전혀 쓰지 않고 천연과일로 현재의 맛을 만들어 내는데 성공, 오늘날 다국적 기업이 되는 밑거름이 되었다. 독특한 풍미, 고품질의 아이스크림, 색채가 풍부한 포스터, 앉아서 먹기를 원하는 고객들을 위한 의자, 고객들에게 맛을 보이기 위한 "맛보기 스푼"과 같은 고객들을 위한 아이디어 등이 도입되었다. 어니라빈스와 버튼 베스킨, 이 두 사람의 이름을 따서 현재의 베스킨라빈스 상호명이 탄생하게 되었고, 이들은 매일매일 한 개씩의 색다른 아이스크림을 선보여 한 달 내내 다른 맛을 보여준다는 의미의 월(月)의 표시인 '써티원'을 브랜드명으로 정하고 이른 바 "프랜차이즈 시스템"에 의한 전개를 시작하였다. 현재 베스킨라빈스 아이스크림은 우리나라를 비롯하여 일본, 홍콩, 대만, 싱가폴 등 아시아 거의 전역과 러시아, 미국, 호주, 영국 등 각국에 진출, 아이스크림 하나로 세계인의 입맛을 붙잡고 있다.

1) 기본 정신

"We make people HaPPY"

베스킨라빈스 아이스크림은 최고의 품질과 풍미를 지닌 아이스크림을 통해 "우리는 사람들을 행복하게 한다!(We make people happy!)" 라는 것을 기본으로 하고 있다. 아이스크림의 품질, 풍미의 다양성 등 모든 점에서 최고의 아이스크림임을 자부하며 미국, 유럽, 호주, 캐나다, 일본 등 세계6000개 이상의 점포를 가진 세계최대의 아이스크림 전문 체인을 자랑하고 있으며, 베스킨라빈스 아이스크림은 베스킨라빈스 전문매장에서만 판매한다. 지금까지 개발된 700여종 이상의 풍미 중에서 계절에 맞추어 31종류를 바꾸어 가며 고객에게 소개해 드리고 있고 바닐라, 스트로 베리, 초콜릿 등 16종류의 기본적인 풍미 이외에도 계절에 따라 풍미 바꾸기를 하여 항상 독특하고 새로운 맛을 고객에게 소개하고 있다.

각 매장에서 제일 우선순위는 개인위생 및 매장 청결이며 고객의 입장에서 고객을 먼저 생각하는 고객만족에 따라 고객서비스를 실시하고 있고 가장 맛있는 베스킨라빈스의 아이스크림과 케이크를 위하여 항상 관리 판매하고 있다. 그리고 계절별로 마련하는 다양한 이벤트로 고객들에게 감사의 마음을 전하고 있다.

2) C.I

점포 내에 한 달에 매일 한 가지씩 먹을 수 있는 31가지의 다양한 아이스크림을 갖추었다는 것을 뜻한다. 밝은 핑크 색과 시원한 감각의 청색으로 구성되어 있으며 "열린 원과 31"의 의미는 새로운 영역에 대해서 항상 열려있어 항상 다양한 제품을 개발하고 있으며 진취적인 것을 추구하는, 활동적(Dynamic)인 회사를 상징한다.

(2) 현 황

1985년에 한국에 들어온 베스킨라빈스는 1988년부터 전국에 체인점이 전개되어 베스킨라빈스의 기본 정신인 “우리는 아이스크림을 파는 것이 아니라 즐거움을 파는 것이다.”라는 정신 아래서 오늘에 이르게 되었다. BR의 목표는 소비자들에게 다양한 재미와 맛을 제공하는데 있다. 그들은 31이야말로 BR의 다양함을 완벽히 표현하는 말이라고 느꼈다. BR은 매일 다른 맛의 아이스크림을 제공하기 때문에 소비자들은 절대 같은 맛으로 싫증 내지 않을 것이라고 한다. BR은 700여 가지의 맛을 가지고 있으며 현재는 매달 BR매장에 적어도 100여개의 다른 선택을 제공하고 있다. 전통적인 맛과 함께 저지방, 라이트, 샤베츠, 아이스, 요커트 등 맛과 종류의 다양성을 느낄 수 있다. 많지 않은 매체 량에도 불구하고 강력한 제품력과 이에 기초한 콘셉트를 앞세운 광고로 베스킨라빈스31은 소비자 인지도와 선호도 그리고 매출액까지 계속적인 기록 경신을 해갔다. 서울지역에서만 고급아이스크림 브랜드 선호도에서 92.2%라는 놀라운 조사결과를 보여주었고 매출도 예상 폭을 뛰어넘는 정도로 성장해갔다. IMF이후 매출이 급감하고 경쟁사들이 무너져 가는 상황에서 보여준 믿음과 신뢰는 '골라먹는 재미가 있다'캠페인이 성공한 된데 있어 무엇보다 중요한 요소가 되었다. 유사업종은 패스트푸드 업계뿐 아니라 거의 모든 해외 브렌드들이 국신을 외치며 단기적인 이미지 변신을 통한 매출 급감방지에 노력을 기울이는 상황에서도 BR코리아는 장기적인 브랜드 관리에 대한 소신을 일관했기 때문이다. 결국 광고주의 안목과 신뢰가 성공한 광고캠페인 성공적인 브랜드 자산의 축적에 가장 큰 역할을 했다고 할 수 있다. 베스킨라빈스 31은 런칭부터 지금까지 보이지 않은 숱한 노력을 통해 고급 아이스크림 시장에서는 독보적인 1위의 자리를 차지하고 있다. 경기 회복에 따라 다시 많은 경쟁사들이 시장에 참여하게 될 것이고 새로운 경쟁자는 예전에 비해 훨씬 더 큰 경쟁력을 가지고 접근해 올 것이다. 이에 대응한 베스킨라빈스의 브랜드 자신 구축 전략은 소비자들에게 베스킨라빈스만이 줄 수 있는 즐거움을 제공해줄 것이며 이러한 즐거움과 더불어 더욱 깊이 기억되게 만들 것이다.

01 테두리 사각형

02 B31R 로고타입

03 로고타입

(3) 장점

1) 품질(Quality)

① 고급 프리미엄 아이스크림
② 80가지가 넘는 Flavor
③ 소비 상황에 따라 판매되는 아이스크림 종류가 매달 교체
④ 신선함
⑤ 고급원료를 사용하여 깨끗하고 부드러운 맛

2) 디자인(Design)

① 제품 포장 디자인 - 색상이 다양 - 귀여운 캐릭터
② 아이스크림 디자인- 색상이 다양
아이스크림 케이크의 경우, 귀여우면서도 독특한 형태가 많음
샌드위치 형, 와플형 등의 다양한 형태

3) 포장(Package)

① 스쿠핑(Scouping)타입
② 포장 형태(콘, 비닐, 아이스박스, 컵, 몰드 등)가 다양하여 소비자에게 만족

4) 고객서비스(Customer Service)

① 정확한 용량 측정
② 위생적 관리

5) 서비스 수준(Service)

① 신선한 제품을 제공
② 고객이 원하는 양에 따라 그 자리에 직접 담아주는 형태

6) 광고(Advertisement)

① 공급 이미지 중심의 광고
② 골라 먹을 수 있는 아이스크림(다양함과 뛰어난 맛 내세움)
③ Fun&Familiarity
④ 대중매체를 통한 제품 이미지 증진 전략(TV,라디오 광고)

⑤ 드라마 제작 지원하여 PPL기법 사용

7) 판매촉진(Promotion)

① 소비자에게 시험적으로 제품 맛을 볼 수 있게 하는 기회 제공
② 표적 고객을 정확히 파악하여 고객의 개인정보를 수집, DB로 구축 활용

(4) 취약점

① 제품특성 : 저 관여 제품이기 때문에 소비자들이 새로운 것에 대한 시도로서 경쟁 제품을 구매할 확률이 높다.
② 소비자의 특성 : 주요고객층이 10대(50%)라는 점이다.
10대의 특성상 쉽게 질리고 새로운 것을 탐색하기를 좋아함.

(5) 배스킨라빈스 S.W.O.T 분석

내부환경요소	
Strength(강점)	Weekness(약점)
◎ 다양한 종류 700여가지의 맛 · 종류가 매달 교체 · 고급원료사용 · 소비자 입맛에 맞는 차별화된 제품 ◎ 유통망 · 직영전문 매장 통한 판매방식 ① 주변의 상업성과 지리적인 요건을 철저히 분석 ② 유흥가, 시내, 학교주변, 주택가 진출 ◎ 해외 브랜드 아이스크림 업체 중 유일하게 최첨단 제조공장 보유 · 충북 음성의 자체 공장 ◎ 아이스크림업계 시장리더 위치고수 · 브랜드인지율 90%	◎ 가격 · 도입당시 : 타겟마겟 · 10대에게 부담될 정도 ◎ 소규모의 직영점 · 평균10평~12평 · 앉아서 아이스크림을 먹는다는 당초 계획에 비해 매장 규모가 작은 편
외부환경요소	
Opportunity(기회)	Threat(위협)
◎ 빈틈공략 (틈새시장) · 서로 다양한 욕구를 가진 소비자 그룹에 맞는 다양화, 차별화된 제품을 파는 것이 바	◎ 경제상황 - 소비위축 · 경제상황 악화 → 소비심리 위축 → 매출하락

로 빈틈 공략! · 소비자 그룹 사이의 다양한 틈새를 노려 전략을 짜는 것이 마케팅의 핵심 ◎ 신세대 · 당초 Target 이외에 10대라는 새로운 소비 집단 형성 ◎ 위기를 기회로 · 매출 하락이후 자산구축 전략수립	◎ 경쟁제품구매 위협 · 저 관여 제품이기 때문에 새로운 것 구매위협 ◎ 소비자특성 · 주요고객이 10대(50%) · 10대 특성상 쉽게 질리고 새로운 것을 원함

1) 내부환경요소

가. Strength

배스킨라빈스는 현재 아이스크림업계 시장리더의 위치에 있다는 자체가 강점이 될 것이고, 하겐다즈에 비해 종류 면에서 강점을 나타낸다. 최첨단 시설로 매달 다른 종류가 시판되고 총 700여 가지 종류가 있어서 소비자들이 원하는 것을 딱 맞게 제공할 수 있다. 또 직영점을 통해 보다 빠르고 정확하게 소비자들과 함께 할 수 있다.

나. Weakness

Baskin Robbins은 고가격이다. 이것은 구매력이 없는 소비자는 소비자로 보지 않는 것으로 해석된다. 물론 고가격이 전략이긴 하지만 그리 풍부하지 않은 소비자입장에서는 가격이 좀 낮아진다며 더욱 구매할 텐데 라는 생각이 들것이다.

Baskin Robbins의 경우 많은 직영 체인점이 있는데 아이스크림을 먹으며 즐기기를 원하여 자리도 마련하지만 수요자들에 비해 점포가 작다. 약 10~12평 정도이므로 당초 앉아서 즐기기를 전략으로 세운 부분은 조금 불편함을 나타난다.

2) 외부환경요소

가. Opportunity

기회요인은 앞에서도 말했듯이 빈틈공략이다. 즉, 틈새시장이다. 서로 다양한 욕구를 가진 소비자 그룹에 맞는 다양화, 차별화된 제품을 파는 것이다.

배스킨라빈스는 신세대를 겨냥하고 있다. 소비욕구가 증대되고 이제는 신세대들이 시장의 주도권을 잡고 있다고 해도 과언은 아니다. 이 신세대들은 좀 더 다르고 특이한 것을 원한다. 이것은 배스킨라빈스의 전략과 맞물려 정확하게 어필할 수 있는 좋은 기회일 것이다.

나. Threat

경제상황에 따라 매출액의 상당한 차이가 있다. 경제상황이 나빠지면 소비 심리가 위축되면서 우선 여가비용을 줄일 것이기 때문이다. 또 저 관여 제품이기 때문에 새로운 것에 대한 시도로서 경쟁 제품을 구입할 확률이 높다.

Baskin Robbins의 경우는 주요 고객이 10대(50%)라는 점에서 10대들의 특성상 쉽게 질리고 새로운 것을 탐색하기 좋아한다. 그러므로 지속적인 편익과 마케팅이 필요하다.

(7) 개선방안(4P)

1) 제품(Product)

가. 장기전략

주 고객층(10대)의 이탈을 막기 위해 지속적인 편익과 마케팅 자극을 주어야 한다. 또한 새로운 경쟁사들이 제품 유사한 전략 혹은 차별화 전략을 펼칠 것이므로 이에 대비하여 시장 선도자로서의 위치를 확고히 해야 한다. 또한 주요 수입 브랜드가 몰락하면서 브랜드들의 시장 진입 움직임이 보이기 시작하는 등 시장 경쟁구도가 재편되는 이때, 브랜드로서 위치를 확고히 함으로써 향후 제2의 성장기를 맞이할 때 누구도 넘볼 수 없는 브랜드 자산을 확립하자는 것이다. 이는 소비자의 마음에서 인식상의 우위를 점할 수 있기도 한다.

나. 단기전략

신제품의 지속적인 개발 : 베스킨라빈스31의 주요 타깃 소비자는 10대 계층이므로 빠르게 변화하는 10대 수요의 입맛을 맞추기 위해서는 끊임없는 신제품 개발이 필요하다. 다이어트에 신경 쓰는 소비자나 다이어트로 인하여 아이스크림을 기피하는 계층까지 끌어들일 수 있어야 한다. 또한 아이스크림은 당분이 많은 제품이라는 개념에서 벗어날 수 있도록 헬스케어 제품을 도입시키도록 하여야 한다. 저칼로리, 저당분, 비타민이나 칼슘을 공급할 수 있는 제품을 개발해야 한다. 아직 베스킨라빈스 제품은 샤베트나 요구르트 제품이라는 생각보다는 유지방과 당분이 많은 제품이라는 인식이 강한다. 때문에 이 분야에 대한 소비자의 입맛을 끊임없이 시장조사하여 시장의 변화에 발 빠르게 대응할 수 있어야 한다.

신규 아이템 확산 전략아이스크림에만 집중돼 있던 마케팅역량을 신규 아이템으로 확산 전략을 펼치도록 한다. 10대의 특성상 쉽게 질리고 새로운 것을 탐색하기를 좋아함

계절별 신제품 출시 이는 단기 매출의 증대를 위한 계획으로 패밀리 사이즈를 개발하여 소비자들을 흡수할 수 있도록 한다.

맛보다 광고를 통해 소비자에게 인식화 되는 방법을 선택하여 소비자의 올바른 판단을 저해했다. 한번 인식되어진 제품을 소비자는 계속 반복구매를 하게 되고 정작 맛에 대한 엄격한 평가가 이루어지기 힘들다.

매장을 두 가지 방법 직영점과 가맹점으로 늘려나갔기 때문에 직영점은 본사에서 바로 통제가 가능하여 서비스의 품질이 좋은 반면 가맹점은 순간순간의 이익만을 따지기 때문에 이벤트 등의 판촉행사에 부정적이다. 또한 서비스의 질도 낮아 베스킨라빈스라는 이름만을 갖고 찾아간 고객들에게 불친절하게 대해 전체적인 베스킨라빈스의 이미지를 떨어뜨리게 된다.

인터넷상의 홍보가 부족하다. 이번 조사로도 알게 되었지만, 인터넷 또는 PC 통신상의 홍보가 매우 부족하다. 홈페이지를 제작하여 홈페이지 상에서 이벤트를 알리거나 신제품을 알리고 쿠폰 등을 올려놓으면 반응이 훨씬 좋을 듯하다. 또한 고객의 만족도를 E-mail과 게시판을 통해 만족, 불만족을 빠르게 체크하는 것이 소비자 요구를 빠르게 알 수 있는 방법일 것이다. 현재 매장에 나와 있는 고객만족카드는 매장 직원의 눈이 있고, 우편으로 소비자가 직접 보내는 것이라 현실적으로 쓰이기에는 어려움이 있다. 또한 홈페이지를 통하여 매장의 위치를 알리고 수시로 직원이나 필요한 아르바이트직원을 모집하는 것도 한 가지 방법일 것이다.

▶마스코트 활용법.

현재 베스킨라빈스의 핑키 토이는 아이스크림을 떠먹을 때 주는 스푼 모양을 한 귀여운 캐릭터이다. 하지만 이 핑키 토이 캐릭터의 활용은 크지 않다. 아이스크림을 넣어주는 용기와 종이팩에 캐릭터를 넣고 또한 캐릭터 상품을 활성화해서 이벤트 시 적극적으로 나누어주는 방법을 택하면 캐릭터를 통한 홍보가 될 것이다.

현재 베스킨라빈스의 용기와 스푼은 플라스틱과 종이로 만들어진 일회용품이다. 소비자가 매장을 찾을 때 용기와 스푼을 가지고 오던지 아니면 최근 쇼핑백 환불제 처럼 반영구적 사용이 가능한 용기와 스푼을 사용하여 다시 가져오면 환불해주는 제도를 사용하는 것이 비용절감의 효과도 노릴 수 있으며 사회를 생각하는 사회적 마케팅 시스템이

라고 할 수 있겠다.

2) 가격(Price)

현재의 고가 정책을 유지하면서 가격을 통한 판매 촉진 활동을 할 수 있다. 특히 가격은 베스킨라빈스의 고급이미지를 형성하는 가장 중요한 요소 중 하나이기 때문에 가격은 시장의 상황에 맞추어 현재 수준을 유지하거나 상승할 수 있다. 상승이 불가피한 경우 이로 인한 구입 거부감을 사이즈의 다양화로 소비자에게 더 넓은 선택의 기회를 줄 수 있다.

3) 유통(Place)

매장 수의 확대현재 수도권 지역에는 매장 수가 많아 소비자에게 친근하게 다가 설 수 있지만, 지방에는 상대적으로 매장 수가 적어 광고의 높은 효과가 곧바로 구매에 이어지지 못하고 있다. 따라서 지방 중소 도시 중심으로 매장 수를 확대하는 데 조직의 역량을 집중해야 할 것이다.

전문매장 고수에 유연성 기존에 고급 아이스크림의 이미지를 주기 위해서 전문매장에서만 판매하는 기존 전략을 유지한다. 대신 특별히 고급이미지에 주력한다는 생각은 과감히 버리고 친근함에 주력한다. 10대가 많이 가는 패션몰이나 놀이 공원의 매장수를 늘리고 그에 따라 10대의 취향에 맞는 이벤트를 자주 기획하는 것은 기본이다. 보다 적극적으로 20대의 수요를 늘이기 위해 대학가, 극장, 대학 내 전문매장 설치에 적극적으로 나서야 한다. 특히 대학구내나 극장인 경우는 전문매장이 아니더라도 다른 제품군 - 던킨, 팝콘 매장 kitty카페 등과 함께 판매해도 베스킨라빈스의 이미지에 부정적 영향을 주지는 않으리라 판단된다. 분명 높은 시너지 효과를 얻을 수 있을 것이다.

배달서비스 점점 까다로워지는 소비자의 욕구를 충족시키기 위하여 배달서비스를 실시한다. 이미 파파이스, 롯데리아의 일부 점포에서도 배달 서비스를 하고 있다. 소비자를 최우선적으로 고려해야 할 것이다. 특별히 이벤트 업체와 제휴하여 꽃배달 서비스, 생일 파티업체 등- 수요를 확보하는 것도 고려해 볼만한다.

매장 관리의 강화현재 문제점으로 지적되고 있는 매장의 불결성과 아르바이트 점원들의 불친절은 단기적인 시정 명령으로는 해결되기 어려우리라 본다. 성숙기에 접어든 제품에서 매너리즘에 빠지는 일은 흔한 것이므로 이에 대한 경계가 필요하다. 한 지점에 대한 불평은 다른 지점의 평판에도 심각한 영향을 미치므로 대리점 점포장에 대한 지속적인 교육이 요구됩니다.

4) 촉진(Promotion)

광고 캠페인브랜드 강화를 통한 고급 아이스크림 대명사로서 이미지를 확립하는데 다음과 같은 전략을 활용한다. 베스킨라빈스 31의 소비자 만족 요소인 맛, 다양한 종류, 접근 용이성, 고급원료 등을 커뮤니케이션 요소화하여 뛰어난 맛, 선택, 친근감, 고급감 등의 4가지요소를 강력하게 전달하여 인식할 수 있도록 한다. 이러한 4가지 요소 중 베스킨라빈스31의 차별적 우위요소인 뛰어난 맛과 선택을 바탕으로 한 제품의 속성을 중심으로 소비상황과 소비 장소(매장, 가정)등을 유기적으로 연결해 구체적이고 차별적인 편익과 브랜드 이미지를 전달할 수 있도록 한다.

상품권에 대한 홍보 강화와 아직 상품권에 대한 인식이 미비한 실정이어서 이에 대한 인식을 강조할 필요가 있다. 왜냐하면 상품권은 선물용으로 사용될 수 있어서 소비자에게 또 다른 구매동기로 작용할 수 있다. 또한 제품이 갖는 이미지가 고급화 될수록 상품권의 사용을 증가시키는 상승효과를 가져올 수 있으며, 상품권이 제품의 이미지를 고급화시키는데 견인역할을 할 수 있기 때문이다. 특히 10대 계층에 친구들이 선물용, 아이 있는 가정에 장년층이 선물할 수 있도록 새로운 니치시장을 발견할 수 있어 이익을 창출해 낼 수 있을 것이다.

제 5 장

던킨도너츠, 파리바케뜨

1 던킨도넛

(1) 회사소개

던킨 도넛는 52가지의 다양한 도너츠와 12가지 종류의 고품질 커피와 베이글 빵, 아침 식사용 샌드위치 등의 제품을 1950년부터 공급해 온 세계에서 가장 큰 체인점이다. 하루에 약 200만 명 이상의 손님이 매장을 찾고 있으며, 전 세계에 5,500개가 넘는 체인점이 있다.

창시자 빌 로젠버그는 2차 세계 대전 중에 노동자들에게 간편한 음식을 제공하기 위한 필요성을 느끼고, 1946년 5,000불을 투자해서 노동자를 위해 새로운 점심메뉴와 커피를 서비스하게 되었다. 그 당시 대부분의 도너츠 점포들은 3~4가지의 단순한 아이템과 커피도 취급하지 않았기에 상당한 인기를 끌며 지속적으로 점포 확장을 하게 되었다.

1950 메사츄세츠, 퀸시에 "Open Kettle" 이라는 이름으로 첫 점포 오픈
1955 worcester, MA 가맹 1호점을 개설
1963 100개의 점포에서 천만 불의 매출을 기록
1970 일본에 1호점을 개점
현재 약 5000여개의 점포가 40여 개국에서 활발한 영업활동

(미국 - 39개주에 대략 4,000개의 던킨 도너츠 체인점
전세계 - 31개의 국가에 대략 1500개의 던킨 도넛 체인점 특히 필리핀, 인도네시아, 대한민국, 타일랜드에서 널리 알려져 있음)

2002년 미국에서는 2.7 억 달러의 수익을 올렸으며 미국을 제외한 타 국가에서는 3억 달러의 수익을 올렸다.

▶ 한국에 도입

한국의 던킨 도넛는 인터내셔널 사와 국내 ㈜ 샤니와 합작으로 투자하여 시작하였다. 94년 이태원 1호 점을 시작으로 현재 수도권, 부산, 충청, 대전 등에 약 320여 개의 매장을 운영하고 있다.

또한 항상 신선한 제품을 공급하기 위해 각 지역별로 10여 개의 공장을 운영하고 하루에 2번씩 도넛를 생산하여 유통기간 12시간을 유지하여 신선하고 가장 맛있는 제품을 공급하고 있다.

(2) 연혁

1993 던킨 도넛 인터내셔널 사와 합자 투자계약 체결
1994 역삼 생산점 개설, 이태원 1호점 오픈
1997 5월 구의 생산점, 10월 염창 생산점 개설, 가맹사업기반구축
1998 9월 평촌 생산점 및 트레이닝 센터개설
1999 3월 방학 생산점, 부산 생산점 개설, 6월 증산 생산점 개설, 11월 문정 생산점 개설
2000 던킨 도넛 창립50주년
부산 동래점, 태평 생산점 개설
2001 던킨 도넛 TV광고 시작(이병헌)
Fresh Donuts 역삼점 개설
2002 던킨 도넛 대구 생산점 설립
던킨 도넛 김재원 모델 광고시작
오리지널 커피 판매실시
2003 키위쿨라타 출시
대전사업팀 출범

	커피&도넛 광고캠페인 시작
	점포수 280여개 오픈
2004	전라지역 및 제주지역 점포 출점
	오포공장(경기광주) 설립
	점포 300개 오픈
2005	현재 약 320여개 오픈
2006	비알코리아(주), 던킨브랜즈의 최고 파트너 영예상
	ENTERPRISE PARTNET OF THE YEAR 수상
2007	12월 기준 전국 495개 점포 오픈
	브랜드스톡 조사, 3분기 100대 브랜드 선정
2008	던킨도너츠 현재 약 500개 점포 오픈
	풀서비스 시스템 도입
	핫브레이드 출시
2009	1월 안양공장 오픈
	4월 국내 최초 커피 로스팅 공장 오픈

▶경영 비젼 및 미션

Vision/목표	World No.1 Donuts & Coffee Chain
Mission	- 고객만족 극대화 - 매장별 수익성 극대화 - 도넛/커피 전문의 차별화된 마케팅전략
중점전략	- 경쟁력 있는 매장의 적극 개발 - 사업 수익성 극대화

▶재무구조

2000년 3월 공고 대차대조표 (단위:원)

자산총계	부채총계	자본총계
46,883,893,984	20,578,049,832	26,305,844,152

(상장 기업이 아닌 관계로 대차대조표와 관련된 자료를 공개할 수 없다고 함)

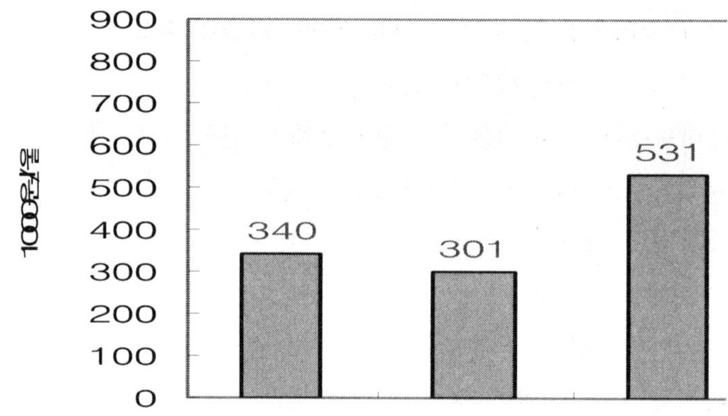

매장당 판매 성장률을 보면 97년과 98년 사이, 99년과 현재 사이에 큰 폭의 상승세를 볼 수 있다. 97-98년에는 명동점, 이대점 등 Model Shop의 기능을 할 대규모 매장이 들어서면서 나타난 성장 폭이고, 99년-현재에는 기존의 Baskin Robbins 매장에 한 코너를 차지하던 형태에서 독립매장으로 분화, 발전하면서 나타난 성장 폭이다.

매장당 판매액의 증가는 던킨 도넛이 어느 정도 시장에 이름 알리기에는 성공했다는 신호로 해석할 수 있다. 즉, 기존 패스트푸드 업체의 매장당 판매액에는 미치지 못하지만 간식이라는 이미지를 가진 프랜차이즈 점으로써 성공적인 입지 구축을 이루었다고 판단할 수 있다.

던킨 도넛이 한국 시장에 최초 진출하였을 시 베스킨라빈스와 콤보 형태로 시작하게 된 배경은 이미 시장에 진출해 있던 베스킨라빈스의 구축되어 있는 브랜드 인지도의 후광 효과를 얻기 위함이었다. 이후 어느 정도의 시장 인지도를 얻게 된 던킨은 베스킨과의 콤보 형태의 매장으로 인한 자체적 Canivalization(잠식 효과)의 문제를 우려하였고 이에 따라 매장을 점진적으로 분리하여 현재는 종로와 광화문점 등 매장 분리로 인한 지역적인 손해가 더 큰 곳을 제외하고 모든 곳에서 분리되었다. 현재는 단일 매장으로써 개장, 운영하고 있다.

(3) 기업현황- 내외환경분석

1) 내부환경

가. 베이커리 산업의 오랜 노하우

(주)샤니는 제과제빵의 분야에서 30년이 넘는 오랜 노하우를 가진 회사여서 기존의 제품생산 능력 활용이 가능하고, 탄탄한 제과제빵의 기술력을 바탕으로 미국 본사에서 원하는 수준의 기대치에 충분히 부합하므로 국내에서는 가장 적합한 업체라고 여겨진다.

또한 미국본사 던킨과의 협의 하에 자체적으로 한국인의 입맛에 맞게 도넛 출시가 가능하다. 하지만 현재 적극적으로 한국적인 맛의 도넛 출시는 미미한 실정이다.

나. 선점효과, 직접적인 경쟁자 전무, 높은 인지도

던킨 도넛의 국내 진출 시점인 1993년의 당시 국내 도넛 시장은 전무한 실정이었다. 하지만 이때 도넛시장 선점은 던킨으로 하여금 지금까지 거의 절대적인 도넛시장의 우위(도넛시장의 90%이상)를 지키고 있다.

사람들에게 '던킨=도너츠'라는 컨셉이 강하게 인식되고 있다. 이는 도넛 시장의 선점으로 인한 다른 신규 경쟁사의 진입을 어렵게 만들어 던킨으로 하여금 무난한 현상유지 정책만으로도 매출의 지속적인 성장을 기대할 수 있는 요소로 작용하고 있다.

이러한 던킨의 강한 도넛에 대한 이미지는 나중에 살펴볼 커피에 대한 인식 미비와 함께 던킨이 해결해야 할 과제로 부각되게 된다.

다. 두터운 충성 고객 확보

던킨은 긴 이름 알리기 기간을 거치면서 지속적인 매출 증가 추세를 보여왔다. 이는 매장 절대 수의 증가로부터도 기인하지만 매장당 평균 매출액의 증가 추세로 보아 상당한 충성 고객을 확보했다고 할 수 있다. 젊은이들로 구성된 이 충성 고객층은 향후 커피 판매에 있어서도 충성고객이 될 확률이 높은 계층이다. 이는 이미 도넛에 대한 충성 고객층은 커피를 항상 도넛과 함께 먹고 있다는 것으로부터 알 수 있다.

라. 브랜드가 제품의 카테고리로 인식됨

브랜드 자체가 새로운 카테고리로 인식되는 것은 패스포트의 예에서 알 수 있듯이 기존 제품과의 직접적인 경쟁 구도 없이 상당한 시장을 확보할 수 있는 이점이 있다. 도넛의 경우 우리나라에서는 베이커리 점에서 판매되는 도넛이 전부였다고 할 수 있다. 이러한 시장 상황에서 한국에 진입한 던킨이 도넛이라는 새로운 제품 카테고리를 형성했다는 것은 상당한 선점 효과를 누릴 수 있다는 것을 의미한다. 외국의 경우에는 도넛에도 경쟁 구도가 형성되어있는데 미국의 경우에는 WInchell 과 Dunkin 의 경쟁 구도, 그리고 일본에서는 Mr. donut 과 Dunkin 의 경쟁 후 던킨의 도태 등의 현상이 나타났다.

우리나라에서도 던킨을 선두 주자로 하여 많은 후발 업체들이 이 새로운 카테고리 시장에서 사업을 벌이고 있는데 아직은 그 비중이 상당히 낮은 편이어서 거의 독점적인 형태를 취하고 있다고 할 수 있다.

다만 커피의 경우는 도넛과 연계되어 도넛과 커피가 하나의 package 제품으로 인식되어야 함에도 불구하고 커피의 낮은 인식 때문에 그러한 시너지 효과를 누리고 있지 못한 실정이다.

마. 광고 능력

던킨은 한국 도입 이후로 매장수를 계속적으로 늘리면서 텔레비전 등 매체를 이용한 광고는 최근에 와서야 시작하였다. 김재원, 이병헌 등 빅 모델을 이용한 광고는 메인 타겟인 여성층에게 상당한 마케팅 효과가 있었다고 할 수 있다.

또한 PPL (Product Placement) 라는 최신 광고 기법을 도입하여 SBS TV 해피 투게더에서 전지현이 일하는 매장으로 나오게 됨으로써 소비자의 심리에 자연스럽게 던킨의 이미지를 심어주는 효과를 거두었다고 할 수 있다.

하지만 커피의 경우에는 전에 없던 새로운 이미지를 심어주는 것뿐만 아니라 저가의 제품이라는 이미지를 탈피해야 하기 때문에 좀 더 공격적인 광고 전략이 필요하다.

바. 제품/ 매장 관리 철저

제품의 신선함을 유지하기 위해 아침 7시와 4시, 하루 2회 (강남의 경우는 3회) 서울에서만 11개의 공장을 지역별로 분산 설치하여 1시간 내에 인근점포로 배달하고 있다. 커피의 경우, 미국본사로부터 커피원두를 받아 창고 보관 후 점포 필요 시 출고한다. 도넛는 완제품의 상태로 배송된다.

본사와 점포간의 커뮤니케이션: 본사직원이 일주일에 1회 방문해 용품(박스, 냅킨, 설탕..) 관리, 점포 관리 등을 지역별로 검사한다. 입지 선정 시 본사에서 시장조사를 통해 합격/불합격을 판정한다.

던킨의 유통경로: 도, 소매업 없이 공장에서 점포로 바로 입점되며 마진율로 제품마

다 다르며 약 40～50%가 된다.

업주가 원한다면 언제든지 탈퇴는 가능하지만 허가가 어렵기 때문에 쉽게 하지 않으며 이는 철저한 매장 관리와 제품 관리를 통해 던킨의 제품을 구매하는 고객에게 어떠한 곳에서도 항상 던킨은 동일하며 항상 신선하다는 이미지를 심어줄 수 있는 요소라고 할 수 있다.

2) 외부환경

가. 한국인의 입맛, 라이프 스타일의 서구화

한국인 입맛의 서구화는 두 가지 측면으로 이해할 수 있다. 우선 젊은 계층에 있어서는 식사나 간식 모두에서 서구식 음식을 선호하는 경향을 나타낸다. 이러한 경향은 패스트푸드를 많이 접하고 자란 30대 초~중반 젊은이 이하의 모든 젊은 세대를 포함할 수 있다.

이 계층의 경우 간단한 식사나 친구들과의 모임을 하기 위해서 패스트푸드점을 이용하는 경향이 강한데 이는 특히 여성층의 경우 두드러지게 나타난다고 할 수 있다. 이에 반해 한국 중년 이후 남성의 경우는 "밥이 최고다."라는 말로써 그들을 대변할 수 있는데 이는 사료상에서도 나타난다.

한국 남성의 경우 나이가 들어감에 따라 점점 외식의 비중이 줄어드는 경향을 보이고 있다. 물론 이 자료가 패스트푸드를 먹고 자라난 계층의 자료라고 볼 수는 없지만 전체적인 외식 소비 경향으로 판단해볼 때 여성층을 겨냥하는 것이 기업의 단기적인 차원에서 올바른 방향이라고 할 수 있겠다.

나. 원두 커피 시장의 발달

커피숍의 전유물로 생각되었던 커피 시장에 새로운 바람이 불고 있다. 이는 원두커피를 판매하는 다양한 형태의 매장들이 속속 생겨나고 있다. 이 업계에서는 단연 스타벅스가 시장에서 강력한 입지와 높은 브랜드 이미지를 구축하고 있다.

던킨 도넛의 경우는 전 세계 원두 소비량 기준 1위의 입지를 구축하고 있지만 한국에서는 커피 판매라는 이미지는 미미하다고 할 수 있다.

던킨은 커피 제품의 판매를 2001년부터 시행하였다는 점이 도넛에 비해 약한 커피의 이미지를 낳았다고 할 수 있다. 시장 진입 당시(1993)를 생각한다면 한 국내에의 원두커피의 판매는 시장성이 거의 없었다고 할 수 있을 정도로 미비했을 것이다.

따라서 던킨으로서는 도넛의 판매를 기업의 중점적인 목표로 삼고 이름 알리기에 마케팅 전략의 초점을 맞추었던 것이다.

시장의 변화에 따라 원두 커피 시장이 성숙하게 되면서 던킨은 전 세계적인 원두커피 1위라는 이점을 살리면서 기업의 수익 구조상의 커피의 이점을 살리기 위해 원두 커피 시장에서의 시장 확보를 위해 전략적인 행동을 취해야 함은 당연하다고 할 수 있다.

경쟁자 분석결론: 한국의 던킨 도넛은 아직 구체적 형태의 치열한 경쟁자가 존재하지 않는다. 하지만 이미 자신의 분야에서 어느 정도 선점을 확보한 패스트푸드나 베이커리 전문점이 유사한 제품군의 생산분야라는 이점으로 '도넛'이라는 제품에 새롭게 도전할 수 있음을 항상 염두해 두어야 한다.

경쟁자를 카테고리별로 구분하여 살펴보면 다음과 같이 분류해 볼 수 있다.

경쟁자 1〉 Fast Food

패스트푸드 시장은 해마다 20%의 고속성장을 하고 있는 황금시장으로, 지난해 8천억원에서 올해 사상 처음으로 1조원을 돌파할 전망이다. 현재는 롯데리아가 업계에서 선두 자리를 지키고 있으며, 맥도날드, 버거킹, KFC 등 외국계 패스트푸드 업체들의 시장 공략이 거센 상황이다.(출처: 외식산업정보뱅크 www.foodbank.co.kr)

〈인터넷 전략〉

패스트푸드업체들은 인터넷 판촉 전 돌입하여 온라인 고객 확보에 나서고 있다. 관련 업계에 따르면 KFC, 롯데리아, 버거킹, 파파이스, 맥도날드 등 주요 패스트푸드 업체들은 온라인 고객 확보를 위해 치열한 판촉전에 돌입했다.

던킨의 경우 새로운 커피 시장에의 진입과 기존 도넛과의 연결을 강조하는 홈페이지 구축에 힘써야 함에도 불구하고 텔레비전 광고의 장면을 그대로 홈페이지에 사용, 전단지 티비 광고의 연장선적인 측면만이 강조되고 있다

또한 커피 업계의 경쟁 업체인 스타벅스의 홈페이지의 경우 고객의 욕구에 가장 부합하는 커피를 선정해주는 프로그램을 홈페이지에 올려놓음으로써 온라인상의 고객의 편의와 원두 커피를 처음 접하는 고객의 욕구를 충분히 만족시켜줄 수 있는 웹 경쟁력을 보유하고 있는 실정인데 반해 던킨 도넛의 경우는 제품에 대한 간단한 설명 이외에는 그다지 고객의 욕구를 충족시켜줄 수 있는 요소가 없는 것으로 판단된다.

〈어린이 전략〉

사실상 패스트푸드점 매출의 1등 공신은 바로 '어린이'이다. 최근 제품의 품질뿐만 아니라 어린이들이 선호하는 장난감으로 매출증대를 유도하는 전략들이 적극 활용되고 있다. 어린이 전략의 경우는 기본적으로 커피에 대한 마케팅의 문제점을 지적하고자 하는 본 조의 목표와 부합되지 않는 면이 많기 때문에 여기서는 고려하지 않을 것이다.

어린이 층에게 도넛의 경우는 상당한 시장을 형성할 수 있지만 커피의 경우는 거의 시장이 형성될 수 없기 때문이며 어린이를 겨냥하기 위해 다른 종류의 음료를 개발한다는 것은 아직까지 주력 상품인 커피의 입지조차 구축하지 못한 상황에서는 섣부른 전략이라고 판단 되어진다.

경쟁자 2〉 Bakery & Coffee

커피 전문점과 베이커리의 복합, 즉 커피와 케이크·빵 등을 함께 파는 복합 매장이 늘고 있다. 던킨 도너츠 또한 이러한 업체 중에 하나라고 볼 수 있다.

커피와 함께 단백한 베이커리나 단맛의 케익을 파는 매장은 '공간'의 의미를 강조하는 형태로 나아가고 있다. 즉, 신세대 고객들이 선호하는 '깔끔하게 먹을 수 있는 간식거리'와 '편하게 이야기를 나눌 수 있는 장소'를 선호한다는 점을 감안하여 내부장식은 물론 서비스 등에 많은 비중을 두고 있는 것이다. 최근 크라운 베이커리, 파리 크라상, 뉴욕제과 등도 썬메리와 같은 매장으로 탈바꿈하고 있으며, 이들의 경우 던킨 도넛보다 다양한 가격 대의 다양한 제품들을 제공한다는 강점을 지니고 있다.

최근 뚜레주르를 포함한 많은 베이커리 업계에서 유럽 풍의 매장을 대학가나 역세권을 중심으로 구축해나가고 있는 점에 주목해야 할 것이다. 이러한 베이커리 업계의 변화는 던킨에게는 새로운 경쟁을 의미한다. 공간에 대한 욕구가 큰 젊은 여성을 겨냥한다는 공통점을 공유한다는 점에서 던킨이 독점적인 시장이라고 판단할 수 있는 도넛 시장은 독자적인 카테고리에서 다시금 베이커리라는 카테고리로의 통합을 가져올 수 있을 것이다.

이에 따라 본사에서는 새로운 브랜드의 개발이나 기존 샤니의 자회사인 파리 바게뜨의 대응을 통해서 던킨이 확보하고 잇는 시장을 고수하는 전략을 세우고 있다고 한다.

다. 고객 구매 패턴 결정 요소의 다양화

소비자의 구매 패턴은 다음과 같은 개인적, 사회적, 심리적, 문화적 요인에 의해 결정된다. (출처: 한국프랜차이즈 협회)

▶ 라이프 스타일의 변화

식 음료 구매에 있어서 소비자 구매 패턴의 변화는 외식업계의 최근 동향과 관계가 깊다. 차별화된 제품으로 소비자를 만족시키는 서구 음식문화의 유입으로 갈비나 불고기 등 식사용 한식으로 한정 되어있던 요식업계에 큰 반향을 일으킨 것이다. 고급스런 분위기를 추구하는 패밀리 레스토랑, 생일처럼 특별한 때가 아니면 잘 먹지 않았던 케익을 대중화시킨 케익 전문점, 빠르고 간편함을 추구하는 패스트푸드점들의 확산도 이런 흐름을 반영한 예이다. 특히 이들은 하나의 추세만으로는 만족하지 못하는 변화된 소비자 needs를 반영하여, 서로 다른 가치들이 독립적으로 존재하지 않고 복합 융합 조화를 통해 새로운 가치와 소비자 만족을 창출하는 '퓨전' 형식의 대중화를 가져왔다.

▶소비자 심리 분석

소비자의 가장 큰 심리 변화는 즐거움, 개성, 가치, 안전 등의 추구로 대변된다. 즐거움 추구 성향은 과중한 스트레스와 반복업무의 무료함에서 벗어나기 위해 즐거움과 재미를 추구하는 성향으로 일상생활에서 벗어나 새로움에 도전하고 싶은 욕구를 나타낸다. 이런 이유로 음식업계는 생일이나 기념일 특별 행사를 마케팅 전략으로 내세우는 경우가 많다. 개성추구 성향은 타인과는 색다른 자신을 연출하고자 하는 성향으로 소비자들은 유행에 따르면서 차별화 된 자신만의 독특한 가치와 아이덴티티를 구축하려 노력한다. 가치추구 성향은 가치 중심의 지성적 소비 성향이 대두되면서 삶의 전반에서 '품질'이 중요시되는 추세를 말한다. 안전추구 성향은 가족, 건강, 자연, 안전을 중시하는 성향으로 마음의 안식처를 찾아 가정으로 회귀하고 건강을 위해 음식을 가려 먹으며 여가를 즐기는 추세로 나타난다.

▶사회 문화적 요인 분석

사회적 변동의 가장 큰 양상은 시장과 소비자의 '디지털化'이다. 2000년을 기점으로 전체 소비자의 절반 이상이 인터넷 이용 계층으로 편입되었음이 확인되면서, 인터넷을 활용하는 소비자들의 세분화가 향후 인터넷 시장의 주요 쟁점으로 떠오를 것으로 분석된다.

이러한 소비자 특성은 브랜드식품, 테마형 고급 레스토랑, 고급케이크, 디저트하우스 등 식생활 유망상품의 마케팅 전략에 다음과 같이 반영되고 있다.

소비자 특성에 따른마케팅 전략 방향

즐거움추구	개성추구	디지털추구	가치추구	안전추구
이벤트화	서구화	인터넷식단	편의성과 고급감	가족의 따스함
이색경험	개인맞춤요리	인터넷식품 쇼핑몰	조리간편+건강고려+고급감	건강식,자연식

출처: http://www.dunkindonuts.co.kr

▶ SWOT 분석

Strength	분 석
제과 업계내에서의 Know how 충성고객을 보유 도넛업계의 독보적인 위치 높은 브랜드 파워. 광고 능력 신선함을 자랑하는 음식들 재정적 안정	DUNKIN은 도넛을 전문적으로 취급하는 거대 브랜드로는 유일한 선두업체이다. 충성고객에 대한 관리가 필요하다. 이미지 광고로 고객들에게 이름 알리기에 성공한 상태이기 때문에 좀더 적극적인 마케팅에 집중해야 한다. 판매율 증진을 위해 선두업체로서 입지를 확고히 다지는 전략이 필요하다. 시간 내에만 상품(커피와 도넛)을 판매하기 때문에 제품에 대한 공신력이 있다. 이 부분에 대해 많은 사람들이 인지하지 못하므로 집중적으로 마케팅에 임할 필요가 있다.
Weakness	**분 석**
커피를 제외한 대체음료 부족 경쟁업체가 부재 커피에 대한 사람들의 인식 부족 음료의 가격 책정	한국인의 Life Style이 서구화되었지만, 너무 단 것에 대해서 부담을 느끼므로 그 입맛을 고려해야 한다. 또 DUNKIN은 제품 가격 구조상 음료부분의 판매 비율을 높여야 하는데, 음료에 대한 소비자의 인식을 제고시켜야 한다. 경쟁자가 없기 때문에 마케팅에 대한 투자가 저조할 수 있으며 제품개발에 또한 소홀할 수 있다. 커피가격이 저가로 인식되고 있어 이에 따른 제품의 질마저 낮게 인식된다. 점포 수 부족으로 타 패스트푸드 사에 비해 경쟁력이 약하다.

Opportunity	분 석
생활패턴이 서구화로 변하는 추세. 원두커피에 대한 시장이 발전. 잠재적인 도넛의 시장. Take out 문화의 성장 추세.	세대가 바뀔수록 한국인의 입맛이 서구화 되고 있으며. 점점 사람들이 고급스러운 커피를 원한다. 입맛이나 life style이 더 서구화 될수록 도넛에 대한 시장이 더 넓어진다. 길거리에서 음식을 먹는 것을 더 이상 부끄러워하지 않는 형태로 바뀌는 현황이다.

Threat	분 석
잠재적인 경쟁업체들이 등장. 패스트 푸드에 대한 좋지 않은 시각 베이커리 업체들의 변화. 경기침체 커피시장의 경쟁심화.	패스트푸드 점에서 도넛을 판매하며 경쟁자 진입에 대한 대응이 미비한 실정이다. 건강에 대한 관심이 집중되며 패스트푸드에 대한 인식이 나빠지면서 도넛에까지 영향을 끼칠 우려가 있다. 장기적인 경제 침체 상황 때문에 간식비나 식비 부분에서 지출이 점점 줄어드는 실정이다. 최근의 주요 마케팅 시장으로 설정해놓은 커피시장의 경쟁업체가 많은 상황이어서 쉽게 점유율을 늘리기가 힘들다. 과열된 스낵, 패스트푸드 업체들의 위협도 충분히 고려해야 한다.

▶ STP분석

1. Segmentation

거듭 언급되는 바와 같이 던킨 도넛이 커피와 도넛 전문점으로서는 유일한 거대 브랜드라는 점에서 초기형태의 시장 구조라고 볼 수 있으므로, 던킨 하나의 서비스 업체가 모든 소비자층을 공략하는 대량 마케팅 위주로 갈 수도 있을 것이다. 그러나, 도넛을 주생산하는 동일 제품군은 아니지만 소비자들이 제품을 소비하는 형태나 규모, 시간의 투자가 유사한 경쟁 제품군(패스트푸드, 베이커리, 원두커피전문점 등)이 매우 다양하므로 전체시장을 일정한 기준에 따라 크게 몇 개의 시장으로 세분화할 필요가 있다. 시장의 세분화는 제품에 대한 상대적 구매욕구가 높은 소비자들에게 초점을 맞추게 되므로, 효율적 마케팅 전략의 수립과 실행이 가능하다.

실제로 던킨 도넛은 여러 가지 세분화 가능 변수 중 실제로 현재 시장여건과 관련이 있고 실행 가능성이 있다고 보여지는 인구통계학적 변수로서 '나이와 성별', 심리도식적 변수로서 '라이프 스타일', 행동적 변수로서 '구매 또는 소비상황' 등을 고려하였다. 이중에서 나이와 성별은 던킨의 세분화에 있어서 가장 중요한 요소라고 할 수 있다. 라이프 스타일의 경우나 구매, 소비 경향은 대개 나이와 성별에 따라 좌우되는 경향이 강하기 때문이다.

나이와 성별로 시장을 세분화함에 있어서 중요한 고려 사항은 어떤 계층이 가장 많은 구매를 하고 있는지에 관한 것이다. 이는 다음 자료를 통해서 알아볼 수 있다.

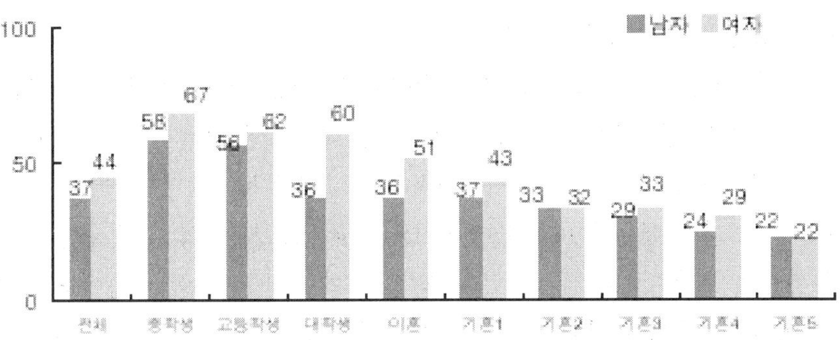

(출처 : LG 애드 소비자 분석 보고서)

전체적으로 남성의 경우는 대학생 이후에는 30% 정도의 간식이나 먹거리에 대한 소비 비중을 보이고 있으며 대부분의 경우에는 여성이 주 구매층을 보임을 알 수 있다.

던킨 도넛은 식사 대용이라기 보다는 간식을 위한 제품으로 인식되고 있기 때문에 이러한 여성층을 주 타겟으로 삼아 시장에 진출하는 것이 가장 안정적인 수익을 달성할 수 있는 기회 요소인 것이다.

커피의 시장을 따로 세분화하는 것은 던킨 도넛이 표방하는 커피는 도넛과 함께라는 현재 추구하고 있는 전략과는 맞지 않기 때문에 기존의 세분화된 시장에 위치하는 고객의 Needs를 반영하여 커피에 대한 새로운 인식을 심어주는 마케팅 전략이 중요한 요소라고 할 수 있다.

즉, 10~30대 여성층이 원하는 커피에 대한 needs를 만족시킬 수 있는 제품 및 가격 등을 충분히 고려한 마케팅 전략이 필요하다고 할 수 있다.

2. Targeting

이처럼 다양하게 구분된 세분시장 중에서 다음과 같이 구체적인 표적시장이 선택되어 집중 공략되고 있다.

▶ Primary Consumer : Older teenagers & young adults, females

▶ Secondary Consumer : Children, families & business man

우선 가장 집중적인 표적 시장은 바로 20~30대 여성 층이다. 여성의 경우는 남성들보다 프랜차이즈점 이용 빈도수에서 상당한 우위를 보이게 되며 또한 20~30대의 경우가 구매의 대부분을 구성한다.

현재 던킨의 도입 시기에 타겟으로 삼았던 10~30를 어우르는 여성 층에 대해 던킨은 확고한 이미지를 심어주었으며 이 타겟에 대한 새로운 커피에 대한 인식을 심어주는 마케팅 전략이 필요한 시기라고 할 수 있다.

2차적인 타겟은 아동과 주부 그리고 직장인이다. 이 계층에서도 역시 주 구매층은 여성이다. 남성의 경우는 중, 고등학교 시절 이후로는 대부분의 경우가 간식 비중이 하향하는 추세이기 때문에 던킨에게는 그다지 매력적인 타겟이 될 수 없다. 이들 계층의 경우는 그 범위가 더 넓기 때문에 메인 타겟인 15~25세 정도의 여성 층이 던킨이 공략해야 할 타겟 층으로 무난하다고 할 수 있다. 남성 층의 소비 비중이 낮음에도 불구하고 Secondary Consumer 내에 포함된 이유는 대부분의 던킨 매장이 역세권을 위주로 편성되고 있는 추세이기 때문이다. 유동 인구 층에는 남성 직장인도 다수 포함되고 있기 때문에 이들을 포기할 수는 없는 것이다. 역세권 위주의 매장 개설은 대부분의 프랜차이즈점의 전략이다. 따라서 역세권 유동 인구 전체를 궁극적인 타겟으로 삼아야한다.

3. Positioning

저렴한 가격의 커피와 고객의 방문 편의성을 높여주기 위한 매장 증설, 다양한 package 형태(take-out, 도넛 6,8,12개 pack), 화려한 칼라로 입맛을 자극하는 제품 디자인, 깔끔하고 시원한 느낌의 넓은 매장 등 던킨 만의 경쟁적 강점(competitive advantage)을 파악한 결과, 현재 채택된 positioning 방향은 위와 같다. 이는 기존 도넛 위주의 마케팅 전략의 수행 과정에서 나온 포지셔닝 전략이며 현재 이러한 컨셉을 기반으로 커피에 있어서의 낮은 질로 인식되는 포지셔닝을 탈피하여 기존 도넛과의 공동적인 포지셔닝으로 단일 품목을 판매하는 업체와의 경쟁에서 자체적인 후광 효과를 얻게 하는 전략이 필요하다고 할 수 있다.

▶ 4P 믹스

1. Product

던킨 도넛은 1993년 국내 외식업계에 등장한 이래 현재 고도의 성장세를 나타내고 있다. 도넛의 경우는 특별한 전략적인 수정이 필요한 단계라고 판단되지 않는다.

▶ 도넛류

· 도넛 : 가장 기본적인 제품으로 최대 50여 가지의 종류
· 먼치킨 : Munchkins 도넛과 같은 taste를 가지고 있으나 작게 만들어 한 입에 들어가기 쉽게 만들어졌다. 도넛보다 부담이 적어 여성층 선호한다.
· 머핀, 베이글 : 건강식이나 다이어트에 관심이 높은 소비자들이 도넛이 지나치게 달다고 생각될 때 선택할 수 있는 대안으로 담백한 베이글을 출시했다.

▶ 음료류

· 커피 : 경쟁업체에 비해서 가격이 싼 편이다. 신선한 원두를 직접 갈아서 만들었다는 점과 단맛의 도넛과 함께 하기에 좋다는 장점이 있다.
· 프리미엄 커피 : 레귤러보다 가격이 비싼 편으로 다양한 제품을 보이고 있다. 경쟁업체의 커피가격과 비슷한 수준의 질과 가격을 가지고 있다.
· 코코비, 쿨라타 : 던킨만의 독특한 제품으로 코코비는 겨울, 쿨라타는 여름의 주력상품이다.

우선은 다양하지 못한 커피의 종류로 인해 선택의 폭이 좁아져 소비자들로 하여금 던킨의 커피는 단조롭다는 느낌을 줄 수 있다. 이미 도넛에서 높은 m/s를 가지고 있는 던킨의 입장에서는 도넛과 잘 어울리는 커피를 주력상품으로 내놓는다면 시너지를 발휘할 수 있음에도 커피의 단조로운 품목과 던킨 커피에 대한 인지도 부족으로 잠재적인 시장을 놓치고 있는 상황이다.

상대적으로 낮은 단가로 높은 마진율을 가지는 커피에서 기업의 새로운 이익 창출을 꾀해야 한다.

이를 위해서 타겟 계층의 needs에 부합하는 제품의 종류와 퀄리티를 확보하고 가격대를 재구성해야 할 것이다.

2. Price

도넛의 경우 하나하나의 단가는 낮아 보이지만 어느 정도 간식이 될 만한 분량을 구매할 시에는 기존 패스트푸드 업체의 제품가격에 비해 저가라는 메리트가 사라지게 된다. 이와 같은 저가 메리트는 브랜드가 중요하지 않은 개인 음식점의 경우에는 상당한 이점으로 작용하지만 던킨의 경우 이러한 가격 정책은 타겟 계층의 사회적인 needs에 부합된다고 할 수 있는데 이는 여성층의 경우 저가의 식품보다는 어느 정도 가격이 형성되고 브랜드가 널리 알려진 제품을 구매하는 특성을 보이기 때문이다.

현재의 도넛 가격은 그다지 조정의 필요성이 보이지 않는 상태이며 현상 유지가 좋은 전략이다. 커피의 경우는 25% 정도 인상된 가격을 추천한다.

커피의 경우는 제품의 질과 연관해서 가격을 약간 높이고 그에 상응하는 커피의 질을 추구하는 전략을 수행해야 할 것이다. 원두 커피 전문점의 시장 확대로 인해 소비자들은 많은 종류의 원두 커피를 접하게 되었고 이에 따라 소비자의 needs 도 다양화되고 있다고 할 수 있다.

현재 던킨이 제공하는 커피는 기본 1500원 커피 2가지 종류 뿐이다. 간접적 경쟁 업체이며 커피 업계를 선도한다고 할 수 있는 스타벅스의 경우 4가지 원두 커피 제품군에서 총 18개의 제품을 판매하고 있으며 사이즈도 3가지로 다양화하는 등 커피에 대한 소비자의 다양한 욕구를 만족시키고 있다.

미국 내 던킨 도넛의 경우 6가지의 커피를 판매하고 있는데 홈페이지 상에서 인터넷으로 원두를 판매하는 등 가정에서 커피를 소비하는 소비자에까지 시장의 범위를 확장하고 있는 상황이라고 할 수 있다.

3. Place

본사는 서울에 위치하고 있으며 부산에 지사를 두고 있어 각자의 권역을 담당하고 있다. 제품은 하루에 두 번 정도 독특한 차량으로 배달되는데 차량에 독특한 그림이 그려져 있어 자체가 프로모션을 담당하는 기능을 하기도 한다.

매장의 위치는 초기에는 주로 대학가를 위주로 하였으나, 최근 타겟의 확장으로 기업이 밀집한 곳이나 주택, 아파트단지를 중심으로 늘려가고 있는 추세이다.

특히 근래의 경우 역세권을 중심으로 한 유동인구가 많은 상권을 중심으로 매장 수를 확보해가고 있는 추세이다. 현재 전국적으로 2002년까지 230개의 매장을 확보하였으며 올해 약 280개 정도의 매장을 확보할 것으로 예상하고 있다.

아직까지 다른 프랜차이즈 업체에 비해 상대적으로 적은 매장을 보유하고 있는 실정이며 전라도권과 제주권에는 아직까지 진출하지 않은 상태이다. 향후 5년간 총 550개의 매장을 확보할 것이라는 본사의 전략은 일정한 규모의 시장을 확보하기 위한 기본적인 전략이라고 할 수 있다.

매장 자체적인 경우 여러 가지 문제점이 들어났다. 우선 커피에 대한 인식을 확고히 해야 함에도 불구하고 매장 내 커피를 광고하는 여러 가지 매체에 대한 관리나 홍보가 미흡한 것으로 조사되었다. 또한 도넛의 경우는 매장 밖에서도 쉽게 보이는 반면 커피의 경우는 카운터 뒤편에 위치하여 고객으로 하여금 커피에 대한 시각적인 자극을 줄 수 없다고 판단된다.

따라서 제품과 홍보 등에서의 커피에 대한 마케팅 전략을 수립함과 동시에 매장 자체적인 개편을 통해 커피를 시각적으로 고객이 충분히 인지할 수 있는 전략이 병행되어야 한다.

4. Promotion

▶ 광고(Advertising)

던킨의 광고전략은 제품을 알리기 위한 이미지 광고가 주를 이루고 있다.

문제점으로 대두되는 커피에 대한 광고 또한 이미지 광고로써 이루어지고 있는데 좀 더 공격적인 광고 전략이 필요한 것으로 판단된다. 이미지 광고와 더불어

"Coffee & Donuts" 한국말로 하면 "커피엔 도넛" 과 같은 문구를 소비자에게 심어주어 자연스럽게 기존의 도넛만의 이미지를 대체시키는 광고 전략을 취해야 할 것이다.

▶ PPL

던킨은 제품을 알리기 위한 홍보로서 드라마 PPL을 집행하였다. "해피투게더", "크리스탈", "경찰특공대", "순풍산부인과" 등의 주로 SBS 드라마에서 선보였는데 특히 "해피투게더"의 PPL은 성공을 거두어 소비자들에게 스트로베리 필드가 큰 호응을 얻기도 했다. 그러나 우리나라의 경우 아직까지 PPL 전략은 드라마나 영화 감독의 임의에 의해 수정 삭제되는 경향을 보이고 있다. 또한 전략적으로 PPL 광고 기법을 도입하더라도 영화 "쉬리"에서 경비 보안 업체의 광고 효과 실패와 우연한 KT 의 PPL 마케팅 효과 획득의 경우에서처럼 비용 투입에 따른 확실한 마케팅 효과가 보장되지 않는다고 할 수 있다. 아직까지는 그다지 PPL에 집중적인 마케팅을 하는 것은 중요한 사항이 아니라고 판단된다.

▶ 판매촉진(Sales Promotion)

던킨에서 하고 있는 판매촉진에는 우선 세트 메뉴 프로모션이 있다. 세트 메뉴를 구입할 때에는 각각의 제품을 따로 구입했을 때보다 낮은 가격으로 살 수 있는 것이다. 그리고 던킨에서는 정기적인 판매촉진을 하고 있는데 이대 매장에서는 커피나 음료를 구입했을 때 스크래치 카드를 주었다가 요즘에는 도넛을 7,500원 이상 구입했을 경우 커플 머그컵이나 탁상시계를 주고 있다. 또한 던킨은 파리바게뜨, 베스킨라빈스, 파리크라상과 함께 해피 포인트카드를 만들어 구매금액의 5%를 적립해주고 있다.

이와 함께 커피의 판매량 증진과 매출 비중의 확대를 위해서 커피에 대한 광고 뿐만 아니라 판매 촉진 전략을 적극적으로 수행해야 할 것이다. 거리에서 행인들에게 던킨의 커피 시음회 등을 열거나 도넛을 다량 구매시 신제품에 대한 무료 시식권 등을 배포하는 등의 전략이 있을 수 있다.

▶ 인터넷(Internet)

인터넷 프로모션은 얼마나 온라인 상에서 고객이 원하는 서비스와 정보를 줄 수 있는지에 관건이 달려있다고 할 수 있다. 던킨의 경우는 현재 기타 업체에 비해 열악한 홈페이지 운영을 하고 있다고 할 수 있다. 고객은 실질적인 제품 구매에 대한 정보를 얻을 수 없으며 온라인 상에서의 색다른 경험을 할 요소도 없다고 할 수 있다.

홈페이지 리뉴얼 작업을 통해 고객이 원하는 정보를 손쉽게 얻을 수 있고 다양한 경험을 할 수 있는 인터넷 공간을 만들어야 한다. 그리고 미국 던킨의 홈페이지처럼 인터넷을 이용한 원두커피의 판매를 하여 세계 1위의 원두 소비 업체로서 그 명성에 걸맞는 제품을 온/오프라인상으로 국민에게 공급해야 한다.

취약점 분석 및 해결방안

던킨 도넛은 한국 도입시기에는 도넛 위주의 마케팅을 수행하였다. 최근 커피 제품을 런칭하면서 원가 대비 마진율이 높은 커피에 대한 판매량 증가를 꾀하고 있다. 이병헌 광고에서부터 시작된 커피에 대한 이미지 제고 마케팅은 그다지 높은 효과를 거두고 있다고 판단되어지지 않는다. 도넛 판매에 있어서 메인 타겟이었던 20대를 전후한 여성 고객층은 커피에 있어서도 가장 강력한 고객층이다. 이들의 needs를 충분히 파악하고 이에 대응해야 함에도 불구하고 기존 미국 내에서의 가격 정책과 비슷한 저가 정책을 수행한 것에 큰 문제가 있다고 판단한다.

문제점

1. 도넛과 비교하여 상대적으로 저조한 커피 판매 (원가적 우위 메리트 살리지 못함)
2. 커피 이미지 강화를 위한 마케팅 요소의 부재
3. 커피 시장에서의 제품 경쟁력 확보 시급

해결 방안

1. 적극적인 마케팅 전략을 통한 커피 인지도 확보
2. 기존 메인 타겟인 여성층 고수
3. 이와 동반하여 다양한 커피 종류의 확보와 고급화를 통해 커피 시장에서의 경쟁력 제고 - 제품 품질 개선, 가격 인상 (500원)
4. 이를 통해 현재 60 대 10 정도의 도넛 대 커피의 판매 비중을 향후 점진적으로 개선

결론

던킨의 한국 진출과 도넛에서의 성공, 그리고 커피 시장으로의 진출 시기와 발맞추어 한국에서의 원두 커피 시장의 발달은 던킨에 있어서는 더없이 좋은 기회라고 할 수 있다.

뒤늦은 커피 제품의 런칭으로 인해 기존의 도넛에 대한 강한 이미지에 커피라는 것을 다시 맞춰 넣는 이미지 마케팅을 벌이고 있지만 그다지 효과가 크다고 할 수는 없다. 이는 스타벅스 등 원두커피 업체가 대성공을 거두고 있기 때문이다. 제품 카테고리상 패스트푸드와 원두커피 어느 쪽에도 속하지 않으면서 두 시장에 의해 항상 위협받는 위치에 있는 던킨은 궁극적으로 도넛과 커피의 단일 제품 카테고리화를 통해 기존 업체들이 누리지 못한 두 마리 토끼를 한꺼번에 잡는 결과를 얻을 수도 있을 것이다. 즉 도넛을 먹는 고객에게 커피를 함께 팔 수 있게 됨으로써 매출 증대는 물론 원가 대비 마진율이 높은 커피의 매출이 늘어나 기업 수익 구조에도 좋은 영향을 주게 될 것이다.

던킨 브랜드의 상위적인 마케팅 전략으로써 베이커리 업계의 변화와 관련되어 새로운 브랜드 출시 등 던킨만의 역량으로 부족하다고 판단 되어지는 부분에 있어서는 모기업의 전략 수립을 통해 활로를 모색하고 있기도 하다.

국내 프랜차이즈 업계에 뒤늦게 합류하여 점차적으로 시장에 대한 지배력을 강화시키고 있는 던킨 도넛이 앞으로 커피의 매출을 늘리기 위해 어떠한 공격적인 전략을 수행할 지 귀추가 주목되고 또한 너무 안이한 마케팅 전략으로 커피에 있어서 단기간 내에 매출 증대가 어려울 것이라는 문제점 도출이 현실적으로 타당하였는지, 그에 따라

가격 상승과 제품 다양화라는 것이 실제로 현실화 되어야 할 것이다.

참고자료

던킨도너츠 http://www.dunkindonuts.co.kr/
http://www.dunkindonuts.com
삼성경제연구소 http://www.seri.org/
국회도서관 http://www.nanet.go.kr/
한국프랜차이즈협회 http://www.ikfa.or.kr/
외식산업정보뱅크 www.foodbank.co.kr
프랜차이즈 플라자 www.franchiseplaza.co.kr
LG애드 http://www.lgad.co.kr/

2 파리바케뜨

(1) 회사 소개

파리바게뜨는 파리크라상의 회사명으로 1986년 10월 17일 ㈜샤니베이커리 사업부 발족 프랜차이즈 시스템의 베이커리 전문회사라는 업종으로 "PARIS BAGUETTE"란 브랜드로 가맹사업을 실시하였다. 1986년 파리크라상 1호점 개점되었으며 1988년 파리바게뜨란 이름으로 1호점이 광화문에 개점되었으며 국내 최초 냉동생지로 일본에 수출하는 쾌거를 이루기도 했다. 1997년 국내 프랜차이즈 최초로 600호점을 개점. 2000년 파리크라상, 파리바게뜨, 베스킨라빈스, 던킨도너츠 공용의 해피포인트 카드를 발매하였고 현재(2004년) 파리바케뜨는 4년 연속 한국산업의 브랜드 파워 1위로 인증었으며 파리바게뜨 중국 상하이 구베이에 1호점 개점하여 진출한 상태이다.

파리바게트의 약속

1. 품질의 약속
   신선하고, 엄선된 원료로 최고의 품질을 위해 노력하겠습니다.
2. 신선함의 약속
   매장에서 갓 구워낸 당일 생산 제품을 판매하겠습니다.
3. 청결함의 약속
   청결한 점포를 유지하기 위해 최선을 다하겠습니다.

항상 고객에게 최선을 다하는 곳, 파리바게트입니다.

연혁

1986년 -- 파리크라상 1호점 반포점 개점, (주) 파리크라상 설립

1988년 -- 파리바게트 1호점 광화문점 개점
파리바게트 가맹 1호점 무역 센터 개장, 국내 최초 냉동 생지 일본 수출

1992년 -- 한불제과제빵학원 개원
대구공장 가동, 파리바게트 100호점 개점, 사외보 " 빵굽는 마을 " 창간

1994년 -- 대전 EXPO 공식 공급업체 선정
프랑스 르노뜨르사 기술도입 계약체결
성남 제1공장 기공, 파리바게트 200호점 개점 , 성남 제1공장 준공,
르노뜨르 1호점 압구정점 개점
1997년 -- 제3회 '97 대한민국 광고대상 우수상 수상
97 한국소비자 축제 소비자 만족 대상 수상
98 프랑스 월드컵 공식지정 제빵 업체 선정
ISO 9001 인증 획득,식품기술연구소 인가취득
프랑스 Mrecathem 사와 최신 설비도입 계약
성남 제2공장 기공
국내 프랜차이즈 업계 최초 600호점 개점
1998년 -- '98 우수 프랜차이즈 브랜드 선정
한국 프랜차이즈 리서치 ' 98 대상 수상
푸드뱅크(FOOD BANK)에서 감사패 수상
파리바게트 700호점 개점
프랜차이즈 - 외식업 부문 한국유통 대상 수상
제 3회 한국유통대상 프랜차이즈(외식업)부문 대상 수상
1999년 --보건의 날 푸드뱅크 사업 기여로 국무총리 표창상 수상
99년 프랜차이즈 우수브랜드 선정 및
'99한국경영대상가치경영 최우수기업상' 수상
제22회 가치경영 최우수 기업 대상 수상
대한민국소비문화대전 '소비자 만족상' 수상
사이버 쇼핑몰 개설
제4회 한국유통대상 프랜차이즈 부문 2년 연속 대상 수상
사외보 ' Paris Baguette' 제호 변경
2000년 -- 제5회 한국유통대상 대통령상 표창 수상
제2회 한경마케팅대회 '유통부문 우수상'수상
파리크라상, 파리바게트, 배스킨라빈스. 던킨도너츠 공용 해피 포인트 카드 발매
허영인 회장, 국민회장 석류장 수훈(푸드뱅크기탁 공로)
2001년 -- 한국 산업의 브랜드 파워 1위 인증

2001년 서울 국제기능올림픽대회 공식 후원
푸드뱅크 우수 기탁업체 선정
2002년 -- 정통 프랑스식 샌드위치점LINA'S SANDWICH CAFÉ
압구정 1호점 개점
2년 연속 한국 산업의 브랜드 파워 1위 인증
한불제과제빵기술학원 르노뜨르 전문반 개설
'2002우수 프랜차이즈 신용평가' 최우수 등급(AAA)판정
대한민국 마케팅 대상, 마켓리더쉽 전사부문 최우수상 수상
원주공장 준공
제1회 프랜차이즈 가맹점 성공 대상 수상
제10회 고객만족경영 대상 수상
국내 프랜차이즈 베이커리 업계 최초 1,100호점 개점
2003년 -- 3년 연속 한국산업의 브랜드 파워 1위 인증
2004년 -- 4년 연속 한국산업의 브랜드 파워 1위 인증 [주관: 한국능률협회 컨설팅]
2004년 대한민국 마케팅 대상 전사부문 대상 수상
[주관: 한국능률협회 컨설팅]
2004 대한민국 경영품질대상 소비자 안전부문 2년 연속 대상 수상
[주관: 한국능률협회 컨설팅]
파리바게뜨 BI&SI 변경
파리바게뜨 중국 진출 : 중국 상하이 (上海) 구베이(古北) 1호점 개점
2005년 -- 한국 마케팅 대상 수상
브랜드 대상 수상
파리바게트 미국 LA 1호점 진출
2006년 -- 2월 : 2006년 퍼스트 브랜드 대상 수상
3월 : 한국산업의 브랜드 파워 1위 인증
4월 : 일본 능률 협회 GBCI 1위 인증
2007년 -- 한국산업의 고객만족도 1위 수상
한국소비자 웰빙 지수 1위 수상
2007 경영품질 대상 수상
3월 금융계열사 spc캐피탈 설립
해피포인트 가입자 600만명 돌파

2008년 -- 1월 해피신한 제휴신용카드 런칭
2월 대한민국 퍼스트브랜드 대상 6년연속 수상
6월 해피롯데 제휴신용카드 런칭
11월 해피국민 제휴신용카드 런칭
12월 파리바게트 1,800호점 오픈

사훈 및 경영방침

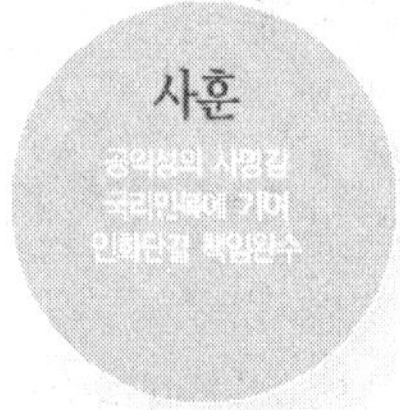

- VISION & MISSION-

Vision

World-class Company, World-best Partnership

가맹점주, 고객, 구성원에 대해 World-best Partnertship과 최고의 기업 가치를 창출하는 World-class Company로 도약한다.

Mission

창의와 열정으로 가맹점에게 매출증대를, 고객에게는 최고의 가치를, 임직원에게는 최고의 보상과 자기개발 기회를 제공함으로써 최고의 기업 가치를 창출한다.

■ Paris Croissant 8 Values

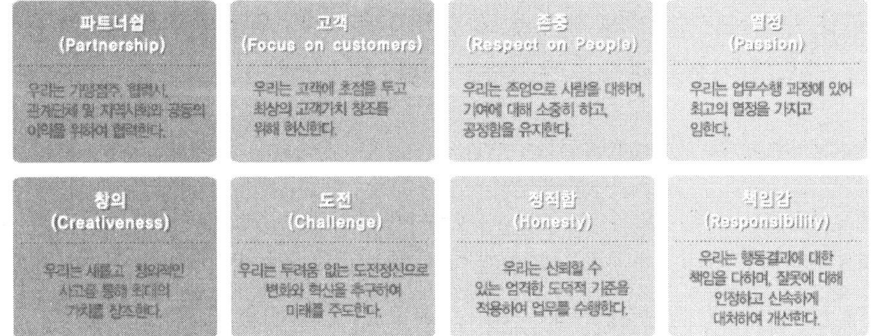

– 핵심역량 –

Quality is our first concern

파리크라상은 제품의 품질향상은 물론 그 제품을 고객들께 전하는 가맹점에 대한 충실한 지원을 통하여 고객만족을 극대화시키기 위해 노력하고 있다. 최고의 품질을 유지하기 위한 파리크라상의 첫 번째 원칙은 매장에서 직접 구워내는 BAKE-OFF 시스템이다. BAKE-OFF 시스템이란 본사에서 배송된 냉동생지를 점포에서 직접 구워냄으로써 고객들께는 갓 구운 신선한 빵을, 가맹점주에게는 높은 마진을 확보해주는 혁신적인 시스템으로서, 파리크라상이 업계 1위로 자리잡게 된 원동력이 되었다. 또한 베이커리업계 최고의 연구기관으로 인정받는 파리크라상 식품기술 연구소는 제품의 고급화, 세련화, 대중화를 가능 하게하는 신개념 제품의 산실이다.

We care about people

최상의 제품과 서비스로 매장을 방문하는 고객들께 즐거운 경험을 드리는 일, 이것이 바로 파리크라상의 기업철학이다. 파리크라상은 최고의 맛을 실현하기 위해 원료 선정, 생산, 신속한 배송 등 제빵의 전 과정에서 기술적인 수준과 효율성을 높여가고 있다.

Our company overview

1986년 파리크라상은 반포점 오픈과 함께 본격적으로 베이커리 업계에 진출하였다. 파리크라상의 대표 브랜드 파리바게뜨는 1988년 광화문점 오픈을 시작으로 현재 전국에 1,100여 매장을 운영 중이며, 1998년 국내 모든 프랜차이즈 업계 최초로 매장 수

700개 돌파 등, 각종 신기록을 달성해 온 국내 1위의 프랜차이즈 베이커리이다. 이 외에도 파리크라상은 프랑스 최고의 제과점 르노뜨르와 기술제휴를 통해 최고급 프랑스빵과 만날 수 있는 르노뜨르 매장을 운영하고 있으며, 프랑스 정통샌드위치 브랜드인 '리나스' 샌드위치 전문 매장을 운영하고 있다.

We careate a new life style

브랜드 이미지의 소중함을 잘 알고 있는 파리크라상. 국내 베이커리 업계 중 BI의 도입에서도 앞서간 파리크라상은 대표 브랜드인 파리바게뜨의 성공적인 BI 런칭에 힘입어 보다 국제적이고 전문적인 베이커리 브랜드로 자리 잡았다. 새로운 감각의 BI와 함께 까페풍의 감성적인 인테리어 공간을 마련, 기존의 TAKE-OUT 형 베이커리와는 완전히 차별화 된 이미지를 구축해 왔다.

Image building activitives

제품 못지 않은 신선한 광고로 고객에게 신선함과 잔잔한 감동을 준 파리바게뜨의 광고들. 파리크라상은 각 시기별로 파리바게뜨의 이미지를 가장 잘 전달할 수 있는 스타들을 전속모델로 적절히 기용함으로써 이미지의 참신성을 유지시켜 왔으며, 변화하는 소비자의 기호에 적극 대처하여 새로운 라이프 스타일을 제안하는 광고를 제작하여 왔다. 이러한 광고활동은 매출증대는 물론 1위 이미지 확립에도 많은 기여를 해왔다. 또한 격월로 발행, 고객에게 무료로 제공되는 사외보 'PARIS BAGUETTE'는 베이커리 관련 정보는 물론, 세계 각국의 식문화, 최신 트렌드 등 다양한 읽을 거리를 통해 파리크라상의 이미지를 널리 알리고 있다.

We grow with our customers

고객과 함께 성장해 온 파리크라상. 파리크라상은 고품질과 혁신적인 마케팅으로 고객만족의 경영에 치중해온 결과 97년에는 동아일보, KBS, 한국부인회가 공동주최한 '소비자만족 대상'을 수상하였고 또한, 고객만족을 위한 품질시스템을 구축하여 베이커리업계 최초로 ISO 9001인증을 획득하였다. 아울러 결식아동을 위한 'FOOD BANK' 사업에 참여, 기업이윤의 사회환원 등으로 국민복리에 기여하고 있다. 앞으로도 파리크라상은 최고를 지향하는 장인정신, 프랜차이즈 전문기업의 성실한 자세로 세계에서 가장 맛있는 베이커리, 그 이름만으로도 맛이 느껴지는 베이커리로서의 미래를 준비 중이다.

(2) 상황분석

1) 거시적 환경분석

가. 기술적 환경분석

○ 최신 시설에 의한 냉동 반죽의 대량생산으로 신선한 빵을 공급할 수 있는 차별화된 기술력
○ 고유의 제빵 훈련원, 전문반 등에서의 구별된 기술자 배출
○ 외국 선진 기술 도입
○ 식품 기술 연구소에서 각종 인증 취득

나. 경제적 환경

○ 중국의 진출의 기회의 증가
○ 사이버 쇼핑몰 개설
○ 다른 업종과 혼합함으로써 새로운 수요 창출
○ 저원가 고마진

다. 사회, 문화적 환경

○ 간단히 아침식사를 하는 가정의 증가
○ 신 소비추세 '웰빙족'
→ 잡곡& 채소가 첨가된 제품을 선호
○ 바쁜 사회 생활의 간단한 식사 대용

(2) 시장 분석

1) 시장흐름

6년대말부터 양산업계 형성-> 70년대초 정착(정부의 분식장려 정책에 고속신장)->80년 이후 소비자의 욕구 변화(고급화추세)-> 80년대 후반에 베이커리 업계의 주도권 장악->개인 제과점의 위기론 팽배

2) 프렌차이즈 베이커리업계

파리바게뜨, 크라운베이커리, 뚜레쥬르, 신라명과, 고려당 등 : 5천73억원

3) 대형화, 브랜드화, 고급화 확산

1980년대 후반기에는 수입 자유화로 유럽 명품 제품이 국내에 보급 -외국 제과업체와 기술합작의 형태 등 고급화 확산

4) 다이어트식의 확대

건강빵류를 비롯, 바게뜨 등 프랑스빵과 페이스트리 제품의 신장세가 두드러짐

5) 프랜차이즈의 장악

베이커리시장은 프랜차이즈형이 강세를 보이는데 반해 개인 제과점의 위축이 두드러짐(2002년 : 1조1800억 원대의 시장 (2003년 2조2000억).

(3) SWOT 분석

1) 강점

- 신선도, 맛, 고급스러운 인테리어
- 온라인 커뮤니티 활성화
- 제휴판촉활동 본사차원의 지원

2) 약점

- 매장별 제품의 변형불가
- 프랜차이즈 브랜드 간 차별화 부족
- 온라인 주문제도 비활성화
- 특정지역에 매장 과다 밀집

3) 기회

- 온라인 주문
- 배달제도 활성화
- 프랜차이즈 제과점 선호추세

4) 위기

- 해외 브랜드의 유입
- 전문매장(샌드위치, 케익)
- 프랜차이즈 제과점 과다 확산

(4) 4P

1) 제품(Product)

- 신선함
- 언제나 다양한 제품
- 식품기술 연구소의 선견지명- 시장 선도형 제품 개발
- 독특한 신제품 개발법
- 브랜드 관리

2) 가격(price)

- 제휴카드로 가격 경쟁 우위
- 가맹점 간에 가격차 발생 가능
- 가격의 이원화

3) 촉진 (Promotion)

- 광고
- PR

4) 유통 (Place)

- ► 정보시스템 물류거점 투자 증가
- ► 자동화 추진
- ► 품질 점포 개발
- ► 1일 2회 배송체계
- ► 온라인상에서의 기업 간 거래 증대

(4) 성공 전략

고품질, 혁신적인 마케팅을 고객만 족 중심으로 차별화하여 펼친 데서 찾을 수 있다.

* 냉동 생지(냉동반죽으로 점포에서 직접 생산하는 시스템)를 통한 Bake-Off System을 베이커리 업계 최초로 도입 및 확산하여 빵의 최고 신선도 향상을 이루고, 업계를 Bake-Off System으로 전환하도록 유도했다. 소비자 오감에 근거한 제품개발로 소비자의 기호변화에 대응하고, 기존 틀에서 벗어난 Event 행사를 통해 소비자와의 일체감을 형성하는 소비자 중심 기업으로 성장하였다.
* 주 Target중심의 정확한 조사를 통해 소비패턴 및 만족도를 측정하여 환경변화에 적응하는 제품을 개발 하였다. 점포 컨셉은 기존Take-Out형 베이커리에서 탈피, 카페의 느낌을 도입한 카페 베이커리로 감성적인 인테리어 공간을 마련했다.
* 업계 최초로 도입한 FAMILY CARD 운영을 통해 Data Base Marketing System을 구축했고, 고객을 위한 사외보 운영, 그리고 가맹점주의 만족도를 극대화하기 위하여 House Organ인 'Marketing Calendar' 발간에 이르기까지 1,2차 고객 모두의 만족을 위한 경영을 이루었다. 그리고 다른 프랜차이즈 베이커리와 차별화된 이벤트 전략으로서 후발 업체로서의 낮은 인지율을 극복하였다. 문화행사 지원과 다양한 업체와의 Tie-In Promotion, 그리고 매년 독특한 품 이벤트를 펼치고 이를 광고, PR기사 등과 연계하여 그 효과를 극대화 하였다.

– 성공 노하우 –

신선함을 고집하는 최고의 품질

· Bake Off 시스템

반죽을 급속 냉동하여 발효를 억제시킨 시스템으로 점포에서 직접 빵을 3회 신선함

으로 그대로 전달

- 배송 : 1일2회 배송체제로 더욱 신선한 빵 공급

탁월한 수익성

- 브랜드 선호도 업계 1위 고객 선호도 탁월
- 활성화된 제휴 마케팅으로 고객 창출 효과 증대

효과적인 관리 시스템

- 담당 영업사원 및 품질관리담당에 의한 정기적인 점포 순회 관리(체계적, 과학적 관리)
- 프랜차이즈 관리 시스템의 Know-How 확보

다양한 지원으로 점주부담 최소화

- 중고생 자녀 학자금 및 대학 입학 축하금 지급
- 매월 우수점포 선정 장려금 지급 (매출의 0.5~1%)

(5) 취약점 분석 및 해결방안

파리바게트의 문제점은 파리바게트의 대중화가 역으로 쇠퇴의 길로 갈 수 있다는 점이다. 파리바게트는 1988년, 1호점인 광화문점이 개설하면서 시작되었으며, 그 후 조금씩 조금씩 체인점을 늘려가다가, 1997년 들어 폭발적으로 체인점이 늘어나기 시작했다. 이 해에 600개 체인점을 돌파했고 그 후 1998년 700호점을 돌파하는 등 폭발적으로 성장하다가 최근 들어 포화상태에 이르렀다. 1997년 이후 파리바게트 체인점이 늘어난 원인은 IMF 때문이다. 즉, 하나둘씩 직장을 잃어가면서 새롭게 찾은 직장이 쉽게 사업을 시작할 수 있는 프랜차이즈 쪽이고 그 중에서도 브랜드 가치가 있는 파리바게트를 선택했다. 이렇게 파리바게트는 동네 빵가게들을 하나씩 하나씩 자사 체인점으로 바꿔가며, 현재는 대부분의 지역에 파리바게트 체인점을 세워 놓은 상태이다. 처음에는 고급화 전략으로 시작했던 파리바게트지만, 지금은 일반화로 가고 있다. 1997년까지만 해도 파리바게트의 빵을 사가는 것은 선물용이었다. 지금은 너무 일반화되어 아무 곳에서나 볼 수 있는, 동네에서 가끔가다 빵 사먹을 때 가는 동네 빵집이 되고 있다. 즉, 처음엔 고급 빵집이었지만 지금은 아무 곳에서나 볼 수 있는, 파리바게트가 들어오기 이전의 동네 빵가게들이 된 셈이다. 우리조가 파리바게트 기업을 조사하게 됐을 때 유심히 지켜본 결과 빵 굽는 곳을 본적이 거의 없다는 것을 느꼈습니다. 이렇게 빵을 직접 굽지 않는 체인점들에서는 빵을 공급받아서 팝니다. 또한 빵들의 유통기한을 확인해 본 결과 뒷쪽에 있는 빵들과 앞쪽에 있는 빵들의 유통기한이 최소한 이틀, 많게는 사나흘씩 차이가 나는 것을 확인할 수 있었습니다.

이렇게 빵들의 유통기한이 차이가 나는 이유는, 파리바게트에서 빵을 체인점들에 공급할 때 유통기한을 하루가 아닌 사나흘씩 길게 주기 때문입니다. 즉, 동네 빵가게에서는 하루에 팔리는 빵이 많지 않습니다. 체인점들에서 손해를 보지 않기 위해서는 유통기한동안 최대한 빵을 팔아야 합니다. 하지만, 아시다시피 대부분의 빵은 바로 구운 후가 가장 맛이 있으며 사흘이나 매장에 진열되어 있던 빵은 아무래도 맛이 떨어집니다. 직접 빵을 굽는 체인점의 경우에는 이익이 많이 남기 때문에 이렇게 오래된 빵들을 싸게 판다던지, 기부한다던지 하는 식으로 해결하지만 직접 빵을 굽지 않는 경우에는 빵을 못 팔면 손해가 크기 때문에 울며 겨자먹기로 팔아야 합니다. 따라서 저희 조는 이 때문에 파리바게트를 대중화라기보다는 쇠퇴라고 봅니다. 큰 체인점이 아닌 자그마한 동네 체인점들이 이렇게 우후죽순 늘어서 있는 상황에서 파리바게트는 더 이상 애초의 고급화 전략을 지켜나갈 수 없습니다. 고급화 전략은 수가 적을 때나 통할 수 있습니다. 이렇게 파리바게트가 늘어나고, 아무나 가는 그런 빵집이 되어버린 이상 파리바게트는 동네 빵집들의 이름들만 바꿔 놓은 것과 다를 바 없으며, 이렇게 가게 된다면 결국 다른 브랜드에 의해 밀려날 수밖에 없다고 생각됩니다.

정리해 보자면,

1. 파리바게트의 고급스런 이미지가 무너지고 있다.
2. 직접 굽지 않는 경우가 많으므로 유통기한의 차이가 커서 신선도가 떨어지고 있다.

이에 따른 해결 방안은

1. 고급스러운 이미지를 내포한 광고를 한다.
2. 새로운 유통 경로를 개발하여 빵의 신선함을 높인다.

(6) 결론

베이커리의 선두두자인 파리바게트는 조사하고 나니 옛날의 단순한 빵집이 아닌 새로운 시대에 맞춰 점점 변해가고 있는 현실을 실감할 수 있었다.

옛날의 빵집, 즉 만남의 장소로… 단순한 빵을 먹고 살 수 있는 그런 추억의 장소가 아니라 새로운 사람과의 만남, 간단한 아침식사 가능, 커피의 테이크아웃 등 종합적인 기능을 가진 곳이 되었다.

모든 것에는 양면성이 있기 마련이다. 파리바게트 역시 엄청난 여러 가지 장점들을 가지고 있지만 단점 역시 내포하고 있었다. 현 베이커리 시장의 포화상태에서 성장의 기회를 발견하고, 양적 질적 성장 필요성과 새로운 수익모델개발에 힘써야 할것이다.

타 경쟁사와 다른 마케팅 전략과 많은 자본을 가지고 계속 발전하고 투자를 한다면 파리바게트는 최고의 베이커리 선두 업체가 될 것 같다.

〈참고자료〉

파리바게트 http://www.paris.co.kr/
삼성경제연구소 http://www.seri.org/
국회도서관 http://www.nanet.go.kr/
한국프랜차이즈협회 http://www.ikfa.or.kr/
외식산업정보뱅크 www.foodbank.co.kr
프랜차이즈 플라자 www.franchiseplaza.co.kr
LG애드 http://www.lgad.co.kr/

제 6 장

지오다노, 크로커다일, 미니골드, 쪼끼쪼끼

1 지오다노

(1) 개요

지오다노는 철저히 고객지향적인 운영시스템으로 고객을 위한 품질(Qaulity), 서비스(Service), 스피드(Speed), 단순화(Simplicity)를 기업철학으로 삼고 있다. 고객을 위해 발 빠르게 움직여서 최상의 서비스와 품질을 보장할 수 있게끔 전사적인 측면에서 슬림화하고 단순화 시킨다는 말이다.

캐주얼의류를 제조 판매하면서 97년 6백억 여원의 매출을 기록, 전년대비 87.5%의 매출신장을 기록한데 이어 98년 불황의 터널 속에서도 6백40억 원 매출로 6.7% 증가했다.

99년도에는 98년 동월보다 150% 이상의 성장세를 보여 주위를 깜짝 놀라게 했다. 그때만 하더라도 패션업계 단일브랜드로는 국내 최초로 한해 1천억 원 매출은 거의 신화에 가까울 정도로 어려운 고지였다.

지오다노 코리아는 지난 94년 5월 국내에 첫 매장을 개설한 이후 94년엔 33억 원, 95년 150억 원, 96년 320억 원, 97년 600억 원, 98년 650억 원 등의 실적이 말해주듯 승승장구해왔다. 경상이익도 최고 17%까지 기록한 적이 있으며 대부분 IMF타격에 성장이 주춤했던 98~99년에도 경상이익이 10% 밑으로 떨어지지 않았다. 99년에는 보다 공격적인 마케팅전략에 돌입 1천억 원의 외형을 키웠고 그 해 지오다노의 성적표는 매출 1천 3백50억 원에 세전이익 18% 단일 사업으로서의 외형도 상당한 수준이었으며, 첨단이라 입을 모으는 하이테크놀러지 산업보다 높은 이익을 발생시켰다

1) 국내 가맹점 현황 (백화점 및 직영매장) WWW.GIORDANO.CO.KR

지역	서울	경기도	경상도	충청도	전라도	부산	강원도	제주도	총 계
매장수	44	32	19	8	8	7	2	1	121

2) 해외 가맹점 현황

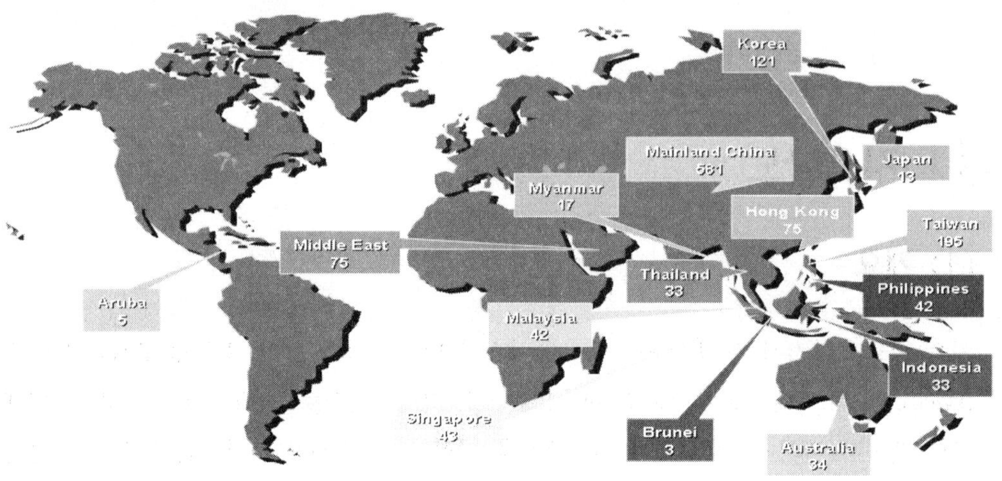

3) 지오다노 Unisex 점포 개설 조건

면 적	실 평수 25평 이상
전면길이	8m 이상
보증금	현금 2천만 원
부동산 담보	담보 1억 원
거래형태	위탁, 월 3회 입금

4) 지오다노 Junior 점포 개설 조건

면 적	실 평수 15평 이상
전면길이	5m 이상
보증금	현금 2천만 원
부동산 담보	담보 5천만 원
거래형태	위탁, 월 3회 입금

5) 수 익 성

구 분	2000	2001	2002
매출액 순이익율	12%	11%	10%
영업이익율	12.4%	10.7%	10%

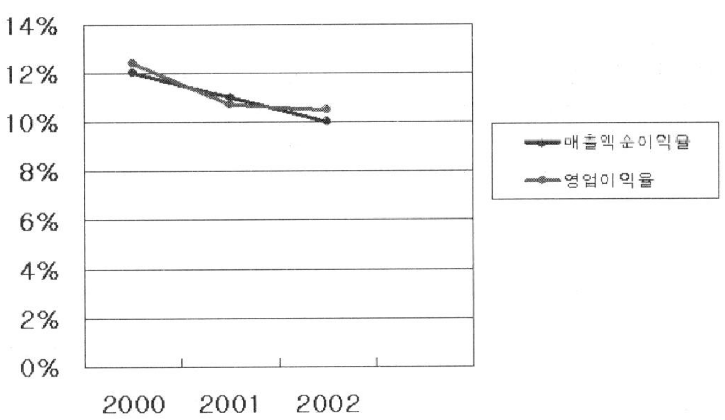

6) 2004년 상반기 매출액 (어패럴 뉴스 2004년 7월 19일자)

브 랜 드	베이직하우스	지오다노	마루	TBJ	뱅뱅
매 출 액	830억원	700억원	639억원	630억원	630억원

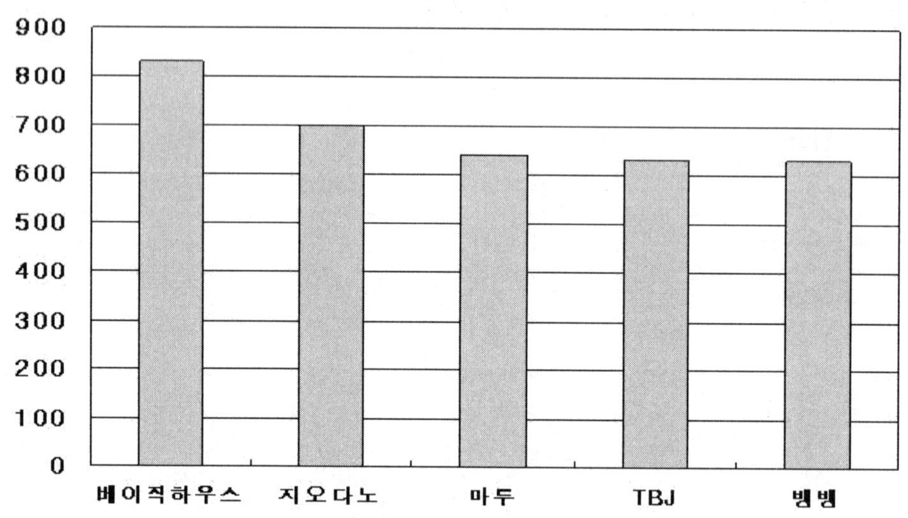

7) 2004년 상반기 점평균 매출액 (어패럴 뉴스 2004년 7월 19일자)

브 랜 드	베이직하우스	지오다노	마루	TBJ	뱅뱅
매 출 액	9200만원	8900만원	6700만원	6900만원	6200만원

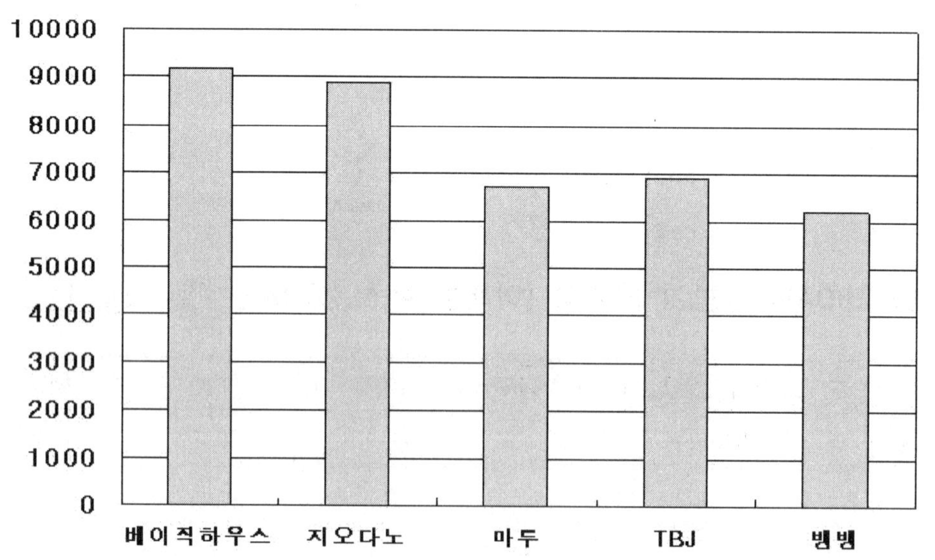

(2) 지오다노 장점

1) 핵심역량

정보에 대한 지오다노의 자세는 '어떤 것을 수집해야 하는가' 보다 '어떻게 사용해야 하는가'하는 것이다. 지오다노가 기업운영 전반에 응용하는 정보는 고객이 매장에 들어와 물건을 구매할 때부터 시작된다. 상품별 스타일사이즈와 컬러 가격 등이 POS(Point of sale)시스템에 의해 등록 저장된 데이터는 지오다노의 메인 컴퓨터로 전송돼 판매 분석과 유통시스템과 연결된다. 이렇게 수집된 판매정보는 고객 취향의 흐름을 거의 정확하게 집어낸다. 또 동시에 재고현황도 파악되어 보다 파워풀한 유통시스템을 구사할 수 있는 것이다.

2) 생산능력

생산능력은 곧 퀄리티와 가격의 결정요소이며 발 빠른 유통시스템을 위한 필요충분조건이다. 지오다노는 자체 제조시설을 이용한 비용과 시간의 효율을 높여왔으며 준비된 반응생산으로 발 빠른 유통시스템에 대응하고 있다. 그 동안 지오다노는 중국 쉔첸 등 여러 지역에 공장을 운영해 왔으나 아시아의 통화 가치하락은 보다 유리한 해외지역에서의 소싱으로 전환되고 있다. 일례로 환율 상승이 심한 한국 시장과 같은 곳은 로컬 소싱의 폭을 넓히고 있다. 준비된 반응생산은 기획부터 이뤄진다. 우선 디자인은 긴 수명을 염두에 두고 있으며 일부 아이템은 부분 완성시켰다가 재생산 주문에 따라 완성품화 시켜 출고시키기도 한다. 지오다노의 대량생산은 규모의 경제학을 적용시키고 있으며 여기서 발생한 원감절감 비용은 고객에게 보다 나은 질과 합리적인 가격으로 제안된다.

3) 재무구조

지오다노는 재무구조가 건전하기로도 유명하다. 수많은 의류업체들이 과도한 부채로 몇 년 사이 줄줄이 부도를 내고 쓰러진 와중에서 지오다노는 무차입 경영으로 탄탄한 재무구조를 자랑하고 있다. 다른 기업들은 문을 닫는 98년 외환위기 때에도 5% 신장한 것을 제외하면 거의 매년 두 배의 신장을 해 온 셈이기 때문이다. 지오다노의 무차입 경영은 더욱 빛을 발한다.

4) 질 좋은 제품 생산

지오다노는 브랜드 이름만으로 살아남는 '프리미엄 브랜드'가 아니라 철저히 상품 가치 (Value for money)로 평가받는 '밸류 브랜드'라는 점을 강조한다. 고객들이 한결같이 기대를 갖는 것은 상품 가치이며, 가격대에 비해 질 좋은 제품을 만들기 위해 생산공장개발에 주력한다. 값싸고 질 좋은 원단을 구하러, 혹은 봉제나 다림질을 맡길 최적의 공장을 찾으러 세계 각지를 찾는다. 중국과 말레이시아에서 제품 생산을 하는가 하면 일본과 이탈리아에서도 원단을 들여온다. 지오다노는 상품 가치를 높일 수 있다면 100% 국내 생산이나 100% 해외 생산도 가능하다고 생각한다.

5) 신속한 재고관리

지오다노는 철저한 제품분석과 재고관리를 통해 제조물량의 95%를 제값에 팔고 있다고 말하고 있다. 제조물량의 30% 이상만 제값에 팔면 성공이라고 생각하는 대부분의 의류업체로서는 믿기지 않는 일이다. 제품 반응이 좋으면 당장 재주문하고 반응이 별로 안 좋은 제품은 곧바로 반품 받아 아울렛으로 돌려 처리하는 신속한 경영이 지오다노의 경쟁력 요인이다. 그래서 지오다노의 매출신장은 단순히 이익이 얼마냐, 매출이 얼마냐가 중요한 것이 아니라 그 내용적인 측면에서 더 의미가 있다. 상당수의 업체들이 재고에 대한 평가를 간과하고 있다. 따라서 재고 회전율이나 단위 면적당 효율 측면에서 지오다노의 이익은 진짜 이익이라고 말할 수 있을 것이다. 지오다노의 제품은 한 개가 팔리면 본사 컴퓨터 시스템에 정보가 입력, 물류 창고에서 한 개가 즉시 보충된다. 손님 입장에선 찾는 옷이 없어 되돌아갈 필요가 없고, 회사 입장에선 생산 제품의 90% 이상을 제값에 팔 수 있었다. 실시간 정보 처리는 재고의 극소화로도 직결된다. 옷 한 벌이 팔리면 바로 채워 넣는 이 시스템도 신속성과 맥을 같이 한다. 이러한 유통시스템의 파워는 결국 매장에서 그대로 보여 진다. 지오다노 매장엔 러닝재고를 위한 뒷창고가 없기로 유명하다. 매장 공간은 거의 직접적인 판매시설로 동원된다. 매장의 창고는 중앙유통센터가 대신하기 때문이다. 지오다노의 매장엔 기본적인 디스플레이 물량과 3일치 매출목표에 해당하는 재고만 갖고 간다. 또 지오다노의 유통센터는 창고의 기능과 배송의 역할을 원활히 수행한다. 지오다노 코리아는 구로동에 있는 6평 규모의 유통센터에 6주간 러닝 될 재고만 보유한다. 매장과 유통센터 간에 컴퓨터로 연결된 POS 시스템은 하루의 영업이 끝나면 판매정보가 유통센터에 모두 기록된다.

판매정보가 다음날을 위한 매장주문서 역할을 하는 것이다. 보충되어야 할 품목과 새로운 상품은 밤늦게 포장되어 아침 일찍부터 배달을 시작한다. 매장 문이 열리기 전 새로운 상품은 선반 위에 놓여있게 된다.

6) 매장 간의 고급화를 통한 이미지의 고급화

지오다노는 처음에 소형 대리점이 아닌 대형 가두점포나 백화점 안에만 매장을 열어 브랜드에 고급 이미지를 부여하고 편안한 쇼핑 분위기를 만들었다. "중저가 브랜드는 시장통 같은 분위기에서 막 사는 옷"이라는 고정관념을 완전히 깨뜨린 것이다. 폴로 등 고가 브랜드가 쓰는 좋은 소재를 쓰면서 가격대는 티셔츠가 1만원대, 바지 3만원대, 점퍼는 5만원 정도로 싸게 책정했다. 찾아오는 손님이 1만원대 티셔츠를 파는 점포라고 느끼지 않도록 매장을 고급화했다. 지오다노 매장에 처음 들어서는 대부분의 고객들은 고급스러운 분위기에 깜짝 놀란다. 시장만큼 싼 값의 옷이지만 고객들에게 최고의 쇼핑 환경을 제공 한다는 것이 지오다노의 방침이다. 깔끔하다 못해 고급스럽기까지 한 매장 분위기는 이미지 고급화 작업의 소산이다. 옷은 평범하게 그러나 매장은 고급스럽게, 이게 바로 지오다노의 첫번째 영업 비결이다. 옷값은 재래시장이지만 매장은 백화점을 고집한다. 결국 지오다노는 시장을 차별화 시켜 접근한 전략이 주효했다. 상품에 가치를 부여하되 포커스 된 컬렉션을 소비자에게 느낄 수 있게 하였다. 그리고 중저가 브랜드가 뚫기 어렵다는 백화점을 주 유통으로 전개한 것도 큰 역할을 했다.

7) 광고 – 적절한 컨셉

지오다노는 광고로도 유명한 기업이다. 많은 젊은 층들이 지오다노의 광고를 좋아한다. 지오다노 광고는 지오다노를 사람들에게 확실하게 알리는 또 하나의 계기가 되었다. 정우성, 장동건, 고소영, 전지현 등 빅스타 모델을 기용해 젊은이들에게 "지오다노는 고급스러운 브랜드"라는 이미지를 각인시키고 있다.

(3) 지오다노 향후 전략

지오다노는 향후 중국의 성장을 의식하고 중국에 이미 진출해 있다. 지오다노 중국의 북경, 상해, 광주 등 주요도시 캐주얼 의류시장에서 홍콩의 지오다노가 선풍적인 인기를 끌고 있다. 깔끔한 매장, 고급스런 디스플레이 등을 내세워 18~25세 사이의 청소년들을 사로잡고 있다. 이 제품은 홍콩, 대만, 한국에서는 중저가 브랜드로 인식되고 있으나 중국에서는 적극적인 홍보, 서구식 매장관리 등을 통해 고급 브랜드 이미지를 형성했다.

지오다노 패션의 가장 큰 경쟁력은 고급 캐주얼이라는 브랜드 이미지와 중국인 체형에 맞는 디자인이다. 또 소비자가 자유롭게 선택할 수 있는 다양한 사이즈, 고급 순면원단을 사용해 타 제품과 달리 세탁 후 변형되지 않고 봉제가 깔끔하다는 것이다. 가격 또한 지오다노 본사가 중국의 낮은 소득수준을 고려, 원가절감을 통해 일정한 가격수준을 유지하고 있기 때문에 브랜드 이미지 대비 합리적이라는 평이다. 현재 지오다노는 중국에서 원부자재 소싱 및 생산을 함께 하고 있으며 판매대리점에 대해서도 판매호조 제품은 선금을, 신제품 출시시에는 선공급, 후정산 방식을 도입하는 등 대리점과 본사가 함께 사는 윈윈(win-win)전략을 구사하고 있다.

최근의 경기 불황은 아직까지는 소비자들을 저가 브랜드로 유도하고 있으며, 당분간 이러한 상황은 유지될 것으로 보인다. 게다가 지오다노의 경우 저가임에도 비교적 고품질이라는 이미지가 소비자들에게 각인되어 지오다노의 고객은 합리적이고 실용적이다라는 이미지를 강화시킨다면 Brand Loyalty는 높은 수준으로 유질될 것으로 보인다. 향후 지오다노는 경쟁 브랜드의 계속되는 시장 진입으로 인해 멀티브랜드화하여 시장을 확대하려는 전략이 요구된다. 최근 의류업계에서의 유니브랜드, 패밀리브랜드의 성공은 이러한 지오다노의 시장 확대 전략에 희망을 주고 있다. 앞으로 지오다노는 일관된 Brand Characteristics를 유지하여 생활브랜드로서의 브랜드 파워를 구축하고자 할 것이다.

지오다노는 앞으로 유니브랜드, 패밀리 브랜드화 하는 전략을 통해 성숙기에 다다른 기존 시장의 한계를 극복하고 세계적인 브랜드로서의 브랜드 파워 또한 획득할 수 있을 것으로 기대된다.

② 크로커다일

(1) 개요

싱가폴 브랜드 '크로커다일'은 1947년 싱가폴에서 런칭되어 현재 말레이시아, 한국, 일본 등 전 세계 25개국에 라이센스로 전개되고 있는 글로벌 브랜드이다.

한국에서는 형지어패럴(대표 최병오)에 의해 알려졌으며, 30, 40대 남성을 타깃으로 하는 중저가 남성 캐주얼 의류 전문업체로 발돋움 하고 있다. 지난 1998년 9월 설립된

이 회사는 최근 경기 이천시에 이천점을 개점하면서 가맹점 300개를(상설할인점 포함) 돌파, 단일 브랜드로는 최다 매장을 내는 기록을 달성했다. 매출액도 지난해 1200억 원을 올리는 등 급성장에 박차를 가하고 있다

2001년 50개 매장에서 100억 원의 매출을 올렸던 이 회사는 이듬해 124개 매장에서 270억원, 2003년 250개 매장에서 580억 원의 매출을 기록하며 중저가 여성 캐주얼 의류시장의 기린아로 성장해왔다. 올해는 매장 수 310개에 매출액 2000억 원을 목표로 하고 있다. 회사 측은 이 같은 성장에 대해 정장 고객층인 30, 40대를 젊은 캐주얼 시장으로 끌어들인 것이 주효했다고 설명했다.

최병오 대표는 "30,40대 남성에게 학생들이 입는 캐주얼을 입힌다는 것에 대해 패션계에서 충격으로 받아들였다"며 "하지만 실용적 디자인 제품을 중저가의 합리적인 가격에 내놓자 30,40대 미시 남성층에서 뜨거운 반응을 보였다"고 말했다.

1) 국내 가맹점 현황

지역	서울·인천	경기도	경상도	충청도	전라도	부산·울산	강원도	제주도	총 계
매장수	75	60	32	33	26	28	11	4	269

2) 해외 가맹점 현황

전 세계 약 1000개의 대리점과 1000개 가량의 백화점 매장들, 그 외 수 천개의 상점들이 분포, 현재의 크로커다일은 일본, 중국, 한국, 대만, 싱가폴, 말레이시아, 인도네시아, 태국, 인도, 브루나이, 미안마, 방글라데시, 캄보디아, 네팔 등의 아시아 국가에서도 찾아 볼 수 있다.

3) 점포 개설 조건

매장평수	20평 이상
보 증 금	1,000만원
사업방법	100% 현금사업
반품관련	1:1교환, 100%교환(시즌 및 중간 반품 가능)
인테리어 및 간판	본사 메뉴얼

4) 수 익 성

비 고	2003	2004	2005(예상)
매 출 액	1,150억 원	1,500억 원	2,000억 원
대리점(할인점) 수	189(25)	215(33)	270(40)

5) 라이센스 브랜드 베스트 5, (Fashion insight '03. 10. 13)

브랜드명	해외현황	매출 및 유통현황	특 징
크로커다일	일본,중국,대만 등의 아시아권	대리점-200여개 1,200억 원	중저가의 합리적 가격, 전문화된 생산라인
인터메조	일본,홍콩	백화점-41, 대리점-15 480억 원	컨셉명확, NO세일, 브랜드 이미지 관리 철저
휠 라	50여개국	160여개점	기획, 영업, 마케팅 등의 현지화 전략
푸 마	전세계 주요국가	300억원	상품, 유통, 마케팅의 통합적 관리
쇼콜라	호주 등 50개국	백화점-50, 대리점-48 380억 원	독창성 있는 브랜드 컨셉, 고급브랜드 이미지 메이킹

(2) 크로커다일 장점

1) 핵심역량

합리적 가격을 위해 마크업은 2.5배 이상 높이지 않고 대신 판매율을 80% 이상으로 높여 매장당 절대매출을 올리는 전략을 펼치고 있다. 때문에 가맹점 마진이 41%라는 믿기 어려운 수치를 기록했다. 부동산 담보가 없고, 본사의 물량지원이 원활해 대리점 영업에 아주 좋은 조건을 갖추고 있으며 다양한 아이템 덕택에 대리점주들의 상품 선택의 폭이 넓어 영업이 원활하다는 것이 가맹점주의 공통된 의견이다.

2) 유통구조

탈 백화점 전략으로 가두점 중심으로 전개, 수익구조를 확보하고 있다는 점을 가장 큰 경쟁력으로 내세우고 있다. 현재 전국 275개의 다점포 대리점이 그 원동력이다. 가맹점과 상설점의 집중적인 관리로 아웃렛 사업부를 별도로 구축하고 유통환경을 재정비 하였다. 270여개의 유통망의 원활한 상품 회전은 물론 재고 물량의 신속한 현금화로 상품에 재투자를 높이고 있다. 내년부터는 정상 대리점과 상설할인매장(할인점)을 각각 분리시켜 각각 독립되고 전문화된 유통전개에 집중한다는 전략을 세우고 있다.

3) 조직관리 전략

최근 런칭 12주년을 기념하여 밀레니엄 힐튼호텔에서 1천명의 관계자들을 초정한 대규모 패션쇼 행사를 진행하였다. 아시아를 비롯한 전 세계 50여 개국의 라이센서, 270여개의 대리점주를 비롯한 해당 관계자, 정재계 인사들이 참석하였다. 덕택에 대리점주들의 자부심과 사기를 높였으며, 각 부서들 모두 자긍심과 함께 책임감의 상승으로 조직의 재정비 및 강화를 하는 계기를 마련하였다. 또한 매장 전개에 있어 가맹점이 필요한 제반 여건을 적극 수용하고 물량지원이나 히트 아이템 지원 등에 초점을 두고 있다. 베스트 가맹점의 점주를 선정해 부부동반 유럽 여행 이벤트를 진행하는 등 매장과 기업간의 윈윈전략에도 많은 노력을 기울이고 있다.

4) 생산방식

하이퀄리티의 상품력 대비 합리적인 가격대, 솔직한 가격대를 제시한다. 연간 3천종에 달하는 다양한 상품을 중 가격대로 제시해 소비자들의 접근도를 높이고 제품의 가치를 소비자에게 합리적으로 이해시키고 있다. 특히 원단을 미리 확보해두었다가 리오더 상품에 대하여 중국 생산을 지양하고 국내에서 빠른 리피트 생산으로 신속히 진행해 판매시기를 놓치지 않고 있고 판매 극대화를 집중하여 재고량 소진이 매우 높으며, 현재 기획 물량 일부를 제외하고 전 물량을 국내에서 생산, 신속한 생산 시스템을 구축하고 있다.

5) 광고전략

현재 30~40대에 크게 어필할 수 있는 연기자 '조민기'씨가 전속 모델로 활동하고 있다. 소비자의 인지도를 높일 수 있는 CF홍보 및 다수의 유명 연예인들에게 꾸준한 협찬을 지원하며 지속적으로 브랜드의 가치를 높이고 급변하는 소비자의 구매 패턴의 변화에 신속하게 대처해 나가고 있다. 최근에는 남성 캐주얼 단일 브랜드로는 유래 없는 초유의 프로젝트를 진행하였다.('05. 8. 5) 이 행사는 크로커다일의 패션쇼와 함께 브랜드를 한 눈에 살펴 볼 수 있는 이색적인 전시 행사가 동시에 진행되었다.

6) 사회 환원 활동

2005년 한국사회공헌대상에서 북한지원 부문에서 수상했다. 북한동포에게 남성복 크로커다일 2억 5천만 원, 여성복 프레드릭까스떼 2억 5천만 원 상당의 의류를 전달했다. 또한 지난 동남아 해일 피해지역에 2만 달러의 구호기금을 유니세프를 통해 기부했으며 결식아동 돕기, 적십자 헌혈 지원, 불우이웃 등 꾸준히 사회 환원 활동을 시도하고 있다. 좋은 기업, 믿음을 줄 수 있는 기업으로 대외적으로도 기업을 알리는데 꾸준히 노력하고 있다.

(3) 크로커다일의 향후전망

현재 가맹점 개설에 대한 많은 문의가 폭주하고 있다. 적정한 가격에 좋은 입지 조건으로 매출 증대에 기여할 수 있는 매장개설이 중요하다. 눈 앞의 이익보다는 명분을 내세우는 것에 중점을 두고 순이익의 60%만 회사의 이익이고 나머지 40%는 가맹점들에게 배분해야하는 배당금의 몫이라는 것이 본사의 생각이다.

한사람의 점주가 10명의 소비자를 끌어들이는 만큼 대리점이 우선 많은 이익을 창출하도록 본사가 지원을 아끼지 않아야 하며, 원활한 인간관계 유지뿐만 아니라 직접 상권 제안까지 함으로서 대리점주에 대한 배려를 아끼지 않고 있다. 올 하반기 비효율적인 매장은 선불리 철수하지 않고 재정비를 통한 효율성 높이기에 주력하며, 새로운 상권의 유통 지역물색 등 전국 대리점의 재정비가 올해 마지막으로 해야 할 숙제라고 인지하고 있다. 지방 상권까지도 높은 매출을 보이고 있지만, 서울 근교 14개 구역의 새로운 상권 확보에 주력할 예정이다. 또한, 크로커다일의 단계적인 리뉴얼은 눈에 띄게 빠른 속도를 보여주고 있다.

올해 유통환경 개선의 일환으로 매장 사이즈를 기존 15~18평이던 것을 가장 효율적이고 이상적인 20~25평으로 넓히고 VMD와 인테리어에서 브랜드 아이덴티티를 강조하는 리뉴얼은 올 한해 최대 수확 중 하나로 꼽힌다.

내년에는 정상매장과 상설매장을 분리해 각각 독립되고 전문화된 유통전개를 통해 영업적 특성을 적극적으로 살려 상품력 향상에 이어 유통망 개선으로 수익 극대화를 창출해 낸다는 복안이다. 더 나아가 '최고 품질력의 상품, 합리적 가격대'를 차별화 전략으로 경쟁력을 삼고 중가 남성 토털 패션으로 전개해 성공모델을 제시함은 물론, 남성복 외에 아동복 크로커키즈와 싱가포르 크로커다일 인터네셔널의 골프웨어 카텔로의 한국 전용 판권도 소유하고 있다. 프랑스 라이선스 브랜드 프레드릭까스떼를 런칭하며 토털패션기업으로의 발걸음도 옮겼다. 이미 여성복의 신규 런칭을 계획을 세웠으며, 더 이상의 볼륨화 보다는 브랜드 업그레이드를 추진한다. 어느 정도의 단계에 이른 기존의 수요층을 유지하고, 새로운 수요층의 발굴, 이는 크로커다일이 인터네셔널 기업으로 나아가는 성공의 열쇠를 쥐고 있는 핵심 요소가 될 듯하다.

3 미니골드

(1) 개요

자기중심적이고 개성을 중시하는 신세대들을 대상으로 하는 패션관련 사업이 활기를 띠고 있다. 패션 쥬얼리 상품도 유행에 민감하면서 실용적인 소비경향을 보이고 있는 신세대 여성층의 인기를 배경으로 각광을 받고 있는 중이다. 자신의 개성을 효율적으로 표현하기 위해 다양한 패션용품을 활용하는 여성이 늘어나고 있기 때문이다. 패션쥬얼리 전문점은 14K, 18K 금제품을 중심으로 다양한 패션 귀금속을 판매하는 소매점이다.

이 분야의 대표적인 업체의 하나인 미니골드는 자체 생산시설과 디자인 능력을 갖추고 혼수개념의 전통 금시장이 14K 금제품 중심으로 전환되고 있는 시장흐름을 주도하고 있는 선도업체로 알려져 있다. 미니골드에서 취급하는 제품은 반지, 귀걸이, 팔찌, 목걸이, 발찌, 메달 등 1000여 가지에 이른다. 제품가격은 목걸이의 경우 5만원에서 15만원, 반지는 4만원에서 9만원, 귀걸이는 만원에서 7만 원대로 다양하며, 가장 많이 팔리는 커플링은 10만원에서 19만 원 정도 한다. 중간상인을 거치지 않고 제품을 공장에서 직접 공급받기 때문에 기존의 보석 전문점보다 25~30% 정도 저렴한 가격에 판매하고 있다. 지난 1996년 1월에 설립된 이 회사는 6월에 곧바로 가맹 사업을 시작해 1백여 명의 직원이 근무하는 중견 프랜차이즈 업체로 성장했다. 그 공로를 인정받아 2001년 12월에 '제6회 한국유통대상 프랜차이즈 부문금상'을 수상하기도 했다.

미니골드는 유행을 창출하는 상품개발에 집중적인 투자를 하고 있으며 '체스', '이볼', '도깨비' 등 특화된 디자인을 선보여 호응을 얻고 있기도 하다. 요 몇 년 사이 국내 귀금속시장은 과거의 한정되고 정체된 시장에서 점차 유통혁신을 통한 새로운 형태로 발전하기 시작했다. 흔히 금 · 은방으로 불리는 귀금속 전문점, 고급 SHOP 형태 위주에서 독자적인 브랜드를 표방하는 업체들이 생겨나게 됨에 따라 순금, 다이아몬드 등 고가 제품보다는 14K.18K의 합금과 합성석을 이용한 중저가 제품이 급부상하고 있는 것. 이에 따라 보석류가 말 그대로 하나의 패션 상품으로서 양성화가 가속화되고 있다.

지난 96년 서울 신림동에 1호점을 시작으로 출발한 미니골드는 현재 140여 개의 직영점과 가맹점을 확보했으며 2002년 매출 약 500억 원을 기록할 정도로 명실상부 국내 최고의 패션 쥬얼리 전문업체로 자리 잡았다. 이처럼 미니골드가 국내 귀금속 시장변화를 주도할 수 있는 배경에는 업계 최초 ERP(전사적 자원관리) 도입을 통한 서비스의 선진화를 추구해 왔기 때문이다. ERP 완성에 이은 내실경영은 회사를 안정화로 이끌었고 철저한 고객의 요구를 분석하여 소비자들의 심리를 적극 파악, 적절한 마케팅 전략을 펼쳐온 것이다. 미니골드는 재산적 가치에서 일반 소비재로 금에 대한 가치관이 변하면서 수요 연령층이 낮아지고 소비의 양극화 현상으로 고급 쥬얼리 고객과 저가 패션 쥬얼리 고객으로 나누어지는 현상에 주목, 패션 쥬얼리 시장을 적극 공략하였다.

이처럼 국내에서 확고부동한 인지도와 브랜드 가치를 인정받으면서 지난 98년 '아시아 YOUNG브랜드 마케팅 대상', '2001 한국유통대상 프랜차이즈 부문 금상'을 수상한 바 있으며 특히 2003년 '대한민국마케팅대상 전사부문 우수상 수상' 함으로써 국내 귀금속 유통시장의 변화를 주도한 데 대한 공로를 인정을 받았다.

1) 국내 가맹점 현황

지역	서울·인천	경기도	경상도	충청도	전라도	부산·울산	강원도	제주도	총 계
매장수	53	30	17	17	6	4	7	1	135

2) 점포 개설 조건

가. 가맹 대리점: 가맹점주가 100%출자하여 가맹하는 형태

점포 비용	가맹 점주 준비	
초도제품 대금	상권 규모에 따라 상이	
거래 보증금	문 의	가맹 해지 시 반환
인테리어 비용	점포 사정에 따라 상이	전면 간판, 가구 포함
소품 비용	인테리어 도면에 따라 상이	
기타 비용	에어컨, 오디오, 전화, 팩스	점주 준비

나. 본사 합자 가맹점: 창업비용을 본사에서 저리로 융자 하며, 공동 명의로 영업하면서, 융자 상환 시 가맹 대리점으로 전환하실 수 있는 가맹 형태

거래 보증금	1천만 원	가맹 해지 시 반환
초도제품 대금	본사/가맹점 합자 투자	전체 투자 금액에 따라 변동
점포 비용		
인테리어 비용		
소품 비용	인테리어 도면에 따라 상이	
기타 비용	에어컨, 오디오, 전화, 팩스	점주 준비

다. 위수탁 가맹점 : 본사 소유의 점포를 가맹점주가 운영하는 형태

거래 보증금	문의	가맹 해지 시 반환
초도제품 대금	상권 규모에 따라 상이	
점포 비용	없음	
인테리어 비용	점포 사정에 따라 리모델링 요망	전면 간판, 가구 포함
소품 비용	인테리어 도면에 따라 상이함	
기타 비용	에어컨, 오디오, 전화, 팩스	점주 준비

3) 수 익 성

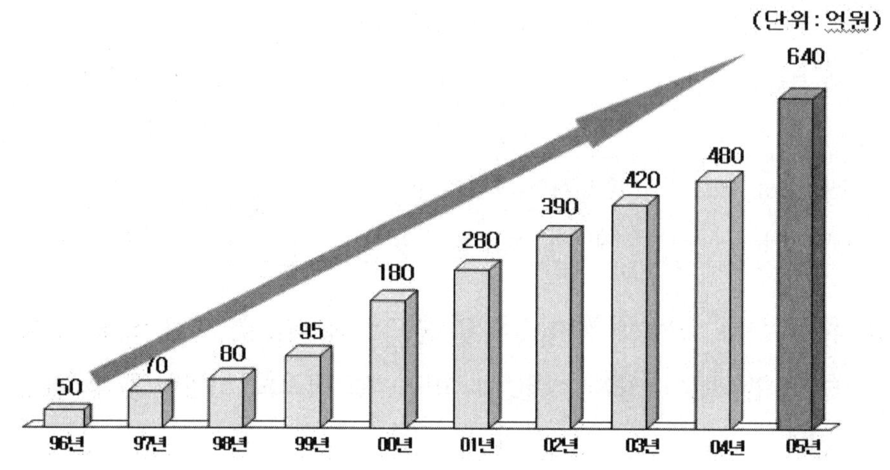

출처 : www.minigold.co.kr

(2) 미니골드의 장점

1) 고객관리

선물용으로 구매를 하는 고객을 많이 확보하는 것이 관건이다. 이를 위해서는 고객카드를 작성하게 하고 다양한 사은품을 증정하는 것도 고려해 볼 만하다. 그리고 각종 기념일을 이용해서 이벤트를 개최하거나 수시로 기획상품을 만들어 이벤트 판매를 할 필요가 있다. 이를 통해서 고객의 관심을 이끌어내고 단골로 만드는 계기를 마련할 수 있는 것이다. 이처럼 패션 쥬얼리 전문점이 혼수개념의 전통적인 금시장의 전반적인 부진 속에서도 약진을 거듭하고 있는 것은 경제적인 비용으로 자신의 개성을 표출하고자 하는 신세대들의 욕구에 부응했기 때문이다. 이 업종은 신세대들의 감각에 맞는 세련된 디자인과 저렴한 가격으로 승부하고 있어 수익성과 안정성을 동시에 확보하는 유망 창업 아이템으로 자리 잡을 것으로 전망된다.

2) 대중매체를 통한 마케팅

귀금속 수요 연령층이 낮아지고 패션화되는 귀금속 시장 공략을 위해 스타마케팅, 영화마케팅, PPL, 인터넷 등 대중들의 관심을 모을 수 있는 최고의 마케팅 전략을 펼쳐 확고한 기반을 구축해왔다. 실제로 미니골드는 업계 최초로 연예인을 이용한 스타마케팅을 통해 확고한 인지도를 확보했다. 지난 96년 선풍적인 인기를 모았던 이승연 목걸이(오메가체인)가 바로 그것. 현재 전속모델은 10대부터 30대까지 모든 세대들이 좋아하는 톱스타 김희선, 장동건이다. 작년에 이어 선풍적인 인기를 끌고 있는 영화 '반지의 제왕'에 나오는 '절대반지'의 라이선스를 획득, 출시하는 등 영화마케팅을 꾸준하게 전개, 브랜드 가치를 극대화하는 데 주력해왔다. 이처럼 브랜드 가치를 높이기 위해 미니골드가 다양한 마케팅, 프로모션을 전개한 것은 사실이지만, 국내 최고의 패션 쥬얼리 전문업체가 될 수 있었던 가장 근본적인 배경은 따로 있다. 바로 뛰어난 디자인과 세공기술이다.

3) 차별화된 디자인과 제품 개발

사실 브랜드를 알리는 것보다 브랜드 가치를 유지하고 발전시키는 것이 더 어렵다. 이에 미니골드는 항상변화에 발맞추어 상품과 디자인의 차별화를 추구하고 있다. 국내 패션 쥬얼리 업계 최초로 첨단 레이져 각인 시스템, 함량측정시스템 도입은 물론 균일하고 우수한 제품생산을 위해 디자인과 보석세공에 있어 세계 최고 수준인 이태리의 첨단 기계설비를 도입하는 등 차별화된 디자인과 제품개발에 주력하고 있다. 현재 미니골드가 개발한 자체 브랜드는 '체스', '도깨비', '이블', '스워드', '투트' 모두 5종. 이밖에 디즈니 라이선스, 절대반지 라이선스, 워크래프트3 캐릭터 라이선스 획득 국내 시판 중이며, 지난 3월부터 국내 최초로 순수 보라색 금인 '퍼플골드'를 출시하였고 올 초부터는 SDP(Simple Diamond Pendant)와 공동프로모션을 진행하는 등 패션 쥬얼리 시장의 활성화에 앞장서고 있다.

4) 개별적 CRM

미니골드는 찾아오는 고객만을 상대로 해왔던 기존 귀금속시장의 관행을 과감하게 탈피, 고객 관리측면에서 접근하여 쥬얼리 포털사이트를 표방한 미니골드 홈페이지 구축과 1:1 고객관리를 위한 CRM(Customer Relationship Management)시스템을 구축하여 현재 마일리지카드를 시행하는 오프라인과 온라인 마케팅을 동시에 전개하고 있다. 현재 홈페이지는 하루 평균방문자 수가 10,000명 이상일 정도로 인기를 모으고 있는 것은 물론 마일리지카드의 경우 이미 50만 명이 회원으로 가입한 상태이다. 이에 미니골드는 홈페이지를 기반으로 한 e-CRM을 구축하여 전 고객의 미니골드 매니아로 변환시키는 전략을 수립, 추진 중이다. 여기에 미니골드 고객의 라이프 스타일을 파악, 타 대형 사이트와의 전략적 제휴에 따른 새로운 비즈니스모델 및 수익모델로 개발을 적극 추진할 계획이다.

(3) 향후 전략

150여 개 체인점을 거느린 '미니골드'는 대리점 관리가 철저하기로 유명하다. 점포당 상품 3000가지가 진열되지만 본사가 지역 특성에 맞게 상품군을 공급한다. 전산시스템이 잘 구축되어 있어 연령대별로 상품군에 따라 판매된 결과를 한눈 에 실시간으로 검색할 수 있어 점포에 따른 고객 특성을 파악할 수 있기 때문 이다. 경영 초보자나 테크닉이 부족한 가맹점주를 위해 4년 전 가맹점주와 점원들만 볼 수 있는 그룹웨어도 만들었다.

지방 가맹점주들도 본사와 네트워크 대화창이 마련돼 있어 건의사항이나 교육 프로그램 등에 참여할 수 있을 뿐 아니라 선배에게 매장관리, 고객 응대 등 전 반적인 사항을 컨설팅 받을 수 있도록 했다. 또 올 하반기부터 가맹점주에 따라 차별화하는 우대정책을 시행하고 있다. VIP 골드 실버 등 4단계로 짜여져 단계에 맞는 특별 서비스를 받는 프로그램이 가맹점주를 대상으로 가동된다. 또 종업원 관리를 위해 '쥬얼리 아카데미 하우스'와 협약을 맺고 우수한 전문 코디네이터를 미니골드로 유입할 계획이다. 공신력있는 자격증을 소유한 전문 인력을 점장이나 코디네이터가 필요한 매장에 긴급 투입시킬 수 있도록 하기 위함이다.

미니골드의 노희옥 회장은 아직 본인의 꿈은 멀었다고 한다. 그는 2008년까지 중국에 500여 개 프랜차이즈 진출 계획을 추진하고 있다. 미니골드 브랜드는 국내 150여 개 프랜차이즈 경영 외에 전 세계 100여 개국에 수출하고 있다. "미니골드는, 뭐가 달라도 달라요. 그게 차별화고 상품의 힘입니다. 고객 신뢰도 다 거기서 쌓여요!" 노회장은 더욱 건강하고 의욕적이다. 하루 두 갑 피우던 담배를 딱 끊은 데다, 한국능률협회컨설팅이 선정한 '2003 산업별 브랜드 파워' 패션 쥬얼리 1위를 차지했기 때문일까. 패스트푸드점 롯데리아, 커피전문점 스타벅스, 편의점 GS25, 피자전문점 피자헛 등이 각 부문 1위에 올랐다. 노회장의 자신감은 "미니골드의 경쟁력요? '금속에 대한 조예, 쥬얼리의 정통성, 자본력' 세 가지"라는 한 마디 말에 묻어난다. "5월 1일, 비상(非常) 경영 체제로 들어가 '비상(飛翔) 2003'을 선포했어요. 'BCS (Basic. 기본에 충실. Change. 관리마인드 변화. Satisfaction. 고객만족 통한 매출 극대화) 운동'으로 비용을 절감하고, 그 내부의 힘을 대리점 홍보에 쏟을 참 입니다. 5월 8일, 어버이날에도 전 직원이 팀을 짜

가맹점을 돌며 노력 봉사했습니다." 노희옥 회장은 쥬얼리 사업의 핵으로 '상품의 차별화'를 꼽는다. 전체 제품의 50%가 매출에 직접 영향을 주는 주력 상품, 나머지 50%가 기본 구색 상품인데, 경쟁력은 주력 상품에 의해 결정되기 때문에, 주력 상품의 자체 개발이 무엇보다 중요하다는 말. 그런 그가 가장 중시하는 가맹점 관리 포인트도 바로 '상품'이다.

본사 전문팀이 구성한 상품 컨셉을 흐트러뜨리는 가맹점은 즉시 간판을 내리고 폐점한다는 것을 계약서에 명시하고 공증했을 정도. 노회장은 "브랜드를 알리는 것은 누구나 할 수 있으나, 그 명성을 유지시킨다는 것이 무엇보다 어렵고 중요하다"면서, "시대 변화와 소비자 기호에 발맞춰 마케팅과 서비스는 물론, 특히 상품이 전문화된 브랜드만이 살아남을 수 있다"고 한다. 또 지난해부터 '아름다운 보석 만들기'란 캐치프레이즈를 내걸고 첫 프로그램으로 '사랑의 팔찌' 행사를 벌이고 있다. 미아 방지용 은팔찌 3만 개를 만들어 놓고 신청자가 각 매장에서 찾아가도록 하는 방식으로, 팔찌를 찾아가는 손님들이 자발적으로 심장병, 백혈병, 소아암 등과 투병중인 어린이 돕기 성금 운동에 동참토록 하는 것. 모아진 성금은 한국사회복지협의회 부설 새 생명 지원센터를 통해 만 15세 이하 저소득 어린이들의 치료비로 쓰인다. 미니골드는 앞으로 웨딩 쥬얼리 출시와 해외 진출에 무게를 더할 계획. 아울러 올 10월에는 '오직 당신만이 가지고 있는 쥬얼리'를 모토로 '클래식 미니골드'를, 내년에는 보다 젊고 발랄한 소비자를 위한 '미니골드 주니어' 브랜드를 런칭한다.

4 쪼끼쪼끼

(1) 개요

세계를 향하는 웰빙 생맥주, 프랜 차이즈 전문기업 (주)태창가족이 운영하는 쪼끼쪼끼는 일상에 지친 현대인들의 가족.이웃과 함께 주거지 근처에서 편안하게 한잔 하며 즐거운 시간을 보낼 수 있는 공간을 만들고 싶다는 바램으로 지난 1999년 탄생한 생맥주 전문점이다.

하루에 두 번 "비어 클리어"로 맥주관을 청소한다. 이는 맥주의 신선도를 유지시켜 고객들에게 보다 깨끗하고 신선한 생맥주의 맛을 그대로 전달하기 위한 것으로 에코젠으로 살균한 무균 이온수를 사용해 맥주관을 세척함으로써 본래의 생맥주 맛을 100% 유지시켜 주는 효과가 있다. 또한 저온 숙성 과정을 통해 생맥주를 숙성시키고 라거링 웨버를 통해 미생물의 활동을 억제하기 때문에 맥주 본래의 맛이 변질되는 것을 사전에 막을 수 있으며 일정한 온도로 48시간 숙성 보관하여 항상 동일한 맛과 향을 느낄 수 있도록 했다.

쪼끼쪼끼는 최근 고객들의 건강과 맛을 고려한 웰빙 생맥주를 개발해 여성고객과 가족고객들에게 많은 인기를 끌고 있다. 국내산 매실농축원액을 첨가한 그린 생맥주와 칡과 구기자, 대추, 감초 등의 한방원액을 함유한 흑한방 생맥주 그리고 복분자. 오미자 원액 11%가 함유된 복분자 생맥주 오미 생맥주는 건강을 생각하는 가족고객들을 위해 독자적으로 개발한 저알콜 기능성 생맥주이다. 또 여성 고객을 대상으로 개발한 헤이즐넛 향이 느껴지는 커피 생맥주와 함께 신개념 생맥주 "비타생"도 고객들에게 좋은 반응을 얻고 있다.

1) 국내 가맹점 현황

지역	서울·인천	경기도	경상도	충청도	전라도	부산·울산	강원도	제주도	총 계
매장수	219	205	6	18	6	5	11	0	470

2) 점포 개설 조건

주택, 아파트, 사무실주변 이면도로 및 다운타운 지역의 대로변(1층, 실평수 21평이상)

보증금, 초도상품비	별 도
인테리어 비용	평당 : 145만원정도 (내부전기, 천정, 바닥타일, 주방, 의탁자, 조명일체)
집기 비품비	각 체인점에서 직접 구매 혹은 본사대행 가능
총 소요비용	서울, 수도권 : 약 8,490만원, 지방 : 약 8,370만원

(3) 수 익 성

A급 매장, 월 매출 2,500만원, 순수익 800~1,000만원

B급 매장, 월 매출 2,000만원, 순수익 500~800만원

(2) 쪼끼쪼끼의 장점

1) 단골사업화

쪼끼쪼끼의 사업전략은 가족 중심의 지역 커뮤니티 구축을 통한 단골사업화이다. 온 가족이 모여 앉아 차를 마시듯 생맥주를 마시는 곳으로 규정하고 있다. 이러한 컨셉으로 입지는 물론 타겟 집단과 메뉴, 메뉴명과 가격대, 맥주잔 등 모든 부분을 주거지역에 맞게 차별화하고 있다. 이는 항상 남과는 달라야 한다는 생각을 갖고 '왜 우리제품은 경쟁제품보다 나은지, 또는 안 팔리는지?'를 자주 자문해 봄으로써 문제의 실마리를 찾아내려고 하는 것이다. 그 다음은 공격적인 실행이다. 생각만 하고 말로만 하는 것은 누구나 할 수 있다. 그러나 그것을 실행하기란 쉽지 않은 것이다. 새로운 아이디어를 구체화 시켜서 실행하는 것은 경쟁우위의 원천을 마련할 수 있는 좋은 기회가 된다.

2) 맛의 차별화

시원하고 뛰어난 맥주 맛이 기본적인 성공의 바탕이 되었다. 쪼끼쪼끼는 '비어 클리너'로 하루 두 번 자동 세척한 맥주관(생맥주는 맥주통에서 맥주를 따르는 곳까지 5m 이상 연결된 관의 청결 상태에 따라 그 신선도가 유지된다. 맥주는 단백질이 많아 이 관을 자주 닦아내지 않으면 단백질이 관에 쌓여 신선도가 떨어짐은 물론, 심할 경우 설사와 복통을 유발한다)을 통해 받은 신선한 생맥주를 영하 20℃에서 꽁꽁 얼린 맥주잔에 담아 생맥주 원맛을 그대로 살려냄으로써 런칭 초기부터 맥주 애호가들의 입소문을 탔다. 그리고 기존의 생맥주 외에도 다양한 기능성 맥주를 새로 개발했다. 이름하여 '서기생맥주'는 술을 잘 못 마시는 사람과 여성 고객을 위해 쪼끼쪼끼가 독자 개발한 저알콜 기능성 맥주로, 생맥주 원맛을 그대로 유지하면서 색다른 맛을 동시에 즐기는 신개념 맥주다. 국내산 매실 농축 원액을 첨가한 '그린생맥주'는 위와 장에 부담이 없다. 오미자 원액 11%를 넣은 '오미생맥주'는 단맛, 신맛, 쓴맛, 짠맛, 매운맛이 절묘하다. 칡·구기자·대추·감초 등의 한방 원액을 함유한 '흑한방생맥주'는 간 해독과 숙취에 좋다. 대추와 감초로 쓴맛을 없앴다. 헤이즐넛 원액을 사용한 '커피생맥주'는 입 안 가득 커피 향이 그만이다. 남자들 정력에 좋다는 '복분자생맥주'를 곧 선보일 예정이다. 이렇게 쪼끼쪼끼는 신개념 메뉴를 개발하여 고객에게 선택의 폭을 넓혀주었다.

특히 자연 원액의 추출물을 농축상태로 생맥주에 접목하여 신개념의 자연 친화적인 웰빙 맥주를 업계 최초로 도입하기도 했다.

3) 입소문을 통한 마케팅

쪼끼쪼끼는 가맹점마다 다운타운에서나 가능한 하루 5만통(2만cc들이)라는 경이적인 판매량과 맛으로 손님과 가맹점주가 또 다른 가맹점을 소개하고 유치하는 효과를 가져와 단기간에 많은 가맹점을 확보할 수 있었다. 모집 광고를 통한 가맹점망 확충이 아닌 '가맹점 매출을 증대함으로써 가맹점들 스스로 세포분열 하도록 만든다.'는 전략인 것이다.

4) 입지전략

주거지와 가까운 편안한 곳에 휴식공간을 제공하기 위해 아파트 단지와 주택가를 중심으로 입지를 차별화했다는 점이다. 첫 번째는 직장근처 유흥가에서 주거기 근처 중소형주점으로 술 장소를 이동한다. 둘째는 점포의 소형화이다. 기존 메이저 맥주 브랜드를 앞세운 체인과 달리 대형화를 마다하고 최소 기준 25평 정도의 "서민 사랑방"을 만들었다. 셋째는 1층에만 출점하는 전략이다. 환풍이 잘 되고, 가족 모두가 쉽게 접근할 수 있게 하기 위해 1층만을 고집한다. 음습한 느낌의 지하매장은 쪼끼쪼끼가 추구하는 가족문화에 반하는 구태연한 음주문화가 되풀이 될 우려가 있기 때문이며, 2층 이상 매장은 가족 손님이 드나들기에 다소 불편할 뿐더러 탁 트인 공간에서 가족들이 모여 생맥주를 즐기는 공간을 만들려는 취지에서 철저하게 1층점포 만을 개설한 것이다.

5) 효과적인 인테리어

쪼끼쪼끼는 맥주집의 인테리어 차별화를 시도했다. 커피숍의 분위가가 나는 인테리어와 가족이 한 자리에 모일 수 있는 밝고 가벼운 분위기 연출한다. 어설픈 특화보다는 일상적인 편안함을 추구했다. 그리고 테이블을 없애고 주방을 보이게 하여 신뢰도를 제고했다. 칸막이를 없애고 밝은 색과 초가집 곡선으로 처리한 실내 인테리어는 즐기는 주류문화를 형성하는데 일조를 했다.

(3) 향후 전망

쪼끼쪼끼는 2004년부터 추진해온 'TCF 1004' 프로젝트 확립을 목표로 가맹점 확대에 힘쓸 전망이다. 가맹점을 늘리기 보다는 관리하고 유지하는 것에 중점을 두고 슈퍼바이저(가맹점 지원담당자)의 철저한 교육 및 관리를 통해 각 가맹점 매출 과 관리에 대한 경영진단을 정기적으로 하여 소비자에게 최고의 제품과 서비스를 제공한다는 취지아래 체계적인 교육 프로그램을 실시하고 있다. 그리고 시시각각 변하는 소비자들의 외식문화 트렌드를 고려해 브랜드별로 연 3회 신 메뉴 발표를 갖고 있다.

또한 가맹점 매출촉진 전략의 일환으로 연 3백개 이상 가맹점을 대상으로 식자재 30% 할인행사 등 연 2회 대고객 감사이벤트 행사를 지원하고 있으며 매달 우수가맹점을 선정해 무상으로 제품을 지원하는 등의 이벤트 행사도 열고 있다. 그리고 본사에서 제공하는 생맥주원료 정품을 쓰는 업소와 시중에서 유통하는 유사재료를 사용하는 가맹점주를 철저하게 가려 특별 관리할 예정이다. 정품을 사용하는 업소에는 '이 가맹점은 정품만을 취급하는 곳입니다'라는 팻말을 세워놓아 찾아오는 고객들로 하여금 신뢰를 부여할 방침이다. 최근 중국 가맹점 1호를 계약한 데 이어 오는 11월 선전에 직영점을 개설하는 등 중국시장 진출에도 힘쓰고 있다. 이를 계기로 중국 남부지역에 '쪼끼쪼끼 바람'을 조성, 상하이 · 베이징 등 북쪽으로 사업 기반을 확산시킨다는 구상이다.

무엇보다 가장 눈에 띄는 부분은 수도권 중심으로 가맹점이 집중되어 있는 부분이다. 지방화의 확산 전략으로 수도권에서처럼 같은 성공을 거둔다면 쪼끼쪼끼의 향후 5년에서 10년간은 호프업계의 최강자로 군림하는데 있어 의심하는 사람은 아무도 없으리라 기대한다.

제 7 장

바이더웨이, 스타벅스, SK 텔레컴, LG 텔레컴

① Buy the Way

(1) 업체개요

1990년 설립된 '바이더웨이'는 국내독자기술로 개발된 순수 한국형 편의점으로서 독창적인 시스템 개발과 경영노하우를 축적하여 점주는 물론 소비자의 만족극대화를 추구하고 있다.

1991년 2월 1호점(신촌점)을 오픈한 이래 전국에 580여 개의 편의점 매장을 운영하고 있는 바이더웨이는 1997년 국내 편의점 업계의 어려운 상황에도 불구하고 첫 흑자를 달성한 이후 1998년에는 국내 편의점 업체 중 최고의 경영실적을 달성했으며, 1999년에는 능률협회 주관 우수 프렌차이즈 업체로 선정되는 영예를 누리기도 했다.

2000년 6월에는 KT&G로부터 260억 원의 자본을 유치, 재무구조를 더욱 건실하게 했으며, e-비즈니스 분야로의 사업영역 확대를 적극적으로 추진하고 있다.

바이더웨이는 2004년 860여개의 점포를 신규 오픈하며 총매출 3,639억원을 기록했고, 지난 6월 언양물류센터를 오픈하며 전국적인 네트워크 망을 구축하는 한편 예비창업주를 위한 가맹 설명회장 리모델링, KTF 멤버십 카드 할인 서비스 등을 실시하며 변신을 거듭했다.

'젊은 성인층이 가장 선호하는 편의점'을 추구하는 바이더웨이는 앞으로도 '친절/청결 모니터링 제도'와 '감성 마케팅' 으로 소비자의 손길을 이끄는 한편, 가맹점에 대한 본사의 지원과 젊은 성인층이 선호하는 다양한 상품 개발을 통한 차별화로 바이더웨이만의 경쟁력을 계속 유지해 나갈 예정이다.

바이더웨이는 알토란 같은 점포개발, 선호도 No.1 편의점, 젊은 고객의 증대, 성과 지향의 기업 문화 구축을 그 목표로 삼고 하나씩 달성해 나가고 있는 중이다.

(2) 업체정보

1) Company Identity

Buy the way란 친근함, 간편함, 편리함이라는 느낌을 전하기 위해 만들어진 이름으로 가장 가까운 장소에 고객을 멈추게 하여 소비자의 다양한 욕구를 만족시켜준다는 뜻을 담고 있으며 고객감동을 추구하는 기업목표를 나타낸다.

2) 회사연혁표

1990. 6. 동양그룹 계열사 주식회사 동양마트 법인 설립
1991. 2. 성내동 물류센터 가동 / 신촌점(직영1호점) 오픈
8. 서강점 오픈(가맹1호점)
1992. 자본금 증자 58억원
1993. 3. 본사 및 물류센터 이전(영등포구 문래동)
1993. 7. 호남, 충청사무소 설치
11. 동양그룹 주력 업종 · 주력회사로 선정 자본금 증자 158억원
1994. 8. 춘천지역 진출(강원대 구내점외 5개점)
1997. 12. 편의점 업계 최초 흑자 달성
5. 자본금 증자 258억원
1998. 12. 편의점 업계 2년 연속 최다 흑자 달성
5. 한국능률협회 주관 우수 프랜차이즈 업체 선정
1999. 7. 담배인삼공사 전략적 제휴 - 자본금증자 458억원
2000. 11. 박용규 대표이사 취임
2. e-CVS net 공동설립 (buy the way, LG25, F/M) - 택배서비스 실시
2001. 3. 영남권 진출
2002. 4. 중부 물류센터 개소 / 오리온그룹 계열사로 분리

2003. 02. 수원, 일산 물류센타 가동
2003. 03. 패스트푸드 전용공장 가동
2003. 08. (주)바이더웨이 사명 변경
2004. 06. 언양물류센터 가동 / KTF 멤버쉽 카드 할인 서비스 시작
2004. 07. TNT 코리아와 제휴, 국제 특송 서비스 시작
2005. 09. 업계 최초 전자상거래 'On Best Buy!' 서비스 실시
2005. 12. 바이더웨이 1,000호점 돌파 / 업계 최초 카페형 편의점 개념 도입
2006. 04. DVD 대여 서비스 실시
2006. 12. 뉴질랜드 내츄럴 아이스크림 및 Terarosa 판매 사업제휴
2007. 03. (주)스테프 핫도그 전략사업 제휴
2008. 01. 업계 최초 '명품삼각김밥' 출시
2009. 06. 업계 최초, '복층 카페형 편의점' 오픈
2010. 01. 바이더웨이 1,500점 돌파

본사주소	서울시 영등포구 문래동 5가 9번지	대표전화	02-2671-1688
홈페이지	http://www.buytheway.co.kr/	대표이사	박 용 규
설 립 일	1990. 6.	가맹점수	860개 (2005. 1월 말 기준)

아직까지 국내 편의점 업계 5위 에 머물러 있지만 친절과 청결, 모니터링 제도, 점별 상품진열 조정작업, 20평형 위주의 표준점포 집중 오픈 등 여타 편의점 업체와 차별점이 많아 많은 경영성과가 있을 것으로 보인다.

바이더웨이 가맹점은 완전가맹(A-TYPE)과 위탁가맹(C-TYPE)으로 나뉜다.

아래 <표 1>은 각 타입별로 본 가맹내역서이다.

〈표 1〉 완전가맹점과 위탁가맹점의 창업비용내역

(단위 : 만원)

	완전가맹	위탁가맹
1.계약기간	5년	2년
2.점주투자 [점포] -임차료 -인테리어(120/평) [개점투자비] -예치금 -상품구입준비금	 전액 전액(50%지원) 없음 600	 본부 본부 일매출 × 31일 1,200

-시설집기보증금 -가맹보증금 -개점준비수수료 -교육 및 연수비 -소모품준비금 -잔돈준비금	200 200 200 200 50 50	200 200(가맹비) 200(양도) 200 50
총투자비용	점포보증금 + 1,500	예치금 + 2,050
3. 본부투자 -인테리어 -판매/전산장비/간판	 선별적 지원 본부	 본부 본부
4. 판매관리비 [점주] -임대료 -인건비 -수도광열비 -소모품비 -수선비 -통신비 [본부지원] -24시 영업장려금 -수도광열비 -원가성 소모품	 100% 100% 50% 100% 100% 100% 300 50% 30%	 본부 100% 50% 100% 100% 100% 최저 300~최대600 50%
이익금 배분 (매출총이익 기준)	점주 70% 본부 30%	점주 40% 본부 60%

〈표 2〉 완전가맹점/위탁가맹점의 수익구조

(단위 : 만원)

항목 / 구분	완전가맹		위탁가맹	
	150만/일매출	200만/일매출	100만/일매출	150만/일매출
월매출총액	4,560	6,080	3,040	4,560
매출이익률	30%	30%	30%	30%
매출총이익	1,368	1,824	912	1,368
점주배분액	957	1,276	380	538
영업장려금	30	30	30	30
판매관리비총액 -인건비	250 180	290 210	193 130	220 150

-수도광열비 -소모품비 -통신비	45 20 5	45 30 5	45 13 5	45 20 5
점주총수익 (임차료지급전)	737	1,018	217	372

(3) 사업전략

Buy the way는 점포 운영 최고의 경쟁력 확보를 위한 차별화, 미래 성장 역량의 확충을 사업 전략으로 삼고 있다.

대표적 차별화 전략으로 문화 마케팅을 들 수 있다. Buy the way를 통해 고객은 공연, 음악회, 뮤지컬 등을 접할 수 있는 기회를 갖게 된다. 지난 해 영화 '투모로우'의 개봉시기에 맞춰 Buy the way는 '투모로우 세트'라는 상품을 개발하였다. 이 상품을 구매하게 되면 저렴한 가격에 과자와 음료수 세트를 구매할 수 있을 뿐만 아니라 영화예매티켓 또한 얻을 수 있었다. 이 상품은 한 달 동안 5만 세트가 팔렸고 이를 통하여 5억 5천만원의 매출액을 올렸다. 그 밖에도 편의점 현장의 분위기를 내기 위해 본사 사무실의 인테리어도 빨강, 파랑, 노랑 등의 원색으로 꾸며 차별화의 의지를 더욱 엿볼 수 있다.

또한 Buy the way는 다른 CVS 프렌차이즈 기업들이 가맹점 숫자 늘리기에 급급할 때 서두르지 않고 앞으로의 성장 역량 확충을 위한 준비를 하나 둘 하였다. 그러는 사이 8년 연속 흑자를 내는 결과를 낳았고 가맹점 수도 꾸준히 늘릴 수 있었다. 최근에는 약 20억원의 개발비를 투입, 'NeoSC'라는 실시간 정보처리 시스템을 개발하여 올 1월부터 가동에 들어갔다.

이와 같이 다른 기업들이 규모적인 확장만을 시도할 때에 Buy the way는 철저한 차별화 전략과 미래 성장 역량의 확충을 통하여 한 걸음씩 내실과 외형성장을 동시에 이루어 내고 있다.

(4) 성공분석

1) 내실과 외형 성장의 동시 추구

앞에서 언급했듯이 Buy the way는 그동안 CVS 선두 사업자 그룹에 비하여 규모적인 성장에 전력을 다하지 않았다. 양적인 팽창을 하다 적자를 보는 것보다 기존의 가맹점들의 철저한 관리를 통하여 안으로 견고히 하는 것이 옳다는 판단을 하였다. 결과적으로 8년 연속의 흑자를 낼 수 있었으며 지난해 유통업 전체가 고전을 면치 못할 때에도 전년 대비 20% 이상 성장한 3980억 원의 매출액과 52억 원의 경상 이익을 오렸다. 그렇다고 양적인 확장을 완전히 포기한 것은 아니었다. 느리지만 꾸준한 확장을 시도하였다. Buy the way는 매달 20곳 이상의 점포 확장을 하지 않았다. 상권의 확실한 파악과 사전조사를 통해 확실히 이익을 창출할 수 있는 곳에만 가맹점을 열었고 이런 전략의 결과는 5%정도 수준의 폐점률(2004년 말 기준)로 나타났다. 이는 타 경쟁업체 대비 낮은 수준이고 가맹점의 확장은 적어도 살아남는 가맹점이 높다는 면에서 효율적인 경영방식이라 할 수 있다. 또한 느리지만 확실한 가맹점 확장 덕분에 올 해 안으로 1000개의 가맹점을 확보할 것으로 보인다.

2) 차별화 전략의 성공

타 업체에 비해 그 인지도와 가맹점 수의 열세에 있었던 Buy the way는 열세를 극복하기 위하여 차별화 전략을 구사하였다. Buy the way는 별도의 패스트푸드 전용 공장을 지었고 한국형패스트푸드 개발에 사활을 걸고 있다. 테이크아웃 덮밥, 캔디 김밥, 웰빙 샌드위치 등 경쟁업체와는 차별화된 패스트푸드를 매달 30여종 이상 개발하여 경쟁력을 높이고 있으며 이런 패스트푸드의 매출액은 분기별 30억 원 이상에 육박한다. 이외에도 주택가, 학원가 주변의 약 350개의 점포에는 어린이 전용 코너를 마련하여 캐릭터, 문구류, 아동도서들을 구비하고 있고 미래의 주 고객에 대한 마케팅에도 치중하고 있다. 그리고 젊은 여성을 타겟으로 태평양 미쟝센과 라네즈의 편의점용 소용량 패키지 상품을 개발하여 여성 뷰티존을 별도로 운영하고 있다. 또한 ATM기기를 이용한 현금 입출금 등의 금융서비스부터 스포츠 토토, 택배, 문화상품권 판매, 휴대폰 무인 충전 서비스까지 다양한 생활 서비스를 제공함으로 고객만족에 노력을 하고 있다.

3) 물류시스템의 구축

Buy the way는 자체적인 물류시스템을 구축하여 늘어나는 물류량의 관리와 신속한 배송을 가능하게 하였다. 최근에는 언양 물류센터를 오픈하였는데 이는 2700여 평의 물류기지로서 부산, 대구, 울산 등의 영남지역 내 150여개의 편의점에 상품을 공급할 수 있다. 이는 경인, 일산, 중부 물류센터에 이은 4호점으로 언양 물류센터의 개장으로 Buy the way는 전국적인 물류 네트워크망의 모습을 갖추었다. 또한 거래처 발주부터 수주마감, 차량의 운영 및 배송과 관련된 일체의 업무, 점포 반품회수 및 거래처 반품, 이와 관련된 전산시스템 업무, 센터 내 입고되는 모든 상품의 검수, 보관, 출하, 재고, 관리업무, 등을 아웃소싱하여 더욱 더 효율적인 물류 관리에 박차를 가하고 있다. 앞으로의 사업 확장을 고려한 자체 물류시스템의 구축과 물류의 효율적 관리를 위한 전략은 기업의 또 다른 도약에 있어 큰 효과를 발휘할 것으로 예상된다.

(5) 취약점

1) 가맹점수의 열세

올해 안으로 가맹점 수가 1000개를 돌파한다고 하여도 역시 경쟁업체에 비하여 수적 열세에 있다. 그리고 인지도 역시 경쟁업체에 비해 낮다고 할 수 있다. 이미 CVS는 전국에 걸쳐 포화 상태라 해도 과언이 아니다. 어느 순간부터는 점포의 확장이 불가능할 수도 있으므로 앞으로 수적 열세를 극복하리라는 보장이 없다. 이를 극복하기 위해서 더욱 확고한 차별화를 추구할 필요가 있고 독창적인 상품 개발과 더 나은 품질의 서비스를 제공하여야 할 것이다.

2) 저임금 일용직 직원의 서비스 의식 결여

편의점의 특성상 근무하고 있는 직원을 본사에서 일일이 다 관리하는 것이 불가능하다. 그렇다고 파트타이머가 아닌 정직원을 채용한다는 일도 그리 쉽지만은 않다. 이는 고객에 대한 점원의 불친절이라는 문제와 직결된다. 가맹점수가 아무리 많고 가맹점의 위치가 아무리 좋아도 고객이 그 점포의 서비스에 대한 불만을 갖는다면 자연스럽게 매출의 저하로 이어진다. Buy the way는 경쟁업체에 비해 적은 가맹점수와 낮은 인지도를 극복하기 위하여 정직원 및 파트타이머에 대한 서비스 교육을 철저히 할 필요가 있다.

3) 제공 서비스에 대한 홍보 부족

Buy the way가 제공하는 서비스는 여러 가지가 있다. 그러나 낮은 인지도만큼이나 부족한 홍보로 인하여 고객들에 대한 여러 서비스의 어필이 쉽지 않다. 현재 Buy the way는 KTF와의 제휴를 맺고 KTF 멤버십 카드를 갖고 있는 고객을 대상으로 15%의 할인을 적용하고 있다. 또한 온라인 마일리지 제도를 도입하여 특정량의 마일리지를 모은 회원에게 상품권으로 교환을 해주는 서비스와 공공요금 수납, 디지털 카메라 인화와 같은 서비스도 제공 중에 있다. 이런 서비스들에 대한 홍보를 적극적으로 펼쳐 매출 증대를 꾀할 필요가 있다.

(6) 향후전망

앞의 업체 정보에서 볼 수 있듯이 Buy the way의 가맹조건은 경쟁업체에 비해 유리하다 할 수 있다. 그리고 가맹점 수의 증가로 인한 인지도의 상승도 있었다. 이런 환경에서 편의점 사업을 하려고 하는 창업자들의 Buy the way 선택이 기대된다. 또한 Buy the way가 그간 내실을 확고히 하는 동안 규모 확장에 힘을 기울여 온 경쟁업체들이 후유증을 앓을 것으로 예상된다. 이런 틈을 타 Buy the way는 성장세의 박차를 가할 계획이다. 현재의 성장세를 잘 유지한다면 3~4년 후에는 1800개 이상의 점포와 매출액 1조원, 경상이익 500억 원 이상의 탄탄한 유통전문업체로의 성장이 가능할 것으로 기대된다.

② STARBUCKS

(1) 업체개요

스타벅스는 1971년 제럴드 볼드윈(Gerald Baldwin), 고든 보커(Gordon Bowker), 지브시글(Zev Siegl) 세 사람이 각자 1만 달러를 각출하여 미국의 시애틀에 세운 유럽식 커피전문 프랜차이즈 기업이다. 이 세 명의 동업자는 소설 모비빅에 나오는 커피를 사랑하는 일등항해사 스타벅(Starbuk)에서 스타벅스(Starbuks)를 생각해냈고, 원형의 로고 중심에 노르웨이 목판화에 나오는 상반신을 벗은 “싸이렌”이라는 인어를 그리고 그 주변에 “Starbuks Coffee, Tea and Spice”라는 카피를 넣었다. 초기에는 “커피숍”이 아닌 Bulk차나 Spices등 원재료만을 판매하던 이 커피점은 이후 계속된 성장을 거듭하였고, 1982년 현재의 회장겸 CEO인 하워드 슐츠(Howard Schultz)를 마케팅 부분 책임자로 영입하였다. 아메리칸 드림을 이룬 대표적인 인물인 슐츠는 1987년 380만 달러를 들여 스타벅스의 경영진을 모두 퇴진 시키고 자신이 최고경영자가 된다. 그리고 이때부터 스타벅스는 비약적으로 발전하게 되는데, 미국의 시애틀에서 출발한 커피전문점이 전 세계로 퍼져나가기 시작한 것이다. 1992년 기업을 공개한 스타벅스의 주식은 공개한지 5개월 만에 두 배로 뛰었고 1990년대 100만 달러도 되지 않던 순익이 1995년에는 2600만 달러 2002년에는 2억 1500만 달러, 2004년에는 3억 8180만 달러에 이르게 된다.

	매출액	순이익
2003	54,533,013,147	3,263,763,571
2002	43,653,530,425	1,527,991,658
2001	25,163,010,835	1,601,012,255
2000	8,632,085,548	323,920,274

※ 참조 : 주식회사 스타벅스 커피 코리아 감사보고서 내용출처 - 금융감독원 전자공시시스템

이러한 이익규모의 성장뿐 아니라 외형적으로도 스타벅스는 전 세계에 8000여 점포를 거느린 거대 기업으로 성장한다.

우리나라에도 1999년 7월 이화여대 앞 1호 매장을 시작으로 진출하여 현재 전국에 약 100여개의 매장이 성업 중이다. 매출은 첫해 6억 원에서 작년에는 680억을 기록해 5년 만에 약 11300%증가하였으며 2000년도부터 바로 순이익을 냈다. 이에 100호점 개점을 기념해 방한한 오린 스미스 스타벅스 본사 사장은 "한국은 전 세계 스타벅스 매장 중 가장 성과가 좋으며 세계 다른 매장에 모델이 된다." 말하였다.

(2) 성공요인

1) 하워드 슐츠 그는 강력한 리더이다.

하워드 슐츠, 그는 앞에서도 언급했던 것처럼 미국 아메리칸 드림의 살아있는 화신이다. 뉴욕 브루클린의 빈민가에서 보낸 그의 유년기는 그의 인생에서 가장 어두운 부분이었을 것이다.

하지만 그는28살에 "해마프라스트"라는 스웨덴 기업의 미국지사 부사장이자 총 매니저였고 연봉 7만5000달러를 받았으며 회사에서 제공하는 승용차 및 1년에 네 차례의 스웨덴 방문을 포함한 무한정의 여행권등을 제공받는 성공한 인생을 누리게 되었다.

이런 그의 삶을 송두리째 바꾼 것은 그의 호기심이었다. 그가 찾아간 소매점이 바로 스타벅스였던 것이었다. 창업자인 제럴드 볼드윈을 1년 동안 설득한 끝에 그는 스타벅스의 마케팅 부문 책임자가 된다. 하지만 경영진과의 마찰로 스타벅스를 떠난 하워드는 독자적인 사업을 하다가 2년 후인 1987년 스타벅스를 380만 달러에 매입하고 "스타벅스 코퍼레이션"으로 합병회사의 명칭을 정했다. 그리고 이것이 오늘날의 스타벅스가 된 것이다.

하워드는 스페셜 커피 시장의 잠재성을 인식하고 어느 누구도 강력한 리더로서 자리잡고 있지 못한 스페셜 커피 시장에서 전국적인 지명도를 갖는 1위 업체가 되는 경영전략을 세웠다.

사업 초기 그는 스타벅스를 단순한 소비재로서의 커피가 아니라 특별한 질과 서비스와 만남의 공간을 제공하는 브랜드화 된 커피 서비스를 제공하는 커피전문점으로 만들고자 했고 이러한 전략은 적중하여 스타벅스는 10년 만에 1300개 이상의 매장을 가진 전국적인 기업으로 성장하게 된다. 하지만 변화를 두려워하지 않았던 그는 지금까지 성과에 만족하지 않고 더 넓고 치열한 경쟁시장인 해외시장을 개척하게 된다. 하워드의 이러한 열정은 지금도 계속되고 있고 이는 스타벅스가 계속해서 성장할 수 있는 원동력이 되고 있다.

2) 종업원이 아닌 동업자

스타벅스에서는 직원들을 종업원이 아닌 "동업자"로 부른다. 이는 인적 서비스가 가미되는 스타벅스의 경우 커피 문화를 제대로 전달해주는 종업원이 서비스 사업에 있어서 중요한 존재이기 때문이다. 이와 같이 종업원에게 각별한 의미를 두는 스타벅스는 미국 상장사로는 유일하게 시간제 직원들을 포함한 직원 모두에게 "Beans Stock"이라는 스톡옵션과 의료보험 혜택을 제공하고 있다. 이와 같이 파격적인 대우는 스타벅스 직원들에게 일에 대해 높은 자부심과 열정을 가질 수 있는 동기 부여를 제공해 주고 있다.

그리고 비교적 이직률이 높은 파트타임 종업원의 경우에도 스타벅스사의 이직률은 업계평균의 절반수준에도 못 미치고 있어 비용 절감뿐 아니라 고객들과의 유대관계를 강화해 주는 원동력이 되고 있다. 다시 말해 스타벅스의 성공신화는 그저 고객에게 커피를 서빙하는 사업만이 아니라 커피를 서비스하는 사람에 투자를 함으로써 더욱 더 빛을 발했다고 볼 수 있다.

그리고 이러한 노력들은 스타벅스가 미국의 경제전문지 포춘지 선정 "100대 최고의 직장"으로 선정된 것과 같은 결과를 이끌어냈다.

얼마 전 신문기사에 미국의 스타벅스 매장에 강도가 들어 종업원이 사망하는 사고가 일어났다는 기사가 난적이 있다. 이에 최고 경영자인 하워드는 바로 비행기를 타고 그 매장으로 달려가 매장에 머물며 사망한 가족의 유가족을 위로하며 앞으로 그 매장에서 나오는 수익의 전부를 유가족의 복지후생에 쓰도록 하겠다고 하였다. 이는 스타벅스가 최고경영자에서 일선에서 일하는 종업원까지 얼마나 강한 유대관계를 유지하고 있는 좋은 예라 하겠다. 최고경영자는 사건이 일어난 그 당일 날 바로 그곳으로 달려갔다. 다음날도 다 다음날도 아닌 바로 그날 밤에 말이다. 물론 이일을 계기로 종업원들이 더욱 더 주인의식을 갖게 되었다는 것은 어렵지 않게 추측할 수 있다.

스타벅스 종업원의 주인의식을 확인해 보고 싶다면 지금 바로 근처에 있는 스타벅스 매장을 찾아가 "오늘은 기분이 우울한데 무엇을 먹는 것이 좋을까요?"하고 물어보아라.

아마도 스타벅스 매장의 바리스타가 당신이 찾는 커피를 친절하게 찾아줄 것이다.

3) 새로 쓴 마케팅의 역사

하워드 슐츠의 자서전 "커피 한 잔의 성공신화"를 보면 다음과 같은 구절이 나온다.

"스타벅스가 세계적인 브랜드로 성장한 후 뒤돌아 보건대 나는 어떤 마케팅 서적에도 있지 않은 독특한 방법으로 브랜드를 만들었다는 사실을 깨달았다"

가. 입소문 마케팅

다들 알다시피 스타벅스는 방송 신문광고를 일체 하지 않는다. 대부분의 대기업들이 새로운 시장에 진입하거나 혹은 새로운 상품이 나왔을 때 언론매체를 통한 대대적인 홍보를 하는 것과는 사뭇 대조적이다. 대신에 스타벅스는 입소문 마케팅을 사용했다. 최상의 서비스와 최고품질의 커피를 제공하면 고객들이 알아서 소문을 내주는 것이었다.

현대사회는 넘쳐나는 광고의 시대이다. 이는 광고가 더 이상 제품구매의 결정적인 사유가 될 수 없다는 의미이다. 어떤 조사에 의하면 제품을 구매할 때 의사결정에 있어서 주변사람들의 평가에 의지하는 비율이 광고에 의지하는 비율보다 더 높게 나왔다고 한다.

이러한 결과를 놓고 봤을 때 입소문 마케팅의 위력을 알 수 있을 것이며 이를 가장 잘 활용한 사례가 바로 스타벅스라고 할 수 있다.

나. 감성 마케팅

스타벅스 매장에 들어서면 클래식 음악소리와 절묘한 조화를 이루는 에스프레소 기계의 커피 가는 소리, 매장을 가득 채우는 풍부한 커피 향, 입안을 가득 채우는 깊은 커피 맛, 옹기종기 모여 있는 사람들이 대화하는 가운데 느껴지는 편안함을 모두 만끽한다.

이런 감성적 자극이 모여 스타벅스 브랜드를 형성하고 소비자들이 스타벅스를 생활의 일부분으로 느끼게 만든다는 것이다. 스타벅스는 이제 단순한 커피브랜드 차원을 넘어 커피 이상으로 정서적 일체감을 주는 문화적 상징으로 성장했다. (매일경제 2004년 03월24일)

다. 문화 마케팅

영화 "I am Sam"을 보면 지적장애로 7살짜리 아이의 지능을 가진 주인공 샘이 일하는 곳이 바로 스타벅스이다. 아버지와 딸의 감동적인 내용을 주제로 한 이 영화를 스타벅스가 전략적으로 지원했다는 것은 이미 알려진 사실이다. 스타벅스는 이 영화를 적극적으

로 마케팅에 활용했는데, 영화 개봉 전에 모든 매장에 포스터, 배너들을 게시함은 물론 1만장이상의 시사회 티켓을 고객들에게 제공했으며 개봉 후에는 이 영화를 본 티켓을 지참한 고객들에게 특별히 시럽을 무료로 넣어주는 행사 등을 지원했다.

물론 영화를 자사 홍보의 도구로 사용한 예는 우리 주변에 셀 수없이 많다. 캐스터웨이의 주인공 톰행크스는 페덱스의 직원이었으며, 매트릭스의 키아누 리브스는 소니 텔레비전을 보며 삼성핸드폰을 썼다. 하지만 이 영화들과 “아이엠셈”의 궁극적인 차이점은 감성적인 측면이라 하겠다. “아이엠셈”이라는 영화를 통해 스타벅스는 장애인을 고용한다는(주인공은 지적장애자) 긍정적인 이미지를 심어주었을 뿐 아니라 영화가 주는 감동을 스타벅스의 포근한 이미지와 결부 시키면서 기업의 이미지를 한층 끌어올렸다고 할 수 있다.

라. 토착화 마케팅

스타벅스 매장에는 200여명의 디자이너가 일하고 있고 이들은 전 세계 스타벅스의 인테리어, 좌석 배치 등 세심한 부분까지 신경 써서 디자인한다. 하지만 스타벅스는 일률적인 디자인만을 고집하는 것이 아니라 그 나라에 맞는 그리고 그 나라 사람들이 원하는 디자인을 한다. 이것이 바로 토착화 마케팅의 시작인 것이다.

가장 좋은 예로 스타벅스 코리아의 예를 들 수 있을 것이다. 전 세계에 진출한 스타벅스에서도 성공적으로 정착된 사례로 들고 있는 스타벅스 코리아의 토착화 마케팅은 전 세계 스타벅스 매장 중 가장 큰 명동점, 그리고 스타벅스 매장 중 유일하게 영어로 된 간판이 아닌 한글로 쓰여진 간판을 걸고 있는 인사동점만 보더라도 알 수 있다. 보통 스타벅스의 미국 매점은 30평 남짓인데 반해 우리나라는 80~100평에 좌석수도 100여개에 이른다. 이처럼 매장을 대형화한 것은 우리나라 사람이 커피점을 단순히 커피를 마시는 공간으로 활용하는 것이 아니라 만남의 장소로 활용한다는 것을 간파하고 이에 대처 할 뿐 아니라 테이크 아웃 문화가 생소했던 국내 실정을 감안하여 문화적 충격을 최소화 하기위해 스타벅스가 행한 토착화 마케팅의 전형적인 사례라 할 수 있겠다.

4) 스타벅스는 돈 되는 곳에서만 장사한다.

스타벅스의 꼼꼼한 입지선정은 이미 정평이 나있다. 즉 돈 될 곳이 아니면 장사를 하지 않는다는 것이다. 스타벅스는 유동인구, 남녀비율, 연령층 분석 등 철저한 조사를 실시한 후 적절한 곳을 골라 집중적으로 투자하는 전략을 취했고 이는 스타벅스가 있는 곳이면 장사가 잘되는 곳이라는 등식을 성립시키기에 이르렀다. 이에 따라 국내에서는 유동인구와 주요 소비층인 20,30대가 많은 대학가와 테헤란로 등에 집중적으로 진출해 있다.

최근에는 이러한 등식이 역전되는 현상도 발생하였는데, 좋은 상권에 입지하여 소비자를 찾게 만드는 것이 아니라, 오히려 스타벅스가 들어선 곳에 유동인구가 몰리는 기현상이 발생하기도 한 것이다. 그리고 이러한 결과를 반영하듯 스타벅스 명동점의 땅값은 치솟아 우리은행 명동점을 제치고 우리나라에서 가장 비싼 땅으로 변하기도 하였다.

우리나라 뿐 아니라 다른나라에서도 이러한 스타벅스의 존재는 특별하다. 스타벅스가 일본에 진출 할 때에 일부 일본 여성들은 자신이 있는 동네에 왜 스타벅스가 안 생기냐는 항의가 있을 정도로 스타벅스의 존재유무는 단순한 커피점 그 이상의 의미를 지닌다.

5) 최고의 커피맛

앞에서 언급한 성공요인들은 모두 좋은 품질의 커피를 지속적으로 제공하고자 하는 스타벅스의 노력이 없었다면 소용없는 것이었을 것이다. 그만큼 스타벅스는 좋은 품질의 커피를 제공 하고 있고 이는 "커피의 맛과 품질만 빼고 모든 것을 혁신시켜야한다"는 하워드 슐츠의 말에서 단적으로 알 수 있을 것이다.

좋은 품질의 커피가 없다면 좋은 마케팅도 좋은 CEO도 좋은 입지도 다 소용없는 것이다. 이를 위해 스타벅스는 세계에서 가장 좋은 아라비카 커피를 구입하기 위해 전 세계적 차원에서 소싱 할 수 있는 체계를 구축하고 있으며, 최고의 원료를 구하기 위해 전세계적으로 정기적인 탐방 여행을 하고 있다. 스타벅스 만의 노하우인 배전(roasting)과 블랜딩, 쿨링(Cooling)에서 진공팩 포장, 개봉 후 사용에 이르기까지 스타벅스의 품질 기준은 최고에 맞추어져 있다. 스타벅스 매장에서 판매되는 커피의 경우 일단 팩을 개봉하게 되면 커피 원두를 7일 이내 소비해야만 한다. 7일이 지난 원두는 전량 자선단체에 기부되며, 커피의 물은 최신식 정수장치에 의해 100% 정수 과정을 거친 물만 사용된다.

(황규배 <LG애드 마케팅연구실 마케팅1팀 부장>의 글 中 인용)

스타벅스의 제품

Beverage	Whole Bean	Food	MD	Gift
Espresso	Mild	스콘	머그&텀블러	선물세트
Brewed	Smooth	머핀	스테인레스제품	배달서비스
Alternatives	Bold	샌드위치	에스프레소머신	싱품권
Iced	Decaffeinated	세이보리	티백&초코렛	
Frapuccino		패스츄리		
		케익		
		베이글		

(3) 취약점 및 향후 전망

위에서 살펴본 것과 같이 스타벅스는 자신들만의 독특한 철학과 경영전략으로 세계에 커피제국을 건설하고 있다.

그렇다고 스타벅스가 현재의 성과에 만족하고 안일하게 대처한다면 곧 후발 업체의 추격을 받게 될 것이다. 지금도 커피 빈, 도토루(doutor), 그리고 에스프레소의 본고장 이탈리아업체 등이 스타벅스의 아성에 도전하고 있다. 한편으로는 이슬람 단체를 중심으로 친 이스라엘적인(하워드 슐츠는 유대인이다.) 기업인 스타벅스 불매 운동을 전개하고 있다. 만약 이러한 위협 요소들을 효과적으로 제거한다면 아마도 스타벅스는 제2의 도약기를 가질 수 있을 것이다. 하지만 이러한 위협요소를 제거 하는 것은 쉽지만은 않은데, 먼저 경쟁업체와의 차별화를 꾀하여야 할 것이다. 경쟁업체와의 차별성을 둘 수 있는 가장 좋은 전략은 자신이 가지고 있는 경쟁우위의 요소들을 극대화 하는데 있다고 생각한다. 지금 스타벅스는 세계에서 가장 인지도가 높은 커피전문점이다. 이는 다시 말하면 사람들이 커피하면 가장 먼저 떠오르는 기업이 바로 스타벅스란 이야기이다. 선두기업으로써 갖는 우위를 잘 활용하고 최고를 선택하여 자신의 삶을 더욱 풍요롭게 영위하고자 하는 많은 사람들을 만족 시킨다면 스타벅스의 1위 수성은 무난할 듯하다.

지금 이 시간에도 스타벅스는 계속해서 새로운 시장을 개척하고 있다. 세계적인 기업은 저절로 만들어지는 것이 아니다. 하물며 그 기업이 세계시장에서 패권을 다투는 기업이라면 더욱이 그럴 것이다. 오늘날에 스타벅스가 있기까지 그 안에는 우리가 모를 더 치열하고 힘든 노력이 숨어있을지도 모를 일이다. 하지만 분명한 것은 현재의 스타벅스는 세계 커피시장을 주도 하는 선도적인 기업이 되었으며 지금까지 해왔던 것과 같이 꼭 지켜야 할 것은 지키고 그렇지 않은 것은 과감하게 변화시켜나가는 도전정신이 살아있는 한 스타벅스의 커피제국은 결코 사라지지 않을 것이다.

3 SK Telecom

(1) 업체 개요

SK Telecom은 한국이동통신으로 1984년에 창립된 후, 1988년 이동전화 서비스를 한국 최초로 시장에 소개하며 이동통신의 새 장을 열었으며, 1997년 3월에는 그 상호를 SK Telecom으로 변경하였다. 현재 SK Telecom은 CDMA(코드분할다중접속방식)에 의한 이동전화 및 무선 인터넷 서비스를 한국 전역의 99%의 국민들에게 제공하고 있으며, 국내 이동통신 산업의 선두주자로서 초고속 무선 인터넷 서비스의 상용개발과 서비스 제공에서도 동종의 다른 업체들에게 기술 표준을 제공하고 있다. SK Telecom은 2000년 10월, 세계 최초로 CDMA상용화에 성공하여 그 가입자 수가 빠른 속도로 늘고 있는 CDMA2000 1X 서비스에 이어, 2002년 초 CDMA2000 1xEV-DO상용화에 성공했다.

2002년 1월 13일, 신세기 통신과의 합병을 완료함에 따라 SK Telecom은 효율적인 네트워크 관리, 주파수 자원의 추가확보와 같은 전반적인 사업운영상의 상당한 시너지 효과를 창출하게 되었다. 신세기 통신과의 결합을 통해 2001년 12월 31일 현재, 이동전화 가입자 수 1,500만 명, 시장점유율 52.3%라는 압도적인 시장의 우위를 차지하게 되었으며, 이들 가입자 가운데 1,050만 명이 무선 인터넷 사용이 가능한 단말기를 보유하고 있어 향후 무선 인터넷 서비스에서의 괄목할 만한 성과를 기대할 만 하다. SK Telecom은 2001년 12월 31일 시가총액 약 23.9조원으로 한국 증권거래소 상장 기업들 가운데2위의 자리를 차지하였다.

(2) 업체정보

표 : 가-1

(단위 : 명)

본사주소	서울 중구 을지로2가 11	대표전화	02-6100-2114
홈페이지	www.sktelecom.com	주식담당자	02-6100-1639
설립일	1984.3.29	대표이사	정만원
상장/등록일	1989.11.7	종업원수	4330명(2005.6.)
구상호	한국이동통신(주)	감사의견	적정(하나안진)
계열	SK	주거래은행	제일은행(영업2부)
보통주	82276711주	회사채등급	AAA
우선주	- 주	CP등급	A1
전속 대리점	1837	매출액 증가율	3.23%

아래의 표를 보면 종업원의 수가 4330명(2005.6월기준)이고 전속 대리점이 1837이 존재하며 매출액 증가율이 3.23%이다. 즉 대기업이 운영하는 거대한 프랜차이즈의 형태를 지니고 있고 성공적인 규모를 가지고 있다고 할 수 있다. 밑의 표(가-1)를 보면 정보통신부의 2005년 9월 달의 가입자의 현황을 보면 51%의 점유율을 가지고 있으며 표(가-2)의 재무재표에서도 성공적인 사례를 증명하고 있다.

표 : 가-2

(단위 : 백만원)

구분	2005. 8월말	9월 가입현황		2005. 9월말	점유율 (9월말 기준)
		증감	증감율		
SKT	19276799	64829	0.3%	19341628	51.0%
KTF	12270067	9361	0.1%	12279428	32.4%
LGT	6240785	49344	0.8%	6290129	16.6%
합계	37787651	123534	0.3%	37911185	100.0%

(가입자 현황에 관한 표, 출처 : 정보통신부)

2005년도 재무정보에 관한 표

구 분	제22기1분기	제 21기	제 20 기	제 19 기	제 18 기
[유동자산]	4,147,511	3,854,345	3,460,706	2,746,991	2,589,665
· 당좌자산	4,136,908	3,843,384	3,452,682	2,736,273	2,586,676
· 재고자산	10,603	10,961	8,024	10,718	2,989

[고정자산]	10,007,687	10,166,360	9,915,253	9,974,227	8,038,270
· 투자자산	2,112,131	2,112,488	1,763,359	3,132,330	4,645,890
· 유형자산	4,408,101	4,605,253	4,551,626	4,451,548	3,257,646
· 무형자산	3,487,455	3,448,619	3,600,268	2,390,350	134,735
자산총계	14,155,198	14,020,705	13,375,959	12,721,218	10,627,936
[유동부채]	2,997,989	2,859,711	4,231,974	4,015,859	2,484,431
[고정부채]	4,330,926	4,033,902	3,202,147	3,168,412	2,403,940
부채총계	7,328,915	6,893,613	7,434,121	7,184,271	4,888,371
[자본금]	44,639	44,639	44,639	44,576	44,576
[자본잉여금]	2,964,664	2,983,166	2,915,964	2,884,385	3,748,546
· 주식발행초과금	2,915,887	2,915,887	2,915,964	2,884,385	3,736,253
· 기타자본잉여금	48,777	67,279	-	-	12,293
[이익잉여금]	5,840,513	6,156,708	5,140,349	4,897,099	3,439,004
[자본조정]	(-)2,023,534	(-)2,057,422	(-)2,159,114	(-)2,289,112	(-)1,492,562
자본총계	6,826,283	7,127,091	5,941,838	5,536,948	5,739,565
매출액	2,411,935	9,703,681	9,520,244	8,634,049	6,227,127
영업이익	614,463	2,359,581	3,080,660	2,683,676	2,204,168
경상이익	547,205	2,115,778	2,714,194	2,179,993	1,761,412
당기순이익	368,418	1,494,852	1,942,750	1,511,278	1,140,322

출처 : SK Telecom

(3) 사업전략

SK Telecom에게 21세기보다 더 중요한 것이 있다면 그것은 바로 고객행복이다. SK Telecom은 97년부터 경영방침을 '고객중심경영'으로 정하고, 회사의 전 조직과 역량을 고객중심으로 재편해, 체계적인 고객만족 시스템과 고객행복의 철학을 확고히 세웠다. 우선 최고의 품질만이 최고의 만족을 드릴 수 있다는 믿음으로, 통화품질을 관리하기 위한 과학적이고 체계적인 기반을 다지고 있다. 국내 환경에 적합한 기지국 및 중계기 설치계획을 수립할 수 있는 CellPLAN 의 개발, 단말기 통화음질을 빠르고 객관적으로 측정 가능한 T-Manager(단말기 음질측정기)의 개발 등은 최고의 통화품질을 제공하기 위한 노력의 한 예라 할 수 있다. 또한 SK Telecom은 고객이 가장 필요로 하는 서비스를 마련해 드림으로써 고객이 피부로 실감할 수 있는 만족도 중심의 고객 서비스를 실천하고 있다.

이러한 전략 구현에는 CRM(고객관계관리)이 주요 기반이 됐다. 이동전화시장이 성숙 단계에 접어들면서 고객 욕구가 보다 전문적이고 다양해지기 시작했다. 이런 상황을 근본적으로 해결하기 위한 돌파구로 97년 CRM을 선택했다. CRM이란 고객에 대한 이해를 바탕으로 고객을 유치하고 그 고객을 지속적으로 유지 개발하기 위한 마케팅의 한 분야로 고객과의 관계를 가장 중요한 요소로 두는 활동이다. SK텔레콤은 CRM을 추진하기 위해 우선 고객의 정보를 시스템화하는 것이 필요하다고 판단하고 마케팅 부문 산하의 고객관리팀 주관으로 고객 정보 시스템 구축 프로젝트를 수행하기 시작했다.

또한 SK는 다른 통신업체보다 먼저 세그먼트 마케팅을 선보였다. 세그먼트 마케팅이란 다양한 고객층을 세분화시켜 각각의 특성을 살린 전략이다. 이미 이동통신업계의 혁명적인 변화를 일으켰던 스피드 011 리더스 클럽과 스무살의 011 - TTL이 그 대표적인 예가 될 것이다. 스피드 011 고객이면 누구나 누릴 수 있는 011 리더스 클럽의 평생특권은 라이프스타일에 따라 고객이 자유롭게 선택할 수 있도록 마련된 맞춤형 서비스이다. 또한 스무 살의 011-TTL의 탄생은 18~23세를 대상으로, 개성을 중시하는 젊은이들의 라이프 스타일에 맞춘 새로운 서비스로서, 요금할인 시간대를 수업시간에 맞춰 조정한 TTL스쿨요금제도를 비롯하여 젊은이만을 위한 할인혜택, 그리고 TTL-zone 까지, 통화서비스를 뛰어넘는 토탈 문화서비스 TTL은 이동전화 서비스의 신기원을 열어가고 있다.

A/S 분야에서도 고객편의를 먼저 생각하고 있다. 이동전화기 A/S를 위해 지점까지 찾아가야 했던 불편을 고려해, 대리점에서도 A/S가 가능하도록 하여 편리성과 신속성을 높였으며, 특히 단말기는 생산단계에서부터 품질관리를 강화함으로써 고객불만의 원인을 사전에 제거하는 적극적 노력을 기울이고, 고객이 잘못된 서비스로 피해를 입었을 때 즉시 시정하고 보상하는 책임 있는 서비스 문화를 확립하여 고객만족의 차원을 한 단계 높였다. 99년 소비자보호원 조사결과, 이동전화 피해사례가 가장 적은 기업으로 기록된 SK Telecom은 그 성과에 만족하지 않고 언제나 고객이 자부심을 느낄 수 있고 주위 사람들에게 추천해주고 싶은 SK Telecom, 고객이 OK할 때까지, 고객이 행복할 때까지 끊임없이 노력하는 SK Telecom이 되기 위해 심혈을 기울이고 있다.

이 밖에도 철저한 회원관리 차원으로 요금별 멤버쉽 카드를 발급해 많은 할인혜택을 부여하고 있어 소비자의 만족을 이끌어 내고 있다. 또 모바일 방송, 모바일 결제 등 단순 통화에서 벗어난 차세대 이동 통신 서비스 분야에서 CRM 기법을 적극 활용하고 있다. 고객의 거래 성향, 취미, 콘텐츠 이용 등 다양한 정보를 이용해 이용자에게 가장 알맞은 서비스를 제공한다는 목표다. 또한 SK텔레콤은 홍보관을 운영하고 있다. 이는 모바일 라이프를 구현한 시뮬레이션 센터이다. 이곳은 SK텔레콤의 기술력이 적용된 디지털 라이프가 한눈에 펼쳐져 어느 누구나 방문하면 생활 곳곳에 자리 잡은 디지털을 직접 체험하고 휴대전화 단말기를 통해 직접 받을 수 있는 다양한 서비스를 받을 수 있다. 직접 찾아가지 않아도 사이버 상에서도 이 서비스를 체험해 볼 수 있다. 그리고 자사 홈페이지에 있는 사이버 홍보실에서는 각종 보도자료, 사진자료, 광고자료, 캠페인 등을 소비자들이 손쉽게 볼 수 있도록 안내하고 있다.

(4) 성공분석

1) 독점적 시장지배력과 현금창출능력

SKT의 시장점유율은 2003년 말 가입자 기준으로 54%에 이른다. KTF와 LG텔레콤은 작년 1월부터 실시한 번호이동성 제도에 한 가닥 희망을 걸었다. 다만 몇 %라도 가입자를 빼앗아 볼까 해서다. 3개월 정도 시행해보니 영향은 미미했다. 이 같은 시장구도는 특별한 변수가 없는 한 이어질 전망이다. 대우증권은"시장구도에 근본적인 변화는 없다"며"보조금을 금지한데다 후발사업자에게 유리한 약정제도를 SKT가 활용할 수 있어 더욱 유리하다"고 분석했다. 결국 독점적 시장지배력은 SKT의 최대강점인 셈이다.

이영주 동원증권 연구위원을 비롯한 많은 전문가들은"가입자 수가 워낙 압도 적이라 현금창출력이 뛰어나다"고 평가했다. SKT의 2003년 기준 매출은 9조5202억 원. 2000년 5조7610억원 매출에서 매년 두 자리 수 성장을 거듭하고 있다. 영업이익과 당기순이익은 3조807억원, 1조9428억원을 기록했다.

통신공룡 KT마저 따라잡을 날도 멀지 않았다. 매출은 2조원 정도 작지만 당기 순이익은 두 배 이상(KT는 8297억원) 앞지른다. 이정철 대신증권 연구위원은 "여유 있는 현금을 바탕으로 안정적으로 기업을 운영하면서 신규사업에 진출할 수 있다"고 말했다.

최근 무선데이터부문의 괄목할만한 성장도 SKT에 힘을 실어줬다. 무선데이터 매출은 1조3201억원으로 전체 매출 66%에 달한다. 수익성 지표로 삼을 수 있는 알프(ARPU)도 경쟁사보다 탁월하다.

2) 강력한 브랜드 이미지와 높은 고객 충성도

품질로 따지면 SKT가 가장 뛰어나냐는 데는 논란의 여지가 있다. 이영주 연구 위원은 SKT는 1년에 1조 이상 설비투자에 쏟아 부으니 4000억원을 쓰는 LG텔레콤에 비해 통화품질이 우수할 수밖에 없지 않겠느냐"고 차별성을 부각시켰다. 그러나 많은 전문가들이"품질이 좋다는 이유만으로 소비자들이 SKT를 택하는 건 아니다"고 강조한다.'SKT=프리미엄급'이라는 강력한 브랜드 이미지가 크게 작용했다는 설명이다.

강력한 브랜드 이미지 구축은 가입자 이탈방지로 이어진다. 이는 번호이동성제도에서 입증됐다. 작년 1월 1만7000명이 감소했던 SKT는 2월에는 번호이동으로 인한 이탈 고객이 줄어든 반면, 010신규가입자가 늘어나 오히려 총 6만2000명 이 늘어났다.

마케팅 전문가들은 브랜드 명성은 투자액과 비례한다고 얘기한다. SKT는 올해 1조 8360억 원을 마케팅비용으로 쓴다. 이는 설비투자액(1조7000억 원)을 능가하는 액수다. 지난해도 1조5800억 원을 써 KTF(6920억 원)나 LG텔레콤(2874억 원)보 다 2~6배 많았다.

정승교 LG투자증권 차장은"가입자 충성도가 탁월하다"는 점도 강점으로 꼽았다. SKT 고객은 중장년층 비중이 높다. 요금보다는 브랜드를 중시하는 계층이라는 뜻.

이영주 연구위원도 "SKT 요금이 비싸도 이용하는 충성고객이 많아 SKT의 안정적 성장에 기여하고 있다"고 밝혔다.

3) 우수한 주파수대역

주파수대역이 우수하다는 점도 SKT 강점이다. SKT가 쓰는 주파수대역은 800MHz .PCS 사업자인 KTF와 LG텔레콤이 사용하는 1.8GHz보다는 낫다는 평가다.

정통부는 '주파수대역만 달리하는 이동전화'라고 규정했다. 그러나 SKT 측은 "세계적으로 이동통신용으로는 안정성이 검증된 뛰어난 주파수대"라고 말하고 있다.

KTF나 LG텔레콤이 쓰는 고주파수는 직진성은 우수하지만 전파 도달 거리가 짧고 투과성, 굴절성이 약한 특성을 갖고 있는데 이는 통화 사각지대가 많이 발생할 수 있다는 주장이다.

성낙일 서울시립대 교수도 "주파수가 달라 평균 생산비용에 차이가 생기고 후발주자가 따라가지 못하는 결과를 낳았다"고 밝힌바 있다. 그는 "현 상태로는 SKT 독점력을 막을 수 없다"고 말한다.

4) 대리점 창업 시 장점

현재 3600만 가입자가 확보되어 있고 이들은 1년-2년 사이 핸드폰을 바꾸어야 하는 많은 수의 고객들을 가지고 있다. 그래서 월수입이 안정적일 것으로 추측되고 전 모델을 본사에서 무상으로 지원하고 본사의 전산 프로그램에 의해 재고 모델은 회수하고 신형으로 교체하며 또한 점주분이 재고를 구매를 한 것이 아니므로 재고부담은 전혀 없으므로 더욱 안정적일 것이다.

또한 특별한 기술을 요하는 업무가 아니기에 누구나 본사의 소정교육을 이수하면 쉽게 창업을 할 수 있는 장점이 있고 점포임대를 제외한 소자자본으로 창업이 가능하기 때문에 만약 창업에 실패했을 시 투자대비 손실 규모는 인테리어 비용 외에 특별한 비용지출이 없으므로 안정적이다.

즉 투자대비 안정적 수익구조가 가능하고 본사에서 판매할 수 있는 핸드폰 전 품목을 창업자 투자 없이 지원하며 필수품이면서 소모품인 핸드폰을 고객들로 하여금 재구매가 계속 형성되어 계속적인 고객을 유치 할 수 있으므로 서비스 운영만 잘되면 안정적인 수익구조와 안정적인 매장운영이 보장된다.

결론적으로 강력한 브랜드 이미지와 높은 고객 충성도와 우수한 주파수대역이 독점적 시장지배력과 현금창출능력을 만들어 매출과 영업이익 높였고, 이와 함께 부가서비스의 배출도 영업수익의 증가의 결과를 만들었다. 또한 비용 부문에서는 인건비 감소 및 이동통신시장 안정화에 따른 마케팅 비용 증가폭 둔화 등으로 수익성이 대폭 개선되었다.

(5) 취약점

1) 정부 규제

SKT가 안고 있는 최대 약점은 정부 규제 산업을 영위한다는 것이다. 정부 규제에 따라 매출액이 달라지기 때문에 미래가 불투명하다. 더구나 정부는 SKT의 독점적 시장점유율 확대를 막아야 하는 입장이다. 현재도 SKT에 대해 요금 제한, 보조금 금지, 영업활동 중단 등 비대칭적 규제(업체별 차등규제)가 진행 중이다 .

또한 경쟁사의 규제요구도 강력하다. 남중수 KTF 사장은 취임 1주년 기자간담회에서 SKT로의 시장쏠림현상을 강하게 비판했다."올해 SKT와 신세기통신 간 합병 인가 조건에 따른 규제가 끝난다."며 "정부가 인가조건에 따라 독점규제 조치를 지속하지 않으면 합병취소요구에 나설 수밖에 없다"고 밝혔다.

지난 2000년 합병 당시 시장점유율은 56.9%. 2001년 6월말까지 50% 미만으로 낮추는 조건이었으나, 지난해 말 기준으로 여전히 50%를 상회한다. KTF와 LG텔레콤은 지난해 말 정부 정책건의문을 통해 'SKT 시장점유율을 50%이하로 내려 달라'고 이례적인 요구를 하기도 했다.

성낙일 서울시립대 교수는 시장점유율 규제 재도입, 비대칭 규제(업체별 차등 규제) 강화 등을 주장하기도 했다. 현실적으로 정부도 이 같은 요구에 대해 부응하지 않을 수 없는 상황이다. 이정철 대신증권 연구위원은 "후발사업자를 고려한 정책으로 오히려 역차별을 받고 있다"고 평가했다.

2) 내수시장 포화

SKT는 1800만 명 가입자를 자랑한다. 그러나 문제는 더 이상 이를 늘리기가 힘들다는 점이다. 국내 시장은 이미 포화상태에 들어섰다. 현재 연간 50만~80만대에 불과한 휴대폰 신규수요를 이동통신 3사가 나눠먹는 형국이다.

전형적인 내수기업인 SKT의 고민도 여기에 있다. 현재 최고 전성기를 보이고 있으나, 계속 내수에 매달린다면 앞으로의 성장을 장담하기 어렵다. 정승교 LG 증권 차장을 비롯한 많은 전문가들이 이 점을 꼽았다. 수출로 활로를 찾아야 하나 아직 눈에 띄는 성과를 나타내지 못했다. 몽골, 베트남, 캄보디아 등 8개국에 진출했지만, 캄보디아의 경우 가입자는 아직 1만 명 수준이다.

또 8. 90년대 차린 대리점 사장들 중 가입자가 1만 명이면 월3-5천만 원, 10만 명이면 월3-5억 원씩 벌고 있다. 그러나 통신사간 가입자들의 번호이동으로 가입자 줄어들기가 심화되고 있으며 대리점의 가입자가 줄어든 사장들은 현재 정리여부를 고민하고 있다.

'음성사업 위주로는 성장에 한계가 있다'는 위기감에 따라 현재 SKT는 개별 프로젝트별로 태스크포스팀(TFT)을 구성해 신사업 창출에 힘을 쏟고 있다. 위성디지털멀티미디어방송(DMB) 추진이나 통신금융 융합서비스 확대, 무선인터넷서비스 강화 전략 등이 그 사례라 할 수 있다.

3) 고가의 단말기와 비싼 요금제

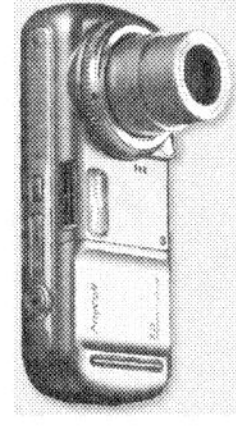

SKTelecom의 가장 큰 약점은 타 통신회사에 비해 비싼 단말기 가격과 통화요금이다. 타 통신회사에 비해 결코 비싸지 않다는 비교 방식을 통한 광고를 한 적도 있지만 대다수의 소비자들은 SK Telecom의 서비스는 품질

은 좋지만 요금이 비싸다라는 인식을 아직 갖고 있다.

(6) 유의 사항

대리점 거래 시 보증을 요구하거나 물품대금예치를 요구하는 대리점은 절대로 거래하지 말아야 한다. 보증금등을 요구하는 대리점은 자본이 약하거나 재고가 부족한 경우이다. 대리점에서 생각이 있거나 패밀리로서 장기적인 거래를 생각한다면 다른 지도를 해주어야 하는데 보증을 요구하는 곳은 책임을 지지 않는 것이다.

창업 시 최소한의 자금을 적정하게 투여하여야 한다. 이동가능성을 염두 하여 임대보증금은 적어야 하며 인테리어 설비의 경우도 1천만 원 미만투자로 최대의 효과를 거두어야 하고 간판은 보조를 받아야 하는데 간판이 의외로 비용이 높다.

(7) 향후전망

1) 무선 인터넷 사용자 확대와 모바일 서비스 확대로 사업 기회 증가

휴대폰이 생활의 필수품으로 자리매김하면서 휴대폰 보유인구 세계3위(국민의 절반 이상이 휴대전화를 사용), 휴대폰 가입자 증가율 세계1위에 오를 정도로 국내 휴대폰 시장은 급성장하고 있다. 더군다나 인터넷에 친숙한 10대와 20대의 휴대폰 보유자 수가 다른 나라에 비해 월등히 높은 편이다. 특히 10대 청소년 665만 명 중 40%가 휴대폰을 갖고 있을 정도로 지난 몇 년간 10대의 휴대폰 가입이 꾸준히 증가하고 있다. June의 타겟 층의 급속한 확대는 모바일 동영상 서비스의 무한한 성장 가능성을 입증해준다. 즉 모바일 서비스 적용 확대로 사업 기회 증가 할 것이다.

2) 기타

번호이동, 010번호변경은 2007년 이후 외국통신사와 글로벌 경쟁을 위한 사전 조치이며 현재 요금은 선불제가 주종을 이루고 있는 외국에 비하여 외상제인 우리나라 요금이 약 2배 가까이 비싼 실정으로 요금제 변경이 불가피하다. 외상제인 후불시대는 막을 내리고 있으며 현재의 대리점은 대부분 문을 닫고 자본이 있는 대형대리점만 지역별로 1~2개의 토탈서비스가 가능한 대리점만 남게 될 전망이다. 대리점사장들의 주 수입원은 가입자들의 사용요금에서 5~11%까지 회사별, 실적별로 차등 지급이 되고 있으며 연체 발생 시에는 관리수수료 지급이 중지된다.

 LG Telecom

(1) 업체개요

LG텔레콤은 세계 최초로 CDMA기술 상용화에 성공한 LG의 기술력을 바탕으로 96년 7월에 설립되어 1997년 10월 전국 PCS상용서비스를 개시한 이래 고객과 함께 발전을 거듭하고 있다

LG텔레콤의 교환망과 전송망 모두가 뛰어난 통화품질을 구현하는 광케이블로 구성되어 있고, LG텔레콤이 세계 최초로 개발 상용화시킨 광중계국은 경제적인 투자로 음영지역을 모두 해소해 나갈 수 있는 이동 통신분야의 획기적인 신기술로 인정 있다.

1999년 5월부터는 국내최초로 WAP방식의 무선인터넷(ez-i)서비스를 실시하였으며 국내 최다 콘텐츠 보유 및 업계 최초로 무선인터넷 가입자 100만 명(SMS가입자 제외)을 돌파하는 등 무선인터넷 분야에서 선도적인 위치를 차지하고 있다.

17세~25세 사이의 퓨전세대를 겨냥한 문화브랜드 khai는 2000년 3월 출시된 이후 불과 8개월 만에 100만 가입자를 돌파하는 등 퓨전세대들에게 선풍적인 인기를 끌고 있으며 국내최초 기업전용 이동통신 브랜드인 btob는 기업 구성원이 언제 어디서나 즉시 업무를 효율적으로 처리할 수 있도록 모바일 오피스 솔루션을 비롯하여 특화된 맞춤 데이터 솔루션을 실현시켜 기업에게 최고의 경쟁력을 제공하고 있다.

LG텔레콤은 지난 1999년 5월 국내 최초로 무선인터넷 서비스를 시작하였으며 CDMA폰에서 구현되는 Java(자바)기술인 자바스테이션을 세계 최초로 개발하여 상용화에 성공함으로써 국내 무선인터넷 기술을 주도해왔다. 또한 PCS폰만 있으면 지하철, 버스 등 대중교통을 이용할 수 있는 이지 이지패스 서비스를 세계최초로 실시하였으며 PCS폰으로 모든 신용카드 결제를 할 수 있는 적외선지불 서비스를 세계최초로 실시하여 모바일결제 시대를 열었다

이밖에도 국내최초로 칩기반의 모바일뱅킹 서비스인 뱅크온(Bank ON)서비스를 제공하여 안정적이고 편리한 모바일 뱅킹 시대를 개척해 나가고 있다.

LG텔레콤은 이러한 데이터서비스 및 앞선 기술력을 바탕으로 세계적인 초우량 정보통신기업으로의 성장을 위해 2GHz 대역의 동기식 IMT-2000서비스뿐만 아니라 차세대 이동통신에서도 더욱 새롭고 편리한 서비스 개발로 이동통신의 새 장을 열어나갈 것이다. 또한 무선인터넷 분야를 핵심승부사업으로 선정 이 분에서의 선도적인 위치를 지속

적으로 유지해나가는 한편, n세대시장(ez-i,khai)과 업무용시장(btob)을 집중공략 할 방침이라고 한다.

(2) 업체정보

1) 회사 연혁표

1996. 7.	LG그룹 계열사로 LGTelecom 법인 설립 LG텔레콤 창립총회 및 대표이사에 정장호 사장 선임
1997. 1.	LG텔레콤 식별번호 '019'로 확정
1997. 10.	PCS 상용서비스 개시
1998. 2.	광 중계시스템 도입 세계 최초 CDMA 방식 PCS 무선 데이타 서비스 개시
1999. 4.	국내 최초 무선인터넷 상용서비스 실시
1999. 7.	세계 최초 휴대폰을 통한 방송서비스(이지 채널 방송) 개시
2000. 3.	IMT-2000 사업추진단 공식 출범
2000. 4.	세계 최초 휴대폰으로 대중교통을 이용할 수 있는 019이지패스. 서비스 실시
2000. 6.	ez-java 로 세계 무선인터넷 시장 진출
2004. 5.	뱅크온 서비스 특허 등록
2004. 7.	우리/조흥/농협/부산은행 뱅크온 서비스 실시
2005. 3.	신개념 엔터테인먼트 체험공간 'Phone & Fun' 오픈
2006. 12.	LG텔레콤 가입자 700만 돌파
2007. 04.	'LG데이콤 기술연구원' 개원
2007. 06.	기간통신사업자 최초 가정용 인터넷전화 'myLG070' 출시
2007. 10.	문자콜링팩가입자 100만 달성
2007. 12.	국내최초, 초고속인터넷+인터넷집전화+IPTV 결합 TPS 출시
2008. 10.	myLG070, 가입자 100만 돌파
2008. 11.	통합커뮤니케이션(UC) 서비스 출시 / 한국거래소 유가증권시장 상장
2008. 12.	웹하드 USB 출시
2009. 03.	전국 1700여 개 직영점 대리점 OZ로 간판 교체

2009. 04. KB국민은행과 인터넷전화 폰뱅킹 서비스 개시
2009. 08. myLGtv실시간방송 가입자 "20만" 돌파
2009. 10. LG텔레콤 전략사용량 절반으로 줄인 멀티모드 기지국 2천 개 본격 구축
2009. 11. LG텔레콤-LG데이콤-LG파워콤 LG토잇ㄴ 3사 임시주주총회서 합병 승인

본사주소	서울 강남구 역삼동 LG강남타워	대표전화	02-2005-7114
홈페이지	http://www.lguplus.com/	대표이사	이 상 철
설 립 일	1996. 7. .		

2) 주요재무재표

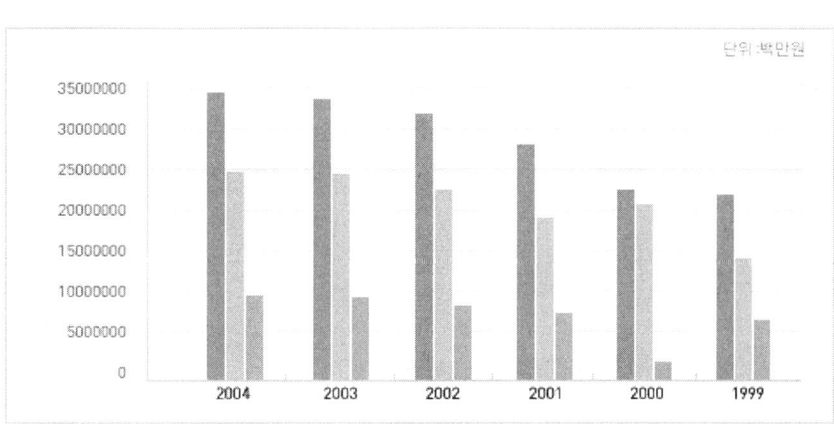

(단위 : 백만원)

구분	2004	2003	2002	2001	2000	1999
자산총계	**3,406,994**	3,358,019	3,198,657	2,766,171	2,259,841	2,182,925
유동자산	820,469	753,028	576,504	734,419	443,976	267,868
고정자산	2,586,525	2,604,392	2,622,153	2,031,752	1,815,865	1,915,057
부채총계	**2,421,935**	2,402,033	2,235,648	1,951,974	2,059,061	1,446,468
유동부채	1,257,920	1,187,874	1,054,066	1,469,933	1,338,368	679,779
고정부채	1,164,015	1,214,159	1,268,582	482,041	720,693	766,689
자본총계	**985,058**	955,986	876,009	814,197	200,780	736,458
자본금	1,386,392	1,386,392	1,386,392	1,386,392	953,500	953,114
자본잉여금	11,579	11,579	11,579	11,579	-	-
이익잉여금	(400,039)	(422,677)	(501,458)	(574,045)	(729,419)	(286,056)
자본조정	(12,874)	(19,308)	(20,504)	(9,729)	(24,302)	69,400

(출처 : LG Telecom)

3) 손익계산서

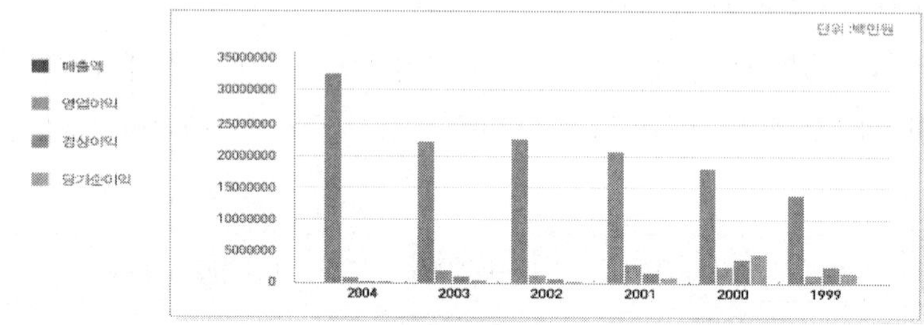

(단위 : 백만원)

구분	2004	2003	2002	2001	2000	1999
매출액	3,209,430	2,227,492	2,266,495	2,121,779	1,850,641	1,439,412
영업이익	131,148	211,152	184,283	369,861	(268,914)	(107,134)
경상이익	32,203	112,064	103,253	223,082	(376,397)	(233,685)
당기순이익	22,638	73,781	72,597	154,373	(442,362)	(161,657)

* 정보이용료 매출이 2003년부터 순액표기됨. 2002년까지는 총액기준임.

(출처 : LG Telecom)

LG텔레콤은 2003년 4월부터 모든 활동전략을 '고객사랑경영(CCVP : Customer Champion Value Proposition)'에서 시작하고 있다.

이처럼 LG텔레콤이 고객사랑경영을 내세우게 된 것은 국내 통신사들이 고객을 위한 다양한 서비스를 선보이고 있지만 정작 그 서비스의 주인은 고객이 아닌 기업에 있다는 목소리가 높아지고 있기 때문이다.

＊ LG텔레콤의 고객사랑경영(CCVP) 약속

- 고객과의 약속을 정직하게 지키는 믿을 수 있는 통신 회사가 되겠습니다.
- 모든 고객을 VIP로 대접하고 불만을 철저히 해결해 드리겠습니다.
- 실속 있는 서비스와 요금제를 제공하는 합리적인 회사가 되겠습니다.

고객사랑경영은 고객들이 당연히 받아야 할 것임에도 불구하고 받지 못하고 있는 것에 대한 현실을 LG텔레콤이 앞장서 바꿔 나가겠다는 의지의 표현이다. 즉, 고객이 원하고, 불편해하고, 설사 불만을 몰랐다 하더라도 LG텔레콤이 먼저 고객의 이익에 우선하는 이동통신 서비스를 적극적으로 제공함으로써 고객의 불편사항을 반드시 해결해나가도록 하겠다는 의지이다. 고객사랑경영을 위해 LG텔레콤은 우선, 고객과의 약속을 정직하게 지키는 믿을 수 있는 회사, 모든 고객을 VIP로 대접하고 불만을 철저히 해결하는 회사, 실속 있는 서비스와 요금제를 제공하는 합리적인 회사가 되겠다는 3가지 약속을 행동 근본으로 삼고 있다.

특히, LG텔레콤은 고객사랑경영의 가장 기본인 확실한 통화품질, 고객서비스, 경쟁력 있는 요금, 단순/탄력적인 요금제, 광고, 단말기부분에 주안점을 두고, 고객에게 접근하려 하고 있다.

(3) 성공분석

1) 컨퍼전스 사업 영역의 집중투자

가. 텔레매틱스시장

LG텔레콤은 지난 2003년 11월부터 국내 자동차 내수시장의 75%를 점유하고 있는 세계적인 자동차 제조업체인 현대·기아자동차와 손잡고 텔레매틱스서비스인 모젠을 선보였다. 모젠은 무선통신(CDMA)기술, 위성측위시스템(GPS)기술, 자동차 제어 기술을 응용해 안전보안서비스, 길안내, 교통정보 등 운전지원 서비스, 각종 교통 및 엔터네인먼트 관려 내용을 제공하는 서비스다. 현제 에쿠스, 오피러스, 쏘나타, 그랜저, 리갈, 쏘렌토, 싼타페, 투산, 트라제, 테라칸, 카니발등 현대·자동차 주력모델에 적용되어있다. 모젠 이용요금은 가입비 4만원, 월기본료 2만8천원에 텔레메틱스 서비스 이용량에 따라 비서 서비스료(건당300), 음성 통화료(10초 18원)등이 부가된다. 이 단말기가격은 MTSⅡ(195만원) MTSⅢ(100)만원으로 정해져있다.

나. 모바일뱅킹의 대명사[뱅크온]

LG텔레콤과 2003년 9월 국민은행을 시작으로 뱅크온 서비스를 선보였다., 뱅크온은 서비스 개시 1년만인 10월말 현재 135만 명이 넘는 가입자를 확보함으로써 해외 유슈통신사업자들에게서도 찾아보기 힘든 대표적인 컨버전스 성공 사례로 꼽히고 있다. 뱅크온은 금융칩과 휴대폰을 결합해 계좌조회, 이체, 출금, 수표조회, 예금 이체 시 타인명의 입금인 지정가능, CMS, 중도금이체, 타인 대출금 이자납입은 물로 교통카드까지 가능한 모바일 금융서비스이다. 현제 뱅크온은 국민, 제일, 외환, 기업, 대구, 우리, 조흥, 농협, 부산, 경남, 광주, 하나, 전북, 우체국 등이면 앞으로 제휴은행을 확대해 나갈 방침이라고 한다.

다. 휴대폰에 흐르는 음악[뮤직폰]

LG텔레콤은 자동차, 금융의 컨버전스에 이어 음악을 결합한 뮤직온을 출시, MP3폰으로 뱅크온의 신화를 이어간다는 전략이다. LG텔레콤은 최근 한국대중음악비상대책협의회와 전략적 제휴를 체결한 데 이어 한국음악저작권협회, 한국예술실연자 단체등 56개 음악권리협회가 모두 참여한 가운데 본 계약을 체결하는 등 MP3폰 활성화와 소비자 권리 보호, 음악 산업 발전을 동시에 추구하는 방향으로 음악 관련 사업을 진행시켜 나간다는 방침이다. 이러한 MP3폰을 통해 40만대에 달하는 단말기 실적을 기록했고, 특히 휴대폰에 MP3기능을 결합함으로써 기존에 카메라와 모바일뱅킹 단말기가 주류를 보였던 단말기 패러다임에 변화를 가져왔다.

라. 위성 디지털멀티미디어방송[DBM]서비스 제공

이렇게 한 박자 빠른 새로운 사업영영에 대한 투자와 노력으로 가입자 600만 고지점령을 앞두고 있던 회사에서, 가입자 900만 명을 목표로 방침을 선향 하였다.

제8장

세븐일레븐, 크라운베이커리

1 세븐일레븐

(1) 세븐일레븐 소개

세븐일레븐이라는 이름은 오전 7시에서 오후 11시까지 문을 연다는 뜻이다. 지금은 세븐일레븐이 편의점으로써 24시간 영업을 하고 있지만, 1946년 당시에는 '16시간 영업'이라는 것이 흔치 않았기 때문에 상호명으로 채택되어 부각될 수 있었다. 원래 세븐일레븐은 미국 달라스에서 1927년 주유소와 생필품 판매가 결합된 형태의 소매체인 업체로 탄생했다. 세븐일레븐은 세계 최대의 편의점 체인이자 편의점의 대명사로 자리잡게 한 것은 일본 최대의 유통업체인 이또요까도에서 73년 이를 인수하면서 부터다. 세븐일레븐 제펜은 74년 도쿄의 고또구에 첫 점포를 연 이래 75년 '콘비니'라는 24시간 영업하는 편의점 개념을 최초로 고안해냈다. 24시간 문을 닫지 않는 편의점의 개념은 미국에서 특허를 취득하였다. 우리나라는 1988년 5월 (주)롯데가 (주)코리아 세븐을 설립하고, 같은 해 7월 (미) SouthLand Co. (현재 7-Eleven Inc.)와 라이센스 계약에 의해 운영하고 있다.

(2) 세븐일레븐의 특징 및 서비스

세븐일레븐은 부부중심의 2인 교육시스템 체제를 완비하여 이론 교육 4일, 실습 교육 5일, 실습 매장에 전담 트레이너를 운영하고 있다. 세븐일레븐은 서비스 상품을 계속 개발하고 있다. 현재 제공되고 있는 서비스로는 휴대폰 충전기, ATM, 팩스 서비스, 세탁 서비스, 전기 · 전화요금 수납 서비스, 휴대전화 가입신청 및 중개 등이 있다. 취급, 일용품 렌탈 중개, 택배업 중개, 클리닝 중개, 티켓 예매 및 예약판매 등 앞으로 주민등록증 교부, 주택정보 무료제공, 카탈로그 판매, 상품 택배, 여행상품 소개 및 전반적인 생활 서비스를 취급할 예정이다. 무료배송서비스 : 전국의 각 점포를 '픽업'장소로 활용하는 서비스를 실시하고 있는데, 인터넷 쇼핑몰 롯데닷컴에서 주문한 도서와 음반, 화장품 등의 상품을 고객이 원하는 경우 집이나 직장에서 가까운 세븐일레븐 매장으로 가서 직접 물건을 수령할 수 있는 서비스를 실시하고 있다.

[무료 배송 서비스의 과정]

롯데닷컴 쇼핑몰에 접속하여 원하는 물건을 골라 장바구니에 담는다.

'배송장소 선택하기'에서 '세븐일레븐 매장' 지점 선택 후 약도보기로 가까운 지점을 확인하고 주문을 완료한다.

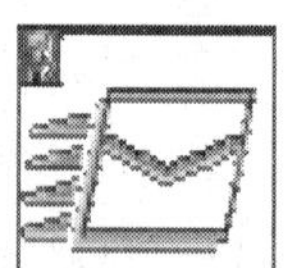

2-3일 후 상점에 물건이 도착되었다는 배송확인메일을 수신한다.

편한 시간에 미리 선택한 세븐일레븐 매장에서 상품을 수취한다.

(3) 성공요인

아름다운 오케스트라의 음악을 표현하기 위해서는 연주자 개개인의 역할 뿐만 아니라 이들을 총괄하는 지휘자의 역할의 중요성은 두말할 나위가 없다. 프렌차이즈에 있어서 본사는 오케스트라의 지휘자와 같은 역할을 한다. 즉, 가맹점과 본사가 서로 잘하는 부분(자신 있는 부분)을 역할 분담하여 가장 효율적인 사업 형태로 만들며, 본사는 가맹점에 대한 종합적인 지원을 통해 효율을 극대화한다.

세븐일레븐은 이러한 프렌차이즈의 시스템에 있어서 선도적인 역할을 하고 유통업 내에서도 가장 생활자에게 가까운 점포로 평가받고 있다. 한 장소에서 모든 편의 시설을 고객에게 편리하게 제공하는 것이 편의점의 근본 목적이라고 볼 때 아침 ,점심, 저녁 언제든지 고객의 편리한 매장으로 다가가고 있는 세븐일레븐은 고객의 부엌, 냉장고의 역할을 충실히 하고 있는 것이다.

본부와 가맹점과의 관계

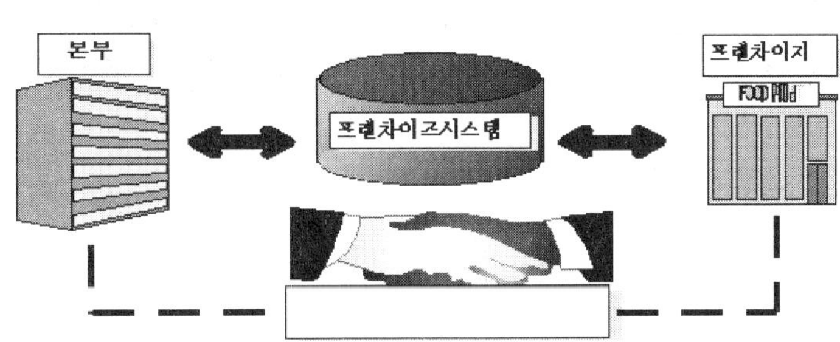

1) 본부와 가맹점은 공동운명체

구슬이 서말이라도 꿰어야 보배라는 속담이 있듯이, 개개의 구슬은 완전한 장신구로써 그 가치를 발하지 못한다. 미치며, 반대로 본부의 명성이나 영업 실적 또한 가맹점들에게 중대한 영향을 준다. 본부와 가맹점은 동일한 브랜드로 활동하므로 일반 소비자에게는 전체가 동일한 기업 이미지로 비쳐질 뿐 개별 점포로서의 구별은 의미가 없다.

한편 본부는 각종 효율적인 시스템을 통해 경즉, 한 점포 한 점포가 모여 전체를 이루며, 한 사업자 한 사업자의 힘과 노력이 개인의 행복을 넘어 회사 전체에 연결되고 있는 것이다. 개개 가맹점의 영업 실적이 곧바로 본부의 영업 실적에 영향을 주고 그 여파는 다른 가맹점포에까지 영 노하우나 정보 또는 상품 등을 지원함으로써 점포의 경영을 돕는다. 고객이 원하는 상품을 원하는 시간에 제공받을 수 있도록 첨단 시스템을 개발하고 여러 가지 제반 인프라를 구축하고 있다.

격심한 경쟁 속에서 소비자의 선택은 날로 까다로워지고 있다. 이러한 때 고객의 만족과 가치실현을 위해 본부와 가맹점이 하나로 뭉치는 것이 강력한 힘을 발휘하게 되는 것이다. 서로가 적이 아닌 동반자의 입장에서 양보와 타협의 미덕을 보이며, 신뢰를 바탕으로 긴밀하게 의존하는 협력적인 관계가 바로 세븐일레븐 프랜차이즈 시스템을 떠받치고 있는 든든한 기둥이다. 세븐일레븐은 그 누구의 회사도 아닌 바로 프랜차이지(점주)들의 회사인 것이다.

2) FC(경영상담원)의 역할

세븐일레븐에서 FC(field counselor)는 본부를 대표한 기술이나 서비스의 전령사로서 점주와의 창구 역할을 하고 있다. 한사람, 한사람 점주의 성격이 다르기 때문에 거기에 맞추어서 대응하는 FC의 프로 정신이 중요하게 요구된다.

수준 이상의 친절과 서비스, 입식진열(FACE-UP), 청결, 결품이 없는 상태를 유지하며 또한 고객이 원할 때 원하는 서비스로 상품을 사기 쉽고, 보기 쉬운 점포를 만드는 것을 항상 점검하는 것이 FC의 업무이다.

"점포는 소비자(고객)를 위해서 존재하며, 본부는 점포를 지원하는 것이 업무의 전부이다."라는 세븐일레븐의 모토아래, FC는 현재 점포가 어떤 점이 문제인지를 알아야 하며, 본부는 FC를 통해서 점포를 지원해나가야 한다. 이처럼 점포의 수준을 끌어올리는데 중간자로서의 FC의 역할이 큰 부분을 차지하고 있다.

FC의 컨설팅의 영역
의사소통(communication) : 점주와 함께 비즈니스에 관한 생각들을 시간을 가지고 이야기 한다.(청결, 접객 태도 등)
상담(Counseling) : ① 점주의 문제의식을 이해하고, 동시에 점포별 문제점(기회손실, 폐기손실 등)을 분석한다. ② 종업원의 채용, 교육, 점포의 체계작성(발주분산, 작업할당)을 구체적으로 지도한다.
조정(Coordination) : 점포별, 지역별 단품 특성(판매 동향)을 비교함으로써 각 점포의 특성을 파악한다.
통제(Control) : 세븐일레븐 간판을 걸고 기본을 지킬 수 있도록 청결과 친절을 솔선해서 실시한다.

3) 상품구성

가. 단품관리

고객중심의 시장에서 고객은 자신이 원하지 않는 상품은 절대 구매하지 않는 것이 최근의 추세이다. 그러므로 고객이 원할 때 원하는 상품을, 원하는 서비스로 사기 쉽고 보기 쉽고 꺼내기 쉬운 매장으로 만들어 가는 것이 소위 생활자 주도형 시대에서 유통 담당자들이 취해야할 요체이다.

고객에 대한 정보나 도움 없이는 사업이 성공적으로 이루어질 수 없다. 결국 고객이라는 불특정한 소비자, 정확히는 그들의 니즈와 경쟁을 한다고 볼 수 있다. 이러한 때에 가장 필요한 것이 발 단품관리이다. 단품 관리의 의미는 무엇이 팔리고 무엇이 팔리지 않는지 또 그 이유는 무엇인지를 알아내는 것이다. 이를 위해서는 주도면밀하게 관찰하여 분석하는 작업이 필요하다.

나. 선도관리와 PB 상품

선도관리 : 선도 관리에서 세븐일레븐의 가장 큰 특징으로 후입선출을 들 수 있다. 이것은 우유를 중심으로 실시하고 있는 것으로, 나중에 납품된 선도 높은 것을 전면에 진열하고 먼저 납품되어 선도가 낮은 것을 후면에 진열하는 방식이다. 그렇게 되면 선도가 낮은 것은 재고가 될 가능성이 높아 점포의 비용 상승으로 이어지기 쉽다. 그러나 고객이 선도 높은 상품을 원하고 있는 이상, 고객을 우선한 진열을 하는 것이다.

단, 김밥이나 도시락에 대해서는 유통기한을 제조일로부터 24시간으로 짧게 설정하고 있기 때문에 맛에는 큰 차가 없다고 판단하여 선입선출을 실시하고 있다.

PB상품 : 세븐일레븐에서만 판매하는 특화 상품 개발에 주력한다. 특화 상품은 다른 곳에서 판매되는 것이 아니기 때문에 가격과는 상관없이 판매할 수 있는 이점이 있다. 삼각김밥으로 흡수한 소비자층을 계속 넓혀 나가기 위해 세븐일레븐은 값이 저렴한 PB(Private Brand-자체 상표) 식품을 자체 개발하거나, 다양한 즉석식품을 갖추고 있다.

'야채볶음 주먹밥구이' '햄볶음 주먹밥구이' 등 신상품을 출시했고, 기존 덮밥 도시락을 개선한 '제육볶음덮밥' '불고기전골덮밥' '햄김치볶음덮밥' 등 약 35가지의 PB상품을 선보이고 있다.

다. Fast Food 집중 육성

패스트푸드 전용공장을 설립하여 주먹김밥, 도시락, 김밥, 샌드위치, 햄버그, 반찬 등에 로고를 부착하여 세븐일레븐에 신선한 상품을 공급하고 있다. 그 중에서도 월 매출 10억 원을 기록하는 삼각 김밥을 주력 상품으로 육성하기로 하기로 했다. 신상품을 대거 출시할 계획인데 이를 위해 현재 가동 중인 용인 공장을 제외하고도 광주와 부산에 제2, 제3의 공장도 가동할 계획이다. 또한 정확한 단품관리 컨셉과 공격적인 발주를 통해 타 편의점과 차별화 된 매장을 만들기 위해 패스트푸드를 선정했는데, 즉 소비자들의 새로운 라이프스타일에 대응하기 위함이다. 한편 세븐일레븐은 텔레비전 광고를 방영하여, 패스트푸드 판촉을 강화한다는 방침을 정했다.

라. 물류 시스템

① 집적 배송과 공동 배송

집적배송 : 세븐일레븐이 추구하는 원스톱 쇼핑의 편의를 제공하기 위해서는 다빈도 소액 배송이 필요한데 당시 물류체계를 제조업체가 주도하고 있었기 때문에 어려움이 많았다. 집적 배송이란 제품을 일단 1차 거래선에 집적 시킨 후 그곳에서 특정 지역의 배송을 담당케 하여 각 지역별 세븐일레븐 점포로 배송하는 방법을 말한다. 집적배송 시스템은 배송 거리와 배송 시간을 단축할 수 있게 해주고, 배송 차량의 수를 줄일 수 있게 해준다. 또한 차량 편당 점포 배송 량이 늘고 적재할 수 있는 양도 많아진다.

공동배송: 물류효율화를 위하여 복수의 기업 등이 공동으로 배송하는 것. 제조업체 및 창고업자, 도매상, 도매점포 등 다수의 유통업자가 화물차량 등 수송수단을 공동으로 사용하여 차량적재율의 향상을 꾀함으로써 배송 코스트의 절감, 운전기사 부족 대책, 고객에 대한 서비스 향상 등을 도모하는 배송방식을 말한다. 이 밖에도 다이어그램(시간표)배송, 공동분류작업 등을 수행하며, 공동배송에 참여하는 관련업자가 공동 출자하여 배송업무를 하는 경우와 기존 수송 업자를 이용, 위임하는 경우가 있다.

세븐일레븐은 집적, 공동배송을 타기관에 맡기지 않고 독자적인 자체 공동배송센터를 운영하여 실시하고 있다.

② POS 시스템

POS시스템은 판매가 이루어질 때마다 곧 매출자료가 컴퓨터에 입력되게 함으로써 매출정보의 정규적 분석으로 영업전략을 수립하는데 참고함은 물론 보다 효율적인 재고관리는 통해 재고비용의 절감효과를 얻을 수 있는 시스템이다. 세븐일레븐은 가맹점과 본부의 프렌차이즈 구성원이라는 양자 간에서 이루어지는 상품판매정보의 교환이다. 이것의 목적은 반복적으로 입식 진열을 실시하면서 얻어진 경험과 POS데이터를 이용함으로써 가맹점 매장의 인기상품의 최적 재고량 정보와 커트해야 할 상품정보, 투입되어져야 할 신상품정보라고 하는 [지식적 정보]를 생산하여 적절한 단품 관리를 가능하게 하는 것이다.

세븐일레븐은 2,100~2,800개나 되는 아이템 중에 70%정도를 교체할 정도로 매장에 신상품을 끊임없이 투입하고 있다. 또, 요일이나 시간에 따라서도 급변하는 고객니즈에 대응하기 위해서 POS데이터 이외에도 적극적으로 정보를 수집・분석하여 발주에 활용하고 있다.

세븐일레븐과 일반 유통업체들과의 공통점 및 차이점은 다음과 같다.

-공통점: 상품판매와 동시에 ①판매상품명②판매금액③판매시간의 3가지가 자동적으로 입력되어 리얼타임으로 스토어 컴퓨터에 입력되고 이 POS데이터는 본부의 호스트 컴퓨터에까지 입력된다. 본부는 이 데이터를 분석하여 재고관리 및 고객의 기호에 따른 취급품목을 구성하여 생산성을 높이는 데 그 목적이 있다.

-차이점: 세븐일레븐의 경우 상품을 발매하기 전 단계에서 판매 동향을 예측하는 [사전평가] 시스템의 신뢰도가 높다. 과거의 POS데이터는 물론 다음날의 기온 등 철저한 수요조사를 통해 주문을 낸다. 발주는 공급 전날에 한다. 이 같은 예측결과는 다음날 매출실적에 의해 정확도를 검증받는다. 이를 다음번의 발주 때 곧바로 참고 한다. 세븐일레븐은 이러한 정보 분석력을 기초로 팔리는 상품과 팔리지 않는 상품을 리얼타임으로 색출하여 팔리는 상품위주로 취급품목을 유지한다. 궁극적으로 최저의 재고수준을 유지하며 고객의 기호를 반영하며 제품의 품질을 최상으로 유지하여 고 수익을 창출하는 데 그 목적이 있다.

③ 온도별 배송정책

세븐일레븐의 물류 정책의 최종 목표는, 배송의 효율화, 다편 배송, 정시 배송 등의 달성과 소비자가 원하는 상품의 진열과 효율적인 보급이다. 효율적인 보급을 위해서는 가맹점에의 물류를 온도대별로 배송하는 것이다.

상온, 냉장, 냉동 셋으로 구분되어지는 상품군을 각각의 차에 한꺼번에 실어 가맹점에 배송하는 것이다. 즉, 고객을 위한 물류로써, 배송하는 상품이 시기적절하게 고객의 손에 들어간다면, 맛, 품질, 신선도 등이 제조 단계의 상태를 유지하여, 맛있게 먹을 수 있다는 점, 그 결과 재발주와 연결이 되고, 회전율을 향상시켜, 점포의 이익을 올리는 것이 가능하다. 온도대별 물류에서는 맛, 품질 신선도를 유지, 향상시키기 위해, 온도관리(특히 밥)가 중요하고 다음 4개의 온도대로 나누어 고객에게 금방 만들었을 때의 맛을 정시 정각 배송으로 원하는 시각에 원하는 상품이 먹을 수 있는 상태로 진열되어지는 것을 목적으로 이노베이션을 진행하여 왔다.

(4) 결론

'24시간 영업'이라는 획기적인 영업형태를 가진 세븐일레븐이라는 이름의 편의점이 1989년 국내에 처음으로 도입되었다. 밤새도록 영업하는 슈퍼마켓 이라는 개념에서 벗어나 소비자들의 욕구에 대응할 만한 각종 편의 시설을 갖춘 스토어의 개념으로 탈바꿈하기까지 세븐일레븐은 편의점에 있어서 국내 최초라는 메리트만큼이나 매출에 있어서도 꿋꿋이 고수의 자리를 지켜가고 있다. 수많은 후발 경쟁업체들 속에서 1위를 고수하기 위해 부단한 노력을 하고 있는 세븐일레븐의 차별화된 유통, 마케팅 전략을 살펴봄으로써 세븐일레븐이 편의점의 대명사로 자리매김하고 있는 이유와 또 앞으로 계속해서 고객에게 사랑받는 유통업체로 자리매김해 나갈 것이다.

〈참고문헌〉

7 eleven 홈페이지 http://www.7-eleven.co.kr/
유통을 알면 당신도 CEO 오세조 신동빈 지음 중앙경제 평론사 펴냄
성공전략의 개발 www.advertising.co.kr 김영훈 / 광고4본부 대리
세븐일레븐 공익마케팅 제안
http://blog.naver.com/nahda.do?Redirect=Log&logNo=140008812731
세븐일레븐 사례연구 ㈜ 코리아 7 경영전략 연구 권의중 지음

② 크라운 베이커리

(1) 크라운 베이커리 소개

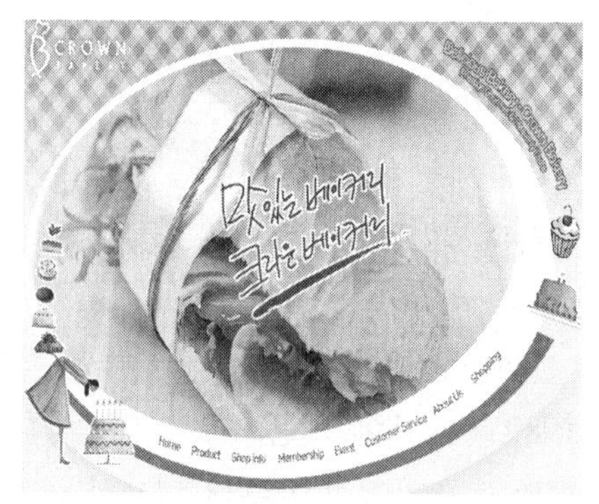

국내 대표적인 제과 장인기업인 ㈜크라운제과는 제빵 신규사업부문 생과사업부를 시작으로 지난 1988년 크라운 베이커리가 독립법인으로 별도 분리되어 현재의 크라운베이커리라는 브랜드를 지니게 되었다.

1991년 매출기준 업계1위를 차지한 이후, 연평균 28.3%의 놀랄만한 성장률을 보이고 있는 크라운 베이커리는 소비자들에게 이전의 제과점의 전통적인 이미지를 탈피하여 세련되고 고급스러운 베이커리 이미지를 상기시키게 했으며 전체적으로 베이커리를 한 단계 상승된 이미지로 변모시키데 큰 몫을 하며 오늘날의 성장에 이르고 있다. 현재 크라운베이커리는 전국적으로 747개의 매장에서 매일 매일 소비자들에게 신선하고 맛있는 빵을 공급하고 있다.

국내 제빵 시장은 일반 유통점에서 판매하는 양산빵과 독립샵 형태로 운영되는 윈도우 베이커리로 나누어지는데 양산빵(5천억),윈도우 베이커리(1조 1천억)의 시장규모를 합하면 약 1조 6천억 원 규모로 추산해 볼 수 있다.

다시 윈도우 베이커리는 개인이 운영하는 사설제과점과 체인형태의 프랜차이즈로 구분되는데 사설제과점은 전국 1만 5천여 개 매장에서 7천억 원 규모로 형성되어 있고 프랜차이즈는 3천여 개 매장에서 4천억 원의 시장규모를 형성하고 있다.

관련업계에 따르면 베이커리 프랜차이즈 제과 업체들의 2003년 상반기 총 매출액은 1980억 원으로 작년 동기에 비해 업체별로 17~30%까지 증가한 것으로 나타났다.

패스트푸드로 몰리던 소비인구가 경기침체에 따른 소비감소로 베이커리 업체로 유턴하는 경향이 늘어났고, 또한 식빵 등 전통 제품들이 업그레이드 되면서 강세를 보인 것이 매출액 증가의 원인으로 분석되고 있다.

업체별로는 파리바게뜨가 996억원의 매출실적을 올렸다. 올 2150억 원의 매출을 목표로 하고 있는 파리바게트는 가맹점 수를 더욱 늘리고 해피포인트와 같은 회원 유치작업을 적극적으로 펼쳐 목표액을 채운다는 방침이다. 2003년의 1050억 원의 매출목표를 설정한 크라운베이커리 역시 전략적 마케팅과 가맹점 수의 증가, 매장의 고급화를 통해 매출액 증가 방안을 매년 마련하여 실행해 나가고 있다.

(2) 크라운 베이커리의 특징 및 서비스

1) CI 도입과 효과

크라운베이커리는 업계최초로 지난 1985년 CI개념을 도입하여 매장과 인테리어, 패키지 등의 일련의 이미지통일화 작업을 통해 일찌감치 국내에 베이커리 문화를 정착시켰고 88년 최초로 TV광고를 실시하면서 국내 베이커리 수준을 한 차원 높였다. 오래전부터 중요성을 느끼며 실시한 CI작업은 작년 새천년을 맞이하여 보다 미래지향형의 이미지로의 변화를 위해 크라운제과와의 합병으로 인하여 1997년 CI를 처음 도입 했던 크라운베이커리는 국내제과 업계에 선두권을 굳히고 있는 크라운제과의 사명인 Crown을 사용하여 인지도를 유지하며 그와 함께 브랜드의 특성을 나타내는 베이커리를 사용하였는데, 2000년 새로운 CI의 선포를 통하여 업계 리더로서의 자리를 굳혀나가고 있다.

사회환원사업이나(사랑의 빵나누기, 꿈나무에게 희망을, 빵빵대잔치, 수재민 및 각종 불우이웃 돕기 등), 케익배달 서비스, Cashbag Point적립, 다양한 제휴서비스와 함께 주요제품을 매장에서 직접 만들어 고객에게 신선한 빵을 제공함으로써 소비자의 욕구를 충족시켜주는 BM제도를 통해 CI의 마케팅 효과를 극대화 시켰다.

2000년 새롭게 개발된 CI는 크라운베이커리 매장을 가본 사람이라면 진한 브라운톤이 머릿속에 남는다는 것을 알게 된다. 식욕을 높여주는 브라운 계통의 통일된 컬러시스템으로 소비자의 식욕을 높여줌과 동시에 전문 인테리어 그룹에 의뢰한 매장 인테리어는 소비자의 기본욕구 충족과 정신적인 여유를 누릴 수 있게끔 해주어 다시 찾고 싶은 공간을 제공해 주고 있다.

2) 광고 전략

광고전략은 지금까지 소비자들이 크라운베이커리를 생각하면 떠오르는 이미지인 편안, 친근 따뜻한 이미지는 유지시키고, 신선하고 고급스러운 이미지를 강화시키려는 의도에서 "따뜻한 배려가 있는 축하 = 크라운베이커리"라는 컨셉을 이끌어내어 좋은 날, 축하의 자리엔 언제나 크라운베이커리라는 컨셉으로 광고를 제작하고 있다. 광고의 따뜻함은 기업의 이익환원이라는 측면에서 사회에 대한 따뜻함으로 이어지는데, 98년 결식장애아동돕기를 시작으로한 사랑의 빵나누기 행사는 99년부터 연간 3억여 원 상당의 자금을 소요하여 실시하고 있다. 장애인전문방송인 사랑의소리 인터넷 방송을 통해 매일 전국의 결식장애 아동들에게 무료로 빵을 배부하고 있고 이를 통해 어렵고 힘든 이웃을 먼저 돌보는 따뜻한 회사, 기업의 사회적 책임을 다하는 기업이 되기 위한 기업정신을 사회에 환원하고 있다.

(3) 성공요인

1) 제품의 특색

크라운 베이커리에는 다른 베이커리 브랜드와는 다른 독특한 기술이 있다. 1995년 업계 최초로 기업부설 연구소 크라운베이커리 기술연구소가 정식 인가 받았으며, 국내 최대 규모 생산시설을 갖춘 파주공장, 대전공장, 김해공장 등을 차례로 설립하여 품질 우선주의에 최선을 다하고 있는 것이다. 이를 통해 업계 최초의 HACCP (식품위해요소 중점관리 기준)인증 및 ISO9001(품질관리)인증을 획득하여 품질에 대한 자신감을 대외적으로 인정받았고, 또한, 생산실명제를 일찍이 도입, 전 제품에 생산자의 실명을 명기하여 무한책임으로 고객의 만족을 극대화하고 있다. 지난 1988년 고급초콜릿 성분과 3단 샌드에 특수시럽을 사용한 초콜릿 케익의 개발은 케익시장에 새로운 변화를 일으켰으며, 이는 크라운베이커리를 시장 1위로 올려놓은 일등공신이기도 하다. 1996년에는 국내 유일의 국제규격(CODEX)에 맞는 100% 순우유 생크림케익을 개발, 또 한차례 기술력을 인정받았으며, 스푼이 내장된 1인용 스트리트케익 얌케익, 차세대 무스, 치즈케익, 유산균 발효를 이용한 천연 발효빵의 개발에 이르기까지 바른 식문화 정착을 위한 사명감으로 고품질의 원료만을 사용하여 제품을 만들어 내고 있다. 또한, 여성인력으로 구성된 제빵전문가 BM(Baking Master)을 육성하여 여성들의 사회진출의 확산 및 제품의 신선도와 품격을 높이기 위해 노력하고 있다.

2) Global - Wide Brand

크라운베이커리는 글로벌 브랜드가 되기 위한 첫 번째 과제로 사이버 크라운베이커리를 구축한다. 크라운베이커리의 또 다른 세상 사이버에서 열리는 크라운베이커리이다. 베이커리 업계 최초로 홈페이지를 통해 서비스를 지원했던 크라운 베이커리는 사이버 인프라 시스템을 한층 더 강화에 간다.

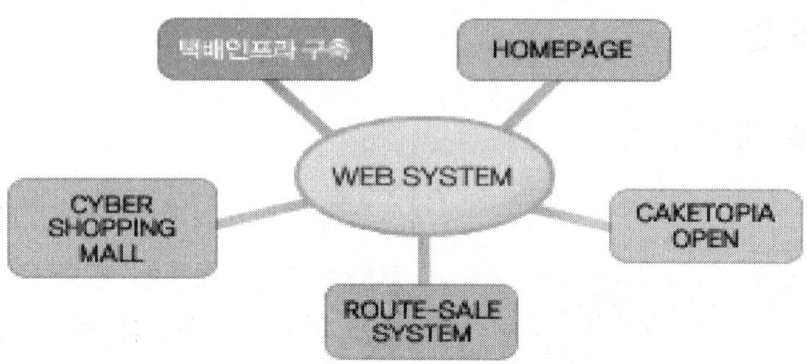

인터넷에서의 모든 쇼핑몰 안에 개설되어 있는 사이버 크라운 베이커리를 통해서 원하는 케익과 날짜를 클릭 하는 전자상거래 시스템과 맞춤형 케익, 택배서비스를 지원하며 또한 데이터베이스 구축을 통한 CRM경영을 실천한다.

3) 「크라운베이커리」 프랜차이즈 성공 요인

가. 재고 걱정의 최소화

하루 전날 완제품과 판매량을 예측하여 본사에 주문하는 시스템으로 운영되므로, 가맹점의 재고품의 우려를 덜어준다.

나. 부담 없는 반품 처리

재고물량이 발생할 경우 매장오픈 5일 간 본사에서 100% 반환이 가능하며, 오픈 후 한 달간 본사에 70% 반품이 가능한 제도를 만들어 운영중이다. 그 이후부터는 반품의

50% 정도를 본사에서 부담하고 있다.

다. 종합적인 상권 분석

크라운 베이커리는 본사의 시장 분석팀의 철저하고 체계적인 상권 분석을 통해 경쟁력이 있다고 판단되는 입지만을 선정하여 가맹점을 개업한다.

라. 실속 있는 마진율

완제품으로 가맹점에 배송되어 판매될 경우 최고 30%, 냉동생지와 같은 반제품의 경우에는 40%에서 최고 60%까지의 마진을 보장하고 있다.

마. 안정적인 매출과 높은 소득

프랜차이즈 가맹점주의 노력이나 기타 요건, 계절등에 따라 다소 차이가 있을 수 있으나, 비교적 안정적으로 높은 매출을 기대할 수 있다.

바. 본사의 가맹점 관리.

매장 오픈 전부터 본사에서 가맹점주를 대상으로 철저한 교육을 실시하며, 수시로 매장관리와 각종 문제 발생 시 즉각 해결책을 제시해 주어 브랜드 이미지 제고를 매출로 연결시킬 수 있도록 힘쓰고 있다.

(4) 결론

프랜차이즈 시스템은 이제 제과 업계의 대세로 자리잡고 있다. 베이커리 프랜차이즈의 BIG3로 불리는 파리바게트와 크라운 베이커리, 그리고 뚜레쥬르 등의 업체의 최근의 성공적 시장점유율은 이러한 추세를 잘 반영하고 있다.

이제 국내에서 시작된 이들 베이커리 프랜차이즈 업체는 중국 등 해외로 뻗어나가는 노력 중에 있다. 특히 2005년 7월 중국정부가 기업형 프랜차이즈 규제를 완화하는 것을 계기로, 맛과 품질을 앞세운 국내 베이커리 업체들이 중국시장 공략에 적극 나서고 있다. 뚜레쥬르는 오는 7월말 경 중국 베이징시에 점포를 개설할 예정이며, 크라운베이커리도 중국 베이징에 중국 직영 1호점을 오픈할 예정으로 현재 상권조사와 입점부지 물색에 주력하고 있다. 파리바게뜨는 이미 중국 상하이에 1호점을 오픈한 후 6호점까지 개설하는 등 중국 공략에 한창이다.

중국 시장 등 해외에서의 우리 베이커리 프랜차이즈의 성공 여부는 철저한 가맹점 관리와 인력 교육 등의 요인도 작용하겠지만, 무엇보다 가장 중요한 것은 현지에 맞는 운영 전략과 유통방식일 것이다. 몇 년 후쯤 세계 곳곳에 우리의 제과 브랜드가 입점해 한국의 입맛을 전파하고 있을 자랑스러운 순간이 오기를 기대해 본다.

〈참고문헌〉

크라운베이커리 홈페이지http://www.crownbakery.co.kr
경영전략사례집 에디터출판사 박병윤지음
크라운 베이커리 마케팅사례 http://cafe.naver.com/strategic0/160
크라운베이커리 브랜드 마케팅 전략
http://cafe.naver.com/petitcat17/600043834348480

제 9 장

마케팅전략

① 마케팅 마인드를 가진 사람이 성공한다.

마케팅이란 이론이 아닌 실제로, 점포경영주는 알게 모르게 점포를 운영하면서 마케팅 활동을 해오고 있다. ex)가격은 얼마 받을까? 개점 광고는 어떻게 할까? 상품의 구입은 어디서 할까? 우리의 주요 고객은 누구인가?

마케팅 활동의 목적은 점포의 매출을 극대화하는 것이다. 즉, 고객에게 만족을 제공하는 동시에 점포의 목표를 달성하기 위한 활동인 것이다. 자신이 목표로 하고 있는 고객층을 명확히 설정하고, 이들의 욕구를 충족시킬 수 있는 방향으로 모든 것을 갖추어 고객만족을 이룰 수 있도록 노력하는 것이야말로 차별화를 이룰 수 있는 점포마케팅의 핵심인 것이다. 마케팅 활동은 소점포 경영에도 필요하다. 현재까지 점포를 경영해 오면서 해왔던 활동을 좀더 체계화하는 것이 점포의 경영에 필요한 것이다. 예를 들면, 취급하는 상품의 가격책정, 품질, 공급 또는 판매 방법, 광고 및 판촉 방법, 고객 서비스 등의 통합으로 고객에게 최대의 만족을 주어 매출의 활성화를 이루는 것이 점포 운영에 절대적이다.

갈수록 소점포 활동은 어려워지고 있다. 이러한 상황에서 살아갈 길은 고객층을 특화하여 차별화하는 것이다. 고객은 영리하다. 자신들이 이용할 목적과 가격과 장소를 최선의 방법으로 선택한다. 결국 목표로 하고 있는 고객층을 명확히 설정하고, 이들의 욕구를 충족시킬 수 있는 방향으로 점포의 모든 것을 갖추어야 한다. 이렇게 고객만족을 이룰 수 있도록 노력하는 것이 차별화를 이룰 수 있는 점포마케팅의 핵심인 것이다. 상품을 구매할 때도, 창고정리를 할 때도, 판매촉진 계획을 잡을 때도 항상 누구에게 어떻게 팔아서 얼마를 남길 것인가에 대한 생각을 하고 있는 것, 이것이 바로 마케팅 마인드인 것이다.

또한 판매 중심의 철학을 가져야 한다. 점포경영이라는 것은 판매가 중심이 되어야하고, 또 이익을 남겨야 한다. 결국 점포의 경영활동은 판매에 집중되어야 하는 것이다. 점포경영자와 종업원은 끊임없이 고객에게 이와 같은 판매 중심의 철학과 마케팅 마인드를 가져야 한다. 이러한 것이 일상화될 때 지속적으로 발전을 거듭하는 점포가 될 것이다.

② 정말, 고객을 알아야 한다.

고객을 알아야 점포 운영의 모든 것을 고객에게 맞출 수 있으며, 고객들에게 최고의 서비스를 제공함으로써 고객만족을 이룰 수 있다. 이것이 장기적으로 점포에 매출과 이익을 가져다주게 되는 것이다. 결론적으로 고객을 생각하지 않는 사업자는 실패하고, 고객을 알고 생각하는 사업자는 성공한다.

소규모 사업에서의 운영전략은 '누구에게(목표고객),무엇을(상품이나 서비스),어떠한 가격으로(고객이 느끼는 효용),어떻게(운영방법) 팔 것인가?'를 정하는 것이다. 예를 들어, 인근에 할인마트가 있는 동네에서 약 15평 정도의 조그만 미니슈퍼를 창업할 경우 동네슈퍼에서 필요한 것이 무엇인가? 담배, 과자류, 빵류, 사탕, 음료, 주류 등 한번에 많이 구매하는 것이 아니라 필요할 때마다 소량을 구매하는 상품일 것이다. 만약 동네슈퍼에서 고객을 오해하여 가격을 낮춰 수익률을 악화시키고, 상품도 동네 슈퍼에서는 안 팔리는 상품들을 주력해서 진열한다면, 매출감소는 물론 재고부담도 떠안게 되면서 영업실적이 악화될 것이다.

결국 중요한 것은 '고객은 중요하다. 하지만 모든 사람이 우리의 고객은 아니다. 그렇다면 과연 누가 우리의 고객인가? 어떻게 그들을 만족시킬 것인가? 그리고 어떻게 관계를 장기적이고 지속적으로 유지할 것인가?'이다. 고객을 알고 늘 고객 입장에서 생각해야 할 것이다.

③ 상품 구매 관리의 원칙을 파악하라.

점포의 성패는 '누가 먼저 품질 좋은 상품을 적정한 가격으로 매입하는가?'에 달려있다고 해도 과언이 아니다. 과거에는 제조업 위주의 유통망이 형성되어 있어 제조업체에서 공급해주는 상품만을 수동적으로 구매하여 판매했다. 그러나 지금은 구매경로가 다양해져서 우수한 상품을 남보다 빨리 구매하여 판매하는 것이 점포의 매출에 큰 도움이 된다. 그러면 질 좋은 상품의 기준을 어디에 두어야 할 것인가? 점포경영주 입장에서는 상품자체의 포장상태, 품질 이외에 고객이 원하는 것이 무엇인지 찾아내어 그들의 욕구를 반영한 상품을 선택해야 한다. 아무리 질 좋은 상품이라도 고객이 찾지 않는 상품은 우수한 상품이라고 볼 수 없다. 고객이 원하는 상품을 구매하여 팔리는 상품을 찾아 판매해야 한다. 그러기 위해서 점포경영주는 얻을 수 있는 여러 가지의 정보원(신문, TV 광고, 잡지, 시장조사, 고객의 요구)에 귀 기울여 남보다 빠르게 움직여 상품을 구매하는 것이 필요하다. 상품을 구매할 때에는 고객조사, 과거의 판매실적, 자금계획, 연중상품인지 계절상품인지 등을 고려한 정확한 구매 포인트를 마련해 놓는 것이 필요하다.

어떤 상품을 선택할 것인가? 어떤 가격대, 어떤 메이커의 상품을 구매할 것인지 명확히 판단해야 한다. 고객이 선호하는 상품을 구매해야 할 것이다. 얼마나 구입할 것인가? 상품의 구매량을 결정할 때에는 과거의 판매량과 향후의 판매예측을 고려하여 구매량과 구매예산을 수립해야 한다. 특히 점포 운영에 있어서는 상품재고를 최소화해야만 자금의 활용과 공간의 활용을 원활히 할 수 있다.

마진은 어떠한 수준으로 할 것인가? 상품의 가격과 마진은 정비례의 관계가 있다. 즉, 판매가격이 높을수록 이익이 크지만, 판매하는 입장에서 높은 가격은 대단한 장애요인이다. 이때 박리다매로 할 것인가, 아니면 상품가격을 높게 하며 소량 판매로 할 것인가 결정을 내려야 한다. 물론 여기에는 장단점이 있지만, 소점포일 경우는 특화된 소품종의 상품을 취급하는 것이 바람직하다.

어디서 구입할 것인가? 상거래에서 가장 중요한 것은 신용이다. 일시적으로 가격이 싸다고 하여 이곳저곳에서 상품을 구매하는 것은 근시안적인 발상이다. 한 점포에서 꾸준한 거래를 하면 얻을 수 있는 이득이 의외로 많다. 예를 들면, 대금결제의 융통성, 상품배달의 편리함 등이다. 처음 점포를 선택할 때에는 특히 점포에 대한 주변의 평판, 상점의 영업상황 및 자금력 등도 가능한 파악하여야 한다.

상품구매의 타이밍은 언제가 좋은가? 기존에 팔던 상품은 재고가 떨어지기 전에 물량을 확보해야 한다. 그러나 신상품 등 새로 입점 되는 상품에 대해서는 상품 구매의 타이밍이 매우 중요하다. 계절상품은 가급적 그 해에 다 팔 수 있도록 계절이 시작되지 전에 상품을 입점 시켜야 하며, 신상품의 경우는 메이커에서 광고를 시작하는 시점에 상품을 구입하여 입점 시키는 것이 가장 좋다. 또한 상품을 구입할 때에는 가격변동 정보를 미리 입수하여 가격이 인상되기 전에 일정 물량을 확보하는 재치도 필요하다.

대량으로 구매할 것인가, 소량으로 구매할 것인가? 대량으로 구입할 경우는 자금이 많이 소요되지만 대량구입에 따른 가격할인 등 갖가지 비용을 절감할 수 있다. 그러나 이 경우에는 구입 물량에 대한 판매처가 확보되었을 때나 가능한 일이다. 소규모 점포는 소규모로 자주 구매하는 것이 위험을 줄일 수 있다. 또한 동종 점포들과 공동으로 상품을 매입하여 매입비용을 절감할 수도 있다. 단, 가급적이면 1주일 또는 15일 단위로 필요한 상품의 물량을 구매하여 판매하는 것이 위험을 피할 수 있는 바람직한 방법이다. 또한 계절상품 및 유행상품의 경우에는 상품의 라이프사이클이 매우 짧으므로 구입시 물량에 대한 충분한 검토가 필요하며, 미판매분에 대한 반품 또는 재고처리 문제도 미리 생각해야 한다.

〈구매계획은 이렇게 세워라.〉

상품의 구매는 한정된 자금 및 정해진 공간을 바탕으로 하기 때문에 이러한 조건에 맞는 적정한 구매계획이 세워져야 한다. 적정한 구매계획이 세워지기 위해서는 구매할 상품의 종류, 구매수량, 희망 구입단가, 구입시기, 구입처, 결재방법 등의 6가지사항이 검토되어야 한다. 구매계획을 실현시키기 위해 필요한 것이 구매예산이다.

*구입예산=판매예산(1-평균이익률)=매상원가예산+기말재고량-기초재고량

 재고관리, 원칙에 충실하라

점포경영에 있어서 상품의 재고관리는 매우 중요하다. 상품은 곧 현금이며, 재고가 점포에 쌓이면 곧 회전시킬 수 있는 현금의 보유액이 적어져서 점포 운영에 압박 요인

이 될 수 있다. 재고가 많을 때의 문제점으로는 자금이 상품으로 묶여있어 현금 회전이 어려워지며, 보관비용이 발생하고, 폐기상품이 발생하며, 상품의 가치가 떨어져 판매가 어려워진다. 반면 재고가 적을 때의 문제점으로는 상품이 떨어져 판매기회를 잃어 기회손실이 발생할 수 있고, 상품 매입시 소량매입에 따른 원가상승 우려가 있으며, 빈번한 매입으로 매입비용이 추가로 발생하고, 상품구색이 부족하여 고객이 감소한다.

적정한 재고수준은 어떻게 파악하는가? 흔히 사용하는 지표가 상품회전률이다. 상품회전률은 일정기간 동안 재고량이 얼마나 회전했는지를 알려주는 지표이다. 즉, 재고의 현금화가 얼마나 촉진되고 있는가를 알려주는 것이다. 재고품은 판매를 통하여 현금으로 들어오고, 그 현금으로 다시 상품을 구입하여 재고로 남는 순환과정을 의미하는 것이다. 각 업종마다 평균회전률이 있다. 이것을 지표로 하여 상점의 상품회전률이 적정한지 여부를 판단하여 재고통제의 기준으로 삼아야 한다. 상품회전률은 일정 기간의 판매수량을 평균매가재고량으로 나누어 산출한다. 평균매가재고량이란 기초재고량과 기말재고량을 합한 것을 둘로 나누어서 구한다. 이때 자료가 충분하다면 매월 말의 재고량을 합하여 합계를 낸 뒤 이를 12로 나누어 연간평균재고량을 산출하는 것이 더욱 정확할 수 있다.

*상품회전률(회)=상품판매수량/평균매가재고량

이 공식에 따라 점포의 회전률이 산출되면 점포에서는 동 업종의 평균회전률과 비교하여 점포의 목표회전률을 결정하는 것이 중요하다. 이것이 점포의 재고통제 기준이 되는 것이다. 즉, 이 회전률을 지표로 하여 회전률이 둔화되거나 회전률이 높은 경우 점포 자체적으로 재고 회전률에 관한 전략을 수립해야 한다.

〈부족한 재고와 남는 재고〉

재고의 과잉은 자금의 고정을 초래한다. 이를 해결하기위해서는 구입량을 조절하여 재고를 통제하거나 판촉행사를 통해 재고를 처분하거나 특매 및 할인판매를 할 수 있다. '재고차이'란 장부상으로 기록해 온 장부가 재고와 실제 현물조사를 통하여 파악된 실제 재고와의 차이를 말하는 것인데, 재고 초과의 경우 기록의 유지 및 누락이 있어 발생하는 경우가 많으므로 점포의 재고를 정확히 관리해야 한다. 또한 과다한 재고 부족은 점포의 재정적인 손실을 일으키며 점포의 손익에 악영향을 끼치게 되므로, 정기적인 재고조사를 통해 점포운영을 체크하는 것이 필요하다.

〈재고는 왜 부족해지는가?〉

재고 부족에는 외부 침입, 납품업자가 훔치는 것, 종업원이 훔치는것, 고객이 훔치는 것, 계산하지 않고 먹는 것, 종업원의 실수 등이 있다. 종업원이 계산 않고 먹는 경우는 경영주 자신이 본보기를 보여 점포에 진열된 상품은 반드시 현금을 지불하고 구입하는 것을 종업원에게 보여주는 것이며, 납품업자에 의해 발생하는 경우 점포 경영주자신이 상품관리에 만전을 기해야하고, 종업원이 훔치는 경우는 사전에 정직한 종업원을 채용해야할 뿐 아니라 점포 내의 모든 상품의 재고관리가 체계적으로 되어 있어서 상품 하나가 없어져도 쉽게 원인을 파악할 수 있다는 것을 종업원에게 주지시켜야 한다.

⑤ 가격관리에도 작전이 필요하다.

오늘날의 점포사업의 영업방침은 좋은 상품을 싸게 파는 것이 아니라, 손님의 지지를 받을 수 있는 상품과 적정한 가격으로 바뀌어져야 한다. 점포에서의 가격결정은 상품의 원가+점포의 이익이라는 구조로 결정되며, 취급품목에 따라서 다양한 가격전략을 채택할 수 있다.

〈비싸게 팔까, 싸게 팔까?〉

가격 결정은 매우 중요하다. 가격을 결정할 때는 판매하고 있는 점포의 경쟁상태는 어떤지, 판매 상품의 종류는 무엇인지, 즉 일반 생필품인지 아니면 전문품, 쇼핑품인지를 고려해야 한다. 가격은 '상품의 원가+점포의 이익'으로 결정된다. 점포경영주입장에서 최대한으로 조정할 수 있는 부분은 점포의 이익부문이다. 이것을 조정하여 경쟁점과 대비하여 고가로 갈 것인가 저가로 갈 것인가를 결정할 수 있다. 일반적으로 생필품 위주의 편의품은 고객의 입장에서 볼 때 가격에 대한 비교가 아주 적은 편이기 때문에, 경쟁요인이 적다면 정상가 정책이 바람직하다. 쇼핑상품은 일반 편의성 상품보다는 고가이며, 차별화된 기능 및 서비스 개발이 관건이다. 그것이 이루어지지 않을 때는 차라리 저가가 유리하다. 전문품은 경쟁요소가 적다고 볼 수 있으며, 상품자체의 가격도 고가인 경우가 많다. 이러한 상품은 납득할 만한 가격을 책정하여 고객을 이해시키는 것이 바람직하며, 고객에 대한 꾸준한 상품정보의 제공 및 상품구매로의 유도가 필요하다.

〈가격을 결정하는 여러 가지 방법〉

① 원가+이윤 가산 가격 결정법

가장 쉽게 많이 이용하는 방법으로 상품조달비용에 점포관리비, 인건비까지 금액을 산출한 다음, 일정한 이윤을 부가하여 최종판매가격을 산정한다. 점포의 이익을 조정함으로써 시장상황에 맞는 가격정책을 결정할 수 있다.

② 수요공급설

수요의 특성, 강도를 기준으로 하되 공급자의 공급능력 여하에 따라 가격을 결정한다. 공급량에 비해 수요가 많으면 가격을 높게, 반대의 경우는 낮게 설정해야 한다.

③ 경쟁지향적 가격결정

경쟁상황을 보아가며 경쟁업자와 동일한 수준으로, 또는 박리다매할 목적으로 경쟁수준 이하로 정할 수 있다. 또한 고품질, 신뢰도, 명성이 있는 경우에는 경쟁 수준 이상으로 정하여 판매하는 것도 가능하다. 새로 창업을 하는 경우 인근의 점포들이 책정한 가격대와 비교하여 큰 차별점이 없다면 경쟁점의 가격대와 가격을 맞추어서 설정하는 것이 좋다. 그러나 차별점이 있다면 가격을 더 높게 책정하는 것은 점포의 수익성이나 차별성을 강조하는데 도움이 될 것이다.

〈다양한 가격전략〉

일반적으로 소매업의 경우에는 일반 대중들을 고객으로 하기 때문에 박리다매 전략이 가장 바람직할 수 있으나 상황에 따라서는 가격차별화 전략(고객별, 지역별, 시기별로 상이한 가격을 정해 판매하는 방법), 명성가격(고가는 고품질이라고 인식하는 고객을 겨냥해 비싼가격으로 책정하는 방법), 단수가격(가격이 최하 가능한 선에서 결정되었다는 인상을 주기위한 가격결정방법.ex>4000보다는 3900원), 고의적 할인가격(고의로 가격을 높게 설정 후 할인 폭을 크게 정하는 방법), 탄력가격(가격선을 설정하여 일정한 범위 내에서 가격을 바꾸어 적절히 활용하는 방법), 소매표시가격(소비자의 선별구매를 용이하게 해줌), 고가전략(신상품을 처음 도입하는 초기에 고가로 책정해 고소득층을 먼저 흡수하고, 그 뒤에 연속적으로 가격을 인하해 가며 저소득층으로 침투하고자 하는 정책)등이 있다.

⑥ 서비스관리에 신경 써라.

고객에 대한 서비스는 매우 중요하기 때문에 많은 신경을 써야 한다. 우수한 접객, 깨끗한 점포, 신속한 계산, 구매하기 편리한 진열등이 있어야만 고객은 최종 구매결정을 내리며, 이들을 미래의 단골고객으로 확보할 수 있다. 점포에서 서비스 정책의 관리를 위해서 신경써야 할 부분은 종업원 인사관리, 점포관리, 상품관리, 판매관리, 접객관리, 시설관리 등이다.

*서비스 관리 체크 포인트(p336)

점포의 경영주는 모든 면에서 빈틈이 없어야 한다. 따라서 경영주는 철저한 자기관리가 필요하며 업무 관련 점검목록을 준비하여 정기적으로 수행해 나가야 한다. 이 때 체크 리스트를 작성해서 자료를 누적하여 파악하면 세부적인 체크 항목의 변화추이와 그 대책방안을 만들 수 있다.

⑦ 판매촉진으로 매출을 늘려라.

매출 하락, 영업 정체상태이거나 영업을 더욱 활성화하고자 할 때 가장 먼저 실행하는 것이 판매촉진이다. 고객들은 점포에서 어떤 상품을 팔고 있는지 알지 못하면 상품을 사러 오지 않는다. 따라서 고객들에게 자기 점포가 취급하는 상품을 소개하기 위해 판매촉진 활동을 하는 것이다. 판매촉진은 비용이 많이 들지만 제대로 계획을 세워 실행하면 큰 이익을 가져다주는 효과적인 수단이다. 판매촉진은 점포와 고객과의 의사소통을 통해 고객의 행동에 변화를 일으키기 위해 여러 가지 방법으로 실시한다. 판매촉진의 목적은 관점에 따라 몇 가지로 나누어 볼 수 있다.

첫째, 정보를 제공한다. 고객에게 점포 및 상품의 존재를 적극적으로 알리는 것이다. 상품이 신제품이라면 더욱 알려야 하며, 새로 개점한 점포라면 점포 자체를 홍보해서 고객들에게 점포의 존재를 인식시켜야 한다.

둘째, 고객을 유인한다. 판매촉진의 근본적인 목적은 더 많은 고객들을 점포로 유인해 상품의 판매를 증대시키는 것이다.

셋째, 매출을 유지한다. 매출의 기복이 심할 때 이를 안정시키는 역할을 한다. 예를 들어 겨울철이 되면 매출이 급하락하는 아이스크림의 경우를 들 수 있다.

넷째, 매출증대를 유발한다. '많이 팔릴 때 더 많이 팔아라'는 마케팅 원칙에 따라 잘 팔리는 상품을 판매촉진 함으로써 상품의 판매량을 더욱 증가시킨다.

(1) 내 점포를 알리자.

현대는 광고의 시대이다. 소점포도 예외일 수 없다. 경쟁점들 사이에서 우위에 서고 싶다면 고객들을 자기 점포로 끌어들일 수 있는 광고선전의 종류와 특징에 대해서 알아두어야 한다.

① 광고

신문, TV, 라디오, 잡지, 옥외광고판 등을 통해 선전하는 방법으로 대규모 상권에 필요한 방법이고 장기적인 효과가 있다.

TV광고는 시각과 청각을 동원하며, 시청 대상의 폭이 넓고 반복해서 광고를 할 수 있기 때문에 효과가 크다. 반면에 비용이 비싸고 목표로 하는 고객을 정확히 조준할 수 없다는 단점이 있다. 소점포의 경우 전국적인 TV광고는 불가능하지만, 케이블 TV의 보급으로 지역 채널을 이용한 광고 활용이 가능하다.

신문광고는 지역별 선택이 가능하고 전달하고자 하는 메시지를 할당된 지면에 마음껏 표현할 수 있다. 그러나 광고수명이 짧고 TV, 라디오와 같이 반복 광고가 불가능하다.

잡지광고는 특별한 고객층을 선정해 공략하기가 쉬우며, 신문보다 오래 볼 수 있으므로 광고 수명이 길다. EH한 다양한 인쇄 기술을 적용할 수 있다. 반면에 지역적인 제한이 없다는 것이 단점이다.

DM(Direct Mail)광고는 각종 안내문, 홍보물, 간행물 등을 우편을 통해 발송하여 전달하는 광고이다. 고객관리를 통한 DM 광고는 광고대상을 선택할 수 있으며, 상품 및 점포의 특매행사를 자세히 알릴 수 있어 매출에 직접적으로 연계시킬 수 있다. 비교적 비용이 싸서 손쉽게 시행할 수 있다는 장점이 있다. 효율적으로 DM 광고를 실시하려면 평소에 고객에 대한 데이터베이스를 구축해야 하며, 가능한 한 예상고객 리스트를 많이 확보해야 한다.

옥외 광고는 야외광고판, 벽보, 플랜카드 등을 이용한 간단한 광고이다. 특정 지역에 의사전달이 가능하지만, 자세한 내용을 전달하기 어려우며, 환경을 해친다는 불만을 사기가 쉽다, 플랜카드를 설치할 때에는 관할관청에서 지정하는 위치에 부착해야 한다.

생활정보신문도 판매촉진 활동의 대상이 될 수 있다. 이러한 지역신문을 활용하면 저렴한 광고비로 한정된 지역에 집중적으로 광고할 수 있다. 그러나 생활정보신문의 특성상 점포의 이미지를 실추시킬 수도 있으므로 이미지에 관계없이 대량판매를 위한 아이템에 활용하는 편이 좋다.

전화번호부도 광고 매체로 활용할 수 있다. 전화번호부 광고는 확인, 구매 등을 목적으로 하는 목적 광고이기 때문에 실고객층의 주목률이 매우 높다. 또한 1회 광고로 1년 내내 지속적인 광고 효과를 볼 수 있어 가장 경제적으로 점포를 홍보할 수 있다.

② 판매촉진

판매촉진은 주로 시험구매를 유도하거나 기존의 매출을 증가시키기 위해 실시한다. 가격할인, 경품제공 등의 방법으로 단기적으로 시행하는 직접적인 인센티브 활동이라고 할 수 있다. 판매촉진 활동은 주로 한정된 기간 내에 시행하기 때문에 적극적이고 빠르게 판매를 늘릴 수 있으며 결과에 대한 효과분석이 가능하다.

③ 홍보

점포의 우수한 점을 각종 매체에 기사화시켜 알림으로써 간접적인 매출증대를 꾀하는 방법이다. 홍보의 특징은 광고비용이 들지 않으며 신뢰성이 매우 높다는 점이다.

④ 고객의 흥미를 이끄는 광고의 보조도구

광고를 할 때 상품, 행사의 집중도를 높이기 위해 보조도구가 사용된다. 도구는 점포의 주고객층이 선호하는 것으로 연출되어야 한다.

〈적합한 광고 선전의 선택〉

광고 선전은 여러 가지 방법을 통해 여러 번 시행하는 것이 매출증진에 도움이 된다. 그러나 지출할 수 있는 비용은 한정되어 있기 때문에 자신의 점포에 적합한 방법으로 시행해야 하며 각 점포의 특성에 맞추어 적합한 방법을 결정해야 한다. 그래야만 매출을 증대시키고 점포의 이익을 극대화시킬 수 있다. 가장 크게 고려해야 할 사항은 취급상품의 특성과 이 상품을 어디의 누구에게 팔 것인가이다.

(2) 소점포에 알맞는 판매촉진 노하우

판매촉진 행사를 해서 좋은 결과를 얻으려면 사전에 치밀한 계획을 세워야 한다. 공급업자가 제공한 가격, 경품, 판촉사원 등을 이용해서 하는 판매촉진 행사는 안 하는 것보다는 하는 것이 좋다. 그러나 이왕이면 철저한 계획을 수립해 계속적인 판매촉진 활동을 진행하는 것이 점포에 대한 고객의 기대심리를 증대시켜 고정고객을 증가시킬 수 있다. 뿐만 아니라 연간계획을 세워 실시하면 고정적인 매출도 확보될 뿐 아니라 판매촉진 행사에 대한 경영기법을 습득할 수도 있다. 고객을 대상으로 구매의욕을 상승시키는 판매촉진 방법에는 여러 가지가 있다. 다양한 판매촉진 방법을 자기의 점포에 맞게, 자신의 업종에 맞게 새롭게 변형, 개발하는 사람만이 효과를 얻을 수 있을 것이다. 여기서는 일반적인 판매촉진 방법을 소개한다.

① 샘플제공

고객의 구매욕구를 자극해 주의를 집중시켜 인지도를 높일 목적으로 사용된다. 보통 샘플은 신상품의 도입, 모델 변경, 캠페인 행사 때 제공된다.

② 경품제공

고객확대 및 고정고객을 만들기 위한 목적으로 많이 사용하는 것이 고객에게 사은품을 제공하는 방식이다. 사은품 제공은 구입자 일부에게 제공하는 현상경품 방법과 구입자 전원에게 제공하는 기념품 제공 방식이 있다. 일정액 이상을 구매하는 고객에게 그에 상응하는 사은품을 증정하는 방식이 많이 사용된다. 또는 일정 구매액 단위로 스티커를 제공해 일정 매수 이상의 스티커를 모으는 고객에게 경품을 제공하기도 한다.

③ 가격할인

고객의 구매를 촉진시키며 신규고객을 확보하기 위해 사용하는 방식이다. 특매 캠페인, 시즌 캠페인을 통해 시행한다. 비수기 및 불경기가 지속될 때, 특정상품의 과다재고를 처분할 때, 전략적으로 경쟁점을 이기고자 할 때 사용된다. 일반적으로 손쉽게 매상을 증진시킬 수 있으나 남발할 경우 싸구려 상품을 파는 점포라는 이미지를 남길 수 있다. 이는 매출에 악영향을 미칠 수 있다. 가격할인 판매촉진 방법은 음식에는 사용하지 말아야 한다. 품질에 의심을 갖게 되기 때문이다. 음식의 경우 경품 제공 방식을 사용하는 것이 효과적이다.

④ 회원제도

고객을 조직화해 각종 정보제공 등의 혜택을 줌으로써 고객확대 및 고정고객으로 만들기 위해 사용하는 방법이다. 우수 고객을 분류해 멤버십 카드를 발급하고 각종 행사에 초대하거나 할인 특전을 제공한다.

⑤ 전단지 배포

점주 사진을 넣어 그의 경영이념, 신조를 강려히 피력하면서 고객을 위한 점포라는 것을 강조하고 점포의 주요 아이템 및 가격대를 소개한다. 배포 방법은 직접 가두에서 배포하는 방법이 있고, 신문에 끼워 배포하는 방법도 있다. 이때는 2차상권(일반적으로 점포 반경1km)까지를 대상으로 배포한다.

⑥ 지역봉사활동 참여

지역의 고객과 밀착해 점포의 이미지를 상승시키기 위한 목적으로 각종 지역행사에 참여하거나 행사를 지원하며 지역 불우단체를 방문한다. 장기적으로 점포의 이미지를 높여 지역의 고정고객을 많이 창출시킬 수 있다.

⑦ 지불조건의 다양화

신규고객 확대 및 구매를 촉진시키기 위해 사용하는 방법이다. 고객의 신용도에 따라 무이자 할부판매, 현금가 분할판매 등을 시행한다.

⑧ 경영분석은 반드시 필요하다.

(1) 손익관리를 철저히 한다.

매출이 바람직하게 올라가고 있는가, 영업경비가 왜 늘어만 가는가, 순이익이 확보되었는가 등의 문제를 항상 제기해야 한다.

(2) 매출은 많은데 순이익이 증가하지 않는다?

매출이 충분한데도 순이익이 오르지 않는다면, '예상이익률의 불충분'에서 원인을 찾을 수 있다. 다음의 방법을 모색해야 한다.

① 원가를 낮추어 이익을 올리는 방법

비용 중에 가장 큰 비중을 차지하는 것이 상품원가이다. 같은 업종을 영위하는 경영주와 공동구매를 하거나 자금에 압박이 갈 수 있겠지만, 대량구매를 통한 원가할인으로 매출원가를 최소화할 수 있다.

② 매출액을 높여서 이익을 얻는 방법

매출액을 올리는 방법에는 여러 가지가 있다. 고객이 적다면 고객을 점포로 유인할 수 있는 판매전략이 필요하고, 객단가가 적다면 한 개를 구입하는 고객에게 연계판매, 제안판매를 통한 추가판매가 발생할 수 있는 판매기법이 필요하다.

③ 영업경비를 줄여 이익을 얻는 방법

판매관리비에는 고정비와 변동비가 있다. 매출액을 기준으로 매출에 상관없이 점포가 영업을 할 때, 고정적으로 발생하는 것이 고정비이고, 매출액의 증감에 따라 발생하는 것이 변동비다. 이러한 비용은 경영주가 관리방안을 수립하고 시행하여 최소화시킬 수 있다.

(3) 손익분기점을 알아야 순이익이 늘어난다.

모든 비용을 최소한으로 유지하는 것이 점포의 이익에 큰 영향을 미친다. 이러한 것을 명료하게 파악하여 판매계획과 이익계획 등이 설정되어야 한다. 손익 분기점을 구하기 위해서는 먼저 점포의 비용을 고정비와 변동비로 나누어 생각해야 한다. 고정비란 매출의 증감과는 관계없이 언제나 일정액이 소요되고 지불되는 비용이다. 반대로 변동비는 매출액의 증감에 비례하여 나타나는 비용을 의미한다. 점포의 모든 비용은 반드시 고정비와 변동비의 어느 한 쪽의 성질을 가지며, 이것을 파악하면 손익분기점을 쉽게 구할 수 있다. 손익분기점은 과거의 일정한 기간동안 판매하여 올린 매출액과 그것에 사용된 고정비 및 변동비를 계산하여 파악할 수 있다.

*손익분기점=고정비/(1-변동비/매출액)

(4) 손익 분기점은 이렇게 활용하자.

경영을 과학적으로 합리화하고 계수에 의하여 계획을 세우는 경우에는 과거의 비용을 고정비와 변동비로 분해하여 손익분기점을 응용하는 것이 좋다. 점포경영에 있어서도 합리적인 기법을 활용하여 계획적인 관리를 수행해야 하는 것이다. 그리하여 장래에 일어날 수 있는 여러 가지 변화를 예측하고 그에 따른 종합계획을 설계해야 한다.

⑨ 점포 운영 매뉴얼을 만들어라.

각자가 창업하고자 하는 또는 이미 창업해서 운영하고 있는 점포를 효율적으로 관리하기 위한 구체적인 운영 매뉴얼을 만들어야 한다. 예비 창업자들에게는 본인이 구상중인 사업을 추진하는데 어떠한 점을 중점적으로 준비해야 하는지에 대한 모델이 될 수 있을 것이다.

제10장

상권분석

① 상권과 입지 분석

(1) 상권의 정의 및 분석기준

1) 상권의 정의 : 내 점포, 내 사업의 영업영역

【판매자의 입장에서 본 상권의 정의】

특정 마케팅 단위 또는 집단이 용역을 판매 · 인도함에 있어서 비용과 취급 규모면에서 경제적이며, 그 규모가 어떤 경계에 있어서 결정되는 지역범위

【구매자의 입장에서 본 상권의 정의】

적절한 가격의 재화 및 용역을 합리적으로 발견할 수 있을 것으로 기대되는 지역의 범위

2) 상권의 영역 및 상권조사항목

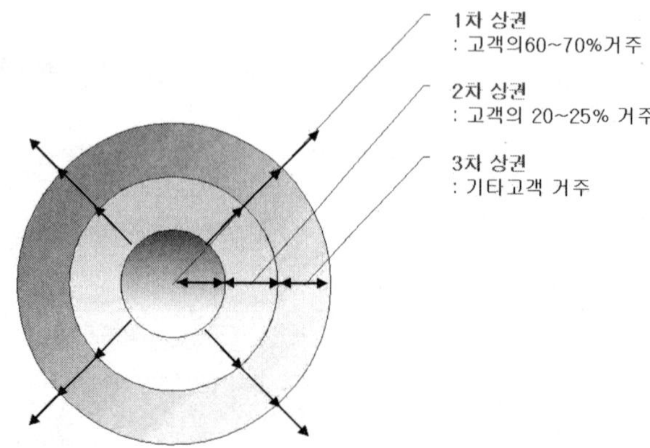

『1차 상권 : 점포 고객의 60~70%가 거주』

① 고객이 상점에 가장 근접해 있으며 고객 수나 고객 1인당 판매액이 가장 높은 지역이다.

② 식료품과 같은 편의품의 경우에는 걸어서 500M이내가 되며, 선매품의 경우에는 버스나 승용차로 15~30분이 걸리는 지역이 된다.

『2차 상권 : 점포 고객의 20~25%가 거주』

① 1차 상권의 외곽에 위치하며 고객의 분산도가 아주 높다.

② 편의점의 경우에는 2차상권의 약간의 고객밖에 흡인하지 못하게 된다.

③ 선매품의 2차 상권은 버스나 승용차로 30~60분 정도 걸리는 지역

『3차 상권 : 기타 고객 거주』

① 고객들의 거주지경은 매우 분산되어 있다.

② 편의점의 고객은 거의 존재하지 않으며 선매품이나 전문품을 취급하는 상점의 고객들이 5~10%정도 거주한다.

참고

≪편의품≫ 일상생활에서 소비 빈도가 가장 높으며 가장 인접해 있는 점포에서 구매하는 상품

≪선매품≫ 소비자가 구입할 때 점포를 다니며 값, 품질, 형태 따위를 비교하고 선택하는 상품

≪전문품≫ 가격이외에 어떤 특수한 매력을 느끼는 상품으로 구매에 있어 전문적 지식을 가지고 구입하는 상품

3) 상권 및 입지 분석의 기준 및 의의

① 상권은 거리, 시간, 인구 혹은 세대수 등의 요소로 분류하여 파악할 수 있다.

② 점포를 중심으로 하여 상권의 범위를 거리로, 고객이 점포까지 오는데 걸리는 시간으로, 그리고 점포가 수용할 수 있는 인구 혹은 세대수로 상권의 범위를 표현하는 것

③ 거리 및 시간으로 파악하는 것은 지도로 표현이 되며, 사람 수로 파악 되는 실직적인 상권은 숫자로 표현

④ 바람직한 방법은 거리와 시간에 따라 먼저 상권을 파악한 후 그 기반위에 세대수 및 인구수라는 실질적인 요소로 파악

4) 상권 분석 시스템의 필요성

경험이 많은 점포개발 담당자가 늘 100%의 적중률을 보이는 것이 아니고 또한 실패시에 극심한 손해를 최소화 하며 매번 평균치 이상의 적중률을 얻을 수 있기 때문에 프랜차이즈체인의 핵심역

5) 요약

① 상권은 점포가 계속해 나가는데 필요한 고객들이 살고 있는 지역이다.
② 상권은 고정적이고 소극적이며 획인적인 것이 아니다.
③ 사업자의 의지와 노력의 여하에 따라 대상지역을 넓혀나갈 수도, 고객을 늘려 갈 수도 있다.
④ 능동적이고 적극적인 의미에서의 상권개념을 정의하고 창업에 임하는 것이 성공을 위한 바람직한 방법이다.

(2) 점포 입지 선정의 원칙 및 유의할 점

1) 점포 입지 선정의 8가지 원칙

1. 현재 상권의 잠재력은 충분한가?

2. 상권에의 접근 가능성은 어떤가?

◈ 고객 창출형 - 광고, 상품의 독자성 평가, 판매촉진 수단에 의해서 독자적인 고객

을 흡입하는 형태로, 백화점, 대형 슈퍼마켓, 특수 전문점 등

◈ 근린점 고객의존형 - 가까운 점포에 의해 흡수된 고객이 주변의 점포로 관련 상품을 구매하러 가는 점포

◈ 통행량 의존형 - 쇼핑을 목적으로 하지 않는 통근자나 교통기관 이용자 등이 관련 상품을 구해하는 경우

3. 성장 가능성은 어떤가?

4. 중간 저지성이 존재하는가?

5. 누적 흡입력은 있는가?

6. 양립가능한가?

7. 경쟁을 피할 수 있는가?

8. 입지에 경제성은 있는가?

◈ 10층 이상 대형 건물이 5개 이상 밀집된 지역
◈ 2,000세대 이상의 대규모 아파트 단지나 주택단지
◈ 지하철역으로부터 300M 이내인 지역
◈ 버스 정류장으로부터 100M 이내인 지역
◈ 버스 정류장에 정차하는 노선이 5대 이상인 지역
◈ 고등학교 이상 대학가 주변, 정문의 500M 이내 또는 후문의 300M 이내인 지역
◈ 버스 종착역의 반경 500M 이내
◈ 편도 2차선, 삼거리 이상 가로의 200M 이내인 지역
◈ 동일 가로 200M 이내에 같은 업종이 없는 지역
◈ 반경 500M 이내에 같은 업종이 3개 이상 없는 지역
◈ 인구 이동이 심한 지역인 경우 전입해 오는 추세인 지역
◈ 고정인구 2만 명, 고정세대 5천 세대 이상인 지역
◈ 기타 업종에 상응하는 시간대별 유동인구 및 주거인구가 부합하는 지역

2) 우수한 점포의 입지조건

참고

≪유동인구의 흐름을 정확하게 아는 법 ≫

………많은 사람들이 움직이는 방향으로 그 사람들을 계속 쫓아가 보라.
그 길이 주동선이고 유동인구의 흐름이 집중된 곳이다.

3) 유의할 점

⊙ 주차 시설이 있으면 유리하다

⊙ 출근길보다 퇴근길 방향에 있는 입지가 유리하다

⊙ 권리금이 있는 점포가 유리할 수 있다

⊙ 이면도로가 유리한 업종이 있다.

(3) 상권 조사 단계별 체크 포인트

상권 조사는 포괄적인 주위환경 및 시장의 배경, 특성을 조사하는 시장조사와 상권 내 인구의 동태분석, 조사 및 자기점포의 상권세력 강약도를 작성하고 이를 판단, 평가함에 따라 고객개척의 방향을 결정하는 상권의 보유범위를 조사하는 것이다.

◈ 1단계 : 상권 내 지역 정보 수집

— 관공서의 인구통계자료
— 상업 통계자료
— 특정 기관 조사정보(방송사, 신문사, 조사업체 자료 등)
— 지역관련 점포조사(점포수, 위치 등)

◈ 2단계 : 지역 상권지도 작성

— 지구별 세대수, 인구수
— 소매업종별 점포 표시
— 교통기관별 표시(역, 정류장 등)
— 관련 유통점 표시
— 지형적인 특성
— 집객력이 있는 지역시설(체육관, 금융기관, 관공서 등)
— 경쟁 점 표시

◈ **3단계 : 상권 내 지역 도보 관찰**

— 연령별로 구분하여 생활방식 표시
— 거주지, 주거형태, 거주기간, 차량 소유 등으로 소득수준 파악
— 혼잡한 점포, 인기 있는 점포의 파악
— 쇼핑 도로 파악
— 고객들의 생활 방식 및 상품의 구매행동 파악

◈ **4단계 : 그룹방문에 의한 인터뷰 조사**

— 지형특성, 거리, 편리함, 차량 진입, 주차의 용이성
— 서비스, 접객태도, 영업시간, 종업원수 파악
— 판촉활동의 영향력 파악
— 이동거리를 늘릴 수 있는 방안 심층 조사
— 클레임 처리, 신용도 체크
— 사용빈도 조사

(4). 상권 조사 단계별 체크 포인트

◉ **지역 체크**

— 하고자 하는 업종의 일반적 조건이 맞는가?
— 사람들이 어느 정도 모이는 장소인가?
— 유동인구의 수는 얼마나 되는가?
— 인근의 상점가나 동종업종, 대형 점포 등의 영업 상태는 어떠한가?
— 상권 내의 주거상황과 소득수준, 세대수와 인구수 등은 어떠한가?
— 지역에서의 점포 매물현황을 파악해 볼 때 성장기인가, 쇠퇴기인가?

◉ **점포조건 체크**

— 점포의 폭은 적당한가?
— 점포의 넓이와 형태는 적당한가?
— 도로에 접해 있는가?
— 주차장은 있는가, 상품의 수송 및 배송에는 문제가 없는가?
— 설비에는 문제가 없는가?

◉ **채산관계 체크**

— 경쟁점포는 어느 곳에 위치하고 있으며 영업상태는 어떠한가?
— 경쟁점포와 경쟁해서 이길 수 있는가? 혹은 이길 수 없더라도 공존 할 수 있는가?
— 예상 매출은 어느 정도인가, 이익을 낼 수 있는가?
— 향후 고객의 증가를 기대할 수 있는가?

◉ **가격 체크**

— 점포의 수준과 비교해서 비싸지는 않는가?
— 준비자금과 부합하는가?
— 관리비, 공과금 등이 높지 않은가?

(5) 상권 분석의 원칙

1) 주변 지역의 특성을 파악하라.

① 해당 지역에서 자신이 하고자 하는 업종이 얼마나 형성되어있는지, 매출 실적이 좋은지, 다른 업종들의 분포는 어떠한지 등을 파악. 즉, 계속 발전하는 상권인지, 쇠퇴하는 상권인지를 구분

② 주거지역인지, 상업지역인지, 공장 혹은 기타 빌딩가인지를 파악 또한 부속기능으로 유흥가인지, 시장인지 혹은 숙박시설, 관공서, 학교 주변인지도 조사해야 한다.

③ 상점가의 상황, 즉 도로의 형태 및 점포의 위치 등을 고려해야 한다.

④ 입지 조건은 교통기관의 발달, 도시계획의 추진, 경쟁 점의 변화, 주변시설의 변모에 따라 계속적으로 변하는 것이므로 지속적인 관찰과 연구가 필요하다.

참고

《지역 및 사람들의 특성 파악 방법》
……… 유동인구의 옷차림, 자동차의 크기, 주택의 정도, 인근 형성 상가의 가격대 정도 등을 고려하며 최종적으로는 상권 내에서 오랫동안 영업을 하고 있는 소매점 등에서 탐문조사를 하는 방법이 효과적이다.

2) 상권 안의 영업 대상층을 파악하라.

① 배후지역의 세력(영업 대상층인 지역 주민들의 소득 수준, 인구 수 및 세대 수, 교

육정도, 직업분포, 주거형태, 가처분 소득, 소비형태, 연령별 인구 수, 잠재고객 대상층 등에 대한 사항)을 확인하라

② 일반적으로 관할 구청이나 동사무소, 아파트 단지의 경우에는 관할 관청 및 아파트 관리사무소에서 제반 자료를 조사할 수 있다.

③ 이러한 배후지역의 세력 조사를 통해 점포입지의 적격 여부 판단 가능

3) 유동 인구수를 확인하라.

① 시간대별, 요일별로 정확하게 파악해야 한다.

② 유동인구와 더불어 내점률을 조사하여 그 입지가 얼마나 실속 있는 자리인지 판단하는 것이 중요하다.

③ 유동인구의 특성이 다음과 같을 때는 통행량이 같다고 해도 유리하다.

· 통행량이 시간적으로 변동하지 않고 끊임없이 계속되고 비교적 일정한 경우

· 통행량의 속도가 느릴 경우

· 속도가 빠르다 하더라도 통행량의 목적이 쇼핑일 경우

⇒ 통행량이 매우 많으면 속도에 관계없이 매상 가능성이 크다.

· 통행인들의 소득수준이 비교적 높은 경우

· 통행량 중에서 쇼핑을 목적으로 하는 비율이 큰 경우

· 상점 앞을 끊임없이 왕래하는 사람이 많은 경우 등

4) 접근성과 이용률을 고려하라.

① 접근성을 구성하는 요인은 버스정류장, 지하철역, 건널목, 출입구의 위치, 출입구의 계단여부, 주차시설, 교통의 혼잡성 등이다.

② 상권 내의 인구 유발요소가 접근성에 영향을 준다.

EX> 학교, 극장, 관공서, 대형서점 등

③ 대단지 아파트의 경우에는 어느 상가 쪽이 고객들의 접근이 용이하고 이용률이 높은가를 판단해야 한다.

5) 생활 관계를 고려하라.

① 사업과 생활의 두 가지 면에 모두 충실 할 수 있는 곳을 선정

② 사업장으로 이동하는 시간이 30분에서 1시간 이내인 곳 선정

③ 매일 주변업소를 방문하여 경쟁업소에 대해 연구할 수 있는 시간적 여유가 많다는 장점이 있다.

6) 경쟁점 조사로 점포를 차별화하라.

① 경쟁점포의 인지도, 매장크기, 취급 상품의 성격, 영업시간, 하루 내점 고객 수 등을 조사한다.
2) 경쟁점 조사의 궁극적인 목적은 경쟁점이 아닌 자신의 점포로 고객이 오도록 차별화 전략을 세우는 것이다.
3) 전문성을 확보함으로써 고객의 층을 세분화하고 특징 있는 상품과 서비스를 갖춤으로써 경쟁에서 이길 수 있는 조건을 마련한다.

7) 수익률을 우선시하라.

① 후보지의 점포의 점포비용과 수익률을 조사해야 한다.

② 예상 후보지별로 총 개점비용과 예상 매출액, 예상 수익, 수익률 등을 따져 보아서 가능한 한 개점이 비용이 적게 들면서 수익률이 높은 곳 선정

◈ 중요 포인트 ◈

소 점포 사업은 입지산업이다. '목적을 잘 잡아야 성공한다.', '시작이 반이다.', '점포의 입지는 성공의 80% 이상을 좌우한다.'라는 말들이 그 중요성을 대변한다. 상권 및 입지선정의 원칙들을 철저히 숙지하고 이해해야 한다.

(6) 상권 요인과 분석방법

1) 입지 수준에 대해서

가. 소득 및 소비 수준 : 주변 지역 거주민들의 질을 파악하는 것이다.

나. 주변 도로 상황

① 차선 여부 : 점포 건너편에서의 고객 유입 가능성을 고려하기 위해

② 주차 여부 : 주차공간이 충분해야 하며 최소한 정차 가능해야 한다.

③ 도로의 경사 여부 : 점포의 배후 및 주변 도로의 경사 여부 파악

다. 점포 형태

① 전면길이 : 시계성을 고려해서 고객들이 점포를 쉽게 알아볼 수 있는지 여부와 간판이나 사인물의 크기와 넓이를 고려한 시각적 효과를 파악하고 고려해야 한다.
② 크기 : 점포의 크기에 따라 매출이 달라지므로 그 영향력을 검토
③ 계단, 층수 여부 : 고객의 점포 접근성을 파악

2) 일반적으로 행하는 분석 요인들

가. 점포의 위치 및 주변상권 특성 : 점포의 정확한 위치를 확인, 상권설정과 배후 인구수

① 점포의 위치 확인 후 지도 반경 500M의 원을 그린 후 상권을 확인, 점포의 영향력 판단
② 범위 내의 거주민 인구수와 세대수는 관할 관청으로부터 파악하여 배후세력을 확인

나. 건물의 비용 : 투자수익률을 분석하기 위해 해당 점포의 권리금, 보증금, 임차료 등의 비용을 확인

3) 매출 요인에 대해서

가. 입지형태 : 입지형태의 파악은 상권범위를 기본으로 실시한다.

① 주거지역 : 상권범위 내에 아파트단지 및 주택 등의 주거지역이 있으면 그 영향력을 파악한다.
② 상업, 유흥지역 : 상권범위 내에 있는 음식점, 주점, 숙박시설, 극장, 기타 유흥 오락시설 등을 조사하여 그 영향력을 파악한다.
③ 오피스 지역 : 상권범위 내에 존재하는 오피스빌딩, 금융기관, 병원, 관청 등의 고객 유인시설을 조사하여 그 영향력을 파악한다.

나. 교통형태 : 교통형태와 점포와의 거리, 조사대별 이용인구수, 이용인구들이 점포 방향으로 이동하는 접근률을 파악, 시간대별로 업종에 따라 신축성 있게 조사해야 한다.

① 버스 정류장 : 버스정류장이 점포반경 약 100M 이내에 있을 경우에 점포의 거리 시간당 이용 수, 점포로의 접근률을 시간대별로 조사

② 지하철역 : 지하철역이 점포반경 300M 이내에 있을 경우에 점포의 거리 시간당 이용수, 점포로의 접근률을 시간대별로 조사

③ 건널목 : 건널목이 점포반경 100M 이내에 있을 경우에 점포의 거리 시간당 이용수, 점포로의 접근률을 시간대별로 조사

다. 교육기관 : 상권범위 내에 있는 교육기관을 조사 한다.

라. 이용가능 여부 : 점포 앞 유동인구를 시간대별로 파악하고 점포를 이용하는 이용률을 예측

3) 경쟁요인에 대하여

가. 상권 범위 내에서 자신의 점포와 같은 상품을 취급하는 경쟁점포의 수를 조사하여 매출에의 영향력을 파악하기 위해

① 자기 점포와의 거리, 규모, 영입력, 경쟁점의 수 등을 조사한다.

제 11 장

인테리어

① 효과적인 프랜차이즈 인테리어

(1) 바닥

매장 인테리어에 있어서 바닥을 어떻게 꾸밀 것인가 하는 문제는 매우 중요하다. 매장 분위기 연출뿐만 아니라 기능적인 측면이 고려되어야 하기 때문이다. 무궁무진한 바닥재 가운데 매장에 가장 잘 어울리는 소재를 찾는 것도 성공 사업의 '첫걸음'일 수 있다.

투명한 유리 밑으로 금붕어가 움직이는 바닥. 조명에 반사되는 물결의 출렁임은 그 화려함을 더한다. 지나는 사람들은 금방이라도 아래로 떨어질 것 같아 바닥을 밟기가 조심스럽다. 나무가 주는 느낌은 유리와 또 다르다. 찬바람 부는 겨울이라도 우드 플로링으로 마감된 넓은 바닥을 밟을 때면 사람들은 금세 포근한 감정을 느낀다. '또각또각' 소리가 실내에 퍼지는 대리석 바닥은 어떤가. 사람들은 자신도 모르게 긴장감을 느낄 수 있다. 이 모든 것은 바닥이 만들어 내는 '부산물'이다.

인테리어에서 바닥재의 선택은 그래서 중요하다. 게다가 조명이나 가구, 일반 집기 등 다른 매장 인테리어와 비교해 바닥은 하자가 발생할 경우 그것을 바로잡거나 보수하기가 상당히 어렵다. 바닥 시공이 잘못 되었거나 원래 의도와 큰 차이를 보였다면 바닥 전체를 완전히 뜯어내고 재시공해야 한다. 그 불편이란 이루 말할 수 없다. 또 바닥의 일부분이 마모되거나 파손되어 교체해야 할 때도 기존 바닥과 새로 꾸며진 바닥의 색

바램이나 재질이 주는 느낌 차이 때문에 바닥의 전체적인 조화가 깨질 수도 있다. 결국 철저한 계획 없이 진행된 바닥 시공은 비용과 시간의 낭비를 초래하는 결과를 불러오며 영업 손실로 이어질 수도 있다.

결론적으로 바닥 인테리어는 그 면적이 넓은 만큼 타 인테리어에 비해 신중한 선택이 필요하다.

과거에는 매장에 진열된 상품을 부각시킬 목적으로 '튀는' 인테리어를 자제하는 경향이 강했지만 최근에는 브랜드 이미지를 선호하는 소비자 성향 때문에 매장 인테리어의 중요성이 부쩍 증가했다. 바닥을 포함한 매장 전체를 강렬한 원색으로 꾸민다거나 흑백 대비를 보여 주는 것 등이 이러한 맥락이다. 이에 따라 매장을 꾸미는데 있어서 바닥 인테리어의 비중도 높아진 것이 사실이다.

바닥이 만드는 이미지는 매장 분위기에도 큰 영향을 끼친다. 즉 바닥재 선택이 바닥 인테리어의 '핵심'이라 할 수 있다. 같은 재료의 바닥재라도 색깔이 밝은가 어두운가에 따라 매장 분위기는 180도 바뀔 수 있으며, 바닥재로 흔히 쓰이는 것은 나무와 타일 그리고 돌과 카펫 등이 있지만 최근에는 알루미늄과 스텐 등 금속제품도 바닥재로 이용되는 추세다. 뿐만 아니라 유리, 가죽, 한지 등 바닥에 깔 수 있는 것이라면 무엇이든 바닥재로 사용할 수 있게 되었다.

1) 기능적 측면 고려한 바닥재 선택 급선무

수많은 바닥재 가운데 매장 콘셉트에 가장 잘 어울리는 것을 선택하는 것은 무엇보다 중요하다. 바닥재는 인테리어 자재 가운데 가구나 사람과 접촉이 빈번하게 발생하기 때문에 미적 특성뿐만 아니라 기능적인 면이 특히 중요하다.

음식 찌꺼기가 바닥으로 떨어지는 일이 허다한 외식업소는 청소가 용이한 소재의 바닥재를 사용하면 편리하다. 특히 고깃집 등 기름기가 많이 배출되는 매장은 미끄럼 방지 처리가 되어있는 바닥재를 선택해야 한다. 또 좌식 공간을 갖춘 한식집은 신발을 벗고 올라가는 고객들을 고려해 그들의 발에 느껴지는 촉각도 염두에 두어야 한다. 여러 명이 앉을 수 있는 소파는 움직임이 거의 없지만 일반 1인용 의자는 그렇지 않아 의자 다리와 바닥이 닿는 부분의 마모가 심하게 일어날 수 있다. 따라서 1인용 의자를 많이 사용하는 업소는 내구성이 강한 바닥재를 선택해야 한다.

판매업소는 먼지가 날려 상품에 앉는 일을 줄이기 위해 카펫 등의 바닥재는 피하는 것이 좋다.

이밖에 글라스를 많이 사용하는 술집이나 바 등의 업소는 유리제품이 바닥으로 떨어졌을 때 깨지는 것을 방지하기 위한 조치도 필요하다. 이 경우 유리제품이 많이 모여 있거나 이동이 빈번한 곳에 부분적으로 고무매트를 사용하는 것도 효과적인 방법이다. 나무 바닥에 베인 각 종 술 냄새는 잘 없어지지 않기 때문에 업주는 냄새 방지 처리나 청소하기 편리한 바닥재를 신중하게 선택해야 한다.

한 두 계단 이내의 층계로 두 구역이 나누어진 매장은 양쪽의 높낮이를 고객이 충분히 느낄 수 있도록 바닥재의 색감이나 재료를 선택하는 것이 좋다. 확실한 '시각적 분리'는 고객의 사고 예방에 도움이 되기 때문이다.

바닥재로 분위기 내기

① 나무

나무의 결과 질감은 자연 친화적 느낌을 주며 포근한 분위기 연출에 주로 사용된다. 나무를 소재로 만든 바닥재는 온돌마루판이 대표적이며 내구성이 뛰어나고 색상, 무늬, 질감 등이 우수한 반면 가격이 비싸다는 단점이 있다.

② 비닐소재

디자인이나 색상이 다양하고 가격이 저렴해 널리 사용되고 있다. 일반적으로 '모노륨'이라 불리는 륨재와 '데코타일'이라 불리는 P타일(플라스틱타일)이 있다. 륨재는 타일류에 비해 가격이 저렴하고 시공이 간편하며 비닐코팅이 되어 있어 유지 관리가 용이하다. P타일은 가격이 비싸지만 질감과 내구성이 뛰어나고 분위기가 고급스러워 최근에 많이 이용되고 있다. 이 밖에 숯, 옥, 황토 등이 첨가된 기능성 제품들이 많이 출시되고 있다.

③ 타일

수분 흡수율에 따라 자기질, 석기질, 도기질 등으로 나뉘며 용도에 따라 내장, 외장, 바닥 타일 등으로 분류된다. 타일은 욕실이나 발코니처럼 물을 많이 사용하는 곳에 적합하다. 화려하고 선명한 색상 때문에 타일을 이용한 데코레이션이 증가하고 있어 타일의 기능적 측면뿐만 아니라 미적인 측면에 초점이 맞춰지는 추세다. 타일은 크기가 큰 것이 고급스러운 느낌을 주지만 조그만 타일을 이용해 재미있는 패턴을 만드는 것도 좋은 방법이다.

④ 카펫

조용하고 부드러운 분위기 연출을 위해서는 카펫을 이용하는 것이 효과적이다. 카펫은 바닥 전체뿐만 아니라 원하는 부분만 깔 수도 있어 사용이 편리하다. 타일 형태의 카펫 제품도 시중에 출시되어 있다. 울, 나일론, 아크릴 등을 소재로 한 제품이 많이 나와 있다. 울 제품은 탄력성과 보온성이 뛰어 나지만 값이 비싸고 유지관리가 어려운 단점이 있다. 나일론 제품은 울 제품에 비해 탄력성이 떨어지지만 관리가 용이해 많이 이용된다. 카펫은 세탁이 힘들기 때문에 때가 잘 타지 않는 짙은 색을 선택하는 것이 좋다.

⑤ 돌

깨끗하고 모던한 이미지를 주는 화강석과 대리석은 고급스런 분위기 연출에 적합하다. 유지 관리도 비교적 용이하지만 차가운 질감과 고가라는 단점이 있다.

자료 제공: 데코드림(www.decodream.com)

(2) 조명

1) 매장의 표정, 조명이 만든다

창업을 하려는 사람들이 고민하는 것 중 하나가 '인테리어를 어떻게 할 것인가'이다. 인테리어는 점포의 분위기와 이미지를 형성하는 요소이기 때문에 매출과 직결된다. 고객들에게 심리적 안정감을 주고 또 다시 찾고 싶은 매장을 만드는 요소 중 인테리어는 아주 중요한 위치를 차지하고 있다. 이러한 인테리어 노하우를 알아보자.

매장을 잘 꾸미는 것은 고객을 끌어들이기 위한 방법이다. 외부를 잘 꾸며 한번 들어가고 싶은 마음이 들게 하는 것, 아늑하고 편안한 내부 인테리어 때문에 좋은 매장 이미지를 심어주는 것 모두 인테리어의 영향력이다. 한 지역 내에서 동일한 가격으로 같은 상품을 파는데도 매출에 큰 차이가 있다면 그것은 인테리어 상의 문제일 가능성이 크다.

인테리어는 비록 비용이 많이 들더라도 인테리어 전문가에게 맡기는 것이 좋다. 인테리어를 잘 해 매출을 올리기 위해서는 전문가의 도움이 필요하다. 전문가의 도움으로 확실하게 매장을 꾸미는 것이 장기적으로 보면 이익인 것이다. 창업비용 중에서도 인테리어 비를 책정해놓아 투자하는 것이 바람직하다. 인테리어는 자신이 창업할 매장의 분위기에 맞게 인테리어를 할 수 있는 업체를 선정하는 게 우선이다. 그러기 위해서는 해당 업체가 시공한 매장을 먼저 방문하거나 회사를 직접 찾아가 보는 것이 좋다.

2) 매장의 성격 한눈에 드러나는 인테리어가 필수적

인테리어는 일단 매장의 성격이 잘 드러나야 한다. 밖에서 봤을 때 무엇을 파는 가게인지 한눈에 보고 알 수 있게 가게를 꾸며야 한다. 다른 점포들 사이에 있어도 눈에 띌 만한 특징적인 것이 있어야 한다. 너무 화려해 발을 들여놓기가 부담스러울 정도로 꾸며서는 안 되며 친근함을 주면서도 독특한 개성이 담기면 좋다.

가장 눈길을 끌만한 상품을 앞에 비치해 놓고 유리벽을 설치해서 바깥에서 안이 들여다보이도록 꾸며 놓는 것도 좋은 방법. 그렇게 하면 매장의 성격이 확연히 드러날 수 있을 것이다. 매장 인테리어에서는 컬러의 선택이 중요하다. 물론 타깃 층을 고려해 컬러를 택해야 한다. 어린이들을 상대로 하는 매장은 빨강, 노랑, 파랑 등의 원색을 사용하고 여성을 상대로 하는 매장이라면 파스텔 톤을 사용해 화사한 느낌을 주는 것이 좋다. 젊은 층이 주 고객이라면 다소 파격적인 디자인과 튀는 컬러를 사용해야 어필할 수 있다.

좁은 매장이라면 벽면에 거울을 달아 넓고 시원스럽게 보이도록 한다. 작은 평수의 매장에 어두운 컬러를 사용하여 내부 인테리어를 하면 공간이 더욱 좁아 보인다는 사실도 염두에 두어야 한다.

3) 조명 잘 달아 매출 올리기

인테리어에서 조명은 아주 중요한 역할을 한다. 상업 공간에서 사용하는 조명은 크게 백열등과 형광등, 가스방전등으로 나눌 수 있다. 백열 램프는 아늑하게 느껴지는 장점이 있지만 수명이 짧고 효율이 낮다는 단점이 있다. 할로겐 램프는 열이 많이 나 상품의 색깔이 변할 가능성이 있으므로 옷이나 음식 등을 취급하는 곳에서는 상품과 가까이 설치하면 안 되며 강조하고자 하는 포인트에만 사용하는 것이 좋다. 점포의 실내 공간은 벽지나 바닥재로 마감하는 것이 아니다. 마감재의 질감은 빛에 의해 표현되므로 인테리어의 마무리는 조명이 담당하는 것이다. 조명 설치 시 유의사항은 고객이 상품에 집중할 수 있도록 되어 있는지, 종업원들이 일하는데 불편이 없게 설계되었는지, 점포의 분위기와 어울리는지, 상품들이 적절히 강조되어 있는 지를 꼼꼼히 따져 봐야 한다.

내부조명은 상품을 구입하거나 서비스를 받는데 불편함이 없도록 설계되어야 한다. 편의점처럼 '밝음'으로 승부한다고 반드시 좋은 것은 아니다. 매장 안을 전체적으로 밝게 하는 것보다는 강약을 두는 것이 좋다. 전체적으로 너무 밝기만 하면 주위가 산만해지며 편안함을 느끼지 못한다. 스포트라이트를 적절히 이용하는 것도 좋다. 카운터나 쇼윈도 위 등에 스포트라이트를 설치하면 강약이 생겨 보여 한층 매력적인 매장이 된다. 조명은 물건이 잘 보이게 할 뿐 아니라 상품을 강조하기도 하는 등 구매 심리를 자극하기 때문에 잘 설치해야 한다. 빛이 어떤 방향에서 비춰지는가에 따라 분위기는 180도 달라질 수 있다. 빛이 정면에서 비치면 사물이 뚜렷하게 보이고 옆에서 비치면 프로필을 살려주며 아래에서 비치면 드라마틱한 분위기를 자아낸다. 방향에 따라 사람에게 주는 느낌이 달라지는 조명을 잘 활용하면 효과적인 상품 진열을 할 수 있을 뿐 아니라 고객에게 안락한 느낌을 전달해 매장 이미지를 한 단계 더 높여 줄 수 있을 것이다.

〈알아두면 좋은 조명 상식〉

· 전체 분위기는 간접조명으로 맞춘다.

간접조명으로 설치하면 매장 전체가 밝고 부드러운 분위기가 된다. 요즘은 화려한 조명 기구보다는 심플하고 세련된 등을 선호하는데 천장에 단정하게 매달 수 있는 펜던트도 인기 있다.

· 좁은 공간은 형광등을 사용한다.

삼파장 램프를 포함한 형광등은 자연광에 가까운 푸른색을 띠고 있기 때문에 공간이 선명하고 넓어 보이게 하는 효과를 준다. 특히 삼파장 램프는 효율이 좋고 상품 색을 잘 표현해주므로 전반 조명으로 설치하는 것도 좋다.

· 피팅룸에는 파장 램프를 사용한다.

고객이 거울에 얼굴을 비춰보아야 하는 매장에서는 파장 램프를 사용하는 것이 바람직하다. 형광등의 푸른빛은 창백해 보이게 하므로 여성 의류 업종처럼 거울 설치가 필수적인 곳에서는 거울 주위를 은은히 비추도록 조명을 설치해야 한다. 열 발산이 많은 할로겐 등은 상품을 변색시키므로 피해야 한다.

· 고급스러운 분위기를 내고 싶으면 조명을 어둡게 한다.

어두운 조명은 고급스러운 분위기를 연출하는데 효과적이므로 할인매장에서는 밝은 빛을 사용한다.

· 쇼윈도는 실내보다 다섯 배 밝게 한다.

쇼윈도 조명은 특별히 밝아야 한다. 화려한 무대와 같이 드라마틱한 분위기를 자아내기 위해서는 매장 내 밝기보다 다섯 배 이상 밝아야 사람들의 시선을 끌 수 있다. 램프가 직접 노출되지 않게 조명등을 숨겨 설치하는 것은 기본.

4) 상품을 진열하는 쇼케이스에는 형광등을 사용한다.

쇼케이스 안쪽은 점포 내부보다 서너 배정도 더 밝게 형광등을 설치하는 것이 좋다. 쇼케이스는 폐쇄되어 있는 공간이므로 열이 많이 나지 않는 형광등을 사용하는 것이 일반적이다. 간혹 열이 밖으로 빠질 수 있는 쇼케이스에 할로겐 램프를 사용하는 경우도 있다.

(3) 좁은 매장 넓어 보이게 하는 인테리어 센스

넓은 평수의 매장에 고급스러운 인테리어가 돋보이는 점포 창업은 자금의 여유만 있다면 누구든지 할 수 있는 일이다. 하지만 소자본으로 창업을 준비하는 사람은 다르다. 고급스럽고 화려한 인테리어는 둘째 치고 넓은 평수의 매장을 구하기조차 힘든 일이다. 그렇다면, 좁은 매장을 넓어 보이게 할 수 있는 방법은 없을까?

1) 색을 이용한 착시 효과

작은 공간을 넓게 만드는 것은 불가능한 일이지만 넓어 보이게 하는 것은 충분히 가능한 일이다.

그렇다면 어떤 방법으로 응용을 할 것인가? 제일 쉬운 방법은 색(色)을 이용하는 것이다. 색은 보는 사람으로 하여금 공간의 착시 현상을 일으킨다. 때문에 이를 이용한다면 상당한 효과를 낼 수 있다. 색은 되도록 친근한 색끼리 배합하는 것이 효과적이며 이때 주의할 점은 다음과 같다.

첫째, 두 가지 이상의 색을 사용하게 되면 작은 공간이 산만해 보일 수도 있기 때문에 한 가지 또는 두 가지 정도의 색을 사용해야 한다는 것이다. 둘째로 바닥은 어둡게, 벽은 밝게, 천장은 아주 밝게 하는 것을 색채 배합의 기본으로 하고, 비슷한 색을 배합해 시공할 경우 공간 자체가 가벼워 보일 수 있다는 것을 감안해 문이나 몰딩에 힘을 주는 색채를 사용하는 것도 좋은 방법이다.

색채의 배합을 통해서 공간의 효율화를 충분히 고려했다면, 다음은 효율적인 가구 배치로 공간을 최소화해야 한다.

2) 효율적인 디자인이 돋보이는 가구와 수납 공간

매장 리모델링의 경우라면 기존에 쓰고 있던 가구를 매장과 어울리는 색으로 도색해 이용하도록 한다. 또한 매장 공간이 좁다는 것을 감안해 시선과 동선에 무리를 주지 않는 디자인의 가구를 선택하는 것이 중요하다. 업종에 따라 다르겠지만 가구는 전반적인 디자인에 폐해를 주지 않는 범위에서 작고 견고한 철제를 선정하시는 것이 좋다.

특히 작은 매장의 경우 수납 공간을 확보한 효율적인 디자인이 필수다. 이를 위해서는 조금 비용을 들여서라도 테이블을 제작하는 것이 좋다. 이를테면 테이블은 벽면에 고정시키고 손님의 무릎이 들어가는 부분은 조금만 확보해 주고 테이블 밑의 공간에 작은 문을 달아 수납 공간으로 사용하는 것도 바람직하다.

그러나 무리하게 수납 공간 마련에 치중하면 전반적인 디자인이 흐트러질 수 있다. 때문에 디자인에 무리를 주지 않으면서 수납 공간을 확보할 수 있도록 한다. 이를테면 벽면 한쪽에 와이어(철제 로우프)를 달아 내리고 그 사이에 유리로 선반을 만든다면 우아하고 멋스러운 수납 공간이 될 수 있다. 하지만 이 방법의 단점은 창업자 스스로 시공하기가 조금 어려울 수 있으며 시공 후에도 지속적으로 청결을 유지해야 하는 번거로움이 있다.

3) 디자인이 가미된 거울 설치와 동선을 고려한 디자인

좁은 공간을 넓어 보이게 하는 방법으로 거울을 이용하는 것도 좋다. 하지만 거울은 공간을 넓어 보이게 하는 효과는 있으나 자칫 잘못 사용하게 되면 오히려 산만하고 혼란스러움을 느끼게 할 수도 있다. 따라서 거울을 사용할 때에는 어떤 거울을 어떻게 사용할 것인지 체크해보는 것이 중요하다. 거울을 달면 넓어 보인다는 이유로 무리하게 큰 거울을 설치하는 것은 피하고 한 평짜리 유리를 여러 개 다는 것 또한 혼란스러워 보일 수 있으므로 주의하도록 한다. 때문에 거울은 적당한 크기로 적당한 위치에 놓아두는 것이 좋으며, 디자인적인 의도에 따라 설치하는 경우라면 사람의 눈높이에 설치하는 것은 피하는 것이 좋다. 대부분의 사람들은 누군가가 이유 없이 자신을 바라보는 것을 좋아하지 않게 마련인데, 눈높이에 설치하게 되면 그런 기분을 받을 수 있기 때문이다.

그 다음은 종업원과 손님의 동선이 자유로운 디자인을 해야 한다. 일하는 사람과 고객이 자주 엇갈리는 동선 구조는 일의 효율성을 떨어뜨림은 물론이고 공간이 꽉 찬 듯한 느낌을 준다. 이를 위해서는 창업자 스스로가 설계 시 디자이너와 충분한 대화를 나누고 자신의 의견을 최대한 반영시키도록 한다.

(4) 난방기구 '안전하고 아름답게' 감추기

에어컨과 달리 난방기구는 무조건 안 보이게 설치한다고 해서 되는 것은 아니다. 겨울철 난방기구는 불을 이용하기 때문에 화재 위험이 있다는 것을 염두하고 소방 법규에 위반되지 않는 한도 내에서 설치하는 것이 철칙이다. 하지만 상업공간에서 인테리어를 완전히 무시할 수는 없는 일. 그렇다면 인테리어 요소를 감안하면서 소방 법규에 위반되지 않도록 난방 기구를 설치하는 방법은 무엇일까?

겨울철 난방기구에는 여러 가지가 있다. 그 중 상업공간에서 일반적으로 제일 많이 설치되는 것은 온풍기 이다. 온풍기는 일단 설치가 되면 이동이 어려우므로 인테리어 설계 시 심사숙고 해 결정해야 한다. 만약 미리 생각하지 못했다면 크고 작은 인테리어 소품들을 활용하는 것도 좋다. 하지만 덩치 큰 온풍기를 소품만으로 감춘다는 것은 어느 정도 한계가 있다. 때문에 이런 경우에는 비용을 조금 들여서라도 부분 인테리어 공사를 실시하는 것이 좋은데, 다음과 같은 방법이 무난하다. 가장 저렴한 비용으로 효과를 낼 수 있는 방법은 블라인드와 버티컬, 롤스크린 등을 이용해 온풍기를 감추는 것이다. 특히 롤스크린의 경우 인테리어 컨셉과 어울리는 그림을 넣어 직접 주문 제작할 수 있어 좋다. 단 주문품의 경우 제작 시간이 오래 걸리고 일반 상품에 비해 가격이 비싸다는 것이 단점이다. 만약 시간과 비용이 허락된다면 벽난로 분위기를 연출하도록 한다. 온풍기 주변을 벽돌로 쌓아 올리고 상부의 온풍기 그릴 부분을 뚫어 바람을 나오게 하고 하단에는 나무 단을 놓아두는 방법도 그리 나쁘지는 않을 것이다.

이 방법은 불을 피울 수는 없지만 분위기만큼은 확실히 전달돼 카페나 레스토랑 등에서는 연인들의 자리로서 충분할 것이다. 또한 벽난로를 설치하고 싶지만 비용이 부담되는 경우 만족스러운 효과를 낼 수 있을 것이다. 일반적으로 주류를 취급하는 점포의 경우 쓸모없는 공간이 있게 마련인데 이 경우 조금만 신경 쓴다면 흡족한 효과를 낼 수 있다. 예를 들면 특별히 온풍기나 석유난로를 이용하지 않고 실내 또는 실외의 한쪽 귀퉁이에 화덕을 만들고 나무장작을 이용해 불을 지피는 방법이다. 이 방법은 별다른 인테리어나 소품에 신경을 쓰지 않아도 이 자체만으로도 충분한 인테리어의 효과를 기대할 수 있다. 그러나 소방 법규를 잘 아는 전문가의 조언을 구해서 하지 않으면 위험 부담이 크다는 사실에 주의해야 한다.

인테리어 공사를 하면서 여름과 겨울을 동시에 생각해 미리 냉난방 겸용 기기를 구입해 인테리어를 하는 경우도 많이 있다. 이 경우 깔끔하고 자연스러운 느낌은 줄 수 있으나 계절의 특색을 살릴 수가 없다. 이는 인테리어 디자인을 하는 디자이너가 이미 사계절의 흐름을 생각하고 디자인을 해 놓았기 때문인데, 이런 경우는 약간의 코디만을 이용해서 겨울의 정취를 느낄 수 있는 분위기를 연출하도록 한다.

(5) 환기 시설 설치와 관리

1) 환기, 쾌적한 공간 연출의 핵심

환기 시설은 우리들이 흔히 생각하듯이 단순히 점포 내부의 악취를 밖으로 내보내는 시설이 아니다. 실내에 가습기를 틀어 적정 습도로 유지시키듯이 환기 시설은 외부 공기를 순환시킴으로서 내부 공기를 쾌적하게 유지시키는 장치이다. 특히 기원이나 PC방, 노래방 등 밀폐된 공간에서 영업이 이루어지는 점포의 경우 빠져서는 안 되는 첫 번째 항목이다. 현재 쓰이고 있는 환기 시설 중 가장 일반적으로 사용되는 것은 '덕트'(duct)이다. 덕트란 함석을 사각 또는 원형으로 접어서 만든 일종의 관으로 냉·난방 장치와 환기 시설을 고루 갖춘 시스템이다. 설치는 천장 매입 방식이 대부분이며 때에 따라 인테리어 효과를 돋우기 위해 천장 노출 방식으로 설치되는 경우도 있다. 이 경우 자칫하면 지저분해 보일 수 있으니 관리에 신경을 써야 한다. 설치는 되도록 실내 인테리어가 완성되기 전에 하는 것이 좋은데, 이는 인테리어 공사가 끝난 뒤 설치하려면 시간과 공사 비용이 많이 들기 때문이다.

덕트의 종류는 '써플라이에어'(supply air)와 '리턴에어'(return air) 그리고 '자연배기'가 있다. '써플라이에어'는 바람을 불어주고 유입시키는 장치로 냉·온방 장치를 말한다. '리턴에어'는 바람을 내보내는 환기시설로 주로 고깃집에서 많이 쓰인다. '자연배기'는 자연적인 공기의 흐름을 돕는 덕트관을 말하는데, 불필요하다는 생각에 설치하지 않을 경우 문틈이나 창틈에서 바람소리가 날 수 있으므로 설치하는 것이 좋다.

이들 모두를 설치하려면 덕트의 메인 기계 장치에서 많은 비용이 소요될 뿐 아니라 덕트관에서도 많은 공사비가 소요된다. 따라서 환기 장치인 리턴에어만을 설치하도록 하고 냉난방은 별도의 장치를 사용하는 것이 공사비를 줄일 수 있는 방법이다. 하지만 이마저도 복잡하고 금전적인 부담이 든다면 매장 출입구 쪽이나 점포의 한쪽 코너에 배기 팬(환풍기)를 다는 것도 좋겠다. 그러나 이 같은 방법은 시각적인 효과가 떨어져 자칫 인테리어를 망칠 수 있고 문틈에서 바람이 새어 들어올 수 있으므로 유의하도록 한다. 덕트 다음으로 많이 이용되는 것은 '자바라'(주름관)이다. 자바라는 덕트와 똑같은 방법으로 시공되지만 천장에 튼튼하게 고정이 되지 않아 안전하지 못하다는 단점이 있으므로 주의하도록 하고, 되도록 냉・난방 기능을 갖추지 않고 환기만을 목적으로 할 경우 사용하도록 한다. 왜냐하면 자바라는 여름에는 에어컨의 차가운 바람이 관 내・외부의 온도 차이를 일으켜 습기가 발생할 수 있으며, 또한 겨울에는 히터의 뜨거운 열로 인해 화재의 위험이 도사리고 있기 때문이다. 한편 환기 시설 설치만큼이나 중요한 것이 철저한 사후 관리이다. 이는 환기 시설 내에 쌓인 먼지가 공기의 원활한 흐름을 차단하여 에너지 소비량을 높이고 냉난방의 열효율을 떨어뜨림은 물론 화재의 위험 또한 크기 때문이다. 또한 세균이나 곰팡이로 오염된 공기가 내부로 투입됨에 따라 천식, 기관지염, 알레르기성 폐렴 등을 유발시키기 때문에 정기적으로 환기 시설을 청소해주는 것이 중요하다.

2 업종별 인테리어 포인트

(1) 호프전문점 인테리어 포인트

1) 술꾼들 마음을 빼앗아라

인테리어란 무엇인가? 인테리어란 단순히 내부를 꾸미는 것이라 생각하면 쉽다. 그러나 조금만 더 생각해보면, 인테리어처럼 복잡하고 조심스러운 것이 없다. 인테리어에 많은 비용을 들였다고 매출이 극대화되는 것은 아니며, 반대로 적은 비용을 들여 인테리어를 하였다고 해서 매출이 떨어지는 것도 아니다. 다시 말해 인테리어 투자 비용과

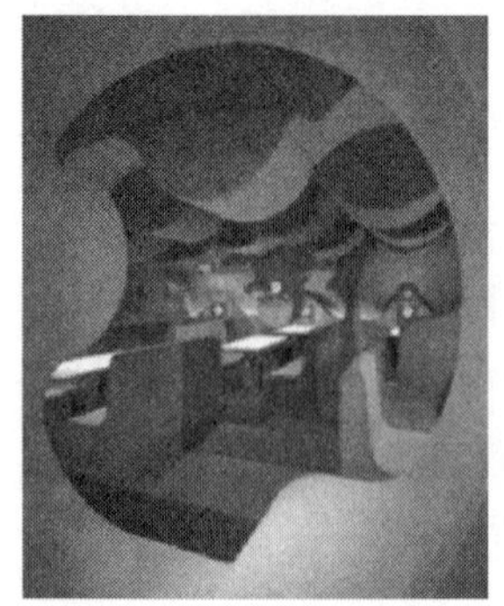

매출은 정비례 관계가 아니라는 것이다. 과연 인테리어란 무엇인가? 그 사전적 의미를 살펴보면 '보통 실내장식으로 번역되며 서양건축에서 벽 또는 바닥의 표면을 마무리 짓는 화장이나 그 위에 회화나 부조를 가하고 조명기구, 가구류들을 배치하여 실내를 하나의 양식으로 만드는 것을 뜻한다'(디자인사전. 미진사)고 정의하고 있다. 도구를 이용하여 하나의 양식을 만드는 것이 인테리어이다.

그러면 양식이란 무엇인가? 양식은 '인테리어 디자인 경향'이라 말할 수 있을 것이며, 그 종류는 다양하다. 디자인 경향을 간단히 나열하여 보면 부드럽고 우아한 클래식(classic), 단순하면서 기능적인 모던(modern), 자연친화적인 내츄럴(natural) 등이 있으며 최근에는 절제와 기능을 갖춘 미니멀(minimalism), 자연적 요소와 공간의 여백을 강조하는 젠(zen), 불안정하고 형식 파괴적인 해체주의, 조명과 메탈 투명 소재를 이용하는 사이버(cyber) 등 수많은 양식이 나타나고 있다. 이러한 양식들 중 창업자가 자신의 점포에 취할 수 있는 양식은 하나이다. 물론 '퓨전'이라고 하여 이 모든 것의 장점만을 취하여 표현할 수도 있다. 하지만 그것은 미남미녀의 얼굴 중 좋고 아름다운 것만을 선택하여 하나의 형상을 만들었을 때처럼 부자연스러운 경우가 많으며 실제로 그런 경우가 부지기수다.

그렇다면 이러한 양식들은 왜 만들어지며, 누가 만들어 가는가에 대한 의문이 생긴다. 결론부터 말하면 그러한 양식, 즉 디자인 경향을 만들어 가는 것은 그 시대를 살아가는 사람들이다. 당대 사람들의 관념에 있어 편안한 공간, 선호하는 공간이야말로 그 시대의 디자인 경향이며 트렌드다. 사람들의 생각이 가지각색이고 저마다 개성은 다르지만, 조금만 생각을 해보면 그들이 보편적으로 추구하는 것을 알 수가 있고, 그것을 분석하고 공략했을 때 그들의 '마음을 빼앗는 공간'을 창출할 수 있을 것이다.

〈참고문헌〉

양홍석
상업공간 전문 인테리어회사 (주)디자인 큐앤에이 실장

(2) 주점인테리어 포인트

1) 편안히 즐기게 하라

주점(酒店), '술을 즐기는 장소'이다. 하지만 '호프'와는 그 억양부터 느낌이 확실히 다르다. 쉽게 생각하면 호프의 대표는 맥주, 주점의 대표는 소주·막걸리라고 할 수 있을 것이다. 이렇듯 호프와 주점은 '술을 즐기는 장소'라는 의미에서 그 목적은 같지만, 이 두 곳을 생각하는 사람들의 관념이나 점포 분위기는 확연히 차이가 난다. 주점은 왜 호프와 이렇게 달리 인식되는 것일까? 그것은 취급하는 주류와 메뉴의 차이, 또 그것을 편안하게 즐기도록 구성된 인테리어 차이 때문이다.

주점은 호프에 비해 주류와 메뉴가 상당히 다양하다. 각 업소마다 획일화되고 비슷한 메뉴가 있는 호프에 비해, 주점은 각각의 특성에 맞는 메뉴가 있으며 가격대도 천차만별이다. 그러기에 주점을 찾는 소비자 계층도 다양한 것이다. 주점의 주요 소비 계층은 20, 30대가 7(20대) : 3(30대) 정도로 호프와 비슷하지만, 주점은 지역과 메뉴, 가격 등에 변화를 줘 소비 타깃 층을 세분화하여 공략할 수 있다. 그러하기에 주점의 인테리어를 시작하기 전에는 '자신이 가지고 있는 것', 즉 점포의 지역성, 제공 메뉴, 주요 소비 타깃의 연령 등을 정확히 파악하여 그것을 충분히 고려한 후 시작해야 한다.

(3) 한식당 인테리어 포인트

1) 음식에 대한 기대를 갖게 하라

요즘 거리를 걷다 보면 과거에는 보지 못했던 새로운 형식의 식당들이 많이 보인다. 넓은 공간, 밝은 조명, 깔끔한 분위기… 그 안에서 사람들이 식사를 즐기며 대화를 주고받는 모습이 보인다. 만약 당신이 식사 때가 되었을 때 그런 모습을 보게 되면, 자신도 모르게 어느새 그 안의 한 자리를 차지하고 앉아서 점원과 메뉴에 관한 대화를 나누게 될는지도 모른다. 가격은 일반 한식당과 비슷하거나 조금 비싸다. 주문을 하고 다시 한 번 주변을 둘러보는 당신. 그렇다면 당신은 그곳의 분위기에 취한 것이고 그곳의 음식에 대한 기대를 가지게 된 것이다. 고객의 관심을 유도하고 상품에 대한 호감을 가지게 하는 것, 이것이 최근에 나타나고 있는 한식당 인테리어의 모습이다.

여기서 예전 한식당의 모습을 생각해 보자. 과거 한식당의 분위기는 몇몇 고급화된 곳을 제외하곤 대부분 소점포 형태였다. 무엇보다 간판의 크기가 중요시되고 그 간판에는 그곳에서 판매하는 모든 음식 종류가 빼곡히 들어차 있었다. 실내는 주인의 손맛과 어우러져 정감이 가는 분위기, 식사 방식은 신발을 벗고 들어가는 좌식 형태. 내부 인테리어는 큰 비중이 없고, 벽지의 바랜 정도와 묻어 있는 기름때가 그 식당의 역사를 말해 주는. 그 집이 무엇을 잘하는지, 무엇이 맛있는지는 직접 가서 경험해 보아야만 알 수가 있는…. 이것이 현재에도 존재하는 옛날 한식당의 모습이다.

그러나 고객의 성향은 변하게 마련. 맛있는 것을 추구하는 공통분모를 가진 가운데 이제는 자신에게 맞는 한식당, 자신이 원하는 메뉴를 전문으로 하는 한식당을 찾아 나선다. 다양한 메뉴가 있는 한식당을 찾기보다는 자신이 원하는 음식을 더욱 맛있게 즐길 수 있는 곳을 찾는다. 인터넷의 보편화로 인해 이것은 이제 아주 간단한 일이 되었으며, 젊은 층 사이에는 소문난 맛집을 찾아다니는 미식가들이 늘어나는 추세다.

月刊<창업&프랜차이즈> 편집국 www.bizhouse.co.kr

(4) 양식당 인테리어 포인트

1) 고객이 준비한 것 이상으로 준비하라

티 하나 없는 테이블 위에 정성스레 접힌 냅킨, 분위기 있는 촛불과 두 사람을 위한 자리를 비추는 조명, 두 사람만을 위한 특별한 서비스가 마련되어 있는 듯한 테이블…. 드디어 주인공이 도착하고 그들에 의해 자리는 채워지고, 깔끔하게 차려 입은 종업원이 다가와 그들에게 주문을 받고, 그들 앞에 놓인 잔에 와인을 채워준다. 자리의 주인공은

정성스레 차려진 음식을 즐기며, 둘만의 대화 시간을 갖는다.

물론 여러 대중매체들의 영향도 있겠지만, 이런 모습은 누구나 한번쯤은 생각해 봄직한 것이다. 바로 이런 이벤트가 이루어지는 대표적인 곳이 양식당이 아닐까. 고객이 양식당을 찾는 이유는 이른바 '이벤트' 때문이 아닐까 한다. 우리가 흔히 접할 수 있는 여느 식당과는 다르게, 양식당을 찾는 고객들의 마음속에는 같이 온 사람과의 기억에 남을 만한 추억을 만들고 싶은 바람이 있다. 음식에 비중을 두기 보다는 원하는 장소에서 그만큼의 서비스를 받고자 하는 것이다.

2) 테이블은 누구를 위하여 존재하는가

그렇다면 과연 양식당의 인테리어 포인트는 무엇인가?

우선 평면을 구획할 때 주방과 홀을 철저히 분리시켜야 한다. 주방과 홀을 연결하는 동선은 철저히 스태프만을 위한 동선이 되어야 한다. 천장은 주어진 공간에서 가능한 한 최대한 높게 구성해야 한다. 높은 천장은 고객에게 공간이 넓어 보이게 할 뿐 아니라, 그 공간의 무게를 더하는 요소가 되어 고객으로 하여금 개방감을 느끼게 하기 때문이다.

테이블은 독립성을 확보해주어야 한다. 만약 대화 도중 옆 테이블의 방해를 받는다면 고객은 상당한 불편을 느낄 것이다. 테이블과 테이블에 충분한 간격을 두어 대화에 방해를 받지 않도록 해야 한다. 충분한 간격의 테이블 배치는 또한 스태프의 자연스런 동선을 형성해 준다. 양식당은 다른 식당에 비해 스태프의 서비스 비중이 높으므로 충분한 테이블 간격은 고객에게 더 나은 서비스를 제공하는 기본 바탕이 된다. 그것은 프라이버시 확보에 다름 아니다. 독립성이 테이블간의 거리를 말하자면, 프라이버시는 테이블에 직접 앉아 있는 고객의 시선이 그들에게만 집중될 수 있도록 유도하는 것이다.

이러한 방법으로는 테이블 위에 조도가 높은 펜던트 조명이나 할로겐을 배치하는 국부조명을 이용할 수 있다. 테이블 위의 국부조명은 음식을 돋보이게 하는 역할도 하며, 테이블 자체가 자연스레 간접조명 역할을 해 테이블에 앉아 있는 사람에게 시선이 집중

된다. 사람은 주변의 것보다 것에 시선이 집중되게 마련이므로 그들만의 자연스런 프라이버시가 확보되는 것이다. 이렇게 조명의 경우 조금은 특별한 것을 배치하는 것이 좋다.

테이블과 의자의 선택 또한 중요하다. 다른 종류의 식당에 비해 고객이 머무는 시간이 길기 때문에 비교적 편안한 것, 보다 고급스러운 테이블과 의자를 마련하는 것이 좋다. 의자의 쿠션은 가죽, 테이블의 경우 목재 질감이 살아 있는 소재가 많이 이용된다. 테이블보는 간접조명의 색을 선택한다. 테이블보는 시각적으로 '음식의 바탕'이 되기 때문에 깨끗하고 깔끔한 이미지의 색상과 소재를 쓰되, 관리 또한 간편한 것으로 준비해야 한다.

카운터와 입구가 특히 중요한 까닭

바닥재의 경우 대리석이나 카펫이 많이 이용된다. 그 이유는 다른 바닥재에 비해 더욱 고급스러운 분위기를 낼 수 있기 때문. 바닥의 패턴은 요란하지 않되 부분에 포인트를 주어 단순하고 지루한 감을 없애는 것이 중요하다. 두 종류 정도의 바닥 패턴을 이용하여 테이블 간 영역을 구분하여 주고, 스태프와 고객의 동선을 유도하는 패턴을 만드는 것도 하나의 방법이 될 수 있다.

무엇보다도 양식당의 이미지는 카운터와 입구 부분에서 많이 결정된다. 양식당에서 많이 이용되는 스타일은 클래식이 주류를 이루고 있다. 입구 부분에 그리스식 기둥 열주를 배치한다거나, 과거의 궁전에서 느낄 수 있는 분위기를 연출한다거나, 커다란 샹들리에 조명, 문양이 있는 바닥 등으로 구성하여 고객에게 강한 인상을 남기는 것이다. 전체적인 분위기의 틀에서 벗어나지 않는 한도 내에서 입구와 카운터의 분위기를 약간 변형시켜주는 것도 괜찮다. 입구 부분에 포인트가 되는 조각이나 부조, 커다랗고 시원한 액자나 등을 배치한다면 더욱 좋을 것이다. 고객의 마음을 압도하는 입구의 연출은 고객 자신의 품격을 높여주는 듯한 기분을 자아낼 수 있다.

그러나 특별하고 다양한 장식을 하는 것도 중요하지만, 그보다 인테리어에 쓰이는 재료의 질감이나 만들어지는 형태의 고급화를 통해 고객에게 다가가야 한다. 목재의 경우도 밝은 색상보다는 조금은 어두운 계열의 색, 목재의 질감이 살아 있는 것을 선택하는 것이 좋다.

양식당을 찾는 이들은 이벤트를 꿈꾼다. 이벤트를 위해 그들은 나름대로 준비를 한다. 옷매무새도 더욱 신경 쓰고 손동작 하나하나, 심지어 양식당 식사 예절까지 미리 숙지하고 찾아오는 고객들도 있다. 그러한 준비와 기대를 하고 찾아온 양식당의 모습이 자신들이 준비한 것 이상의 감동과 분위기를 제공해 준다면, 고객의 만족은 물론이거니와 다시금 그 곳을 찾게 만들 수 있을 것이다. 식당 안에 배치되는 집기 하나하나에도 소홀함이 없어야 하고, 고객들이 또한 그것을 충분히 느끼게 하는 양식당… '고객이 준비하는 이상의 것을 준비하는 것'이야말로 양식당의 지녀야 할 모습이겠다.

(5) 패스트푸드점 인테리어 포인트

1) 고객의 눈을 빨아들이는 매장

도심 속에서 생활하는 샐러리맨의 일상을 살펴보자. 오전 8시 혹은 8시 30분까지 출근을 해야 하는 사람이 대부분이다. 전날 친구들과 혹은 직장에서 새벽까지 술자리를 가진 경우 그 시간에 출근해야 하는 샐러리맨들에겐 아침식사를 한다는 것은 거의 불가능한 일일 것이다. 여기저기 바쁜 일정에 쫓기다 보면 여유로운 식사 시간을 갖는다는 것은 하나의 사치일수도 있다. 우리의 교육 현실에서 고등학생이나 수험생도 샐러리맨들과 마찬가지일 것이다.

이러한 사람들이 간단히 끼니를 떼우기 위해 찾는 곳이 바로 패스트푸드점이다. 그들이 주 고객인 패스트푸드점은 주문 후 2~3분 안에 음식이 제공되고, 고객들은 단시간에 음식을 먹고 나간다. 저렴한 가격에 시간도 절약하며 식사를 해결하는 곳, 그 곳이 바로 패스트푸드점인 것이다.

2) 10, 20대 고객 취향에 컨셉을 맞춰야

또한 패스트푸드점은 단순히 끼니를 떼우기 위한 장소가 아닌 약속과 만남의 장소이기도 하다. 주말이면 시내 유명 패스트푸드점 앞은 젊은이들로 인산인해를 이룬다. 그들은 모두 바로 그 장소 앞에서 약속이 있는 사람들. 이러한 경우 그들은 단지 끼니를 떼우기 위해 패스트푸드 매장을 찾는 것은 아닐 것이다. 그들이 음식을 주문하는 이유는 그 안의 자리를 차지하는 데 대한 최소한의 예의 때문이다. 이것은 끼니를 떼우기 위한 목적과는 무관하게 패스트푸드점이 하나의 문화공간 역할을 하고 있음을 보여주는 것이다.

이렇듯 패스트푸드점은 식사를 하는 공간이기도 하지만 최근에 있어서는 대화의 장소를 제공하는 문화공간 역할도 같이 수행하고 있는 것이다. 그렇다면 과연 이러한 패스트푸드점은 어떻게 구성되어야 하는가?

카운터는 음식을 고객에게 바로 전달할 수 있는 위치에 구성하는 것이 보편적이다. 그러므로 카운터와 주방은 맞닿아 있어야 한다. 카운터의 위치는 보통 입구와 직선상에 놓여지는 경우가 많으며 매장은 안쪽에 구성하는 것을 자주 볼 수 있다. 최근처럼 패스트푸드점이 '테이크아웃' 형식과 '드라이브 인' 기능이 추가가 되는 경우 주방은 매장의 전면부에 위치하는 경우를 볼 수 있을 것이다.

패스트푸드점의 경우 특별한 메뉴판을 준비하는 것보다 카운터 주변이나 상단에 음식의 이미지로 고객의 선택을 도와주는 것이 바람직하다. 대부분의 고객이 매장에 들어와서 메뉴를 선택하기 때문에 글자로 메뉴를 전달하기 보다는 음식의 이미지로 전달하는 것이 빠르기 때문이다.

의탁자 구성의 경우 주 고객이 10, 20대인 것과 고객이 매장에 머무는 시간이 다른 식당에 비해 짧은 것을 고려하여 편안함 보다는 단순하고 깔끔한 것을 배치하되, 배치의 유동성을 줄 수 있는 것이 좋다. 플라스틱이나 메탈 느낌의 기능성과 디자인이 강조된 의탁자가 많이 사용된다.

3) 단순 강렬한 원색, 밝고 시원한 개방감 선호

벽면의 색은 깔끔한 느낌을 줄 수 있는 백색 계통을 사용해야 하며, 부분 부분마다 원색을 사용해 시각적 재미를 더할 수 있다. 이용 계층의 행동이 활발하므로 벽과 의탁자가 맞닿는 면에는 타일이나 랩핑(필름이 붙여진 목재)으로 처리하여 색칠이 벗겨지는 것을 방지함과 동시에 매장의 분위기를 살릴 수도 있다.

바닥 타일의 경우 PVC 타일을 사용하는 것보다 자기질 타일을 사용하며, 타일의 종류도 두 가지 정도를 이용해 바닥에 패턴을 만들어줌으로써 시각적 재미를 더할 수 있을 것이다.

입구 전면의 구성은 통유리를 이용하여 최대한 개방감을 줘 매장이 트여 보이는 효과를 기대할 수 있으며, 매장의 밝은 조명이 외부로 흘러 고객으로 하여금 매장의 주목성을 줄 수도 있다. 조명 구성은 비교적 밝게 하고 천장에 등박스를 구성하는 것도 하나의 방법.

심야에 도심을 걷다 보면 우리는 눈에 띄는 간판을 볼 수 있다. 빨간색 바탕에 노란색 이니셜 'M', 하얀색 바탕에 주황 글자 'DUNKIN', 아이스크림의 종류를 상징하는 '31' 등등. 우리는 이 간판의 특정한 모양만 보아도 그 곳이 어디인지를 한눈에 알 수 있다. 다른 곳과는 다르게 간판의 구성이 원색 계통이 많이 쓰이는 것 또한 패스트푸드점의 특징이라 할 수 있다.

최근 들어 패스트푸드점의 경향은 음식 비중보다는 약속 장소로서의 비중이 확대되어 가고 있다. 이러한 매장을 만들기 위해서는 어디서나 알아볼 수 있는 시각성을 가져야 할 것이다. 주 고객층이 선호하는 매장 분위기의 연출에 더하여 그들의 목적을 만족시킬 수 있는 매장의 시각성 확보가 패스트푸드점을 계획하는 데 있어서 빠지지 말아야 할 요소가 된 것이다. 고객의 눈을 끌어들이는 매장을 만드는 것이야말로 소비자가 요구하는 것이다.

(6) 베스트 인테리어 사례

1) 레드망고

요구르트 아이스크림 전문점-레드망고 독특한 자재 이용해 발랄한 신세대 표현 혀와 몸의 즐거움 넘어 눈의 즐거움까지 한 입 베어 물으면 입 안 가득 달콤함이 번지는 망고라는 과일은 '과일의 여왕'이라 부를 만큼 많은 사랑을 받고 있는 과일 중 하나다. 익어감에 따라 망고는 초록색이 붉은색으로 변하고 완전히 익으면 노란색이 된다. 아이스크림 전문점 '레드망고'는 바로 익기 전 그 붉은색의 설렘과 수줍음, 정열을 담았다.

상반기 최고의 히트 상품은 아무래도 10년 만에 찾아온 무더위 덕을 톡톡히 본 아이스크림 전문점일 것이다. 주 수요층인 젊은 여성의 니즈를 정확히 파악해 맛은 더욱더 새콤달콤하게, 하지만 살찔 염려 없이 아이스크림을 즐길 수 있도록 '요구르트 아이스크림'을 선보인 '레드망고'도 그 중 하나. 매장당 하루 평균 매출이 140여 만 원에 육박하는, 소비심리가 꽁꽁 얼어붙은 요즘 같은 때 이상현상을 보이며 성장하고 있는 아이스크림 전문점이다.

레드망고가 소비자들에게 인기를 끌기 시작하면서 가장 주목받은 것 중 하나가 바로 인테리어다. 독특한 색조의 카페형 매장이 소비자는 물론 외식업계뿐 아니라 인테리어 업계의 주목을 한 몸에 받았을 만큼 신선함이 돋보인다. 기존 아이스크림전문점이 테이크아웃 위주였던 것에서 탈피해 카페 형태를 지향한 것이다. 아이스크림 카페의 활약이 두드러졌던 지난해, 레드망고는 그 시류를 이끌어 가는 선두에 섰다.

물론 요구르트 아이스크림은 그리 '신선하지' 않은 아이템이다. 하지만 여기에 레드망고는 계절 과일, 타피오카, 시리얼 등 12가지 토핑을 자신의 취향에 맞게 얹어 먹을 수 있게 했다. 지난해 3월 이화여대 앞에 1호점을 낸 이래 1년 반 만에 가맹점 100개를 가볍게 넘기며 꾸준한 성장세를 보이고 있는 레드망고는 아이스크림의 수요가 다소 주춤한 계절에도 꾸준한 매출 상승을 이어갈 것으로 기대되고 있다.

가맹비는 1,500만원이고 물품 보증금 1,500만원(반환), 본사 디자인 매뉴얼비 500만원을 포함한 초기 창업비용(점포비 제외)은 15평 기준 9000만원, 30평 기준 1억 3000만 원 정도가 든다.

가. 파스텔 톤과 팬시 소품으로 '동화 공간' 연출

금방이라도 동화 속 주인공들이 벽면에서 튀어나올 것만 같은 레드망고의 인테리어는 한 마디로 파스텔 톤의 아기자기한 동화적 공간과도 같다.

기본 화이트에 핑크, 옐로우, 그린, 오렌지, 레드 등 망고에서 떠오르는 '열대'의 강렬한 분위기와 따뜻하고 화사한 분위기의 색감을 포인트로 사용했다. 그래서 입구에 들어서면 따뜻한 봄날 정원에 나온 듯 한 기분도 든다. 꽃, 나뭇잎, 구름 등 자연에서 따온 여러 가지 소품의 모양은 아기자기해 팬시적인 느낌이 강하다. 액세서리나 팬시용품 등을 사 모으거나 간직하고 싶어 하는 10대에서 20대 중반 사이의 젊은 여성들을 타깃으로 한 적절한 인테리어라 하겠다.

레드망고의 전체적인 조명도 대부분 간접 등으로 주로 사용한 색감에 맞게 화사하고 따뜻하게 연출한 것이 특징. 천정 라인대로 이어지는 조명은 곡선으로 만들어 벽면 곳곳에 새겨진 레드망고의 둥근 망고 모양 로고와도 잘 맞아떨어진다. 로고와 함께 조명 라인, 소품들까지도 모두 직선보다 둥글둥글 곡선으로 통일화시킨 것은 다소 차갑지만, 세련된 느낌의 직선보다 귀여우면서도 심적으로도 안정을 주는 곡선 라인이 전체적인 동화 공간의 이미지와 잘 어울린다.

벽면은 대부분 화이트로 마무리했으며, 평이해 지루할 수 있는 부분에서는 투명 아크릴로 벽면을 채워 레드망고의 로고를 넣은 홍보용 보드로 이용한 아이디어가 돋보인다. 작은 폰트지만 벽면마다 새겨져 있는 홍보성 문구는 다소 반복적이어서 지저분해 보이고 시선을 많이 빼앗는 단점이 있다.

나. 가벼운 소재 가구 발랄, 자투리 공간 장식도 돋보여

좌석 위주의 편안한 휴식공간으로 매장을 갖추다 보니 동절기 매출 공략이 용이해 지난해 겨울에는 여름 대비 매출보다 오히려 20% 정도 상승하기도 한 레드망고는 가구

소재를 두 가지로 나눠 배치했다. 회전율을 생각한 가벼운 소재의 가구는 전체적으로 발랄하고 팬시 적인 이미지에 맞고, 벨벳 소재의 가구는 여성스럽고 고급스러운 이미지에 맞췄다. 가구의 색감도 조명과 소품의 파스텔 계통으로 통일했다.

이 외에 곳곳에 재미있는 모양의 좌석과 자연 친화적 조형물, BI 등이 공간을 성의있게 장식한 흔적이 돋보인다. 또한 계단이나 화장실 입구 벽면 등 자투리 공간을 장식공간이나 홍보 공간으로 이용한 것도 특징이다.

2층으로 되어 있는 명동점의 경우 계단에도 레드망고의 로고나 작은 폰트의 문구를 새겨 지루함을 덜었다. 화장실 입구 벽면도 화사한 오렌지색으로 전면을 마감하고 홍보보드로 활용했다. 모자이크타일과 색유리도 눈에 띈다. 벽면의 평이함을 덜어주는 것은 물론, 타일 재질과 모자이크 디자인이 화사하기만한 공간에 세련미를 더하고 있다. 컬러가 들어간 유리도 기존의 무색 투명 유리보다 따뜻한 느낌을 주기 때문에 벽면과 통일감을 준다.

다. 화사하고 따뜻한 자연적 공간으로 연출

레드망고의 전체적 인테리어 컨셉은 혀와 몸의 즐거움을 넘어 시각적 즐거움까지 줄 수 있는 도심 속의 휴식 같은 공간이다. 그렇기 때문에 자연적인 이미지와 색감을 많이 활용해 푸른 정원에 앉아 달콤한 아이스크림을 맛보는 기분이 들게끔 신경 썼다.

자연채광이 거의 되지 않는 좁고 긴 입구를 유리와 간접조명을 이용해 보완했고, 전체적인 칼라 톤이 밝고 화사하다 보니 쉽게 때가 타고 노후되는 단점을 보완하기 위해 벽과 기둥면에 모자이크타일과 컬러유리를 사용해 발랄함을 더했다.

2층에서 3층으로의 자연스러운 동선유도를 위해 조명과 조경을 이용, 고객의 호기심을 자극한 것이 특징. 계단을 오를 때도 지루함을 덜기 위해 컬러유리를 사용했다.

그 동안 레드망고 1호점에서 클라이언트와 고객들로부터 제기된 문제점들을 보완하고, 정체하지 않고 고객과 함께 성장해 나간다는 레드망고의 의지를 인테리어 디자인에 반영하려 노력했다.

2) 정성본 샤브수끼 칼국수

칼국수집하면 한옥을 개조했거나, 소박한 식당이 생각난다. 그 곳에서 주인 아주머니의 넉넉한 인심을 얹어 먹는 것. 하지만 오늘 소개할 칼국수집은 다르다. 카페풍의 세련된 매장에서 태국식와 일본식 샤브샤브를 결합한 퓨전 칼국수를 즐기는 것이다. 로맨틱

한 공간에서 먹는 퓨전 칼국수의 맛. 궁금하지 않은가?

정성본 샤브수끼 칼국수(jungsung bon.com)는 1998년 론칭한 브랜드로 일본식 샤브샤브에, 태국식 피쉬볼과 수끼 소스, 한국식 칼국수와 영양죽을 곁들여 먹는 참신한 메뉴를 선보여 주목을 받았다.

화학조미료를 사용하지 않은 진하고 담백한 육수에 소고기 혹은 해물과 신선한 야채를 살짝 데친 것과 밀가루가 아닌 타피오카로 반죽해 쫀득한 피쉬볼을 새콤달콤한 맛의 수끼 소스에 찍어 먹고, 남은 국물에 칼국수를 끓여 푸짐하게 먹은 후, 계란을 넣어 끓여 고소하고 부드러운 죽을 곁들이면 배도 든든하고 마음도 풍족해진다.

이러한 푸짐한 식탁을 5천원부터 즐길 수 있다는 것도 기분 좋은 일. 그럴싸한 메뉴가 저렴한 까닭에 젊은 층에서 많이 선호한다. 뿐만 아니라 먹는 공간 또한 고급스러워 찾는 이들을 즐겁게 하고 있다.

정성본 샤브수끼 칼국수는 현재 28개의 매장이 오픈 돼 있다. 가맹본사에서 인테리어 컨셉을 잡은 것은 물론 시공까지 맡아서하고 있다. 그래서인지 각 매장의 인테리어에는 일관성 있게 진행됐다.

가맹본사에서 밝히는 인테리어 컨셉은 “모던&로맨틱”. 세련된 컬러 배합과 화려한 소품이 이러한 컨셉을 잘 살려주고 있다. 인테리어 비용은 가구를 포함하여 평당 180만원(50~60평형 기준). 지금부터 살펴볼 곳은 일곱 번째로 오픈한 건대점으로 140평 규모의 매장이다.

가. 자유분방한 마감과 세련된 컬러

정성본 샤브수끼 칼국수 건대점(이하 정성본 건대점)은 지하에 자리 잡고 있으며 입구가 두 군데다. 한쪽 입구에서는 계단을 내려가기 위해 서서 정면을 바라보면 커다란 간판이 눈에 들어온다. 문 앞에 다다르면 이젤 위에 따뜻한 그림 한 폭이 놓여 있고, 그 옆에는 꽃이 장식돼 있어 들어가는 이의 기분을 돋운다. 다른 쪽 입구에는 대나무로 장식을 해서 일본식의 모던함을 느낄 수 있다.

정성본 건대점의 인테리어에서 눈에 띄는 것은 자유분방한 마감. 일반적인 인테리어에

서는 여러 단계를 거쳐 면을 부드럽게 마감해 주는데 정성본 건대점은 그런 단계가 모두 생략돼 있다. 천장으로 지나가는 배선이며 배기관 등이 그대로 드러나 있고, 기둥의 거친 면도 그냥 두었다. 벽면도 마찬가지. 홈이 파여 있거나 균열이 나 있는 것도 애써 메우거나 막지 않았다. 대신 조도를 낮추고 짙은 컬러를 써서 너무 노골적으로 드러나지 않게 했다. 이렇게 마감을 하면 인테리어에 드는 비용을 획기적으로 절감할 수 있다. 그러나 다른 인테리어 요소와 조화를 이루어야 하므로 기획을 탄탄하게 해야 한다.

천장과 바닥은 검은색이며, 벽면은 상태에 따라 약간씩 변화를 주긴 했지만, 청록색 페인트로 칠해져 있다. 의자는 붉은색. 청록색과 붉은색의 보색대비가 고급스럽다. 기둥 또한 붉은색이며, 테이블은 검은색이다. 매장에서 많은 비율을 차지하는 컬러는 검은색, 붉은색, 청록색을 주로 써서 모던한 분위기를 연출했다.

나. 소품과 조명, 커튼으로 로맨틱 무드 조성

입구에는 많은 화분이 놓여져 있고, 왼쪽 청록색으로 칠해진 벽면에는 직사각 모양의 거울이 두세 개 걸려 있다. 거울의 프레임은 화려하면서도 앤티크한 느낌이 드는 황금빛 프레임. 거울과 거울 사이에는 초롱 모양의 조명이 자리 잡고 있다. 이러한 소품은 매장 곳곳에서 볼 수 있다. 프레임이 화려한 거울과 조명은 거칠게 마감된 벽, 천장, 기둥 등과 어울려 로맨틱한 분위기를 자아낸다.

매장에는 초롱 모양의 조명 외에도 다양한 종류의 조명이 쓰였다. 특히 카운터 위에 있는 조명은 가격이 저렴한 샹들리에에다 철망을 입힌 것인데 아주 독특한 느낌이면서 고급스럽다. 전체적으로 사용한 조명이 가격이 높은 제품이 아님에도 분위기와 어울려 고급스럽게 느껴지는 것은 눈여겨볼만 하다.

테이블 마다 비춰지는 조명은 레인지(range)의 열기를 내보내기 위한 닥트 안에 두 개의 전구를 설치한 것. 외식업소에서 닥트는 꼭 필요한 것임에도 미관을 해치는 골칫거리가 되기 일쑤인데, 전구를 설치해 조명기구로도 활용한 아이디어가 돋보인다. 가맹본사 측에서는 "모닥불에 모여 앉아 음식을 나눠먹을 때의 로맨틱함과 오붓함을 느낄 수 있도록 테이블마다 조명을 비췄다"고 말한다. 또 하나, 장식효과를 높여주는 것이 바로 커튼. 얇은 천을 창이나 파티션에 드리워 로맨틱한 분위기를 연출해 준다

다. 사진을 찍고 싶을 만큼 예쁜 대기실과 단체석

정성본 건대점에는 입구 안쪽에 고객을 위한 대기실이 마련돼 있다. 기다리는 고객들을 배려한 공간인데, 이 공간을 매출을 올려주는 데 기여하기도 한다. 사진을 찍고 싶을 만큼 예쁜 공간이기 때문이다. 대학교 인근이라 젊은 층이 주로 찾고 있는 건대점의 경우 이러한 공간이 있다는 것은 상당한 경쟁력이 된다.

벽면은 객실과 마찬가지로 꾸며졌으나 의자 위에 올려둔 화분들이 사랑스럽다. 이 화분들은 조화이므로 저렴한 가격으로 높은 인테리어 효과를 냈다고 할 수 있다. 의자 위에 그림액자를 올려둔 센스도 높이 살만 하다.

이 공간은 격자무늬 창으로 외부와 분리돼 있으며 그 창문에는 얇은 소재의 커튼을 드리웠다. 내부적으로는 파티션으로 구분돼 있다. 그 파티션에는 수조를 두고 꽃잎으로 장식을 했으며 조명을 두 개 비춰 로맨틱하게 연출했다. 이와 같은 장식은 적어도 일주일에 한번쯤은 물을 교체해주는 수고를 해야 한다는 단점이 있긴 하지만, 장식효과가 높아 시도해 볼만하다.

가장 안쪽에는 단체로 온 고객들을 위한 공간이 마련돼 있다. 모던한 스타일의 파티션으로 분리해 두었다. 낮은 파티션에도 체인으로 커튼을 달아 포인트를 주었다.

가운데 있는 기둥에는 꽃과 조명으로 장식을 해서 흥겨운 분위기를 연출했다. 한 쪽 벽면을 거울로 처리해 확장감을 준 것도 눈여겨 볼만한 부분. 그 앞에도 커튼을 드리워 주었다. 이러한 단체석이 마련돼 있다면 각 모임의 예약 1순위는 문제없을 듯하다.

제 12 장

점포관리

① 인테리어로 분위기를 팔아라

창업할 때 점포 임대차 비용과 함께 큰 비중을 차지하는 것이 바로 인테리어 비용이다. 가장 큰 비용이 들지만 주먹구구식으로 진행되는 것이 바로 인테리어다.

점포구조 설계와 인테리어를 이야기할 때 중점적으로 생각해 볼 문제는 다음의 세 가지 있다.

첫째는 점포 이미지를 누가 정하느냐 하는 문제이며, 둘째는 어떻게 믿을 수 있는 인테리어 업체를 선택하는 가의 문제이며, 셋째는 프랜차이즈 체인의 경우 체인본부에서 지정하는 인테리어 업체에서만 시공해야 한다는데 과연 그래도 좋은가 하는 문제 등이다.

(1) 점포이미지는 인테리어 회사가 만들어주지 않는다.

점포이미지는 경영주가 점포 이미지를 구상하여 이것을 시공업자들에게 설명함으로써 반영될 수 있도록 해야 한다. 점포 경영주 입장에서는 많은 자금을 점포의 SI(Store Identification ; 점포 이미지 확립) 작업에 투입할 수가 없다. 즉, 점포 경영주 자신이 어느 정도까지는 점포의 이미지를 결정해야 투자자금을 절약할 수 있는 것이다. 물론 인테리어 회사에서 어느 정도 윤곽은 잡아주지만, 결국 점포 경영주가 파는 상품에 맞추어 점포의 이미지를 구축해야 한다.

전문지식이 없는 상태에서 어떻게 직접 점포 이미지를 구축하는가? 이것에 대한 해답은 바로 시장조사에 있다. 창업을 준비하며 둘러본 다양한 상권과 점포들 중에 독특한 시설과 인테리어의 점포들을 분석해 자신이 필요하다고 생각하는 인테리어 컨셉트를 내 점포에 적용할 수 있도록 조사하는 것이다. 그러면 조사할 때 체크 포인트는 어디에 두어야 할까? 일반적인 조사 포인트는 다음과 같다.

- 간판의 색상, 모양, 크기, 출입구의 위치
- 내부 벽면의 재질, 색상, 메뉴판의 형태, 테이블 및 의자
- 계산대의 위치, 판매 소모품(냅킨, 나무젓가락 등)의 질
- 기타 냉, 온방기의 위치
- 시공 인테리어 업체의 연락처 등

또한 판매하는 상품의 이미지에 맞는 인테리어를 구상해야 한다. 판매되고 있는 상품의 특성 및 가격대를 고려하여 점포의 분위기를 이끌어내야 한다.

(2) 인테리어 견적은 여러 업체에서 받는다.

믿을 수 있는 인테리어 업체를 선택해야 한다. 인테리어의 문제는 자재비용에 있다. 그냥 보기에는 똑같아도 질이나 가격에 있어서는 천차만별인 것이 바로 건설자재이다.

따라서 인테리어 업체를 고를 때에는 가격이 아니라 점포 이미지를 만드는 기획력을 중시해야 한다. 그리고 인테리어 시공업체를 선정할 때 반드시 여러 곳에서 견적을 받는 것이 좋다. 이때 무턱대고 싼 값을 제시하는 업체는 피하는 것이 좋다. 이러한 업체는 어디엔가 하자가 있게 마련이고 사후에 보수작업을 하다 보면 추가비용이 엄청날 경우가 많다.

또한 A/S가 원활하게 이루어져야 한다. 점포를 운영하다 보면 처음에 시공한 것을 변경하거나 보수할 경우도 있다. 영세업체인 경우에는 인원부족 등의 이유로 이러한 경우에 신속히 응하지 않는 경우가 많다.

(3) 체인본부에서 소개하는 업체를 이용하는 것도 좋다.

프랜차이즈 체인에서는 통상에서는 통상 회사가 지정하는 인테리어 업체에서만 시공해야 한다는데 과연 이렇게 하는 것이 좋을까?

만약 체인점을 시작할 경우에는 독자적으로 내부시설을 공사해도 된다는 계약조건일

지라도 특별한 업체가 따로 있지 않은 이상 가급적이면 체인본부에서 소개하는 업체를 이용하는 것이 좋다. 또한 반드시 체인 본부가 정해 놓은 인테리어 업체에서 시공해야 할 경우도 많은데 이것 때문에 우려할 필요는 없다. 평당 공사비가 다소 비싸지만 체인본부에서 지정한 업체는 사전에 체인본부와 충분히 검토하여 점포 이미지를 잘 이해하기 때문에 믿을 만하다고 볼 수 있다.

그러나 일부 소규모 체인점에서는 인테리어에서 이익을 남기려고 시공회사와 사전에 합의하여 매우 높은 경비를 요구하는 경우도 있다. 이런 경우에는 다소 높은 인테리어 비용을 지불하더라도 다른 이익을 어느 정도 얻을 수 있는지 따져보고 결정하는 것이 필요하다.

2 점포의 기능과 환경을 이해하라

고객은 점포의 상품이나 서비스뿐만 아니라 상호, 외관, 색상, 인테리어 등 점포 자체의 집합으로 그 점포를 평가한다. 이러한 이미지에 의해 무의식적으로 점포에 대한 친밀감을 가지게 된다.

따라서 점포사업자는 점포 내부뿐만 아니라 점포의 기능 및 환경 등 외관요소에도 신경을 써서 고객들이 들어가고 싶고, 이용하기 편리한 점포를 꾸며나가야 한다. 점포가 갖는 기능적인 요소들을 요약하면 다음과 같다.

- 수요충족의 기능 : 고객이 점포를 찾아올 때 무엇을 몇 개 사겠다고 미리 정하고 오는 경우는 드물다. 점포나 진열에 대한 충동으로 오는 경우가 대부분이고, 이 점포에 들어가면 수요의 충족을 기대할 수 있다는 확신 아래 들어오는 것이다. 따라서 이러한 고객들의 수요를 충족시킬 수 있는 취급상품, 선전활동, 영업방침 등이 일치되어야 한다.
- 적시성의 기능 : 유행이나 계절에 맞는 상품을 준비해야 한다. 또한 고객들의 요구와 희망에 맞는 상품을 구입할 수 있는 능력을 갖추어야 한다.
- 매력의 기능 : 상품의 매력이 마음껏 발휘될 수 있도록 해야 한다. 이성보다는 감각에 호소하는 것이 바람직하다.
- 친숙성의 기능 : 고객들의 생활수준, 쇼핑 습관에 적응할 필요가 있다. 고객들은 친숙한 점포를 이용한다.
- 선택의 기능 : 점포에 진열된 상품은 고객이 자유로이 선택할 수 있어야한다.

- 흡수의 기능 : 고객을 점포의 내부에 적극적으로 흡수하는 방법이 필요하다. 일용품이나 필수품은 점포의 앞부분에 배열하고, 유행품이나 신제품은 점포 안 깊숙이 배열하여 적극적으로 고객을 유도해야 한다.
- 능률의 기능 : 고객의 욕망에 따라 재고관리, 할인판매, 염가판매 등을 통해 능률적으로 영업해야 한다.
- 안전의 기능 : 상품의 보존, 고객의 신변보호, 종업원의 신변보호 등에 신경을 써야 한다.
- 경제성의 기능 : 비용보다 수익이 많아야 한다. 또한 고객이 최소의 비용으로 최대의 욕구를 충족할 수 있도록 해야 한다.
- 조화의 기능 : 외부장식에 신경을 써 내부와 조화를 이루어야 한다. 즉, 점포의 외관에 적합한 상품과 서비스의 제공이 이루어져야 한다.

③ 간판과 외관은 점포의 얼굴이다

점포의 외관과 간판은 얼굴과도 같다. 이것에 의해서 고객의 첫인상이 결정되고 판매욕구에 자극을 준다. 점포의 외관을 보면 무엇을 파는 점포인지 알 수 있어야 하고, 취급 상품의 가격대에 맞아야 한다.

고객은 점포를 결정할 때 상품, 가격, 서비스 등을 최우선으로 고려하지만 한번 점포를 이용한 후에라야 이러한 요소가 결정요인이 된다. 그러면 처음 점포를 선택하는 고객은 무엇을 고려할까?

친밀감 있는 상호와 무엇을 파는 점포인지에 대한 정확한 정보를 주는 점포를 선택한다. 고객이 어떤 점포인지 빨리 인지하지 못한다면 상호, 간판 디자인 및 위치가 효과적이지 못한 것이다.

또한 판매하고자 하는 상품의 수준과 점포의 외관이 어울려야 한다. 고객은 자신이 지출하고자 하는 예산에 맞추어 상품 및 점포를 찾는다. 그러나 상품은 찾았지만, 점포의 외관이 자신이 생각한 수준보다 높거나 낮으면 문을 열고 들어서기가 꺼려진다.

(1) 점포의 외관은 상품의 성격에 따라 달라진다

점포의 외관 형태는 일반적으로 세가지로 구분하는데, 즉 오픈형, 반오픈형, 비오픈형이다. 오픈형은 대중품, 반오픈형은 중급품, 비오픈형은 고급품에 알맞다.

1) 일용품점의 경우

일용품점은 오픈형이 바람직하다. 고객은 쇼윈도가 아니라 직접 상품이나 가격을 보기 원한다. 점포를 완전히 노출시켜 고객들이 직접 볼 수 있도록 하는 것이 바람직하다.

2) 준 일용품점의 경우

의류점이나 완구점 등의 준일용품점에서는 고객들이 구매 목적이 설정된 후에야 상품을 사게 된다. 그러므로 단골점포를 주로 찾거나 예전에 보아 두었던 상품을 찾아가서 사는 경우가 많으므로 개방도는 그다지 높지 않아도 된다.

하지만 점포에 어떤 상품이 진열되어 있는가를 알려줄 필요가 있으므로 진열창 옆에 주요 품목을 보기 좋게 진열하여 고객의 흥미를 유발하는 방법이 좋다.

3) 전문점의 경우

고급 카메라, 귀중품, 보석류 등의 고액품은 폐쇄형이 좋다. 점포의 외관은 화려하고 고급스러우며, 고객들에게 우월감을 줄 수 있도록 해야 한다

4) 간판은 고객에게 호감을 주어야 한다

점포의 이름을 알리는 것은 주로 간판을 통해 이루어진다. 간판은 점포의 얼굴이다. 간판은 점포의 외관뿐만 아니라 이미지에도 영향을 미친다. 간판은 그 점포를 한 번도 이용하지 않은 고객을 불러들이는 중요한 요소이다. 따라서 고객의 눈길을 주목시킬 수 있도록 간판을 만들어야 하며, 다른 부문의 비용을 줄이더라도 간판만은 신경을 써서 만들어야 한다.

간판 형태는 간단하고 명확하며 눈에 잘 띄고 보는 사람에게 호감을 줄 수 있어야 한다. 점포입지에 따라 간판의 형태를 다음과 같이 조정한다.

- 도로 폭이 10m 이하일 경우에는 간판을 낮게 단다.
- 도로 폭이 좁을 때에는 돌출간판을 사용한다.
- 도로 폭이 넓을 경우에는 횡간판으로 강조한다.

간판을 시공할 때도 자신이 직접 간판을 조사해 보고 우수하다고 판단되는 모양을 간판제작업체에 일러주는 것이 좋다. 그렇지 않고 간판업자에게 일임하면 획일화된 보통의 간판이 제작되게 마련이어서 다른 점포들과 차별이 되지 않는다.

간판의 크기와 색상은 관할구청에서 정해 놓은 기준이 있다. 3층까지의 건물에 가로 길이가 3.5m 이상의 대형 간판을 설치할 때에는 관할동사무소에 신고해야 한다.

만일 3.5m 이상의 간판을 4층 이상의 건물에 설치하려면 구청의 허가를 받아야 한다. 또한 붉은색의 간판은 제한이 있다. 이러한 기준을 사전에 파악해서 이미 만들어 놓은 간판을 달지도 못하는 불상사를 피해야 한다.

4 효율적인 레이아웃 원칙을 적용하라

점포의 인테리어가 결정되면 그 다음 단계로 상품 진열, 판매장비의 위치, 탁자 및 테이블의 위치 등의 점포 레이아웃을 결정해야 한다. 점포의 능률과 매출을 올리기 위해서는 매장이 넓은 것이 좋다. 하지만 큰 공간이 없는 대부분의 소규모 점포는 공간의 효율성을 최대화해야 한다.

(1) 고객의 동선에 따른 레이아웃을 만들어야 한다

즉, 고객이 이용하기 편리해야 한다. 동네에 있는 구멍가게를 보면 빽빽이 상품을 진열하여 두 사람 이상이 점포를 두루 돌아볼 수가 없다. 이런 점포에서는 사고 싶은 상품만 사게 된다.

음식점도 마찬가지로 고객의 편리함은 생각하지 않고 빽빽이 테이블 수만 늘려 놓은 경우가 많다. 이런 점포는 아무리 판매하는 상품의 질이 우수하다 하더라도 인근에 경쟁업소가 출현하면 오래가지 않아 고객의 수가 줄어든다.

그러나 편의점을 보자. 매장의 입구에서부터 안쪽까지 고객이 편리하게 쇼핑할 수 있도록 레이아웃이 되어 있다.

고객이 점포에 지불하는 값에는 단지 상품의 가격만 들어가 있는 것이 아니다. 점포가 제공하는 서비스에 대한 비용도 포함되어 있다. 고객은 정당한 서비스를 받고자 한다. 만약 우수한 상품에 낮은 서비스가 제공된다면 고객의 입장에서는 그 점포를 이용할 타당성이 없는 것이다.

(2) 상품과 상품이 연결된 레이아웃을 만들어야 한다

매장의 레이아웃이 잘되어 있다는 것은 고객이 점포에 들어섰을 때 점포 내부의 구조를 알기 쉽게 구성했다는 것이다. 우수한 레이아웃은 고객이 점포 내부를 두루 돌아볼 수 있게 하며, 이에 따라 구입량이 증가된다.

그러면 효율적인 레이아웃이란 무엇일까? 이것은 각 진열 부문과의 구획과 통로가 유기적으로 연결되어 있는 레이아웃이다. 상품 구성의 편성과 배열방법이 중요하다. 따라서 알맞은 상품을 명확한 목적에 따라 진열해야 한다.

레이아웃 구성의 포인트는 점포 전체가 전반적으로 잘 보이게 하는 것이다. 이때 체크해야 할 사항은 다음과 같다.

- 고객의 동선을 고려해 부분 영역을 계획한다.
- 주력 상품군은 주통로의 가장 좋은 위치에 가장 넓은 면적으로 배치한다.
- 주력 상품 이외의 준주력 상품이나 관련 상품도 고객의 시선을 끌 수 있도록 만들어야 한다.
- 주통로와 연결통로가 유기적으로 연결되어야 한다.

(3) 제1주통로는 고객 유인의 지름길이다

제1주통로는 고객이 상품을 구입하러 점포의 문을 열고 들어서 때 제일 먼저 마주치는 통로이다. 주통로는 고객이 처음 점포로 들어와 이용하는 통로이기 때문에 매출을 증가시킬 수 있는 곳이다.

따라서 주통로에는 다음과 같은 특징이 있어야 한다

- 주통로는 점포의 개성을 나타내야하기 때문에 주력상품 위주로 진열해야다.
- 고객을 환영한다는 의미에서 주통로는 보조통로보다 폭이 넓어야 한다. 반면에 보조통로는 왠지 은밀한 느낌을 갖게 해 고객을 유인할 수 있도록 주통로 보다는 폭이 좁아야 효과가 있다.
- 주통로는 독창적으로 상품을 진열해서 고객의 시선을 끌어야 한다.
- 주통로는 일반적으로 120~150m이며, 보조통로는 90~120m이다.
- 주통로는 점포의 형태에 따라 다르겠지만 두 곳 이상을 만드는 것이 매출증대에 효

과적이다.

(4) 점포 내에서 고객을 유도하는 동선을 만들어야 한다

동선이란 고객이 점포에 들어와서 움직이는 방향을 그린 선이다. 보통 동선은 고객의 심리를 파악해 점포에서 고객을 유도하게끔 계획한다. 이러한 계획을 바로 동선계획이라고 한다. 동선계획은 상품이라고 한다. 동선계획은 상품이 지닌 매력과 진열 효과로 만들어진다는 것을 유념해야 한다.

5 색채와 조명을 효과적으로 사용하라

점포를 구성하고 인테리어를 할 때 빠뜨려서는 안 되는 사항이 바로 색채와 조명 계획이다. 이것은 점포의 분위기라는 것을 만들어주는 중요한 요소이다.

(1) 매장 분위기는 색채가 만든다

색채는 점포의 환경과 분위기를 상쾌하고 능률적으로 만들어주는 역할을 하는데, 일반적인 이점은 다음과 같다.

- 점포를 밝고 기분 좋게 하여 고객의 주위를 끌어 구매로 유도할 수 있다.
- 종업원의 심신의 피로를 적게 하여 기분을 상쾌하게 하고 업무능률을 높인다.
- 사고를 예방하고 안전을 보장하며 건물이나 설비 등의 내구력을 높여준다.

색의 사용에 따라 그 효과는 차이가 크다. 어떠한 성격의 점포인가를 색에 의해서 판별시키고 인상을 지워주는 것이 필요하다. 동시에 각 매장에서 판매하고 있는 상품에 알맞은 색의 배경이나 배합을 고려해야 한다. 무엇보다도 시각은 색과 형태에 따라서 효과가 좌우되므로 색의 특성을 파악하고 이용해서 매장을 즐겁고 상쾌한 분위기로 만들어야 한다.

(2) 적절한 조명은 손님을 유혹한다

점포 내부에 조명을 설치하는 목적은 매장 내부를 밝게 하기 위해서이다. 점포 내부 곳곳에 조명을 설치함으로써 고객을 유도할 수 있으며, 고객에게 강조하고자 하는 상품에 조명의 밝기를 높여서 차별화할 수 있다. 점포조명의 주요기능은 다음과 같다.

- 점포가 잘 보일 수 있도록 한다.
- 점포 입구에서 발을 멈출 수 있도록 한다.
- 점내로 유도한다.
- 상품을 보다 잘 보이도록 한다.
- 구매의욕을 일으켜 상품을 사도록 유도한다.

백열등은 따뜻한 느낌을 연출하거나 스포트라이트의 집광성을 줄 때 효과를 얻을 수 있다. 그러나 열이 많이 나서 하절기에는 점포가 더워질 수 있으며 전기료도 비싼 편이다. 따라서 백열등은 점포의 전체적인 조명보다는 한정된 상품을 돋보이게 할 때 사용하는 것이 바람직하다.

형광등은 백열전구에 비해서 조명효율이 3배 이상 우수하고 전기요금은 저렴하다. 그러나 국소조명이 안되며 자연광에서 느끼는 동일한 색채를 형광 불빛 아래에서는 얻을 수 없다는 단점이 있다. 또한 겨울에는 춥고 어두워 보인다.

이들 모두 각각 장단점이 있으므로 이 두 가지를 조화롭게 배치하고, 변화가 가능한 구조로 설계하도록 한다.

6 상품 진열에도 원칙이 있다

상품 진열은 소비자에게 의사를 전달하는 방법 중 하나이다. 이러한 의사전달이 효과적일수록 매출이 오른다. 점내 진열상태에 매출액이 달려 있다고 해도 틀린 말은 아니다.

(1) 깨끗하게 진열하자

진열의 포인트는 상품의 전면이 잘 보이도록 하는 것이다. 고객이 진열대를 보았을 때 상품의 규격 및 가격이 한눈에 들어오도록 해야 한다.

상품의 사이즈 및 중량을 고려해 무겁거나 큰 상품은 하단에 진열 하도록 한다. 상품끼리 색채도 조화를 시켜 진열해야 고객의 시선을 집중시킬 수 있다. 주력 상품, 또는 특매행사가 실시중인 상품은 볼륨 있게 진열해야한다.

대량진열은 고객에게 상품이 신선하고 가격도 저렴하다고 느끼게 만든다. 반면에 저회전 상품, 또는 유사품이 없는 상품은 도난 또는 악성재고를 방지하기 위해 최소한의 양만 진열하도록 한다.

(2) 효과적인 진열은 어떤 것인가

첫째, 연관된 상품을 같이 진열한다. 상하, 좌우 또는 판매대에 서로 관련된 상품을 배치하는 것은 고객에게는 쇼핑을 편리하게 할 수 있게 만들고 매출을 두 배로 증진시킬 수 있는 방법이다.

편의점을 예로 들어보면 주류 냉장고 옆 판매대에는 안주류가 있는 것을 볼 수 있다. 이것이 바로 연관된 상품의 진열 배치이다. 맥주를 사러온 고객이 계산을 하러가다가 안주류를 발견하고 추가로 안주를 구매하게 되는 것이다.

둘째, 잘 팔리는 상품은 잘 보이는 곳에 진열한다.

셋째, 너무 높거나 너무 낮은 고에 상품을 진열하지 않는다. 어떤 매장은 상품을 많이 진열하기 위해서 진열대의 높이를 높여 고객이 겨우 손을 뻗어야 상품을 잡을 수 있는 곳에 상품을 진열하기도 한다. 이런 진열 상태는 고객에게 쇼핑의 즐거움을 줄 수 없다.

넷째, 점포의 이동공간을 넓게 해서 상품이 잘 보이게 한다. 고객이 이동할 공간도 없을 정도로 상품을 빽빽이 진열해 놓는 것은 빨리 점포를 벗어나고 싶게 만든다.

다섯째, 유사상품의 상품가격을 비교할 수 있도록 진열한다. 고객은 상품을 선택할 때, 상품의 디자인, 브랜드, 가격 등을 신중히 살펴보고 구매를 결정한다. 따라서 유사상품은 한 곳에 진열해서 고객이 쉽게 가격을 비교할 수 있도록 해야 한다.

(3) 진열할 때 이것을 고려하라

상품을 진열할 때는 어떤 상품을, 어느 때에, 어디에, 누구를 위해서인지 생각해야 한다. 그 내용을 보면 다음과 같다.

1) 무엇을 진열할 것인가?

어떤 상품을 진열할 것인가, 어떤 상품을 주력 상품으로 돋보이게 진열할 것인가 결정해야 한다.

2) 언제 진열할 것인가?

특매행사 때 진열할 것인가, 계절 시즌 전에 진열할 것인가, 보통 때에 진열 할 것인가를 결정해야 한다.

3) 어느 위치에 진열할 것인가?

점포 안쪽에 진열할 것인가, 냉장 쇼케이스 안에 진열할 것인가, 계산대에 진열할 것인가 등을 결정한다.

4) 누구를 위해 진열할 것인가?

상품의 주요 고객층에 맞추어 진열해야 한다.

점포 내에서 특히 주의해서 진열해야 할 부분이 있는데 바로 계산대 주변이다. 계산대 주변은 고객이 상품선택을 끝나고 상품대금을 계산하기 위한 장소이다.

이때 종업원의 재치 있는 행동과 계산대 주변의 적절한 상품 진열로 고객의 추가구매를 유도할 수 있다. 따라서 계산대 주변은 이익률이 높은 상품을 진열해야 하며, 일반적으로 점포의 정책적인 상품이 진열된다.

7 효과적으로 상품을 진열하라

(1) 용도별로 진열하자

상품을 품종별, 용도별, 가격별로 진열하여 대량구매를 유도하는 방법이다. 용도별 진열이 가능한 상품은 주방용품, 목욕용품, 스포츠용품 등이다.

품종별 진열 상품에는 차류(국산차, 외제차), 주류(맥주류, 소주류, 양주류, 와인류, 청주류 등) 등을 들 수 있다. 가격별 진열은 특매상품의 경우 990원대, 1,000원대, 9,900원대 등으로 나눌 수 있으며, 크기별 진열은 신발을 진열할 때 많이 사용(240mm, 250mm, 265mm 등)된다. 이 외에도 색채에 따라 상품을 잘 조화시켜 통일성 있게 분류해 진열하기도 한다.

(2) 관련 상품끼리 진열하자

관련 상품은 목적 상품을 구매하러 와서 주력 상품과 관련되어 충동구매를 통해 구입하는 상품류를 말한다. 양복점의 넥타이, 양말류, 안경점의 렌즈용 클리너 등이다.

주력 상품과 관련 상품은 가급적이면 서로 가깝게 진열해서 주력 상품을 구매하고 곧바로 관련 상품을 구매할 수 있도록 진열한다.

(3) 엔드 진열을 사용하자

진열선 상의 곤도라에 상품을 대량으로 진열하는 방법이다. 엔드 진열의 방법과 효과는 다음과 같다.

- 충동구매를 유발해 매출 증진을 유도한다.
- 특매상품을 진열해서 점포의 쇼핑 분위기를 활기차고 재미있게 유도한다.
- 신상품의 인지도를 제고한다.
- 흥미를 자극하는 상품의 진열로 고객의 점내 체류시간을 높여 상품의 구매량을 증가시키며, 고정 진열 판매대로 유도가 가능하다. 또한 가격, 대량진열, 품목수와 같은 세 가지의 조건이 만족되어야 한다.
- 품목수는 가급적 제한을 두어 한두 개의 품목을 골라서 진열한다.
- 가급적 염가상품을 진열한다. 동질의 2류 브랜드 또는 점포 자체에서 브랜드를 진열하면 효과적이다.
- 상품을 대량으로 진열해 시선을 집중시킨다. 또한 POP를 활용하면 더욱효과적이다.

(4) 이벤트 진열을 사용하자

계절에 관련된 상품을 진열해 매출을 올리는 방법이다. 적기의 상품 준비와 효과적인 진열을 위한 색다른 연출이 필요하다. 이때 행사와 관련된 소품류를 준비하고 이에 따른 음향도 곁들이면 효과가 배가될 수 있다. 또한 다른 코너보다 돌출될 수 있게 POP 등을 부착해 들뜬 분위기를 연출한다. 크리스마스 시즌에 산타클로스 복장의 종업원이 각 코너에서 특별판매 활동을 벌이는 것은 진열의 고전적인 방법이다.

(5) 윈도 진열을 중시하자

윈도 진열은 고객을 점포 안으로 이끄는 자석과 같은 역할을 한다. 따라서 윈도 진열의 포인트는 점포 앞을 지나가는 고객의 시선을 붙잡아 점포 안으로 유도하는 것이다. 윈도 진열을 효과적으로 하기 위해서는 다음과 같은 진열 원칙을 고려해야 한다.

- 윈도는 매일 청소하여 상큼하고 정결한 인상을 준다.
- 정기적인 이벤트와 연관되도록 진열한다. 1년 내내 변화가 없는 진열은 고객의 이목을 집중시킬 수 없으며, 고객들이 점포에 흥미를 잃게만든다.
- 단순하지만 파격적인 진열을 유지한다.
- 한번에 메시지를 전달할 수 있도록 단순하고, 고객의 흥미를 끌 수 있으면서 깨끗한 진열 상태를 유지해야 한다. 따라서 상품 이외에 고객의 눈길을 끌 수 있는 작은 소품을 진열하면 더욱 효과적이다.
- 시즌에 맞는 주력 상품과 베스트 상품을 진열한다.
- 계절행사 때는 변화에 민감한 진열을 한다.
- 조명을 적절히 활용한다. 주력 상품에는 강렬한 스포트라이트를 비추는것도 한 방법이다. 윈도 진열대 위에 차양막을 설치해 태양광선을 차단시키면 윈도 내부 진열을 효과적으로 살릴 수 있다.

제 13 장

개선방향

① Franchise 운영의 개선방안(본부와 가맹점)

(1) 제품(Product)

1) 본부의 개선방안

본부나 가맹점은 이익을 목표로 사업을 경영한다. 그리고 이익을 증대시킬 수 있는 방법은 비용을 줄이든지 판매이익을 증가시키는 것이다. 판매이익을 증대시키기 위해서는 단위당 이익을 줄이고 많이 판매하든지, 판매량은 적지만 단위당 판매이익을 높이는 방법이 있다. 그러나 프랜차이즈 시스템에서는 가맹점 어디서나 상품이 비슷하기 때문에가격 경쟁이 있을 경우 가맹점 모두에게 어려움을 주는 실정으로 비가격 경쟁을 통하여 판매를 증대시키는 방법을 시도해야 한다. 그리고 판매증대는 소비자가 만족할 수 있는 상품을 제공하고 제품에 대한 차별화된 정보와 서비스를 제공함으로 이루어 질 수 있다. 이를 위한 본부의 역할과 개선방안을제시하고자 한다.

첫째, 소비자 또는 1차 고객인 가맹점의 의견을 듣고 제품개발에 반영시켜야 한다. 소비자와 가장 가깝게 접촉하는 회사의 최일선 조직은 가맹점의 판매사원이다. 이들을 훈련시켜 상품에 대한 소비자의 의견을 수집토록 하고 경쟁사의 인기상품을 추천받고 인기 사유를 파악해야 한다. 그리고 신제품을 개발할 때 이를 반영해야 한다.

둘째, 좋은 제품을 소비자에게 잘 알릴 수 있도록 가맹점의 교육·훈련이 필요하다. 가맹점이 판매를 잘 하려면 상품에 대하여 잘 알아야 하고 또한 소비자에게 잘 설명할 수 있어야 한다. 이런 역할을 잘 할 수 있느냐에 대한 책임은 본부와 가맹점 양쪽에 있다. 그러나 본부가 더 큰 책임을 가진다. 본부는 제품설계, 생산 공정, 물류관리, 품질관리, A/S처리 요령 등에 대한 지식을 가맹점에게 알려야 한다. 이러한 정보는 제품가치를 전달하는데 도움을 주기 때문이다.

셋째, 제품의 폭을 갑자기 확대하거나 갑자기 변경하지 않는다. B사에서 르네상스라는 테마의 의류를 개발해 품평을 받은바 있다. 지금까지 판매하던 상품과 전혀 다른 무늬와 색상의 디자인이었다. 가맹점의 반응은 매우 좋았고, 디자인실에서는 이에 고무되어 당초와는 달리 그 테마의 비중을 30%까지 높였다. 주문에서의 반응은 양분화 되었다. 10년 이상 된 가맹점은 몇 아이템만 소량 주문하고, 3～5년 된 가맹점은 주문량이 많았다. 그러나 소비자의 반응은 좋지 않아 많은 양을 주문한 가맹점은 재고를 처분하느라 2～3년을 고생한 경험이 있다. 소비자는 매장에 와서 새로운 상품이 없다고 불평한다. 그러나 새로운 상품에 대해 호기심까지 불러일으키는 데는 성공했지만 실제로 구매까지의 연결은 쉽지 않은 것이 현실이다. 그 브랜드를 이용하는 고객은 이 매장에 가면 이런 상품이 있을 것이라고 기대하며 오기 때문에 호기심과 실제 구입과는 거리가 있는 것이다.

넷째, 본부가 개발한 프랜차이즈 패키지는 가맹점의 아이디어를 반영시켜야 한다. 실효성이 없는 전략은 계획 따로 실행 따로 되어 비용만 발생하기 때문이다. 실질적으로 A사가 실시한 패키지 중에서 성공한 것은 절반 수준에 못 미쳤고, 그것이 재고의 누적과 경영악화의 큰 요인으로 분석되었다. 그러나 점주와 사전에 협의를 거치고 제품기획 및 패키지 개발에 참여시킨 경우는 80%이상의 성공을 거둔바 있다. 점주의 아이디어를 반영시키는 방법 중 하나는 패키지를 몇몇 가맹점에서 시범적으로 실시하여 그 단점을 보완하는 방법과 패키지를 가맹점에 설명한 후에 행사에 따른 비용을 점주가 부담하는 조건으로 주문을 받는 방법을 채택하여 좋은 반응을 얻은바 있다.

다섯째, 품평회를 통해 제품의 실용성을 검증 받고 전에 발생한 유사한 문제점을 제거하는 계기로 삼아야 한다. 디자이너의 경우 대부분 5년 전후의 근속년수로 경험이 부족하므로 10년 이상 유아복 사업을 경험한 가맹점주의 자문을 받는 것은 매우 유익한 과정이다. 주문 받은 상품은 디자인이나 소재를 바꾸지 않도록 사전에 철저히 준비하고 더욱이 생산이 취소되는 일은 없어야 한다.

여섯째, 본부와 가맹점간의 분쟁의 요인 중 하나가 본부가 상품을 강압적으로 과다하게 공급한다는 것이다. 이러한 분쟁은 공정거래에 관한 법률이 제정되고 이에 대한 감독이 강화되면서 표면에 부상하게 되었다. 지금까지 가맹점은 끼워 팔기 등을 통하여 실질적인 과·다량의 제품을 받고, 공급 받은 상품에 대한 결제를 강요당하다 보니 덤핑판매 등을하게 되고 이는 수익성을 떨어뜨리는 악순환을 가져왔었다. 이로 인해 가맹점의 경영악화와 판매력이 급격히 하락하는 결과를 초래하였다. 그러므로 적정량의 상품공급은 유통질서가 확립되고 안정적인 성장의 기초가 된다. 본부는 주문을 통하여 제품을 공급하고 신제품도 샘플 1개씩만 공급하여 가맹점으로 하여금 판매여부를 판단해서 일정기간 내에 반품할 기회를 주어 가맹점의 재고부담을 갖지 않도록 해야 한다.

일곱째, 지속적 know-how를 개발해야 한다. 경영의 know-how는 상당히 다양한 의미를 내포하고 있다. 그러나 know-how의 중심이 되는 것은 상품의 제조방법이나 상품 서비스의 제공방법에 관한 것이다. 충분히 갖추어진 know-how가 있음으로 해서 본부는 가맹점들로부터 대가를 얻고 가맹점에 대해 특정의 계약을 가하는 권리를 갖을 수 있고, 가맹점은 가맹본부로부터 안정된 경제적 이들을 얻을 수 있는 것이다. 소매업, 서비스업의 know-how는 가맹점 개발이 이루어지고 상품과 서비스가 제공되면 그 시점에서 99%는 제시된 것이나 마찬가지이다. 나머지 1%가 부가가치가 높은 내용인 것이고 타인이 결코 모방할 수 없는 것이라야 비로소 100%의 완벽한 경영이 이루어 질 수 있는 것이다. 오늘날 상품의 라이프 사이클은 점점 짧아지고 소비자는 새로운 서비스를 원하고 있기 때문에 본부는 새로운 상품 및 경영 know-how의 개발을 지속적으로 해야 된다.

2) 가맹점의 개선방안

가맹점의 판매증가를 위해선 본부와 협력해서 가맹점에 필요한 제품이 생산되도록 해야 하고 본부가 의도하는 방법으로 제품을 판매해야 한다. 이를 구체적으로 살펴보면 다음과 같다.

첫째, 가맹점은 소비자가 찾는 상품이 없어 구입하지 않을 경우 본부에 제품생산을 추가로 요구하게 된다. 그러나 한 브랜드에서 다양한 소비자의 욕구를 다 충족시킬 수는 없다. 오히려 제품이 다양하면 소비자의 제품구입 결정을 어렵게 만드는 경향이 있다. 가맹점은 너무 많은 제품 계열을 본부에 요구하지 않는다. 오히려 폭넓은제품의 계열은 특색 없는 브랜드로 평가 받기도 한다는 것을 잊어서는 안 된다.

둘째, 제품이 기획된 본래의 방법대로 진열하고 판매해야 한다. 매 시즌 일반적으로 3가지 테마의 상품이 개발되는 경향이 있다. 그리고 테마별로 칼라나 소재, 무늬를 조금씩 달리한다. 그리고 상품은 단품이라도 서로 코디 개념으로 디자인되고 있다. 만약, 이런 디자이너의 의도를 무시하고 억지로 판매할 경우 소수의 고객은 판매원의 의도를 알게 되고 그 점포에 대한 신뢰는 떨어지게 된다. 또한 카탈로그 등을 제작하기 때문에 소비자는 이를 보고 세트제품을 찾는 경우가 많다. 이럴 경우 가맹점에서 제품을 세트로 주문하지 않을 경우 판매하지 못하는 경우가 종종 발생한다. 그러므로 가맹점은 본부의 디자이너가 제품을 기획한 의도대로 진열하고 디자이너가 의도한 대로 판매하도록 노력해야 한다. 아울러 제조과정·위생상태·소재의 특징 등을 확실히 인지하였다가 소비자에게 생동감 있게 설명해야 한다.

셋째, 가맹점은 한번 판매하고 난 후 그 소비자에 대한 관리는 거의 하지 않는다. 그러나 어제 구입해 간 소비자에게 전화를 걸어 소비자의 미 충족 요소나 불편사항 등을 확인하여 본부에 그 내용을 알려준다면 다음에는 더 좋은 상품이 생산될 수 있는 계기를 만드는 것이다. 가맹점은 좋은 상품이 생산되도록 본부의 좋은 협조자가 되어야 한다. 아울러 경쟁사의 인기상품도 파악해서 본부에 알려주어야 한다.

(2) 장소(Place)

1) 본부의 개선방안

가맹점의 점포위치는 사업성공의 가장 중요한 변수이다. 예를 들면 유아복 고객의 경우 움직이기 불편한 임산부와 3세 미만의 자녀를 동행하는 경우가 많기 때문에 점포의 위치는 더욱 중요한 변수이다. 물론 점포위치 결정은 가맹점에서 해야 되지만 한번 개설한 점포는 이전하기 힘들기 때문에 본부는 가맹점을 도와 경쟁력을 확보 할 수 있는 장소를 선택하도록 도와야 한다.

첫째, 가맹점을 하고자 하는 자는 대부분 그 업종에 대한 경험이 부족한 형편이다. 그래서 시장조사를 한다고 해도 핵심에서 벗어나기 쉽고 판매나 수익을 예측하는 것은 더더욱 힘든 실정이다. 그러므로 본부는 사업을 하려는 희망자에게 업계의 실태와 현황을 정확히 알려주어야 한다. 특히, 개설하려고 하는 지역과 비슷한 기존 가맹점을 소개해 주어 조언을 받도록 하면 좋을 것이다. 또한 가맹점 본인이 직접 수익성을 계산하도록 도와주어야 한다. 이때 본부는 사업성을 계산하는 방법을 제시하고 사례를 소개하는 수준까지 도와주어야 한다. 수익성은 가맹점이 스스로 계산하도록 하는 것이 좋다. 그리고 본부는 단기적인 안목에서 가맹점 확보에만 급급하여서는 안 된다.

둘째, 가맹점은 사업 전체 금액 중에서 60%~70%를 점포 임대보증금과 점포권리금에 투자하는 것이 일반적이다. 그러다보니 대부분 희망자가 가지고 있는 자금에 맞추어 점포를 결정하는 경향이 있다. 그러나 한번 개설하게 되면 이전한다는 것은 매우 어렵다. 그러므로 본부는 가맹점주가 현재 가지고 있는 자본에만 맞추는 소극적인 권유를 해서는 안 된다. 손익분석을 통해 지역 상권 중 가장 수익성이 높은 점포를 비교해서 선택하도록 도와주고, 소유하고 있는 자본이 부족할 경우 본부의 자금지원도 고려해야 한다. 가맹점의 판매는 본부의 판매이기 때문에 본부가 경쟁사를 추월하기 위해서는 가맹점을 도와서 가맹점이 각 지역에서 최고의 위치에서 경쟁할 수 있도록 하는 것이 중요하다.

셋째, 지금까지는 타 업종과 겸업하는 것을 금지하고 있는 것이 사실이다. 그러나 소매점이 대형화되고 있으며 소비자는 시간을 중요시하고 편리성을 찾고 있다. 예를 들면 유아복과 관련이 있는 업종은 소비자에게 시간절약이라는 유익을 줄 수 있다. 유아복 매장 내에 완구, 아동복, 임산부 용품 등을 비치하여 소비자에게 편의성과 시간절약이라는 편익을 충분히 줄 수 있을 것이다. 한 가맹점에서 한 브랜드 상품만 취급하게 하는 전략에서 타 브랜드를 취급하거나 토틀러아동복 등 관련제품을 판매 하는 대형화를 시도하는 것도 바람직할 것이다.

넷째, 가맹점이 사업을 하는 이유는 돈을 벌기위해서이다. 판매액보다는 오히려 수익이 얼마이냐에 더 관심이 많다. 그러나 본부는 가맹점의 수익은 개의치 않는다. 본부는 판매증대 고객관리를 강조하는 경향이 있다. 물론 이들은 상호 연관성이 있으며 어떤 것이 우선이냐를 판단하기는 힘들다. 그러나 가맹점의 입장에서 보면 이 문제는 명백해진다. 본부는 가맹점의 이익을 증대시키는 협력자로서 역할을 하면서 판매증대를 위한 조치를 취해야 한다.

2) 가맹점의 개선방안

점포의 위치는 사업성공의 가장 중요한 변수다. 그러나 이는 가장 소홀히 하기 쉬운 부분이다. 가맹점은 충분한 시간을 가지고 3~5군데 점포를 소개 받아 비교해 보고 투자에 대한 수익률을 계산하여 비교하도록 하는 게 좋다. 특히 장래성이 있는 상권인지 확인해 본다. 인근의 점포에 들려 최근 고객수의 증감과 고객의 일인당 판매액 추이 등을 알아보고, 주위의 상권 이동에 대한 의견을 들어보고 부동산 중개인의 의견도 참조한다. 또한 주위에 대형 판매점이나 백화점이 들어설 계획이 있는지도 살펴본다. 유아복의 경우 좋은 점포를 선택하기 위한 체크 포인트는 다음과 같다.

① 개점하려는 점포에서 하루 평균 판매금액을 예측해 본다. 가까운 유아복 매장의 방문 고객수와 1회 구입금액을 참조하면 정확도가 높아진다.

② 점포위치는 평지와 비슷한 곳이 좋다. 유아복 소비자는 임산부이거나 3세 미만의 자녀와 동행하고, 유모차를 끌고 오기도 한다. 그러므로 매장은 평지와 같은 매장이 가장 편리한 곳으로 평가되고 있다.

③ 직접 점포 앞의 유동인구를 확인한다. 유아복 가맹점으로써 월 1천만 원 이상을 판매하려면 하루 유동인구는 5,000명 이상이어야 한다.

한편, 점포를 개설하기 위해서는 많은 투자가 필요하다. 그래서 최대한 비용을 줄이기 위해서 노력하는 것이 사실이다. 이때 가장 쉽게 접근하는 부문이 인테리어업자들이다. 대부분 본부가 실시하는 비용보다는 30%정도 싸게 제시 하는 게 일반적이다. 그러나 품질과 애프터서비스를 깊이 생각하는 경우는 많지 않은 것이 사실이다. 그리고 본인의 취향을 살려 변경시킨 부분이 실용상 문제를 일으키기도 한다. 그 결과 보수비용이 많이 들어가고 1년도 안되어 다시 시공하는 사례도 종종 발생한다. 인테리어는 본부의 기준에 맞게 시설하여야 한다. 특히 임산부가 편안히 앉아서 상담할 수 있는 공간을 확보하면 매우 좋다. 특히 창고시설을 넓게 하여 매장에는 샘플만 진열함으로 매장이 쾌적하고 품위 있게 꾸미도록 기획한다. 전문가의 의견을 참고하고 소비자의 수준이 비슷한 가맹점의 의견을 듣는다.

(3) 가격(Price)

1) 본부의 개선방안

첫째, 유아복에서 선물고객의 비중은 약 30%정도이며 백일과 돌 선물 고객이 많은 편이다. 전통적으로 백일과 돌 선물로는 금 반 돈의 선물이 많은데 최근 아기옷 이나 용품선물이 늘어나고 있다. 계절별로 여름에는 이에 맞는 25,000~30,000원대의 상품이 많지만 봄 · 가을 · 겨울에는 적당한 제품이 없는 편이다. 따라서 가맹점에서는 내의류 혹은 실내복에다 모자나 양말을 추가해서 선물세트로 판매하고 있다. 본부에서는 이런 이벤트 제품을 개발해 백일 또는 돌잔치 선물고객을 적극 유치하는 전략을 시행하면 좋은 반응을 얻을 것이다.

둘째, 주문시 가격대별로 상품을 진열하여 가맹점이 점포에 맞는 가격대의 상품을 효율적으로 주문하도록 도와준다. 고가상품과 저가상품, 주력상품으로 나누어 상품을 개발한다. 고가상품은 차별화시켜 디스플레이용으로 활용하도록 지도하고 패션성이 강한 소비자를 끌어들이는 전략으로 활용한다.

셋째, 기획 상품을 대량 생산하여 저가격으로 판매하도록 한다. 그러나 고정 고객에게 이 상품을 권장한다면 가맹점의 실 판매는 감소할 것이다. 기획 상품은 가격 때문에 구입하지 못하는 고객을 유치하여 고정 고객화 하는 도구로 활용하도록 가맹점을 지도한다.

넷째, 가맹점간의 경쟁은 비가격 경쟁으로 유도한다. 점포 간 가격경쟁은 출혈경쟁으로 악화될 수 있다. 이렇게 될 경우 본부는 방관자로 지켜보기만 하는 사례가 많다. 그러나 출혈경쟁으로 가맹점의 수익이 악화되면 가맹점의 폐업 또는 인수인계가 발생하게 되고 소비자는 계속 할인해서 구매하려고 하게 된다. 결과는 가맹점 손해로만 끝나는 것이 아니다. 이는 본부의 매출감소와 브랜드 이미지 하락으로 이어진다.

2) 가맹점의 개선방안

가맹점은 인근 가맹점과의 경쟁 우위를 확보하기 위해서 가격할인을 실시하는가 하면 재고회전을 목적으로 할인판매를 하기도 한다. 그러나 이런 가격결정은 신중하지 않을 경우, 여러 가지 문제점을 가져오고 소비자로부터 신용을 잃게 되는 중요한 요소가 되기도 한다. 가맹점이 본부에서 권장하는 가격을 임의로 변경하고자 할 때에는 본부와 협의하여 결정하여야한다.

첫째, 정가판매를 정착시키고 경쟁을 제품과 서비스 등으로 한정한다. 할인판매는 수익을 악화시키고 소비자로부터 계속적인 할인 요구를 받게 되는 어려움을 겪게 된다. 가맹점은 소비자에게 맞는 상품을 권장하고 제품의 특징이나 사용방법을 잘 이해시켜 소비자의 만족도를 높이는 연구를 계속해야 한다. 아울러 소비자가 쾌적한 상태에서 구매할 수 있도록 서비스를 향상 시키는 등의 타 점포와 차별화를 실시하여 비가격 경쟁을 강화하도록 한다.

둘째, 본부의 가격대별 판매 전략을 자기점포에 적응시킨다. 본부는 전국을 상대로 가격대별 전략을 수립하여 제품을 생산한다. 그러나 가맹점별로 고객의 소득수준이나 학력은 차이가 많다. 따라서 디자인 선호도, 소재에 대한 선호도 등 차이가 많다. 그러므로 가맹점은 소비자의 구매성향에 따라 5~7가지로 그룹핑하여 가격대별 선호상품을 기초로 상품을 주문하는데 신중을 기해야 한다.

셋째, 당년 제품의 할인판매는 할인 전 구입자에게 좀 늦게 살 것이라는 후회를 갖게 만든다. 대부분의 의류판매에서 시즌 아웃 시점에 할인판매를 실시하고 있으며 그 시기도 차츰 빨라져 신사복의 경우시즌 초기부터 30%할인판매를 하는 악순환을 두고 있다. 그 결과 소비자는 30%할인 판매는 당연한 것으로 받아들이고 있는 형편이다. 그러나 유아복의 경우 할인판매 정도는 섬유류 중에서 가장 낮은 편이나, 최근 신생브랜드와 재무구조가 나쁜 브랜드를 중심으로 차츰 할인판매가 늘어나고 있다. 일시적인 판매증대 정책이나 재고 검축 정책은 소비자를 혼란스럽게 하여 안심하고 구매하지 못하게 만들고 있다. 한번 잃은 신용은 다시 찾기에 많은 시간과 희생이 필요하게 된다. 그러므로 당년 제품의 할인판매는 실시하지 않는 것을 원칙으로 세워 이를 정착시키는 전략이 필요한 것으로 판단된다. 아울러 이월상품(전년도 상품)은 고정고객에게 판매하지 않는 것이 매우 좋은 전략이다. 제품은 마음에 들어 하나 가격 때문에 구입하지 못하는 고객의 명단을 적어놓았다가 전화 등 개별접촉을 통해 이월상품을 판매하면 새로운 고객을 영입할 수 있을 것이다. 이때 진열은 하지 않는 것이 좋을 것으로 판단된다.

(4) 촉진(Promotion)

1) 본부의 개선방안

판매촉진은 특정제품에 대하여 소비자의 관심을 증대시켜서 제품구매를 이끌어 내기 위한 수단을 말한다. 촉진을 성공하기 위해서는 제품과 광고・홍보・사원판매・판촉이 일관성을 가지고 서로보완적인 기능을 수행해야 한다. 먼저 본부가 어떤 역할과 개선을 통하여 시너지 효과를 창출해 낼 수 있을지 살펴보기로 하겠다.

첫째, 소비자와 실질적으로 만나는 본부의 최종 영업조직은 가맹점이다. 본부의 전략이 아무리 좋아도 가맹점이 이를 시행하지 않으면 실효성이 없다. 그러므로 본부는 본부의 목표와 전략에 대해 가맹점이 이해 할 수 있게 하고 교육하기 위하여 유능한 슈퍼바이저를 확충해야 한다. 프랜차이즈는 상품이 중심 이라기보다는 사람이 중심인 비즈니스라고 말하고 있다. 그것은 본부와 가맹점이 커뮤니케이션을 잘 유지하여 하나의 체제로 많은 소비자에게 소비의 즐거움을 전달해주는 일이기 때문이다. 슈퍼바이저는 우선 사람과의 접촉을 통하여 서비스하는 것을 진정으로 좋아하는 사람이어야 하며 가맹점이 진정으로 신뢰할 수 있고, 자질과 능력이 있는 사람이어야 한다. 그러한 사람을 잘 선정하고 모집하여 충분한 교육을 한 후에 유능한 슈퍼바이저로 양성하는 일이 본부의 매우 중요한 일이다. 실질적으로 슈퍼바이저는 본부와 가맹점간의 연결 역할을 하면서 동시에 가맹점주의 상담 및 조언을 담당하기 때문이다. 아울러 본사는 광고나 홍보에서 부족한 부분을 보완하도록 노력한다. 그러기 위해서는 특정전략의 내용보다는 기업의 경영방침 및 경영 중심의 전략을 알게 해야 한다. 기업의 정책을 이해하면서 소비자를 대하면 유연성 있는 행동을 할 수 있게 된다. 또한 광고의 내용과 배경에 대하여 가맹점에서 분명히 알도록 교육한다. 광고 내용과 판촉행사에 대하여 판매원의 설명을 듣고 매스컴에서 실시한 광고나 행사가 다시 기억되어 시너지효과가 나타나도록 해야 한다.

둘째, 판매촉진 수단의 기본은 좋은 품질의 상품을 소비자에게 잘 알리고 기업에 대하여 신뢰를 갖게 하는 것이다. C사의 경우 이름표 달아주기를 10년째 실시하고 있다. 매년 100만개의 이름표를 연중 무료로 달아주고 있는데 미아가 많이 발생하는 5월과 바캉스 시즌에는 어린이 공원이나 유원지 그리고 해수욕장에서까지 이름표를 달아주므로 부담 없이 고객과 만나 좋은 이미지를 심어가고 있다. 특별히 이름표의 품질을 높이고 오래 달고 다녀도 품위 있고 싫증나지 않는 디자인으로 개발해 소비자로부터 좋은 반응을 얻었다. 이는 이름표를 통해 제품의 품질을 알리고 브랜드나 기업에 대해 신뢰를 갖게 한 사례다.

셋째, 가맹점 경영의 성공사례를 패키지로 개발해서 전 가맹점에 파급시킨다. 특히 연 1회 전가맹점이 참석한 가운데 우수점에 대한 시상, 성공사례 발표 등을 통하여 우수한 가맹점주나 판매사원을 영웅으로 만들어 부러움을 받게 하고 선의의 경쟁을 촉진한다.

넷째, 유아복의 경쟁이 치열하다 보니 사은행사, 할인판매, 경품행사 등이 증가하고 있다. 결과적으로 디자인 경쟁, 품질경쟁에서 서비스 경쟁으로, 서비스 경쟁에서 출혈경쟁으로 바뀌어 가고 있다. 이런 행사의 빈도와 양은 계속 줄여나가면서 품질과 서비스로 고객을 창조하고 유인하도록 지도한다.

다섯째, 디스플레이 연출기법에 대한 교육을 통해 가맹점이 직접 디스플레이를 하도록 하고, 이의 필요성과 성공사례를 개발하여 설득시킨다.

2) 가맹점의 개선방안

첫째, 가맹점은 본부의 교육 훈련에 참가해야 하고 본부가 제시하는 지침에 따라 경영해야 한다. 또한 본부의 경영방침, 영업전략, 촉진의 기본 방침 등을 알아야 여러 가지 판매현장에서의문제점을 기본이 흔들리지 않는 선에서 유연성 있게 대처할 수 있다.

둘째, 소비자는 판매원이 얘기한 것을 잘 기억하지 못한다. 때문에 본부가 실시하는 광고의 배경이나 주장을 소비자에게 반복적으로 알림으로써 시너지 효과를 갖도록 한다. C브랜드에서는 색깔이 강한 브랜드로써 소비자에게 좋은 반응을 얻었다. 그러나 어떤 소비자는 "무당 옷 같다"는 등의 비판을 하기도 했다. 그래서 색깔이 아기의 지능이나 정서에 미치는 영향이 크다는 사실을 캠페인 하기로 했다. 그러나 광고에서는 표현의 제약을 받기 때문에 직접적인 표현을 쓸 수 없었다. 2년 이상 TV와 라디오, 인쇄매체를 통하여 캠페인을 했지만 그 효과는 좋지 않았다. 그러나 자동 인사기를 활용해서 매장문이 열리고 닫힐 때마다 "색깔은 아기 지능발달에 도움을 줍니다."라는 말을 하도록 설치한 후 소비자의 많은 관심을 얻게 되었고 캠페인도 성공을 거두었다고 한다. 판매원이 못하는 역할을 자동인사기(기계)를 통하여 반복적으로 강조함으로 광고나 캠페인이 성공하도록 보완해준 좋은 사례다.

셋째, 고정고객을 가맹점의 판매촉진홍보요원으로 활용할 수 있도록 노력한다. 가맹점에서 10번 이야기하는 것보다 고객의 한마디가 소비자에게는 더 신뢰를 준다. 고정고객은 자기가 즐겨 이용하는 브랜드를 자랑하고 싶어 한다. 이를 이용하여 고정고객을 브랜드 및 점포의 홍보요원으로 활용한다면 좋은 성과를 얻을 것이다.

넷째, 본부에서 실시하는 판촉보다는 가맹점 자체에서 실시하는 판촉이 효과적이다. 본부가 실시하는 판촉행사는 대부분 판촉의 효과를 높이기 위하여 광고를 실시하기 때문에 소비자는 판촉물에 대해서 고마움을 느끼지 못한다. 당연히 받는 것으로 생각하고, 오히려 "별것 아니다."라고 생각하는 소비자도 있다. 그러나 가맹점에서 주는 양말 한 켤레, 아기 생일이나 결혼기념일을 축하하는 전화 한 마디는 고객의 마음을 움직이기 쉽다. 가맹점이 기획하여 본부와 1:1비용 분담 등을 판매촉진 행사를 자주 실시하면 좋을 것이다.

(5) 그 밖의 본부의 개선방안

1) 유통

프랜차이즈 시스템에서는 모든 제품을 본사가 생산하는 것이 아니라 외주에 의하여 각 본부의 필요량을 구입하고 있다. 일부 대기업을 제외한 거의 모든 업소는 발주로 인한 많은 유통단계를 거침으로 인한 노력이나 비용 등이 적지 않게 들어가고 있다. 그러므로 생산자와의 직거래를 위한 업체의 노력이 필요하다. 생산자와 직거래를 실시할 경우 신선한 재료를 저가로 구입함으로써 많은 기대효과를 볼 수 있다. 만약 이러한 직거래가 불가능하고 구매부서에 많은 비용이 소요된다면 전문회사에 원재료의 구입을 위탁하는 방법도 있다. 또한 유통경로의 단순화를 위한노력은 유통비용 절감과 직결된다. 소규모 업체의 경우 생산자와 직거래를 실시할 수 있을 정도의 규모가 되지 못할 경우에는 몇몇 소규모 업체가 연합하여 원재료를 공동으로 대량구매를 함으로써 대량구매의 이점을 얻을 수 있다. 아울러 더 나아가서 이러한 원재료를 공동 구매할 수 있는 물류센터를 조성할 수 있다면 더욱 효과적인 비용절감과 품질향상을 이룩할 수 있을 것이다.

2) 본부와 가맹점의 균형화

시스템이 잘 정리 되어도 점포수가 적으면 고객의 시선을 끌 수 없을 것이며 또 점포수를 무작정 넓혀가도 본부시스템 기능이 확립되지 않으면 붕괴되고 말 것이다. 따라서 본부와 가맹점 생산능력, 서비스 능력 전체 Sales 능력의 균형을 이룩해가야 한다. 본부는 시장 확대를 위해 생산능력 확대 및 기업 이미지 지명도를 높이는데 치중하고 가맹점은 서비스 능력의 향상, 점포 내의 환경개선에 역점을 두어야 한다. 프랜차이즈 산업은 성장속도와 발맞추어 점포가 계속 증대하였으나 1990년도부터 부동산 임대료 상승과 인건비 증가에 따라 경영압박요인이 증가하여 점포가 둔화되었다. 따라서 본부는 제품력강화 기업이미지를 개선하고 균일화 작업을 하여 점포의 균일화가 이루어지면, 현장인 가맹점에서 소비자에 대한 서비스 차별화로 승부를 내야 한다.

2 정부차원의 Franchise 산업 개선방안

(1) 교육지원 개선 방안

1) 소프트웨어와 정보 기술 공동개발 지원

프랜차이즈 업체들의 정보를 연계하여 표준화할 수 있는 부분은 공동개발을 진행하는 것이 바람직하다. 영세 프랜차이즈 업체들의 경우에는 대형 업체들처럼 자체 교육이 어려우므로 정부차원에서 자문 및 기술 지도를 실시할 필요가 있다.

2) 정보화 시스템 구축 지원

프랜차이즈 본사들이 독자적으로 개별 사업자에게 교육을 진행하는 것은 현실적인 자금, 인력 및 기술적 이유 등으로 쉽지 않다. 그러므로 인프라를 구축, 효율적인 교육이 이루어지기 위해서는 지역정보 네트워크를 활용할 수 있는 시스템이 갖추어져야 할 것이다.

3) 관련제도의 홍보와 교육

대표적 사례인 본부와 가맹점간의 갈등은 서로간의 정보공유의 부재, 현실인식의 차이 등에서 비롯된 것으로 판단되기에 이를 완화시키기 위해서는 프랜차이즈 시스템에서의 상호 역할에 관한 올바른 이해가 더욱 필요한 것이다. 따라서 교육 기회를 제공할 수 있도록 홍보와 지원이 필요한 실정이다. 다양한 프랜차이즈 산업 관련 교육을 수시로 저렴한 가격에 받을 수 있도록 정책적 배려 또한 필요하다.

4) 공동교육시스템 확립

맥도날드의 햄버거 대학과 같은 프랜차이즈 전문인력 양성을 위한 교육기관 확대와 다양한 교육 프로그램 개발과 도입을 통해 영세한 가맹본부들이 업종별, 지역별로 협력하여 공동 지도체제를 갖추고 매장운영, 인사관리, 품질 및 장비관리, 고객서비스 등에 관한 교육을 공동으로 실시할 수 있도록 지원한다. 또한 공동으로 가맹계약자에 대해 프랜차이즈 사업의 개념 및 가맹점주의 역할에 대한 교육을 실시할 수도 있다.

(2) 조세지원 개선방안

1) 지원의 방향

조세지원 방안은 두 가지로 나뉜다.

조세 중립성의 실현과 투자 유인 효과가 그것이다. 조세 중립성이란 프랜차이즈 산업이 다른 산업에 비해 조세부담 면에서 불리한 점이 없도록 하는 것이며 투자 유인 효과란 프랜차이즈 산업에 투자가 실현될 수 있도록 조세 특례를 부여하는 것이다. 투자 유인 효과 측면은 조세 특례에 해당하는 부분인데 원칙적으로 이 조세 특례제도는 세법상 조세평등주의에 부합하는 것은 아니다. 조세 특례란 특정행위를 촉진하거나 억제하기 위하여 조세부담을 경감하거나 과중하게 하는 조치를 말한다.

2) 지원 방법

프랜차이즈 산업에 대한 조세지원은 원칙적으로 별도의 법률을 제정하여 실시하는 것이 바람직한 것으로 여겨지나 조세특례제한법을 보면 타 법률에서 조세특례를 규정하는 것을 제한하고 있다.

프랜차이즈산업에 대한 조세지원 방법으로는 영구적인 세액 경감조치나 조세 유예조치 등을 생각할 수 있다. 영구적 세액경감 조치는 법인세, 소득세의 경우 과세제외, 비과세, 익금불산입, 소득공제, 세액공제, 소득감면, 면제, 분류과세, 분리과세 등을 들 수 있다. 부가가치세의경우는 영세율 및 면세, 간이과세, 납부의무 면제, 세액 공제 등이 있다. 또한 조세유예조치로는 충당금, 준비금, 감가상각률의 고율적용, 이월과세 등을 들 수 있다.

3) 지원내용

가. 높은 과세표준 포착률에 따른 불평등 해소

① 프랜차이즈 산업 소득공제

프랜차이즈 산업의 과세표준 포착률이 다른 경쟁 산업에 비해 높다는 점을 고려할 때 프랜차이즈 산업을 운영하면서 생긴 소득의 일정 비율을 과세표준 산정에서 공제하도록 하는 것이다. 이를 적용하면 그 대상은 가맹점뿐만 아니라 거래의 상대가 되는 프랜차이즈 본부도 해당한다고 볼 수 있다. 그러나 이러한 혜택을 영속적으로 적용하는 것은 조세형평상 문제가 있을 수 있으므로 한시적 운영이 바람직하다. 소득공제 비율 또한 적정선에서 책정되어야 한다.

② 부가가치세세액 공제

현행 부가가치세법에서는 영수증 교부대상 사업자가 재화 또는 용역을 공급하고 신용카드 매출전표를 발행한 경우 그 발행금액의 2%에 해당하는 금액(연 500만원 한도)을 납부세액에서 공제하도록 하고 있다. 이는 신용카드로 대금을 받는 경우 과세 표준이 양성화되기 때문에 그 거래에 대하여 조세특례를 부여한 것이다. 프랜차이즈 산업은 신용카드로 거래를 하지 않고 현금거래를 하더라도 본사와 재료 등을 거래하기 때문에 과세표준의 많은 부분이 노출된다. 따라서 신용카드 매출전표 발행에 다른 공제와같이 프랜차이즈 산업의 거래에 따른 공제 역시 적용가능성을 검토할 필요가 있다. 이 경우 공제율과 한도는 신용카드 매출전표 발행 공제 수준에서 적용하는 것이 타당할 것으로 판단된다.

나. 납세 조합의 활성화

납세조합의 경우 적절히 이용할 수만 있다면 이점이 많은 제도이다. 프랜차이즈 산업계 입장에서 가맹점간에 공평하게 조세를 부담할 수 있고 절세방안 등을 조합차원에서 강구할 수 있으며 과세당국입장에서는 많은 가맹점을 일일이 행정 대상으로 삼지 않고 조합을 대상으로 보다 편리한 관리가 가능해지기 때문이다. 그러므로 프랜차이즈 산업계에서 납세조합의 결성을 요청할 경우 적극적인 지원이 이루어질 수 있도록 방법을 모색해야 한다.

(3) 자금지원 개선방안

1) 기존 자금지원 제도의 개선 및 확대

가. 유통합리화 자금(산업기반자금)의 지원조건 완화

유통합리화 자금의 지원조건을 완화하도록 한다. 융자금리와 융자한도를 개선하고 사업지원 항목들을 확대하여 공동구매, 공동판매, 정보화, 공동물류 등을 사업지원 항목에 추가하고 점포, 창고, 주차장등을 건립할 때에도 지원할 수 있도록 하는 방법을 모색해 본다.

나. 소상공인 창업 및 경영개선 자금지원 우대

현재 음식점을 비롯한 대부분의 프랜차이즈 가맹점에 대한 자금 지원은 소상공인창업 및 경영개선 자금 지원제도가 가장 광범위한 대상을 포괄하고 있다. 그러나 현재 자금지원 제도에서는 프랜차이즈산업에 대한 특별한 우대조건은 없는 상황이다. 그러므로 본사에 대한 검증절차나 우수 프랜차이즈 인증제도와 내용이 긴밀히 연계되어 있기는 하지만 일정 수준에 도달한 본사에 가맹한 사업자에게는 자금지원에 우대 조건을 제시하는 것도 검토해 보아야 할 문제이다. 이는 담보력이 취약한 소상공인및 프랜차이즈 창업자들의 신용을 평가하는 신용보증기관에서 평가에 가점 항목 등을 두는 방법으로 가능해진다.

다. 소기업 네트워크 사업 확장

소기업 네트워크 사업은 일정 규모 이상의 중소기업에만 집중되어 있는 정보화 지원 사업으로 인하여 중소기업과 소기업, 소상공인 간에 발생하는 정보격차를 해소하기 위해 시작된 사업이다. 정보격차의 심화로 인해 소기업 IT시장은 형성되지 않았고 이러한 소기업용 IT서비스 부족은 다시 소기업의 IT화 부진과 IT업체들의 서비스 개발 의욕 상실로 이어지는 악순환이 계속되었다. 따라서 소기업의 네트워크화 사업이 지속적으로 추진될 수 있도록 하기 위해서 전통산업과 IT산업이 상호 연계 발전하는 선순환 구조를 확립하는 것이 필수적이며 이에 따른 자생적 시장 형성 기반이 마련될 수 있도록 일정 수준에 도달할 때까지 정부의 적극적인 지원이이어지고 있는 것이다.

이러한 소기업 네트워크사업에서 현재 프랜차이즈 산업은 큰 혜택을 보지 못하고 있다. 현재의 지원이 업종 위주로 이루어지고 있기 때문이다. 그러나 네트워크 사업 진행이 가장 손쉬운 사업형태가 프랜차이즈 사업이라는 점을 감안한다면 지원대상에 프랜차이즈 사업을 구체적으로 포함시키는 방법을 찾을 필요가 있다.

2) 신규 자금지원 제도의 수립

현재 정부에서 행하는 기존 자금지원 방법들은 대부분 중소기업에 초점이 맞춰져있기 때문에 소상공인을 비롯한 영세 기업들이 누릴 수 있는 혜택은 제한되어 있다. 따라서 새로운 지원제도가 필요한 것이다.

이를 위해서는 우수 프랜차이즈 지정 및 인증제도의 개발이 선행되어야 한다. 우수 프랜차이즈 인증제도가 정비되면 기존의 벤처기업 인증제도나 제조업 지원 유망서비스 업종 범위에 프랜차이즈 사업을 포함시키는 방법을 생각할 수도 있겠다.

(4) 인증지원 개선방안

본사에 대한 가맹점의 경영참여, 정보교류, 본사의 가맹점 지원 등에 관한 기준에 근거하여 우수 프랜차이즈 인증제도를 도입하고 이들에 대한 자금지원을 강화하는 방법을 모색하여야 한다. 우수 프랜차이즈에 대한 운영실적을 수시로 점검하여 사후관리 철저여부 등을 파악하여 가맹점과의 협력관계 강화를 유도하기 위한 지도 · 지원에도 활용하도록 한다. 현재 우수 프랜차이즈에 대한 추가적인 혜택이 뒤따르지 않아 우수 프랜차이즈로 선정되는 것 자체가 큰 의미 없는 실정이다. 따라서 공신력이 있는 평가기관을 두어 인증 제도를 실시할 수 있도록 방법을 찾아보는 것이 필요하다.

(5) 법률지원 개선방안

1) 기존 법률의 개정

현행 '유통산업발전법'을 수정, 보완하는 방안이 있다. 이 방안을 채택할 경우에는 다음과 같은 장점이 있다. 첫째, 같은 산업자원부 소관 법률을 개정하는 것이기 때문에 입법추진에 따르는 큰 문제가 발생하지는 않을 것이다. 둘째, 프랜차이즈 산업이 단순히 체인사업의 일부라는 잘못된 법적 지위에서 벗어나 체인사업과는 별도의 독자적인 법적 지위를 부여 받는 계기가 될 것이고 이는 실체에 맞는 법 정비의 계기가 될 것이다.

하지만 이러한 수정·보완 방안은 몇 가지 단점도 있다. 첫째, 이 경우 프랜차이즈 산업의 발전기반조성이나 자율발전책을 모두 망라하는 것이 입법 기술상 쉽지 않으며 필요한 지원·육성책이 일부 배제될 가능성도 존재한다. 둘째, 유통산업발전법의 그간 운용관행에 비추어 볼 때 프랜차이즈 산업을 체인사업에서 분리 규정한다고 하더라도 법률 제목이 있는 한 대규모 프랜차이즈 기업이나 도·소매업종 이외의 프랜차이즈 기업까지 포괄하는 법률인가에 관한 논란이 지속될 여지가 있다. 셋째, 프랜차이즈 산업을 다른 유통산업과 함께 규정하기 때문에 특별한 시스템에 의한 개별 기업체간의 네트워크라는 프랜차이즈 사업방식의 근본특성과 역할에 부합하는 완벽한 법체계를 구성하는 것은 한계가 있다.

2) 신규 법률의 제정

신규 법률을 제정할 경우 다음과 같은 장점이 있다.

첫째, 별도의 단일법 체계를 취하기 때문에 입법 고려사항 대부분의 반영이 가능하다.

둘째, 현행법처럼 프랜차이즈 산업을 중소유통업체로 한정하지 않아도 되며 가맹사업 전체를 적용대상으로 삼는 법률이 될 수 있다.셋째, 별도의 법률이 제정됨으로써 프랜차이즈 산업이 유통산업발전상의 일부 사업방식이라는 부수적 지위에서 벗어나 독자적인 지위를 확고히 할 수 있고 관련 부처에서도 진흥 정책을 보다 강력히 시행할 수 있다. 그러나 새로운 법률의 제정에는 많은 어려움이 따른다.

첫째, 같은 유통업체 중에서도 유독 프랜차이즈 산업 분야만을 지원하는 별도의 법률이 제정되는 데 대한 반대가 만만치 않을 것이다.

둘째, 다른 국가에는 이와 같은 방식의 법률 제정을 통해 프랜차이즈 산업 진흥을 강구하는 입법 사례가 없다.

그러나 이러한 장・단점에도 불구하고 프랜차이즈 산업에 대한 보다 적극적인 지원을 위해서는 기존 법률 이외에 새로운 법률의 제정도 검토해야 한다. 관련 업무 전담부서의 설치・운영이나 예산 확보 등이 더욱 용이해지기 때문이다. 더욱이 내수시장의 위축, 청년실업의 증가 등 경제환경을 고려한다면 별도의 특별법 제정은 매우효과적인 것이다. 새로운 법률을 제정하더라도 많은 예산이나 인력이 필요하지는 않을 것이기 때문이다.

프랜차이즈 산업에 관한 새로운 법률을 제정할 경우 포함되어야 할 사항으로는 정부가 프랜차이즈 산업과 관련된 종합지원정책을 수립・시행할 근거조항과 프랜차이즈 산업 육성기반 구축에 관한 조항, 프랜차이즈 산업의 자율발전 기반 조성에 관한 조항 등이 고려될 수 있다. 자세한 내용은 다음과 같다.

가. 프랜차이즈 산업 발전 종합계획 수립·시행

먼저 프랜차이즈 산업의 지원정책에 관한 정부의 전반적이고 기본적인 방향을 설정하고 프랜차이즈 산업 진흥을 위한 구체적 시책을 수립・시행할 수 있는 근거조항이 마련되어야 할 것이다.

나. 프랜차이즈 산업 육성기반 구축

프랜차이즈 산업에 소요될 자금공급의 원활화, 프랜차이즈산업 발전기금 조성, 기술개발 및 인력공급의 지원, 물류시설에 대한 입지공급 원활화, 가맹본부의 등록에 관한 규정 등이 마련되어야 할 것이다.

자금공급을 원활히 하기 위해서는 기금관리기본법이 정하는 기금 기타 이에 준하는 기금이 가맹사업에 투자될 수 있도록 하고 소상공인의 신용 보증을 전담하는 신용보증재단에서 프랜차이즈 사업 본부에 대하여 우선적으로 신용보증을 하도록 하다. 또한 영업기술과 노하우 기타 산업재산권을 상법과 달리 간편하게 현물 출자할 수 있도록 하고 외국인이 프랜차이즈 산업에 투자할 경우 외국인투자촉진법의 혜택을 볼 수 있도록 하며 외국인의주식취득 제한을 규정한 증권거래법의 적용을 배제할 수 있도록 특례를 정해야 한다.

다. 프랜차이즈 산업 발전기금 조성 및 운용

정부 또는 지방자치단체는 프랜차이즈 산업의 활성화에 필요한 지원자금 확보를 위하여 출연금이나 융자금 등으로 발전기금을 조성하고 이를 운용·관리하기 위해 프랜차이즈 산업발전기금 운용단을 만들 필요가 있다.

라. 물류시설 등에 대한 입지 공급의 원활화

정부는 산업입지 및 개발에 관한 법률에 의하여 가맹본부의 물류시설이나 지원시설을 집단적으로 설치할 필요가 있는 경우 국가산업단지나 지방산업단지를 프랜차이즈 산업 전용단지로 지정·개발할 수 있도록 한다. 프랜차이즈 본부가 물류시설 등의 집적시설을 설치하거나 기존시설을 이용하고자 할 경우에는 시·도지사의 지정을 받아 입주할 수 있도록 하며 시설 설치에 필요한 비용을 정부가 지원할 수 있도록 하고 본부의 집적 시설을 건축법상 엄격한 규제에서 일부 해제하는 특례조항을 마련해야 한다.

마. 프랜차이즈 본부 등록제의 실시

프랜차이즈 사업을 하고자 하는 경우 시·도지사에게 등록하도록 규정하고 등록된 가맹본부는 상거래질서의 유지나 가맹점에 대한 지도, 조언, 교육, 훈련 등의 의무를 이행하도록 한다. 또한 정부가 각 종 지원을 우선적으로 실시할 수 있도록 하되 의무를 이행하지 못하는 기업에 대하여는 일정한 요건 하여 등록을 취소할 수 있는 제도를 법제화해야 한다.

바. 프랜차이즈 산업 자율발전기반 조성

프랜차이즈 산업의 자율발전기반 조성을 위해서 정부 차원에서 창업 지도사 제도를 신설하고 프랜차이즈 사업 공제제도를 도입하며 우수 프랜차이즈 본사 인증 제도를 도입해야 한다.

〈참 고 문 헌〉

강대형(2002), "가맹사업거래의 공정화에 관한법률제정과 프랜차이즈 산업 발전", 『제 4회 프랜차이즈포럼 발표자료』,한국프랜차이즈협회, 6월.

곽세영(2001),"프랜차이즈시스템의 이론적 고찰", 『중소기업연구』,제23권 제1권, 3월, 129-143.

김근배(1999), 『프랜차이즈 본사의 경영능력과가맹점 만족도에 관한 연구』, 발표논문집.

민경휘 (2000), 『유통 新조류와 물류 혁신』,산업연구원.

박규일,박주관(2001),"우리나라 프랜차이즈 비즈니스의 현황과 발전 방안", 『사회과학연구』,호서대학교사회과학연구소, p.229~251.

배이만(2000),"재래시장의 현대화와 경쟁력강화 방안", 『전자상거래 시대의 재래시장 생존전략』, 대한상공회의소·한국유통학회, p.39~81.

산업자원부(2001),"유통 환경변화에 대응한유통산업발전방안", 유통서비스 정보과, 11.14.

산업자원부(1999), 『유통산업발전기본계획』.

산업자원부,행정자치부,중소기업청(2001), 『유통서비스분야 경쟁력강화방안』, 12월.

산업자원부(2001), 『유통산업 발전방안』,11월.

산업자원부(2002), 『유통산업발전 시행계획』

산업자원부(2002), 『2010년 유통산업발전전략(안)』.

산업자원부(2002), 프랜차이즈 산업 실태조사.

양지청(2001), 『21세기 키워드, 신지식산업지대』,광주상공회의소.

제14장 향후전망

① 도 입

소자본 업종에도 세대교체 바람이 거세게 불고 있다. 동네마다 흔히 볼 수 있던 다방이 사라지고 커피전문점으로 바뀌었고, 지물포가 인테리어 장식전문점으로 변하였다. 갈수록 대형화로 가고 있는 가운데 전문화로 차별화해 고객에게 다가가지 못한 소형 점포들이 설 땅이 없어지고 있다. 전문화를 하지 못한 이들 소형 점포들이 경쟁력을 잃어가면서 문을 닫거나 업종 전환을 통하여 브랜드가 중요시 되는 프랜차이즈로 이에 대응하고 있는 추세다. IMF의 터널을 지나오면서 자연스럽게 형성된 부익부 빈익빈 현상은 소자본 창업 업계에도 형성되어 업소들이 갈수록 대형화하는 추세여서 소형 점포들은 독자적으로 이들 대형 점포와 경쟁을 하기에 어려움을 느끼고 있는 실정이다.

이러한 여건에 대응할 수 있는 비즈니스 형태가 바로 프랜차이즈 시스템이다. 즉 작은 규모의 자금을 투자해 거대한 일반 대형업소와 경쟁할 수 있고, 독자적인 업소가 시장 점유를 위해 투자하는 돈·인력 등에 비해 아주 적은 수준으로 시장에 대한 대응이 가능해졌기 때문이다.

창업경험이 없어도 쉽게 창업에 도전할 수 있는 프랜차이즈 형태의 창업은 최근 들어 예비창업자들에게 최고의 인기를 누리고 있다. 중소기업청 발표에 따르면 1,500여개 체인본사에 12만개의 가맹점이 활동하고 있는 것으로 집계된 프랜차이즈 업계의 기준 매출은 2001년 말에 40조원에 달했으며, 산업자원부의 프랜차이즈 육성정책과 맞물려 올해도 10퍼센트 이상의 고도 성장이 예상되고 있다.

프랜차이즈는 1978년 국내에 외식산업 위주로 도입되어 최근에는 소매업, 서비스 업태에 걸쳐 다양한 업종과 업체가 등장하고 있다. 1996년 이후에는 외국계 다국적 프랜차이즈 브랜드의 도입도 눈에 띄게 증가하여 이들의 숫자만도 200여개에 이르게 되었다. 소자본 예비창업자를 겨냥한 프랜차이즈사업이 급속도로 성장하면서 가맹점 피해사례도 속출하는데 관련내용은 가맹점과 계약내용을 제대로 이행하지 않거나 가맹금 반환거부, 인테리어, 설비공사 특정업체 지정, 원・부자재 구입 강요들의 사례들이다.

이러한 피해사례는 비단 국내에만 있는 것은 아니다. 미국에서도 1960년대에서 1970년대 초까지 각종 형태의 다양한 프랜차이즈가 양적인 성장과정을 거치는 동안 제약조건이나 규정이 없는 상태에서 가맹점들로부터 자금확보만 하고 사기를 행하는 소위 'franchis ing's troubled dream world'라는 사태를 야기한 전례가 있다. 이 때문에 1970년에만 100개가 넘는 프랜차이즈가 도산했고 수천 명의 프랜차이지(franchisee)가 피해를 본 적이 있다.

그러나 기본적으로 프랜차이즈 본사들도 기업을 운영하는 회사인 만큼 영리를 추구해야 하는 것은 당연하며 가맹점을 늘리려면 때로는 과대광고나 감언이설로 예비창업자를 설득해야 하는 행위를 나무랄 수만은 없다. 양적인 성장을 이룬 국내 프랜차이즈 산업은 프랜차이즈 육성정책과 함께 2001년 11월부터 시행되고 있는 '가맹사업거래의 공정화에 관한 법률' 에 따라 가맹계약 기간 중 사업자가 부당하게 공급을 중단하거나 상품가격 및 거래상대방・거래지역 등을 제한하거나, 가맹점에게 거래상 지위를 이용해 불이익을 주는 행위 등을 '불공정거래행위'로 규정해 위반할 경우에는 매출액 2퍼센트 범위 내에서 과징금과 벌칙을 부과할 수 있도록 규정하고 있으며 본사에 대한 정보를 공개하도록 하고 있다.

규제법률의 제정을 계기로 국내에서도 양적인 성장은 물론 질적인 성장이 이루어지게 되는 제2의 도약기를 맞이하고 있다. 앞으로 프랜차이즈에 대해서는 도입 초기의 폐해로 인한 고정관념에서 벗어나 21세기 유통산업의 꽃이 될 기간산업이라는 시각으로 바라보아야 할 것이다. 한편 인터넷이 생활화되면서 창업정보는 본사나 예비창업자나 가릴 것 없이 공개되어 있다. 따라서 얄팍한 상술로 타인에게 피해를 주는 행동이나 간단한 노하우로 가맹비를 많이 받는다거나 적절치 못한 갖가지 옵션으로 이익을 취하려는 본사를 가려내는 것도 어려운 일만은 아니게 되었다.

이러한 점을 알고 프랜차이즈 본사 또한 가맹점 확보에만 초점을 맞출 것이 아니라 서로 윈윈(win-win) 할 수 있도록 가맹점을 위한 신경영기법 개발, 대량구매와 공동물류로 인한 원가절감, 서비스의 고급화, 공동브랜드로 브랜드 이미지 상승 등의 지원체계를 갖추어 대형 점포와 경쟁 체제를 갖추는 데 초점을 맞추어야 할 것이다.

② 국내 프랜차이즈 산업의 발전배경

(1) 경제적 측면

- 국내 프랜차이즈 산업의 글로벌화 가속
- 국민 소득 2만 달러 시대에의 접근
- 소비 문화의 질적 향상과 소비 패턴의 다양화
- 시장 개방에 따른 해외 업체의 진출
- 세계화에 따른 국민들의 인식 변화

(2) 사회적 측면

- 여성의 사회참여에 따른 편의성의 추구와 스피드의 필요성
- 도시화와 레저 지향 추세
- 자가용의 증가
- 젊은 세대들의 소비 지향 주의
- 고객들의 까다로운 대응
- 실업난, 조기퇴직으로 인한 창업 열기 확산
- 비즈니스 모델의 개발 및 아이템 확대
- 주5일 근무제 정착에 따른 사회 변화

(3) 문화적 측면

- 식생활 패턴의 서구화
- 여가 문화 향유와 해외 기업에 대한 가치관의 변화
- 소비자층의 세분화와 가맹 본부들의 선진화

(4) 정보 측면

- 인터넷의 보급과 디지털화
- 첨단 설비 및 기기 자동화
- 선진 경영 기법의 도입

3 시대별 흐름에 따른 시장의 특징

(1) 1990년대 초반 ~ 중반

- 국내 프랜차이즈 산업의 성장기
- 관련 업체 수 급증하는 양적 성장기
- 다양한 분야로 프랜차이즈 시스템 지원
- 부실 본사 양산으로 체인본사에 대한 인식 악화

(2) 1990년대 중반 ~ 2000년대 초반

- 성공적으로 점포망을 구축한 중견업체의 등장
- 창업시장 관심 증대로 프랜차이즈 스포트라이트
- 관련 업계에 대한 이미지 개선
- 브랜드 파워를 가진 업체의 등장
- 체인 본사 간 계층화의 진전

(3) 2000년대 이후

- 중견 업체들의 성장 정체
- 체인본사 구조조정 및 M&A 활발
- 서비스업 체인본사 약진
- 불황과 창업시장 위축으로 본사 수익 악화
- 대기업들의 시장 진입

 프랜차이즈 산업의 현재상황

1990년대 중반 이후 프랜차이즈 시스템은 창업가들에 의해 최소 자본으로 최단 기간에 기업규모를 키울 수 있는 획기적인 마케팅 도구로 활용되어 왔다. 그 결과 맨주먹으로 시작, 프랜차이즈 시스템을 통해 상당한 부를 축적하고 기업적 성공을 거둔 사업자들이 대거 등장했다. 이런 과정은 미국 서부 개척 시대의 골드러시를 연상시킨다. 일부 프랜차이즈 업체들의 규모가 커지고 영향력이 높아지면서 일각에서는 국내 프랜차이즈 시장이 성숙기에 접어들면서 업체 간 계층 고착화 현상이 발생하는 것이 아니냐는 관측도 나오고 있다.

1990년대까지만 해도 프랜차이즈 시장은 대표 업체군이 드러나지 않는 춘추전국시대였다. 1990년대 후반 이후는 시장이 빠르게 재편되면서 전국적인 다점포망을 바탕으로 자금력을 행사하는 중견 기업급 매출을 올리는 상위 랭킹 업체들이 많이 등장했다.

프랜차이즈 업체 간 계층이 고착화되면 상위에 랭크된 중견기업들은 탄탄한 자금력을 바탕으로 브랜드력을 키우며 고속성장을 추진해 나갈 수 있다. 반면 자금력이 약하거나 부실한 업체들의 시장 진입과 성장은 상당한 제약을 받게 된다. 실제로 프랜차이즈협회의 활동이 활발해지고, 정부에서 부실 프랜차이즈를 규제하기 위한 법규가 제정되면서 이런 예측은 어느 정도 현실화 되고 있다. 하지만 국내 프랜차이즈 시장은 최근 1~2년간의 불황으로 직격탄을 맞으면서 다시 어려움에 봉착해 있다. 일부 잘나간다는 본사들도 공공연하게 부도 위험 운운의 소문이 떠돌고 있으며, 상당한 브랜드력과 점포망을 가진 본사들도 M&A 대상으로 소문이 나돌고 있기도 하다. 실제로 지난해 하반기 4백 여개 이상의 점포망을 가진 대표적인 외식프랜차이즈 본사가 M&A 되면서 이런 소문이 사실임을 입증하기도 했다. 또 가맹점 개설 부진과 기존 가맹점 매출 감소로 본사 자금사정이 어려워지면서 프랜차이즈 업계에는 한때 감소세를 보이던 오더맨, 등 정규 급여 없이 가맹점 개설에 따른 수수료만 받는 비정규 가맹업자가 늘어나는가 하면, 직원들의 급여가 밀리고 본사의 구조조정으로 퇴사하는 인력은 급증하고 있다.

현재 국내 창업 시장에서 프랜차이즈가 차지하는 비중은 매우 높다. 또 기존 자영업자들의 리모델링이나 업종 전환에서도 프랜차이즈는 큰 역할을 하고 있다. 체인본사의 브랜드력은 가맹점포의 매출에 직접적인 영향을 미치는 만큼 부실한 본사가 늘어나고 쓰러지는 사례가 많아진다면 그만큼 소규모 사업자인 가맹점주 및 창업자의 피해도 커진다고 볼 수 있다.

국내 프랜차이즈 시장이 성숙기에 접어들었다고 하지만 안정적인 매출 구조와 조직 시스템을 갖춘 곳은 손에 꼽을 정도이고, 대부분의 체인본사들은 창업 시장의 동향에 따라서 언제 부실화할지 모르는 위험한 상황에 노출되어 있는 것이 현실이다. 때문에 성장 산업으로서의 동력을 이어가면서 프랜차이즈 업계가 국내 외식·소매·서비스업의 발전을 견인해나가는 기업군으로 발전하기 위해서는 현재 국내 프랜차이즈 업계가 맞고 있는 당면 과제를 정확하게 진단하고 이를 극복하기 위한 노력이 요구된다.

특히 창업 수요가 위축되어 있는 현실에서 다가오는 미래는 '체질개선'과 '경영선진화'를 통해 프랜차이즈 업계가 성장을 위한 기틀을 마련하는 한 해가 되어야 할 것으로 본다. 다행스러운 것은 직업구조조정과 프랜차이즈 분야의 가능성이 홍보되면서 우수한 인재들이 시장으로 꾸준히 유입되고 있고, 자금력과 조직이 탄탄한 기업들의 프랜차이즈 시장 진입이 적극 추진되고 있으며, 브랜드력을 기반으로 기업을 성장시켜 나가는 우수한 체인본사들도 늘어나고 있다는 점이다.

현재 국내 프랜차이즈 업체들이 맞고 있는 위기의 원인은 표면적인 이유와 구조적인 이유로 나눠서 생각해 볼 수 있다. 가장 큰 표면적 이유는 '불황'이다. 불황은 기존의 가맹점 매출을 급감시키고 있으며 이는 신규 창업자들이 가맹점 개설을 꺼리는 주요 요인으로 작용하고 있다. 또는 체인본사간의 과열 경쟁도 프랜차이즈 업계를 공멸로 이끌어가는 주요원인으로 지적될 수 있다.

새로운 업태가 등장해 제대로 성장하기도 전에 모방 업체들이 잇달아 등장, 동업 업계 경쟁점들의 매출을 갉아먹으며 동시에 무너지는 공멸현상은 실제 가맹점 및 본사 부실화의 주요 요인이기도 하고 창업자들의 체인가맹점 창업을 꺼리는 요소이기도 하다. 실제로 1990년대 이후 국내의 소규모 외식, 소매, 서비스업 트렌드 및 유행변화를 주도해 온 세력은 프랜차이즈 본사들이다. A라는 업종이 뜨면 동시다발적으로 모방업체들이 생겨나고 이것이 짧은 기간에 특정 사업을 유행 업종에서 사양길 업종으로 유도하는 촉발제가 됐던 것이다.

한편 프랜차이즈의 본질에서 벗어나는 파행적인 본사 운영 관행도 관련 산업 성장의 장애요인으로 작용하고 있다는 것을 들 수 있다. 창업자들은 본사를 믿고 의지해서 창업하지만 자금력과 조직력이 약한 본사는 창업 시에만 가맹점을 이끌고 창업 후에는 별다른 지원이나 관리 없이 가맹점을 방치하는 사례가 적지 않다. 이러한 표면적인 현상을 개선하기 위해서는 보다 구조적인 시각과 접근이 필요하다.

그러나 국내 프랜차이즈 업체의 성장을 가로막는 근본적인 요인은 기업가 정신 부재와 경영의 후진성이다. 창업에서 성장에 이르는 과정에서 기업은 여러 단계의 차원을 거치게 된다. 종업원 1~5인 정도의 소기업들은 대부분 생업성이 강하다. 즉 가족의 경제적인 생활을 위해서 기업을 운영하게 되며 소득은 가족의 생계 범위에 국한되는 경우가 대부분이다. 창업자는 기업가 마인드 부족으로 외부 환경에 대한 대응력이 약하고 시장에서의 경쟁력과 우월성도 거의 찾아볼 수 없다. 자의가 아닌 생계를 위해 떠밀리다시피 창업하는 대부분의 소기업들은 이런 생계성에 머물러 있다.

도전과 혁신으로 무장된 기업가 정신을 가진 창업자라면 기업성을 가진 회사를 운영할 수 있다. 이들은 기업의 목적을 잘 이해하며 외부 환경 극복 능력이 뛰어나고 창의력과 혁신성으로 시장을 개척해나간다. 초기 프랜차이즈 본사는 대부분 이런 기업가 정신을 가진 창업자들에 의해 설립된다고 할 수 있다. 창업자의 기업가 정신 보유 여부에 따라 체인본사는 50개, 1백여 개를 넘어서 가맹점을 모집하는 중견 프랜차이즈 업체로의 성장이 판가름 난다. 한편 종업원 50인 이상, 매출규모 5백억원 이상 규모로 성장할 수 있느냐 여부는 탁월한 능력을 소유한 오너 1인의 노력만으로는 한계가 있다. '기업성'을 뛰어넘어 '선진적인 경영능력'을 발휘해야, 즉 '경영성'의 단계까지 진입해야만 가능할 것이다.

5 프랜차이즈 산업의 향후전망

(1) 규모면에서의 향후전망

향후 한국의 프랜차이즈 산업의 규모나 업종별 전망은 미국이나 일본의 경우와 비교를 통해 예상해 볼 수 있다.

먼저 미국의 경우 1985년의 경우 그 해 GNP의 20%에 해당하며, 소매업 전체의 매출의 30%에 해당하는 5,000억 달러가 프랜차이즈에 의한 매출이었다.

이 후 급속한 신장세를 기록, 미국의 프랜차이즈 본사 수는 지난 1996년 말 기준으로 4,000여 개, 가맹점 수는 57만 8,000여 개 정도로써 미국 전체 소매업 점포수의 약 40%를 차지하고 있으며, 매출액은 1조 1,640억 달러로 미국 GNP의 14%, 소매업 전체의 33%를, 1998년에는 미국 전체 소매 매출의 45%를 차지할 정도로 급성장하고 있다. 향후 수년이내에 프랜차이즈 산업은 미국소매업 매출의 50% 이상을 차지할 것으로 예상하고 있다. 이렇게 미국의 프랜차이즈 산업은 그동안 매년 10%이상의 성장을 계속해 왔으며 최근에 들어서는 증가세가 둔화되어 성숙기에 접어들었음을 알 수 있다.

일본의 경우는 1998년 체인 본사 수는 923개로 1995년 말 755개에 비해 22.3%가 증가하였고, 가맹점 수는 19만 2,450점포로 1995년의 15만 8,000여개에 비해 약 21.8%의 증가율을, 매출액은 16조 1,900억 엔을 기록하여 1995년 대비 24.0%의 높은 성장세를 실현하는 것으로 나타났다. 최근 JFA가 실시한 서베이 조사결과에 의하면 2001년 현재 일본의 프랜차이즈 점포 수는 직영점과 가맹점을 포함하여 218,812개이며, 매출은 17조 6,141억 7,100만원에 달한다. 이러한 추이는 1998년에 비하여 2001년에는 업체수는 13% 늘어났다고 할 수 있다.

이렇게 보면 미국의 경우는 프랜차이즈가 활성화된 1979년 이후 매년 10%이상 성장세를 보이고 있으며, 일본의 경우도 매년 1998년까지는 매년 10%이상 성장세를 보였으나 그 이후 경기침체로 7～8%의 성장률을 매년 보이고 있다고 할 수 있다.

이러한 외국의 경험에 비추어 한국의 프랜차이즈 산업을 전망하기 위해서는 프랜차이즈 매출액을 기준으로 아래의 표에서 전망하여 보면 현재 매출액이 국민경제에서 차지하는 비중은 7.6%이다. 이는 미국의 전체 프랜차이즈 산업의 비중 14%에 비하면 낮은 수준이며 또한 미국의 사업형 프랜차이즈 사업의 비중 3.6%에 비하면 높은 비중을 보이고 있다. 그리고 일본의 사업형 프랜차이즈 산업의 비중 3.3%에 비하여서도 높은 비중을 보이고 있다.

향후 10%의 성장률과 3%의 인플레이션을 가정할 때 경상가격으로 2005년에는 매출액이 6,063백억 원으로 경상 GDP의 8.7%를 차지하고 2010년에는 경상 GDP의 11%를 차지할 전망이다.

년 도	2002	2005	2007	2010
매출액(백억 원)	2,169	6,063	7,783	11,319
GDP 대비 비중	7.6 %	8.7 %	9.6 %	11.0 %

* 자 료 : 한국 프랜차이즈산업의 매출액 전망

- 매출액은 매년 10% 성장을 그리고 3% 인플레이션을 가정하였으며, GDP는 매년 5% 성장과 3%의 인플레이션을 가정하였다.

이러한 전망의 근거로는 우리와 비슷한 환경을 가진 유럽 및 영국 등의 성장률이 최근 급성장하여 년 평균 매출액 및 업체수가 10% 이상 증가하고 있다는 점에서 성장시기에는 10%의 성장을 가정하였다. 영국의 경우 과거 10년간 평균매출액 증가율은 11.6%였으며 종업원 성장률도 9.8%를 기록하고 있다. 일본 역시 과거 10년간 매출성장률이 6.8%였으며, 미국 역시 성장기에는 년 10%이상의 성장률을 보이고 있다.

국내의 경우 프랜차이즈는 업체 수는 12만개로 일본의 19만개나 미국의 57만개에 비하면 작으나 국가규모나 시장규모가 다르므로 직접 비교하기는 어렵다. 그러나 국내의 경우 현재까지 프랜차이즈 업계 수는 매년 10% 이상의 급격한 증가세를 보이고 있다. 향후에도 전체 프랜차이즈 산업의 성장률은 년 평균 10%를 상회할 것이며 이 경우 사업체 수는 현재의 12만개에서 3년 뒤에는 약 16만개가 될 것으로 전망되며 5년 뒤에는 18만개 그리고 2010년에는 21만개가 될 것으로 전망할 수 있다.

년 도	2002	2005	2007	2010
업 체 수	12 만개	16 만개	18 만개	21 만개

* 자 료 : 한국 프랜차이즈 업체 수의 성장전망
- 2007까지는 연간 10%의 성장을 가정하였고, 그 이후 2010년까지는 6%의 성장을 가정하였다.

종사자 수는 아래 표에서 2002년 566,094명에서 2005년에는 약 736,000명으로 2007년에는 약 850,000명으로 그리고 2010년에는 약 1,000,000명으로 증가할 것으로 전망된다.

년 도	2002	2005	2007	2010
종업원 수(명)	566.094	735,922	849,141	1,001,986

* 자 료 : 한국 프랜차이즈 선업 종사자 수 전망
- 2007까지는 연평균 10%의 성장을 가정하였고, 그 이후 2010년까지는 6%의 성장을 가정하였다.

(2) 업체별 구성면에서의 향후전망

2002년 본 연구의 실태조사에 의하면 가맹점 수를 기준으로 볼 때 업종별 구성은 외식업이 42%, 서비스업이 21% 그리고 소매업이 37%를 차지하고 있다. 이러한 구성은 미국이나 일본의 경우와 비교할 때 소매업과 서비스업의 비중이 낮고 외식업의 비중이 과도하게 높아 아직도 한국은 프랜차이즈 산업이 외식업을 중심으로 구성되어 있는 프랜차이즈 산업의 발전초기단계에 있다고 할 수 있다. (의류, 액세서리, 신발구두를 제외한 나머지 18개 업종만 고려한다면 외식업의 비중은 48.4%로 크게 높아지는 반면 소매업은 28.2%로 낮아진다.)

또한 프랜차이즈 매출액이 전체 도소매업에서 차지하는 비중도 미국의 45%에 비하면 한국은 약 6%정도로 매우 낮은 수준을 보이고 있다. 이는 한국 소매유통 산업이 아직도 전근대화 되어 있음을 나타내 주는 지표중의 하나라고 할 수 있으며 소매업의 비중이 앞으로 늘어날 것이 전망된다. 또한 한국의 프랜차이즈 소매업의 업체수가 전체 소매업 업체수의 3%정도를 차지하고 있기 때문에 미국의 40%와 비교하면 매우 낮은 수치이다.

이러한 지표에 근거할 때 향후 한국 프랜차이즈 산업의 성장 전망은 다음과 같이 할 수 있다. 즉 규모로 볼 때 업체수를 기준으로 하면 제 1단계는 먼저 외식업의 발전단계이며, 1980년대 말부터 1990년대는 외신산업의 도약발전기, 그리고 2000년까지를 고성장기로 볼 수 있다. 이 시기에는 외식산업이 대중화되고 패밀리 레스토랑이 활성화되는 시기였다. 이 시기는 대개 1인당 GNP가 10,000불에 해당하는 시기이며 외식업종의 다양화와 프랜차이즈가 가속화되는 시기이다.

그러나 일본이나 미국의 경우 소득이 20,000불 이상으로 늘어나게 될 경우 외식산업은 안정성숙기로 접어들면서 고감도화, 정보화 등이 추구되고 물류시스템이 도입되는 등의 발전을 하게 된다. 그 이후 소득이 30,000불을 넘어서면 국제화시기로 프랜차이즈 산업은 안정기로 접어들어 외국에 진출하면서 외식업 이외의 다른 소매나 서비스업종에서 프랜차이즈의 비중이 높아지게 된다. 최근 이러한 변화속도가 빨라지고 있음을 볼 때 한국의 경우 이러한 변화가 더 신속히 도래할 것으로 예상된다.

이렇게 볼 때 프랜차이즈의 업종별 구성도 변화하여 현재의 구성에서 큰 변화가 예상된다. 장기적으로는 2010년에 이르러 현재의 일본과 유사한 형태로 변화할 것으로 예상된다. 즉, 외식업의 비중이 줄고 소매업은 현상유지, 서비스업은 증가할 것으로 전망할 수 있다. 가맹점의 업체수를 기준으로 할 때 아래 표에서 2005년에는 현재의 구조가 외식업 36%, 서비스업 27% 그리고 소매업이 37%를 차지할 것으로 예상이 되며, 5년 후에는 일본의 현재 경우와 비슷하게 변화하여 외식업과 서비스업의 비중이 비슷해질 것으로 전망된다. 2010년에는 현재의 일본과 유사한 형태로 외식업 26%, 서비스업 37%, 소매업 37%가 될 것으로 예상된다. 현재 미국의 소매업의 비중이 45%인 점을 고려한다면 소매업의 비중이 예상보다 다소 높을 것이라는 기대도 가능하다.

년 도	2002	2005	2007	2010
외 식 업	42 %	36 %	32 %	26 %
소 매 업	37 %	37 %	37 %	37 %
서비스업	21 %	27 %	31 %	37 %

* 자 료 : 프랜차이즈 산업의 업종별 구성 변화추이 (업체수 기준)

- 외식업은 년 평균 2% 비중의 감소를, 서비스업은 년 평균 2% 증가를 가정하였다.

또한 매출액을 기준으로 향후 전망을 해 보면 일본의 경우 전체 프랜차이즈 매출에서 외식업이 21%, 서비스업이 14% 그리고 소매업이 65%를 차지하고 있다. 국내의 경우는 2002년 외식업 27%, 서비스업 11% 그리고 소매업이 62%에서 일본과 크게 다르지 않은 것으로 나타나고 있다. 이를 통해 앞으로 일본과 같이 외식업의 비중이 감소하고 서비스업의 비중이 다소 늘어날 것으로 예상할 수 있다. 아래 표에서 2005년에는 외식업은 22%로 감소하고 소매업이 63%, 서비스업이 12%로 증가할 것이 예상되며 2010년에는 외식업 19%, 서비스업 15% 그리고 소매업이 66%를 차지할 것으로 예상된다.

년 도	2002	2005	2007	2010
외 식 업	27 %	24 %	22 %	19 %
소 매 업	62 %	63 %	64 %	66 %
서비스업	11 %	12 %	13 %	15 %

* 자 료 : 프랜차이즈 산업의 업종별 구성 변화추이 (매출액 기준)
- 외식업은 년 평균 1% 비중의 감소를, 서비스업과 소매업은 년 평균 0.5%의 증가를 가정하였다.

또한 구체적인 업종으로는 벤처적인 업종보다는 전문업종이나 일반 소매유형의 업종에서 프랜차이즈가 확대될 것으로 예상되며, 제조업위주에서 정보와 서비스업종의 지출이 클 것으로 전망된다. 또한 대기업의 진출이 늘어날 것으로 예상되며, 해외진출기업도 늘어날 것으로 전망된다.

(3) 시스템 내에서의 향후전망

1) 프랜차이즈 우수브랜드 인증제 실시

세계 각 국의 인증제 동향과 제도를 살펴보면 다음과 같다.

세계의 인증제 동향은 우선 국제적 경제 블록화와 기술 장벽 대응에 대해 대책을 마련하고 있으며, WTO 협정에 따른 국제 표준화 및 가속화가 진행되고 있다. 또한 GATT(관세 및 무역에 관한 일반협정)에 의한 각 국의 자국 인증서를 존중하는 추세다.

가. 각 국의 인증제도

국 가 별	인 증 제 도	비 고
일 본	강제적 인증제도와 임의적 인증제도로 나눔	우리나라와 동일
프 랑 스	국가표준규격협회(AFNOR) 인증부에서 총괄	1984년 시행
이탈리아	국가표준기구(UNI) 이사회	
캐 나 다	국가표준협회(CSA) 인증부	
대 만	국가경제부 중앙표준국(NBS)	중국국가표준(CNS) 마크 표시제

프랜차이즈 산업에 대한 인증제를 도입해야 할 필요성이 사회적으로 점차 대두되고 있다. 자영업의 포화와 식당을 비롯한 외식업계는 일부 점포를 제외하고는 영업부진으로 부실이 점차 늘고 있는 형편이다. 경쟁력을 잃고 부진을 면치 못하고 있는 자영업은 사회적 문제를 야기하고 있다. 이제는 소자본 창업에 의한 자영업 대다수가 프랜차이즈 가맹점이 많다는 사실을 인식하고 문제점에 대한 대책을 마련해야 할 시점이다.

최근의 창업 시장은 프랜차이즈 본부를 통한 가맹점 창업이 주류를 이루고 있다고 해도 과언이 아니다. 자영업 및 예비 창업자를 보호하고 나아가 프랜차이즈 산업의 건전한 육성과 발전을 위해 프랜차이즈 가맹본부의 객관적 평가와 검증 시스템에 의한 '프랜차이즈 우수브랜드 인증제 실시'가 불가피한 것으로 여겨진다.

물론, 인증제 도입이 프랜차이즈 산업에 대한 모든 문제를 해결할 수 있는 대안은 아니지만 프랜차이즈 산업보다 규모가 작은 산업 분야에서도 이미 브랜드 인증제를 실시하고 있다. 유기농산물은 물론이고 최근에는 축산물에 이르기까지 쇠고기 등급제 도입 후 한 단계 높인 축산물 우수브랜드 인증제를 실시하고 있다.

그렇지만 이제는 프랜차이즈 가맹점 사업에 대한 좋지 않은 인식과 불신을 해소하기 위해 프랜차이즈 산업도 보다 선진화된 경영 기법이 절실히 요구되고 있다. 프랜차이즈 사업의 투명성을 보장하는 장치로 이미 마련된 정보공개제도와 더불어 브랜드 인증제도 함께 실시해야 한다.

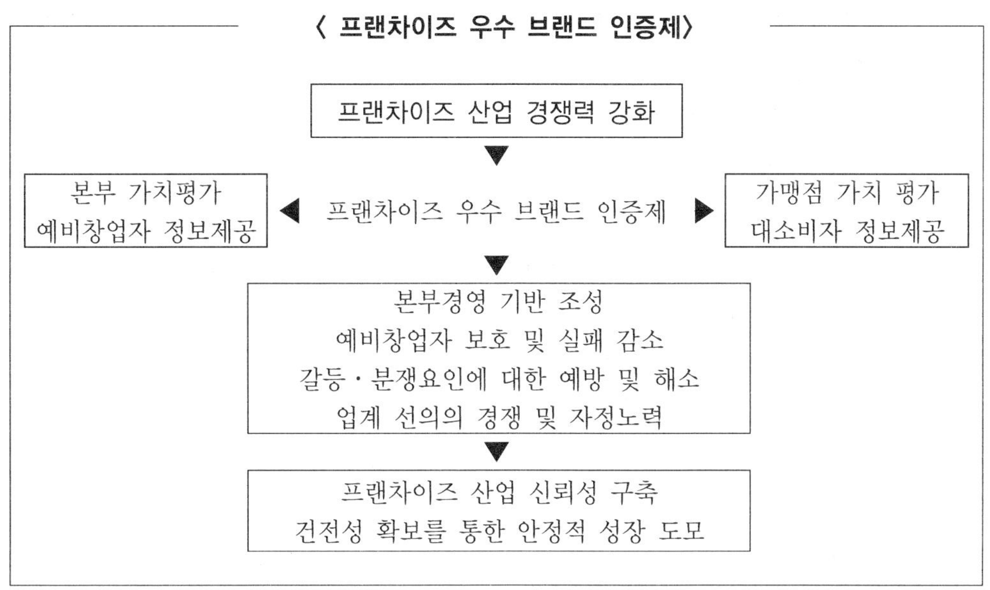

○ 프랜차이즈 우수 브랜드 도입의 목적 및 기대효과

- 프랜차이즈 산업 해외진출 및 세계화 촉진
- 프랜차이즈 산업 선진화 기반구축 및 역량 강화
- 프랜차이즈 산업 및 본부 신뢰성 확보를 통한 이미지 제고
- 프랜차이즈 업계 선의의 경쟁 및 자정노력 촉구
- 우수브랜드 인증 기여에 대한 공신력 제고 및 기업성과 향상
- 정부 또는 협회로부터 우수브랜드 인증 기업으로 공인됨으로 예비 창업자 및 고객의 신뢰도 향상
- 각종 지원제도 및 행사참여시 우대지원

2) 한국형 프랜차이즈 시스템 완성

프랜차이즈 시스템 개발에 있어서 브랜드를 창업하기 위해서는 해외 브랜드의 도입, 기존 브랜드의 인수합병, 신규 자생 브랜드의 창업 등의 방법이 있다.

유통시장의 개방과 함께 더욱 활발해지고 있는 해외 브랜드 도입은 세계적인 브랜드 인지도로 인해 상대적인 이익을 기대할 수 있으며 선진기술과 노하우를 습득 할 수 있는 장점을 지닌다. 그러나 과도한 로열티 요구나 기술이전이 원활하게 이루어지지 않은 문제점이 나타나기도 한다.

외국 도입 브랜드의 경우 재계약시 유리한 조건을 제시할 수 있는 이점과 함께 인수하려는 브랜드의 소유주와의 관계에 있어서 세무·세금·로열티 조건 등의 문제가 얽혀 있어 성사되지 않은 경우도 많이 있다.

자생브랜드의 경우 창업에 대한 위험부담이 크지만 그만큼 가능성 또한 무한하다. 이는 외부의 간섭 없이 자체의 시스템을 원하는 대로 구축할 수 있기 때문이다.

그러나 경험이나 노하우가 없는 것은 물론 소비자의 인지도도 창조해내야 하므로 철저한 시장조사와 연구검토를 거친 아이템 선정, 운영조직체제 구축 등을 정립해야 한다. 프랜차이즈 시스템은 하나의 비즈니스 모델이며, 독자적인 시스템을 구축하는 것이 프랜차이즈 성공의 요인이라고 할 수 있다. 그러므로 많은 프랜차이즈 기업들은 프랜차이즈 시스템을 구축하는 데 투자를 아끼지 말아야 한다.

본부의 운영시스템 확립은 가맹점 오픈 후에 본부에서 영업활동을 위해 운영하는 영업시스템이 얼마만큼 잘 구축되어 있는가에 대한 문제라고 할 수 있다. 가맹점주의 영업을 활성화하기 위한 본부의 전반적인 운영시스템이 체계적으로 구축된 가맹본부가 가맹점주의 지원 면에서도 우수한 것은 틀림없는 사실이다.

이제는 그 동안의 사업으로 얻은 경험과 노하우를 바탕으로 독자적인 운영시스템을 구축하고 제대로 된 매뉴얼을 만들어야 한다. 출점성공률 제고에 대해, 마케팅강화에 대해, 점포 운영능력 강화에 대해, 가맹 구조개선에 대해, 교육시스템 구축에 대해, 지속적인 프로그램 업데이트 시스템에 대해, 그리고 커뮤니케이션 강화에 대해서 각 항목마다 수십에서 수 백 가지의 세부 매뉴얼이 만들어 질 수 있을 것이다. 외국계 기업의 경우 심지어는 가맹점의 피해를 줄이고 안전하게 사업을 포기하는 것을 지원하기 위한 매뉴얼도 가지고 있다.

서비스 산업의 수출역군이 되기 위해서 이제는 운영시스템을 갖추는 것이 필수적이다. 왜냐하면 거대한 해외시장이 우리를 기다리고 있기 때문이다. 이러한 내부 운영시스템을 구축해야만 해외진출도 가능해진다. 무엇이라도 줄 것이 있어야 라이센스 수출도 하는 게 아닌가. 국내에서처럼 주먹구구식의 접근방식은 절대 안 된다. 프랜차이즈는 수 백 권의 매뉴얼과 경영기법으로 움직이는 사업임을 명심해야 한다.

국내 거의 모든 가맹본부들이 "전담 수퍼바이저 체제를 운영한다."고 자신 있게 말한다. 그런데 배송차량이 일주일에 두세 번 방문하는 것이 어떻게 수퍼바이징이라고 할 수 있을까. 6개월 동안 단 한 번 수퍼바이저의 얼굴을 본 가맹점 입장에서 과연 수퍼바이징을 받고 있다고 생각할 수 있겠나. 물류 공급만 받는다면 도매업체와 거래해도 충분한 것 아닌가.

그렇다 보니 처음에는 몰라서 프랜차이즈 계약을 했지만 몇 개월만 지나면 독자적으로 운영하겠다는 이탈현상이 발생하는 것 아닌가. 창업자들의 마인드를 탓할 것이 아니라 오히려 본사에서 이탈을 방조하고 심지어 조장하는 것이 아닌지 반성해봐야 한다. 그럴 바에는 가맹본부가 아니라 도매업자라고 해야지 프랜차이즈 시스템을 가지고 있는 기업이라고 말할 수 있는 것인가.

회사 규모가 작다면 사장 이하 임직원 모두가 모든 점포를 순회해야 한다. 그 정도만으로도 자신을 챙겨주고 있다고 느끼며 고마워하는 사람들이 바로 가맹점주들이다. 화려한 문구로 치장할 필요는 없다. 우리나라에서의 수퍼바이징은 인간적인 관심이 가장 중요한 포인트라고 생각한다. 그마저도 말만했지 실행하지 않으니 문제인 것이다. 물론 사냥하기에 바빠서 일 것이다. 그러나 다시 한 번 강조하지만 수퍼바이징 체제를 갖추어야만 진정한 프랜차이즈 기업으로 성장할 수 있을 것이다.

프랜차이즈가 국내에 들어온 지도 이제 30여년이 흘렀다. 선진국에 비하면 짧지만 세월에 비례하는 역사를 갖게 되었다. 물론 아직은 초기단계일 수도 있고 따라서 미숙할 수도 있다. 그러나 이제는 달라져야 한다. 다행스러운 것은 달라지려는 노력이 여러 곳에서 보여 매우 고무이라는 것이다. 외국의 우수 시스템을 벤치마킹하는 것도 좋지만, 장기적으로 한국형 프랜차이즈 시스템을 개발할 필요가 있다. 이것은 어느 한 기업의 노력만으로 되는 것이 아니며, 한명의 컨설턴트가 할 수 있는 것도 아니다.

본부는 독자적인 운영시스템의 구축을 위해 컨설턴트의 노하우를 활용할 필요가 있으며, 컨설턴트는 본부의 경험과 노하우를 한국형으로 발전시킬 수 있도록 노력해야만 한다. 본부는 컨설턴트를 가맹영업 홍보대행사 정도로 생각하고, 컨설턴트는 본부를 가맹점 하나 소개해주면 얼마 정도의 사례금을 받아낼 수 있는 영업처로 생각하면 안된다. 프랜차이즈 산업 발전을 위해서는 진정한 동반자로서의 역할 정립이 필요하다.

그것이 바로 해외 시장에 당당하게 태극기를 휘날릴 수 있는 한국형 프랜차이즈 시스템 개발의 밑거름이 될 것이기 때문이다.

3) 프랜차이즈 기업의 해외시장 개척

프랜차이즈 본사와 예비창업자들이 외국으로 눈을 돌리고 있다.

장기불황에 기존 자영업자도 줄줄이 무너져가는 판에 신규로 창업 시장에 뛰어들기 쉽지 않은 게 현실이기 때문에 자연스레 국내 창업 시장 입지가 좁아지고 있는 상황이다. 그러나 조기퇴직 트렌드와 최고조에 달한 청년실업 탓에 창업을 고려하는 예비창업자 수는 계속 늘어나고 있다. 이들이 찾아낸 돌파구가 바로 외국이다. 프랜차이즈 외국

진출이 화제가 되면서 아예 프랜차이즈 가맹점 하나 들고 창업 이민을 떠나겠다는 수요도 조금씩 생기기 시작하였다. 1~2세대 이민자들이 슈퍼마켓, 세탁소, 청소업 등으로 생계를 꾸려나갔다면 요즘 이민자들은 프랜차이즈 외국 지점 점주라는 모습으로 변화되고 있는 셈이다.

해외진출 프랜차이즈 현황

브랜드 명	진 출 국
꼬치구이전문점 투다리	중 국
원석 주얼리전문점 프시케	호주, 멕시코, 미국
식용유정제기 판매업 크린패스	미국, 홍콩, 일본, 중국 등
치킨바베큐전문점 바베큐보스치킨	중 국
치킨전문점 BBQ	스페인, 중국
주류전문점 와바	중 국
김밥전문점 김가네김밥	중국, 호주
죽전문점 본죽	일 본
남성전문미용실 블루클럽	중 국

지난 7월 초 호주지사를 연 김가네김밥은 아예 "호주 이민을 준비 중이거나 현지 교포를 상대로 가맹 사업을 벌일 계획"이라는 청사진을 그리고 있기도 하다.

지구상 수백 나라 중에서도 가장 각광을 받고 있는 곳이 바로 중국이다. 중국은 지난 2월 외국기업도 독자적으로 프랜차이즈 사업을 할 수 있도록 법을 개정했다. 1년간 2개 이상의 직영점을 운영한 실적이 있으면 외국기업도 가맹사업을 할 수 있게 된 것이다. 그 동안은 중국 내 기업과 합작을 하던가 하는 식 외에 독자진출이 어려웠었다. 그러나 이런 이유로 올 들어 중국에 대한 관심이 폭발적으로 증가했다. 게다가 중국 시장은 한국보다 소비 패턴이 한 단계 늦다. 이는 한국에서 죽어가는 아이템을 들고나가 중국의 새로운 히트아이템으로 만들 수 있는 구조라는 얘기다. 중국에 70여개의 매장을 열어 중국에서 가장 성공한 한국 프랜차이즈로 꼽히는 '투다리' 역시 한국에서는 어느 정도 유행이 지난 브랜드다. 현재 중국 시장에 진출해있는 프랜차이즈는 투다리를 비롯해 와바, BBQ, 이가자미용실, 블루클럽, 바베큐보스치킨, 크린패스(식용유정제기판매업), 미스터 피자 등이 있다. 지난 1월 중국 최초의 경제개발특구 심천시에 문을 연 '와바 심천점'은 심천의 새로운 명소로 떠올랐을 정도로 인기를 끌고 있다는 후문이다. 이처럼 중국이 각광을 받고 있다 보니 창업 컨설팅 업체들의 중국에 대한 관심도 하늘을 찌른다. 프랜차이즈 컨설팅 업체 체인정보가 중국 심천에 지사를 개설했는가 하면 한국창업경영연구소는 상하이에 지사를 열어 국내 업체와 예비 창업자들의 중국 진출을 돕고 있다. 이와 같이 중국이 가장 큰 관심 지역이기는 하지만 그렇다고 모든 프랜차이즈 본사들이 중국에만 달려가고 있는 것은 아니다.

수는 적지만 일본, 유럽, 호주, 멕시코, 홍콩 등에도 국내 프랜차이즈 업체들이 하나 둘씩은 나가있다. 호주와 미국 LA에 지점을 연 원석주얼리전문점 프시케는 현재 멕시코에서 7～8개 가맹점 오픈을 준비 중이다. BBQ는 EU 시장과 중남미를 동시에 공략한다는 계산 아래 스페인에 매장을 열었다. 국내 프랜차이즈가 유럽에 진출한 최초 사례이다. 현재 스페인 매장은 주중 하루 매출 700～800유로(한화 100만원 상당), 주말 1550유로를 기록할 정도로 인기가 좋은 것으로 알려져 있다. 기껏 피자 배달이 전부이던 유럽에서 '피자 외의 다른 음식도 배달 가능하다'는 신개념이 어필하면서 화제가 됐다는 설명이다.

이런 사실을 익히 잘 알고 있는 창업 컨설턴트들은 환상에 젖기에 앞서 주의할 점이 많다고 강조한다.

⑥ 결론

▣ 2005년 9월 소비자기대지수와 소비자평가지수는 지난 4월이후 6개월만에 감소세에서 벗어나 모두 전월보다 상승하였음

○ 현재와 비교하여 6개월 후의 경기, 생활형편, 소비지출 등에 대한 소비자들의 기대심리를 나타내는 소비자기대지수는 96.7로 전월(94.8)에 비해 상승하였음

○ 6개월 전과 비교하여 현재의 경기, 생활형편 등에 대한 소비자들의 평가를 나타내는 소비자평가지수 역시 81.2로 전월(78.3)보다 상승하였음

구분	05.1월	2월	3월	4월	5월	6월	7월	8월	9월
- 소비자기대지수	90.3	99.4	102.2	101.3	99.2	95.4	95.2	94.8	96.7
- 소비자평가지수	66.5	83.2	89.6	90.2	85.5	79.7	78.9	78.3	81.2

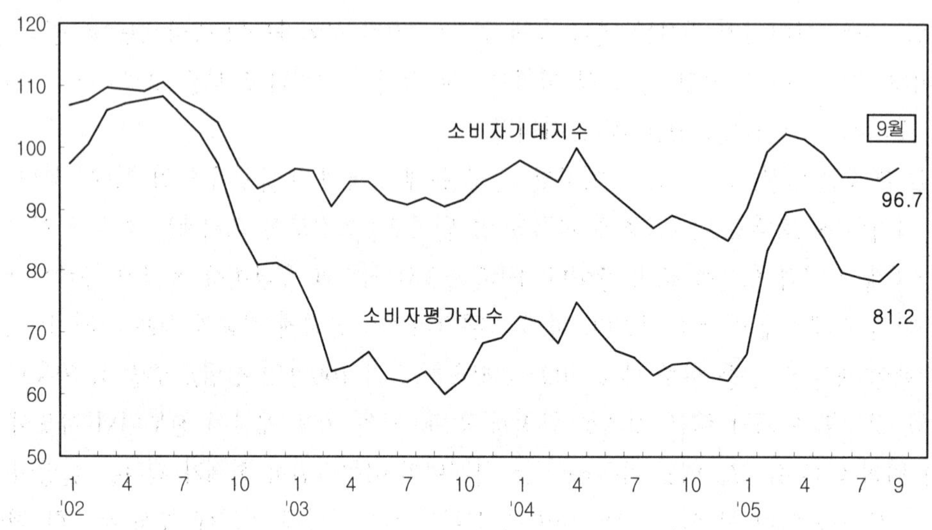

* 자 료 : 통계청 발표 2005년 9월 소비자전망조사 결과('05. 10. 10일 발표)

2002년 하반기부터 시작된 경기침체로 2005년 초까지 소비자기대지수는 하향곡선을 그렸다. 위 그래프에서 보는 바와 같이 이제 소비자기대지수도 어느 정도 회복해서 2002년도 최고에 도달했을 때와 비교했을 때 어느 정도 회복하였음을 보여주고 있다.

이제는 프랜차이즈 산업의 건전한 육성과 발전을 위해서는 정치 · 경제 · 사회 · 문화적 측면을 보다 종합적인 사고로 접근하는 노력이 필요하다. 정부 · 업계 · 학계 · 협회 등 관련단체는 이제껏 프랜차이즈 산업에 대한 관심과 문제를 놓고 이야기만 무성해 왔던 자세와 태도를 견지하고, 프랜차이즈 산업에 대한 깊은 애정으로 다시 접근해야 한다.

〈참고문헌〉

한국프랜차이즈협회 (2005), 「프랜차이즈 경영가이드 - 총서1」 - 경영원론.
홍금표 · 박주현 · 장재남 (2005), 「프랜차이즈 경영론」, 글로벌, pp. 53-56.
양승근 (2005. 2월), 「국내 프랜차이즈 사업의 현황과 시장전망」, 창업&프랜차이즈.
이상헌 (2005. 3월), 「가맹점주는 가맹본부의 '봉'이 아니다.」, 창업&프랜차이즈.
심상훈 (2005. 4월), 「이제 그만 실수하고 용서하자.」, 창업&프랜차이즈.
이강원 (2005. 5월), 「초심으로 돌아가 기본에 충실하자.」, 창업&프랜차이즈.
김성수 (2005. 7월), 「프랜차이즈 우수 브랜드 인증제 도입 방안」, 창업&프랜차이즈.
______ (2005. 9월), 「프랜차이즈 우수 브랜드 인증제 도입 방안」, 창업&프랜차이즈.
김홍란 (2004), 「프랜차이즈 가맹점 만족의 결정요인에 관한 연구」, pp. 14-16.
박창욱 (2004), 「해외진출을 위한 프랜차이즈 산업의 발전방안에 대한 연구」, 경남대학교 경영대학원.
통계청 (2005. 10월), 「2005년 9월 소비자전망조사 결과」.

〈웹사이트〉

http://www.seri.org , 삼성경제연구소 프랜차이즈 포럼
http://www.franchise.co.kr , 프랜차이즈 포털
http://www.ifka.or.kr, 한국프랜차이즈협회
http://www.tifs.co.kr, 프랜차이즈 시스템 연구소

제 15 장

사업계획서

① 사업계획서란 무엇인가

사업계획서는 향후 전개하고자 하는 계획사업에 대한 내용을 서면으로 나타낸 자료이다. 즉 창업을 준비하는 경우나 기존사업과 다른 새로운 사업을 구상하는 경우 또는 사업다각화 및 사업 확장을 계획하는 경우 등 신규사업을 준비할 때에 계획사업에 대한 내용을 사전에 일관성 있게 정리하는 것이라 볼 수 있다.

사업계획서는 추진할 구체적인 사업내용과 세부일정계획 등을 기록하고 창업과정에 있어서 계획사업에 관련된 제반 사항을 담고 있다. 또한, 창업자 자신을 위한 측면에서 살펴보면 사업성공의 가능성을 높여주는 동시에 계획적인 창업을 가능케 하여 창업기간을 단축시켜 준다. 게다가 창업에 도움을 줄 제3자, 즉 출자자, 금융기관, 매입처, 매출처, 더 나아가 일반고객에 이르기 까지 투자의 관심유도와 설득자료로 활용도가 매우 높다.

특히 사업계획서는 사업을 준비하는 본인에게 있어서 사업의 구상을 체계적이면서 구체적으로 정리할 수 있는 기회를 마련하여 주고 사업계획서를 작성하면서 부문별 사업내용을 다시 한 번 점검하기 때문에 사업의 시행착오를 예방하고 목적의식을 다시 불러일으킴으로써 사업성공의 가능성을 높여줄 수 있다.

사업계획서의 내용은 사업의 형태나 종류에 따라 달라지겠지만 일반적으로 사업의 목적/사업의 방향/사업의 개요/제품이나 상품/서비스에 대한 설명/시장현황 및 전망/사업장계획/시설투자계획/조직 및 인원계획/원자재조달계획/생산계획/판매계획/마케팅전략 및 방법/소요자금 및 조달계획/차입금의 상환계획/사업추진일정계획/추정재무제표의 수립 등으로 구성된다.

② 사업계획서의 목적

사업계획서를 작성하는 목적은 크게 두 가지로 나뉘어 진다.

첫째는 내부용으로 사업 초기단계에 사업방향을 설정하고 조직이 사업목표를 달성할 수 있도록 이끌며 향후 수 년 동안 회사의 운영전략을 설정하고 수립한 목적을 향하여 모든 의사결정이 이루어지도록 기업을 이끌 수 있는 지침서가 된다.

둘째는 외부용으로 회사의 성장에 필요한 자금을 외부에서 조달하기 위한 것이다. 사업계획서는 외부 자금원에 사업의 매력을 제시하여 필요자금을 유치하기 위한 필수적인 영업수단이다. 이때 사업계획서는 하나의 상품으로 간주된다. 은행이나 벤처 캐피탈은 수많은 기업의 사업계획서를 검토하고 그 중에서도 가장 투자가치가 있을 것 같은 사업을 제시한 기업에 자금을 투입한다. 좋은 사업계획서는 짧은 시간 안에 외부기관이 사업성을 인정하여 사업자가 원하는 자금을 조달할 수 있도록 한다. 투자금 조달을 위한 작성이니 만큼 투자자들이 고려하는 사항을 숙지해 두어야겠다.

〈투자금 조달을 위해 사업계획서 작성 시 고려해야 될 사항〉

업종이나 회사의 연혁 등에 따라 사업계획서의 각 요소별 비중은 다소 달라지겠지만 일반적으로 벤처캐피털이 중요시하는 투자결정의 요소는 다음과 같다.

◆ 우수한 경영진 ◆

경영진은 사업의 핵심요소다. 주요 기술자를 포함한 기업의 경영진은 기업의 현실을 나타낼 뿐만 아니라 미래를 예측하게 하는 거울이다. 많은 벤처 캐피탈이 경영진의 자질이나 도덕성에 우선순위를 두고 투자를 결정한다. 경쟁력 있는 제품이나 시장에서의 대응능력은 경영진의 몫이다.

따라서 사업계획서에 주요 경영진의 자세한 경력사항과 사업과 관련된 장점을 기술해야 한다. 또한 면담 시 합작사업을 추진하기 위해 필요한 기본적인 성실성과 정직성을 소유하고 있음을 보여주어야 한다.

◆ 경쟁력 있는 제품 및 서비스 ◆

창업하고자 하는 아이템이 단순한 아이디어나 용기만 있으면 누구나 만들 수 있는 것이라면 굳이 벤처캐피털을 찾을 필요가 없다.

벤처캐피털은 남들보다 열심히 일해야 성공할 수 있는 사업에는 투자하지 않는다. 자사의 제품이 경쟁제품이나 대체제품에 비해 어떠한 우위를 가지고 있으며 경쟁력을 지속적으로 유지시킬 수 있는 방법은 무엇인지를 설명해야 한다.

벤처캐피털은 단일 제품에 대해 관심을 가지는 것이 아니라 제품에 내재한 핵심적인 요소기술에 관심을 가진다. 요소기술의 확보는 향후 관련성이 있는 제품군의 형성을 이룩하는데 필수적이다.

◆ 매력적인 시장 ◆

가장 이상적인 시장은 급격하게 성장할 뿐만 아니라 충분한 잠재력이 내포되어 있어야 한다. 직접적인 경쟁이 존재하고 있다면 시장의 규모는 최소한 두 세개의 주요기업이 성공적으로 운영될 수 있을 정도로 커야 한다.

시장진입과 장악을 위한 유통채널의 확보와 시장 환경 변화에 영향을 줄 수 있는 정부성책의 변화 등 회부환경에 대한 충분한 설명이 있어야 하고 또한 시장에 대한 주관적이고 애매한 수치가 아닌 외부기관의 객관적인 자료를 제공해야 한다. 기술 중심의 벤처기업의 경우 시장이 형성되어 있다는 것을 보일 수 없다면 투자 받기 힘들다. 현재 시장이 형성되어 있지 않다는 것은 투자자가 시장에 대한 제품의 위험 정도를 추정할 수밖에 없도록 만든다. 따라서 이런 경우에는 투자자에게 제품이 시장을 형성할 수 있는 충분한 이유를 설명하는데 많은 노력을 기울여야 한다. 시장규모, 시장세분화 및 시장 내, 경쟁력 분석 등은 투자자가 사업계획서를 분석할 때 반드시 포함되는 요소이므로 관련 자료를 제공할 수 있어야 한다.

◆ 합리적인 재무계획 ◆

시장규모가 아무리 크고 시장점유율이 높더라도 그에 상응하는 수익성을 확보하지 못하면 아무런 의미가 없다. 특히, 벤처기업은 높은 재무위험을 지니고 있으므로 수익성과 함께 건전한 현금흐름을 창출할 수 있어야 한다.

목표시장에 접근하기 위해서 필요한 자금의 소요와 조달방법에 대한 철저한 계획이 없을 경우 매출의 신장이 오히려 회사를 위험에 빠트릴 수 있다. 향후 현금흐름에 대한 합리적인 계획을 세울 내부능력이 없다면 외부전문가의 도움을 받는 것이 좋다.

③ 사업계획서의 필요성

사업을 시작할 때 사업계획서를 무엇 때문에 꼭 써야만 할까? 연구 결과에 의하면 사업계획서를 읽는 사람이 집중하는 것을 고려하면 서면으로 작성된 사업계획서 보다 프리젠테이션으로 사업설명을 하는 것이 더욱 투자자 유치에 유리하다고 한다. 그것은 사람이 시력보다 청각 또는 시각으로 인지하는 것이 집중도를 더욱 높여줄 수 있기 때문이라고 한다. 그러면 왜 사업계획서를 써야 하는 것 일까? 사업계획서를 써야하는 이유, 즉 사업계획서의 필요성에 대하여 살펴보겠다.

(1) 사업계획서는 창업(계획사업)의 시행착오를 줄여준다 .

사업계획서를 만들다 보면 그 동안 미처 깨닫지 못한 사업의 결점을 발견하게 된다. 흩어진 사업구상들이 한군데로 모이면서 상호 배타적인 점들도 있고 좀 더 준비해야 할 일들도 알게 된다. 전체적인 사업계획의 모습이 드러나면서 계획사업의 전반적인 강점과 약점을 알게 되고 이에 대한 효과적인 대처방안을 다시 한 번 강구함으로써 창업(계획사업)의 시행착오를 줄여준다.

(2) 사업초기, 계획사업의 지침서가 된다.

사업계획서는 사업초기의 업무추진계획서와도 같은 것이다. 사업이 일단 시작되면 처리해야 할 업무가 많고 시간이 부족하여 여러 가지 대안 등을 검토하고 세부적인 계획을 수립하는 일에 많은 시간을 낼 수 없다. 일이 바쁘다 보면 눈앞의 일들만 매달리게 되고 당초 추구하고자 한 계획사업의 기본방향, 목적 등의 장기계획을 잊어버릴 수 있다. 이 때 사업계획서는 사업의 기본방향을 일깨워주고 유용한 행동지침이 될 수 있다.

(3) 잘 만들어진 사업계획서는 투자가나 금융기관의 마음을 움직인다.

사업을 시작하려는 사람들이 겪는 가장 곤란한 것이 자금부족이다. 이 자금부족을 해소하는 방법으로 투자가를 초대할 수 있다. 그러나 이 투자가를 유치할 때 논리 정연하고 설득력 있는 사업계획서가 단순히 말로 설명하는 것보다 쉽게 투자가의 마음을 움직일 수 있다.

금융기관으로부터 대출을 받을 때도 마찬가지이다. 담보만 있다고 해서 돈을 꿔주는 것은 아니다. 자금을 대출해주고 난 후에 사업이 성장하여 차입금을 상환할 수 있는 능력이 있는지, 사업자의 경영능력은 있는지 등을 종합적으로 판단하기 위해서 사업계획서를 요구한다.

잘 만들어진 사업계획서는 투자가나 금융기관으로부터 원하는 자금을 대출 받는데 있어 큰 힘이 된다.

(4) 인·허가 기관에서도 사업계획서를 요구 한다.

신규사업을 추진하는 경우에 겪는 또 하나의 고충은 업종에 따라 틀리겠지만 관계기관으로부터의 인·허가를 받는 일이다. 최근 정부의 기업 활동 규제완화나 행정규제개혁 등으로 사업가들의 경영활동을 제한하는 규제들이 많이 완화되었지만 아직도 사업 인·허가를 위해 관계기관으로부터 허가가 득해야 하는 일들이 많다. 허가기관에서 요구하는 사업계획서는 대부분 정해진 양식이 있으나, 사업자가 미리 작성해 둔 사업계획서가 있다면 이를 근거로 하여 소정 사업계획서 작성이 용이할 것이다.

(5) 사업계획서는 유능한 인재를 영입할 수 있다.

사업계획서를 읽는 또 다른 대상은 함께 일할 사람이다. 많은 회사들이 좋은 사람을 구하는데 어려움을 겪고 있다. 좋은 사람을 구할 때 높은 임금도 중요하지만 회사의 장래성은 더욱 중요한 직장선택의 요인이 된다. 스톡옵션제의 도입이나 명쾌한 회사 비젼의 제시는 도전정신과 창의성을 가진 유능한 인재를 사업멤버로서 영입할 수 있다.

(6) 사업계획서는 사업과 관련된 모든 이해관계인에게 활용 된다.

사업계획서는 위와 같이 창업자, 투자가, 금융기관, 인·허가기관, 사업멤버 뿐만 아니라 창업자의 사업에 도움을 줄 수 있는 모든 이해관계인 즉, 매입처, 매출처 더 나아가 일반 고객, 제3자에 이르기까지 사업에 대한 관심유도와 설득자료로 그 활용도가 매우 높다.

사업계획서의 용도

항목	내용
자금조달	· 투자유치용 (벤처개피탈, 엔젤투자자, 주식공모) · 정책자금 조달용 · 정부출연자금 신청용 · 신용보증 신청용 · 일반은행자금 신청용
기술평가	· 벤처기술평가 · 기술담보가치 평가용 · 코스닥 예비심사를 위한 기술평가 · 기타 기술평가용
인 · 허가	· 창업사업계획 승인용 · 각종 인 · 허가용
기타	· 창업보육센터 입주신청용 · 정책과제 수행용 · IR자료용 · 사업운영용 · 사업제안용, M&A, 전략적제휴 등

④ 사업계획서를 작성하기 전에...

당신이 왜 사업 계획서를 작성하고 있는지 이유를 분명히 알고 있어야 한다.

누구에게 보일지, 즉 목표 독자를 결정해야 한다. 목표독자를 확실히 함으로써 사업계획서의 목표를 정확하게 맞출 수 있다.

당신이 정한 목표 독자가 선호하는 사업 계획서 견본을 구한다. 독자에게 직접 어떤 견본을 선호하는지 물어볼 필요가 있다.

독자들의 마음을 움직인 성공적인 사업계획서를 쓴 사람들을 만나 조언을 구해야 한다. 또한 그들이 쓴 사업 계획서의 사본을 얻고, 그들이 어떤 단계를 거쳤는지도 알아내야 한다. 특히 누구에게 사업 계획서를 제출했는지, 그리고 어떤 순서를 밟았는지 주목하는 것이 좋다.

사업계획서의 큰 틀을 짠다.

당신이 알고 있는 부분들을 먼저 쓰고, 미완성된 계획안을 초안으로 삼아 활용한다.

5 사업계획서 작성

(1) 사업계획서의 구성요소

사업개요	생산과 시설계획
산업분석 및 시장분석 경쟁업체 분석 제품분석 기술 및 연구개발	고객 분석 마케팅전략 관리 및 인사정책 재무관리

(2) 사업계획서의 차례

1) 요약 및 순서

요약은 사업계획서의 가장 중요한 부분이다. 벤처 자본가를 포함한 이해 당사자는 이 요약을 보고 다음을 읽을 것인지 아닌지를 판단하기 때문이다. 벤처 자본가나 자문에 응하는 사람은 대부분 주어진 모든 서류를 읽을 시간이나 의지가 충분하지 않다. 이 요약 부분에서 그들을 끌어당길 포인트를 발견하지 못하면 다음 서류로 손이 가기 마련이다.

요약에서는 사업의 간략한 스케치가 있어야 하고 계획서의 핵심이 강조되어야한다. 그리고 목차의 큰 제목에 해당하는 부분을 압축 제시해 주어야만 한다. 왜 이 제품은 다른 것과 다르고 성공할 것인지 보여주어야 한다. 요약부분에서 구체적으로 설명할 필요는 없는데, 이는 사업계획서를 읽는 사람이 요약에 흥미를 느낀다면 구체적으로 설명된 뒷부분을 읽을 것이기 때문이다.

목차는 한 장 한 장 자세히 살피기보다는 관심 있는 부분을 건너뛰며 읽을 사업계획서의 독자에게 편리를 제공하기 위함이다. 대부분의 투자 예상자들은 창업 팀에 관한 부분을 먼저 본다. 창업하는 사람들이 어떤 사람이고 사업하려는 아이템과 관련 어떤 일을 해 왔으며 어떤 자격을 갖추었는지 보고 싶어 하기 때문이다. 그리고 기술에 관한 부분, 시장성, 마케팅 전략, 투자자금의 회수가능성을 중점적으로 본다.

2) 회사의 소개와 조직

3) 산업분석

① 도전하고자 하는 사업의 분석
② 목표시장 분석
③ 소비자 분석
④ 경쟁자 분석

4) 마케팅 계획

5) 기술 및 연구개발

6) 생산과 시설계획

7) 경영과 소유, 인력계획

8) 자본 및 재무계획, 자본금 회수방안

9) 부록

여기에서는 앞에서 삽입하지 못했던 자료, 시제품의 사진, 신문 스크랩 등을 첨부한다.
- 제출 첨부 서류 예시
대표자 및 임원 이력서, 기술진 이력서, 최근 3년간 결산 서류, 담보 제공시 담보물 감정서, 도시계획 확인원, 등기부 등본, 보증 관련 서류, 사업자 등록증 사본, 정관, 법인 등기부 등본, 제품 카탈로그, 기타 필요하다고 인정되는 서류

6 구성요소별 주의 사항

(1) 사업개요

사업개요에는 현재까지 추진해온 사업, 향후 사업 추진 방안 및 그에 따른 방법론적 측면이 함축적으로 포함되어야 한다. 본문의 내용은 포괄적으로 기술하되 각 부분에 대

해 지나칠 정도로 상세하게 기재할 필요는 없다. 무엇보다 가장 중요한 것은 현재의 사업에 대해 명확히 규정되어야 한다는 점이다.

미래의 사업 구상을 현실화하기 위해서는 사업 현안이 명확히 제시되어야 한다. 시장, 경쟁, 영업에 대한 새로운 대안은 현재까지 추진해 온 자신의 사업에 대한 명확한 규정 속에서만 파악된다.

- 사업 개요에 제시해야 할 사항 -

추진 사업 향방을 결정한 후 구체적인 사업 개요 작성에 착수해야 한다. 투자자들이 가장 먼저 관심을 갖는 항목은 재무현황, 상품 이윤화 방안, 마케팅 전략, 관리 운영 능력 등이다. 또한 사업개요의 기본적 구도는 '현재 내가 하고 있는 일은?' 이라는 명제에서 출발하여 마케팅 전략, 재정 확충방안, 관리 운영의 핵심 현안을 표명해야 한다.

확인해야 할 사항

· 현재 운영하고 있는 사업은 무엇인가?
· 창업 시기는 언제인가?
· 개인 사업인가, 동업-법인의 형태인가?
· 유통-제조-서비스업 중 선택 업종은 무엇인가?
· 출시 상품이나 서비스 품목은 무엇인가?
· 인수-확장-가맹점-개인 창업 중 사업 형태는 무엇인가?
· 영업 신장 및 이윤획득 예상 시점은 언제인가?
· 사업가로서의 사명감 및 사업의 구체적 목표와 목적은 무엇인가?

(2) 산업 및 시장분석

시장조사는 제품의 판매가능성을 사전에 분석하고, 분석 결과와 관련된 위험과 대안을 파악하는 중요한 활동이다. 불완전한 시장조사로 인한 비용낭비를 방지하기 위해 시장조사를 하기 전에, 필요한 정보가 무엇이며 그 결과를 어떻게 활용 할 지를 반드시 확인해야 한다. 시장과 사업 분야에 대한 객관적 분석이 사업 성공 여부를 판가름 짓는다. 반대로, 이에 대한 오판은 사업에 있어 심각한 결과를 가져온다. 따라서 시장 추세 및 전반적인 산업 동향에 따른 재화 품목의 생산 및 영업 방안을 분석, 경쟁업체와 주

수요 계층을 명확히 규정해야한다. 먼저 사업구조를 분석한 다음 시장 조사에 착수하여 시장 규모, 성장 잠재성, 제품 및 용역의 생산 및 공급, 고객 실효성 등을 파악한다.

가장 이상적인 사업 계획서 내용은 성장하고 있는 현 사업이 지속적으로 시장변화에 부응하는 발전의 모습이 나타나 있는 것이다. 그리고 이러한 모습을 주관적이 아니 객관적으로 표시할 수 있어야 한다. 그러기 위해서는 무엇보다도 이를 객관적으로 표현해 줄 수 있는 자료들을 수집하는 것이 중요하며, 이 부분에는 산업구조의 파악, 즉 현존하는 경쟁업체주의 파악과 그 산업의 성장률, 시장 진입 장벽과 생존전략, 시장의 변동요인 등이 들어가야 한다.

확인해야 할 사항

- 산업 구조는 무엇인가?
- 사업의 규모 및 성장 속도는 어떠한가?
- 현 산업에 있어 기술력이 미치는 영향은 무엇인가?
- 현 산업의 진입 장벽과 생존 전략 방안은 무엇인가?
- 시장 규모와 성장 속도는 어떠한가?
- 현 산업에 영향을 미치는 시장 변동 추세는 무엇인가?
- 시장조사에 의한 경쟁 예상 업체는 어디인가?
- 잠재 고객의 경쟁사 선호도는 어느 정도인가?
- 제품 형태 및 색상, 지불 방식, 서비스 수준에서 파악한 고객 선호도는?

(3) 경쟁분석

적을 알고 나를 알면 백전백승. 경쟁상대를 파악하는 것은 사업 주체로 하여금 더욱 구체적인 재무 계획과 더욱 나은 제품을 개발하는 동기를 갖게 한다. 경쟁업체들 사이에서 굳건한 자신의 경쟁우위를 지키려면 단순하게 경쟁사의 제품 자체의 분석만으로는 부족하다. 즉 경쟁사가 만든 최고의 제품의 기술적 결점만을 공략하여 조금 더 나은 제품을 만드는 공략으로는 지속적으로 경쟁우위를 갖게 해주지 못한다는 것이다. 경쟁사의 유통망, 특허파일, 공급업자, 고객서비스, 입지, 제휴사나 사업 파트너, 재무 구조, 고객 기반 같은 사항에 근거하여 철저히 분석하여야 한다. 그러나 사업계획서상에 경쟁업체를 총망라하기란 불가능하다. 마케팅, 재무, 관리, 운영 등에 대한 분석을 거쳐 제품 우위성을 입증한 후, 지정업체를 선정해야 한다. 경쟁업체 파악을 하기 전에 투자자들이 사업체의 타사차별성에 의한 경쟁 우위성을 파악한다는 점을 고려하고 이에 대비하여 강점보다는 자신의 약점을 철저히 보완해야 한다.

확인해야 할 사항

· 직 · 간접적 경쟁대상은 어디인가?
· 경쟁사의 영업 방안 및 매출 실적은 어느 정도인가?
· 경쟁사의 시장 분할 정책은 무엇인가?
· 경쟁사 비교우위 요소는 무엇인가?
· 경쟁 업체의 취약점은 무엇인가?

(4) 제품분석

사업계획서에서 나타내는 제품에 대한 정보는 단순히 제품의 성능과 특성만을 제시하는 것이 아니라 그 제품의 실효성을 부각 시킬 수 있는 정보여야 한다. 여기에서 실효성이란 소비자가 우리의 제품을 이용하면서 얻을 수 있는 이익, 또는 가치를 말한다. 소비자가 우리의 제품을 사는 이유가 무엇인지를 생각해 본다면 우리 제품의 가치를 정리해 볼 수 있을 것이다.

회사의 제품이 경쟁사의 제품과는 달리 독특한 무언가를 가지고 있다면 이것을 객관적으로 증명할 수 있어야 하기 때문에 시제품이나 모형을 직접 만들어봐야 한다고 생각하기 쉽다. 그러나 종이에 펜으로 그린 그림이나 PC시뮬레이션 등 같은 모의실험을 통하는 방법을 이용할 수도 있다. 이러한 방법을 통해 제품의 특성을 객관적으로 분석할 수 있다면 사업계획서가 지니는 설득력이 더욱 강해질 수 있다.

이 부분에는 제품의 디자인과 형태가 어떠한지 자세하게 나와 있어야 한다. 그림을 이용한다면 더욱 이해하기 쉬울 것이다. 그리고 출시 일정과 경쟁사 제품과 다른 부분, 제품명 등을 포함 시켜야 한다. 제품명을 지을 때는 브랜드 이미지가 고려되어야 하며 독특함이 있어야 한다.

품목	특성	실효성
햄버거	숯불구이 방식 채택	기존 제품보다 뛰어난 맛
대형할인점	다양한 상품	다양한 선택 기회를 부여하는 장소
순 맥주(Light Beer)	기존 맥주 함량보다 30% 낮은 칼로리	거품이 적음
골프 제조업체	티타늄 제조 손잡이	고강도의 타격

확인해야 할 사항

· 재화 공급으로 인해 소비가자 얻는 가치는 무엇인가?
· 경쟁사 비교 우위 요소는 무엇인가?
· 자사 최고의 이윤 창출 품목은 무엇인가?
· 제품에 대한 생산 판매 등의 일정은 어떻게 되는가?

(5) 기술 및 연구개발

이 부분에서는 창업 대상 기술의 내용 및 특성(기술의 우위성)을 제시한다. 기술의 핵심내용을 그 분야에 대해 잘 모르는 사람이 읽더라도 이해할 수 있도록 쉽게 설명하고 아이템 선전과정 및 기술현황, 사업화 가능성 및 전망 그리고 향후 R&D 투자계획을 개발목표, 개발인력 구성, 개발소요자금, 개발 일정 등으로 설명한다. 투자자 및 사업계획서의 독자는 이 부분에서 창업자의 제품개발 가능성 및 기술능력과 제품의 특성 및 경쟁력을 파악하기를 원하므로 꼭 포함 시켜야 한다.

(6) 생산과 시설계획

아이템이 제품의 실제생산이 필요한 것인 경우 다음과 같은 형태의 생산계획안이 제시되어야 한다.

1. 총괄
2. 년차별 가동 계획
3. 제품별 생산 공정도 및 공정 설명

4. 원·부자재 소요 및 조달계획
 가. 소요량 계획
 나. 주요 원재료 수급 계획 (현황)
5. 생산 및 시설투자 계획
 가. 생산에 필요한 시설 및 설비
 나. 투자계획

이러한 생산과 시설계획은 다음과 같은 요소로 평가된다.

1. 생산능력 : 기술 및 생산인력 보유, 시설 확보정도 및 능력, 원부자재 조달 능력, 생산 기술 확립 설계 개발능력, 유지보수 계획 등
2. 원가추정 : 원단위 산출, 원가의 유동상태 등
3. 공장건설 : 설비 구입 및 LAYOUT, 공사일정, 설비계약관련 사항
4. 생산형태 : 양산 가능성, 생산규모 등

(7) 소비자분석

제품의 기술적 특성을 내세우다 보면 정작 소비자가 원하는 바가 무엇인지 간과하기 쉽다. 그러나 기술적 특성 또한 소비자가 원하는 바와 일치할 때만 빛을 발할 수 있다는 것을 생각한다면 소비자가 원하는 것이 무엇인지 파악하는 것보다 더 중요하다. 다시 말해서 소비자의 요구를 파악하는 것이 부차적인 것이 되서는 안 된다.

그러면 소비자의 요구를 어떻게 파악하여야 할 것인가? 소비자는 자신의 요구 사항을 직접적으로 드러내지 않을 수 있다. 그렇기 때문에 소비자에게 요구사항을 직접적으로 물어보는 것이 필요하다.

예상되는 잠재 소비자의 수는 사업계획서의 항목 전반에 걸쳐 세부적으로 묘사되어져야 할 사항이다. 사업의 모든 과정은 소비자에 의해 판가름 나므로 시장조사란에는 소비 고객층이 명확히 제시되어야만 한다. 중소기업의 경우 수요가 한정되어 있을 수 있으므로 소비습성에 따른 시장분할이라는 방법이 가장 이상적이다.

시장분할은 사업 확장, 신규 추진 등 기존 소비층의 유무와는 상관없이 욕구와 습성이 동일한 소비계층을 한데 묶는 사업 운영의 필수 항목이다.

확인해야 할 사항

· 소비자가 제품에 대해 원하는 것이 무엇인가?
· 공략 시장에서 예상되는 잠재 고객 수는 얼마인가?
· 시장 점유율 확보 방안은 무엇인가?
· 소비자의 제품 선호도 및 구매력은 어느 정도인가?
· 소비 계층 분류방안의 핵심은 무엇인가?
· 기존 고객 유지 방안은 무엇인가?

(8) 마케팅 전략

마케팅에서 말하는 4P란 Products, Price, Promotion, Place으로 요약되며 이 네 가지 요소가 상호결합 또는 혼용되어 마케팅 전략이 형성된다. 이 부분에서는 제품에 대한 가격 책정 방안, 판촉 활동 및 제품 전달 방안 등이 포함되어야 한다.

경제성, 유익함, 신속한 공습체계가 형성된 제품이라면 이에 대한 정확한 가격책정이 뒤따라야 한다. 가격책정이란 결국 사업의 이윤폭과 차년도 운영 자금을 조정하는 핵심 사안이다. 그러므로 소규모 기업의 입장에서는 가격 책정이 사업의 성공과 실패를 결정하는 중요한 요소이다. 또한 제품의 차별성을 잠재 고객에게 부각시키기 위해서는 매스미디어, 직접우편, 판촉물 등을 통한 적절한 광고 및 판촉 활동이 요구되므로 이에 대한 예산도 함께 설정되어야 한다. 마케팅 요소 중 Place는 유통으로 번역되며 이것은 실제 고객이 제품과 용역을 입수할 수 있는 유통구조를 지칭한다. 입지 선정 및 점포 설정, 제품운송에 대한 실질적 측면 등을 자세히 설명할 수 있어야한다.

마케팅은 정말로 중요하다. 시장에서 호평이 예상되는 제품은 원칙에 충실한 마케팅을 할 만한 가치가 있고, 그렇지 못한 평범한 제품은 더욱 차별화된 마케팅을 전개할 필요가 있다. 즉, 제품이 혁신적이든 평범하든 간에 마케팅 전략을 수립하고 실행하는 과정을 통해 기능이나 디자인에서 결점을 발견할 수 있을 뿐 아니라, 투자자들에게는 당신 회사에 대한 신뢰도를 한층 강화할 수 있다.

효과적인 마케팅을 수행하기 위해서 가장 먼저 고려되어야 할 사항은 마케팅의 목적이 무엇인지 파악하는 것이다. 대부분의 회사들이 마케팅 목표를 명확하게 설정할 때 단순히 판매 목표와 전략적 목표 설정이 곧 마케팅 목표의 설정이라고 착각하기 쉽다. 그러나 마케팅 목표는 총수입으로 측정되는 판매 목표와 다르다. 마케팅 목표는 근본적으로 고객의 인지도와 구매 습관을 바꾸는데 초점을 두고 있기 때문이다.

어떻게 제품을 판매하고 지원할 것인가의 문제도 이 장에 들어가야 할 내용이다. 안건 준비, 가격책정, 통신 판매 같은 항목 등을 모두 담고 있는 채널 전략 개발에 대하여 설명해야 한다.

확인해야 할 사항

· 마케팅의 목적은 무엇인가?
· 제품에 대한 가격 책정 방안은 무엇인가?
· 누가 수요를 창출하는가?
· 어떻게 제품을 판매하고 지원할 것인가?
· 어떻게 대중 매체의 관심을 끌 것인가?
· 마케팅 계획은 무엇인가?

(9) 관리 및 인사정책

관리부서는 조직 구성원의 능력을 어떻게 활용할 것인가를 관장하는 조직이므로 사업계획서에는 이에 대한 설명을 반드시 제시해야 한다. 관리부서가 짜임새 있게 구성되어있다면 그 사업체가 그 만큼 더 잘 운영될 수 있다는 것을 의미하기 때문에 이 부분도 중요하게 다루어져야 한다. 관리부서는 사업 전반 걸친 장애를 제거하며 고용자의 생산성 향상을 도모하는 핵심 부서이고, 회사운영 및 재정 확충을 총괄하는 중요한 곳이다. 사업자와 관리부서는 조직 개선을 통해 근무 여건을, 관리 방안에 의해 시장에서의 제품 수명을 연장시킬 수 있다. 조직 구성도를 살펴보면 구성원의 책임과 명령체계가 그물처럼 연계되어 있어 최하 직급의 문제점도 결국은 최고 경영자가 해결해야 되는 것임을 알 수 있다.

아무리 사업 아이템이 좋고 시장 전망이 밝아도 그 사업을 시작하고 운영하는 것은 사람이기 때문에 인사정책에 대한 부분은 매우 중요하다고 할 수 있다. 관리부서는 회사 전략 및 계획, 조직 관리 및 각 부서의 조율 방안을 체계적으로 문서화시키는 부서로써 사업 성공의 열쇠를 쥐고 있다고 할 수 있다. 이렇기 때문에 사업을 성공적으로 운영하기 위해서는 조직 구성원들의 역할 분담이 명확해야 한다. 사업을 시작할 때 각 분야의 모든 사람을 확보하고 출발하지 못했다면, 언제 어떤 자격을 가진 사람을 확보할 예정인가에 대해 언급해야 한다.

이곳에는 개별 구성원에 초점을 맞춘 관리 계획 방안, 즉 고용방안, 직원선택, 임금 지불과 관련된 사항 등을 포함 되어야 한다. 그리고 경영진을 제외한 우수인력의 채용 방안에 대한 계획도 언급하는 것이 바람직하다.

확인해야 할 사항

· 경영자와 관리 조직의 성공적인 사업 방안은 무엇인가?
· 현재의 사업에 종사해 본 경험이 있는가?
· 관리자의 관점에서 파악한 취약점과 이에 대한 보완책은 무엇인가?
· 사업체의 조직 구성은 어떤 형태인가?
· 그 동안 투자한 사람은 누구이고 얼마씩 몇 차례(라운드) 투자했는가?
· 그들의 지분은 얼마인가? 발행된 주식은 어떤 종류이며 어떻게 평가되고 있는가?
· 누가 이사회에서 대표이사가 될 것인가? 이사회의 구성은 어떻게 할 것인가?
· 관리팀 개별 구성원의 역할분담 체계는?
· 고용규모 및 직원채용은 어떻게 이루어지는가?
· 직원고용 및 교육 방안은 무엇인가?

(10) 재무 관리

재무 관리를 통해서 자금 관리 및 소비습성의 문제점까지 파악할 수 있기 때문에 지출 현황의 문제점 개선 및 목표 달성을 위해 필요한 추가 지원 방안까지도 이에 의해 상정된다.

사업계획서 상에는 고정 자본과 운영 자본, 그리고 자신의 가정의 생계대책까지도 함께 기재되어야 한다. 성공적인 재무 관리는 회계 방식에 의해 결정되는데 이는 영업, 경비조정, 수익성 등 사업 전반에 걸친 자금 현황이 이에 의해 파악되기 때문이다. 회계 체계에 있어 가장 중요한 자료는 '대차 대조표', '손익 계산서', '현금흐름표' 이다.

이 부분에서는 창업자가 필요로 하는 자본에 대해서도 언급해야 하며 필요한 액수와 시기에 대해서 설명한다. 현재 얼마가 필요한가? 향후 5년간 어느 시점에 얼마가 필요한가? 만약 필요 자본급보다 적은 돈이 투자되면 어떻게 할 것인가? 현재 회사의 가치는 얼마로 평가하고 있으며, 이에 따라서 신규 투자가에게는 주식 당 가격을 얼마로 책정할 것인가?

여기서는 회사의 가치를 평가한 방법을 투자자들이 이해할 수 있도록 설명할 필요가 있다. 따라서 매출액, 보유기술의 중요성, 인력의 우수성, 성장 가능성 등을 잘 보여주어야 한다. 신규투자가 이루어지면 기존 투자자의 지분에 어떤 변화가 일어나는가? 물론 이때 기존 투자자의 지분과 주식보유량은 물론이고 간단한 인적사항도 필요하다

그리고 여기서는 기존의 회사라면 지난 5년간 재무제표, 새로 시작하는 회사라면 향후 3~5년 동안 예상되는 재무제표(추정 대차대조표, 추정 손익계산서 등)를 제시해야 한다. 그리고 예상되는 현금흐름도를 제시해야 한다. 또한 조달된 자금을 어떻게 사용할 것인지에 대한 소요자금 명세 및 용도와 차입금 상환계획을 제시해야 한다.

투자자들이 자금을 회수하는 방안은 크게 세 가지로 나눌 수 있다.

첫째, 주식시장에 상장

둘째, 상장 전 주식을 파는 방안(회사를 다른 사람에게 파는 방법)

셋째, 기존의 상장회사에 합병시키는 방법이다.

이 중 어떤 방법을 통해 어느 시점에 투자자가 돈을 회수할 수 있도록 해주겠다는 방안이 제시되어야 한다.

이 부분은 사업계획서의 독자가 매우 관심을 기울이는 부분이며, 다음과 같은 평가요소로서 평가 한다

1. 자금규모
2. 투자 수익성 (ROI : Return On Investment)
3. 경제적 타당성의 정도
4. 미래 경영 상태 예측
5. 경영환경 변화에 따른 재무적 성과의 변동정도 (BEP, S/A, R/A등)

확인해야 할 사항

· 수익성은 있는가? 혹은, 수익 예상 시점은 언제로 보는가?

· 향후 3년간의 영업 및 수익 성장 속도는 어느 정도인가?

· 사업의 장점은 무엇인가?

· 자금 흐름 상태는 어떠한가?

· 손익분기점이 형성되는 시점은 언제로 보는가?

· 조달된 자금을 어떻게 사용할 것인가?

⑦ 결론

우리는 지금까지 사업계획서의 필요성과 작성 시 알아두어야 할 사항에 대해서 항목별로 알아보았다. 이제 다시 한 번 사업계획서의 핵심 포인트를 집어보고 작성 시 유의해야 할 점 등에 대하여 알아보겠다.

(1) 사업계획서 작성 시 핵심 포인트

① 계획서는 살아있어야 한다.

사업계획서는 한번 만들면 그만인 것이 아니라 상황에 따라서 새로운 요소가 발견되면 그때그때 고쳐서 써야 한다. 그리고 계획 사업에 잠재되어 있는 문제점에 대해 항상 열린 마음을 가지고 점검, 작성되어야 한다.

② 사업계획서는 충분성과 자신감을 바탕으로 작성되어야 한다.

창업자 자신이 가지고 있는 목표 아이템을 제 3자에게 설득 있게 납득시키는 것이 사업계획서의 제 1의 목표이다.

③ 객관성이 결여되어서는 안 된다.

자신감이 너무 지나쳐 자만심이 되거나 자신의 의견에 몰입되어 갇혀버린 다면 사업계획서의 신뢰성에 큰 타격을 미칠 수 있다. 사업계획서는 정확한 자료에 의거한 객관적인 것이어야 한다.

④ 핵심내용을 강조·부각시켜야 하며 전문용어의 사용을 피하고 보편적으로 설득력 있게 작성되어야 한다.

남들과는 다른 자신의 아이템의 핵심을 중점적으로 부각시키고 그것이 기술적 내용일 경우라도 투자자 및 관련 당사자가 알기 쉽게 작성되어야 한다.

⑤ 자금조달 운용계획은 정확하고 실현가능성이 있어야 한다.

사업계획서 작성 시 가정을 배제해야 한다. '이렇게 되면 자금조달은 순조로울 것이다.' '무엇이 어떻게 된다면 판매에는 아무 문제가 없을 것이다.' 라는 식의 가정을 바탕으로 작성되어서는 안 된다. 특히 자금조달 및 운용 부분에 있어서는 더욱 그 원칙이 매우 중요하다.

(2) 사업계획서를 작성할 때 주의할 점 10가지

① 창업의 목적이 개인적인 이익만을 추구하는 것이 아니고 공공의 이익을 위한 것이 되어야 한다.
② 사업 내용이 차별화되도록 노력한다. 특징이 없으면 성공할 수 없다.
③ 틈새시장을 집중적으로 공격할 전략을 제시한다.
④ 구체적인 숫자의 예측으로부터 사업이 성공할 것이라는 객관적인 자료를 보인다.
⑤ 제품의 가격, 이윤, 판매량, 시장점유율 등을 예측할 때는 지나치게 낙관적인 자세로 임하지 않는다.
⑥ 유능한 사람들이 모여 균형 잡힌 경영진이 되도록 인력을 구성한다.
⑦ 회사의 소요자본이나 운영비를 너무 적게 예측하지 않는다.
⑧ 예상되는 경쟁관계를 과소평가하지 않는다.
⑨ 일회용 히트 기술로는 회사가 지속될 수 없다. 지속적인 기술진보와 제품 향상이 이루어질 수 있는 것이어야 한다.
⑩ 투자자를 찾을 때는 어떤 형태(경영에 관여할 사람 또는 단순히 투자에만 관심이 있는 전문 투자자)의 투자자를 원하는지 명확히 정의하여야 한다.

8 요약 및 정리

사업계획서는 향후 전개하고자 하는 계획사업에 대한 내용을 서면으로 나타낸 자료이다. 즉 창업을 준비하는 경우나 기존사업과 다른 새로운 사업을 구상하는 경우 또는 사업다각화 및 사업 확장을 계획하는 경우 등 신규사업을 준비할 때에 계획사업에 대한 내용을 사전에 일관성 있게 정리하는 것이라 볼 수 있다. 사업계획서의 목적은 두 가지로 나뉜다. 첫째, 내부용으로 사업방향을 설정하고 조직이 사업목표를 달성할 수 있도록 이끌어주는 역할을 하며 둘째, 외부용으로 회사의 성장에 필요한 자금을 외부에서 조달하기 위한 목적을 갖는다. 이러한 사업계획서는 창업(계획사업)의 시행착오를 줄여주고 사업의 계획을 세울 때 지침서로 활용된다. 또한 잘 만들어진 사업계획서는 투자가의 마음을 움직여 자금 조달방안으로 활용될 수도 있으며 인·허가를 받을 때 활용된다. 유능한 인재들을 영입 할 때에도 사업계획서는 중요하다.

사업계획서를 작성하기 전에 자신이 사업계획서를 작성하고 있는 이유를 분명히 알아야 하며 목표 독자 설정, 사업 계획서의 개요 설정을 해야 한다. 사업계획서를 작성할 때에는 일반적으로 다음과 같은 차례를 따른다.

사업계획서 작성의 일반적인 순서

1) 요약 및 순서
2) 회사의 소개와 조직
3) 산업분석
   ① 도전하고자 하는 사업의 분석
   ② 목표시장
   ③ 소비자 분석
   ④ 경쟁자 분석
4) 마케팅 계획
5) 기술 및 연구개발
6) 생산과 시설계획
7) 경영과 소유, 인력계획
8) 자본 및 재무계획, 자본금 회수방안
9) 부록

사업계획서는 한번 만들고 끝내는 것이 아니라 상황에 따라서 계속 업데이트 되어야 하는 살아있는 계획서가 되어야 하며 목적이 창업자가 제 3자에게 자신의 사업 아이템을 객관적으로 설득시켜야 하는 것이므로 자신감을 가지고 작성되어야 한다. 그러나 자신감이 자만감으로 변질되어 객관성이 떨어진 사업계획서는 효력을 상실 할 수 있으므로 주의해야 한다. 또 핵심내용만을 강조하여야 하며 전문용어의 사용은 피하는 것이 좋다. 무엇보다도 사업계획 작성 시 가정을 배제하고 자금조달 운용계획을 현실성 있게 세우는 것이 중요하다.

<참고문헌>

세상에서 가장 강력하고 간결한 사업계획서/ 엘턴셔윈/ 이코북/2005/p187
사업계획서 작성과 기업 가치 평가의 실제와 이론/ 신동령/ 다산/ 2005/ p355
혼자서 작성하는 사업계획서/ 고먼 로버트T/ 한림미디어/ 2001/p332
사업타당성 분석 사업 계획서 작성:개정판/ 박주관/ 21세기 북스 /1999/p351
(쉽게 알자!)실전창업/이강원/더난/2002/p445

〈웹사이트〉

네이버-지식인, 사업계획서 검색창 참고
http://kin.naver.com/search.naver?where=ns_odic&query=%BB%E7%BE%F7%B0%E8%C8%B9%BC%AD
비즈폼
http://www.bizforms.co.kr
중소기업청
http://www.smba.go.kr/
사업계획서 가이드- 비즈플랜
http://www.biz-plan.co.kr/
예스폼
http://www.yesform.com/

◆ 저자약력 ◆

▶ 박 상 익

- 연세대학교 경영학과 졸업
- 고려대학교 경영대학원 유통전문가 과정 졸업
- 연세대학교 경영학(유통-마케팅)석사
- 건국대학교 일반대학원 벤처전문기술학과 박사과정 (벤처프랜차이즈 전공)

(주요 경력)

- 롯데그룹 기획조정실 근무
- 롯데백화점 기획실 근무
- 롯데백화점 유통정보연구소 근무
- 롯데마트 점장 역임
- 제너시스 그룹 BBQ 기획 · 마케팅이사 근무
- 한국미스터피자 대표이사 근무
- 미국 LA지역 PC방 프랜차이즈 근무 (DamWoo Co. LTD, USA

현) 연세대학교 경영학과 프랜차이즈 경영론 외래교수

(주요 저서 및 논문)

- 프랜차이즈 제대로 알면 당신도 CEO
- 프랜차이즈 성공요인과 성장전략
- 재래시장의 프랜차이즈 전략
- 우리나라 유통산업의 현황과 향후전망
- 우리나라 할인점 성공전략
- 유통핸드북

E-mail : 8711857@hanmail.net

▶ 최 경 주

- 한국외대 졸업
- 한국외대 대학원 경영학 석사(MBA)
- 중앙대 경영학 박사 수료

(주요 경력)

- (주)영원무역
- 한국무역협회, 한국무역정보통신 과장 역임
  (재)한국유통물류진흥원 전략사업팀장 역임
- (주)신세계 아이앤씨 전자상거래사업부 부장 역임
- (재)한국전자거래진흥원 ebXML 기술 전문위원 역임
- (사)중소기업혁신전략연구원 이사/본부장
- 숙명여대 정보통신대학원, 명지대 유통대학원 강사
- 경희대학교 경영대학원, 서울디지털대 외래교수
- 보건복지부, 의약품유통개혁 기획단 위원 역임
- 산업자원부, 기술표준원 ISO TC154 전문위원

현) 한국수퍼마켓협동조합연합회 기획조정실장
계명대학교 경제통상대학 전자무역학과 겸임교수
통상정보학회, 전자상거래학회, 유통학회 이사
물류혁신 포럼 위원회 위원
해양수산부, 수산식품 안전관리 및 이력추적제 사업 추진 위원

(주요 저서 및 논문)

- 국내 유통제조 기업의 인터넷 전자상거래구현 전략
- 제조업지배형 유통구조 개선방안 연구
- 산업용재 유통 단지 조성 및 효율적인 운영 방안에 관한 연구
- 전자카탈로그 시스템 구축 방안
- 전자상거래(EC)활성화를 위한 EDI/CALS 표준 연구
- e-Business 어플리케이션 통합정보포털 연계 구축에 관한 연구
- 소상공 자립기반 확립을 위한 연구
- 재래시장 마케팅 혁신방안 연구
- 재래시장 현대화 모델 연구
- e 비즈니스가 무역 증대에 미치는 영향
- 유통 핸드북(공저), 두남출판사
- 전자무역활성화를 위한 발전과제에 관한 연구

E-mail : kjchoi@kmu.ac.kr

▶ 전 태 석

- 연세대학교 언론홍보 석사
- 경기대학교 대학원 경영학박사(마케팅)
- KBS기획조정실 차장
- KBS미디어 경영관리부장
- 서강대학교 영상대학원 겸임교수
- 홍익대학교 광고홍보대학원 겸임교수
- 한양대, 경기대, 평택대, 남서울대, 경운대 강사
- 한국미디어경영학회 부회장
- CTS기독교TV 방송자문위원장
- 현 (주)시티미디어랩 대표이사

(주요 저서 및 논문)

- 한국CATV의 이해
- 한류산업에 있어서 해외시장지향성과 사업성과에 관한 연구
- 문화산업의 서울, 부천시 비교 접근방법연구

저자협의
인지생략

프랜차이즈 실무경영(개정판)

초 판 1쇄 발행 —— 2006년 6월 20일
개정판 1쇄 발행 —— 2010년 12월 25일
지은이 —— 박 상 익 · 최 경 주 · 전 태 석
펴낸이 —— 전 두 표
펴낸데 —— 도서출판 두남
서울시 강동구 성내동 455 - 12
등록 : 제2 - 624호(1988. 7. 21)
TEL : 478 - 2066 / 2067 / 2311
FAX : 478 - 2068
E-mail : dunam1@unitel.co.kr
htpp://www.dunam.co.kr

정가 20,000원

ISBN 978-89-6414-156-4 13320